山东省古建筑保护研究院
石质文物保护研究系列

泰安岱庙
石质文物预防性保护研究

山东省古建筑保护研究院　编

孟令谦　著

科学出版社
北　京

内容简介

本书是以山东省泰安市全国重点文物保护单位岱庙博物院中的石质文物为研究对象，对岱庙内的100多块石碑、石刻、经幢等重要石质文物进行三维数字化建模、病害勘察，环境监测、结构安全监测等预防性保护技术的应用研究，并对运用于古建筑群的石质文物的保护体系进行了梳理与探索。同时，对这些石质文物的保存现状及存在的各种残损病害，进行了详细的数字化信息采集。本书在石质文物的无损检测与预防性保护方面具有重要的学术参考价值。

本书适合建筑历史、文化遗产保护与管理等领域的专业技术人员以及高等院校相关专业的师生参考阅读。

图书在版编目(CIP)数据

泰安岱庙石质文物预防性保护研究/山东省古建筑保护研究院编；孟令谦著. —北京：科学出版社，2023.3
ISBN 978-7-03-069819-3

Ⅰ.①泰… Ⅱ.①山… ②孟… Ⅲ.①寺庙－石器－文物保护－研究－泰安 Ⅳ.① K876.24

中国版本图书馆 CIP 数据核字（2021）第 187149 号

责任编辑：吴书雷 / 责任校对：邹慧卿
责任印制：肖 兴 / 封面设计：张 放

科学出版社 出版
北京东黄城根北街16号
邮政编码：100717
http://www.sciencep.com

中国科学院印刷厂 印刷
科学出版社发行 各地新华书店经销

*

2023年3月第 一 版　开本：889×1194　1/16
2023年3月第一次印刷　印张：15
字数：450 000

定价：198.00元
（如有印装质量问题，我社负责调换）

目　　录

第一章　绪论 ··· 1
　第一节　文物概况 ··· 1
　第二节　区域环境 ··· 2
　　（一）地理位置 ··· 2
　　（二）气候概况 ··· 2

第二章　历史沿革与文物价值 ··· 4
　第一节　历史沿革 ··· 4
　第二节　保护工程历史沿革 ··· 4
　第三节　文物价值 ··· 5
　　（一）历史价值 ··· 5
　　（二）艺术价值 ··· 6
　　（三）社会价值 ··· 6

第三章　勘察前期工作 ··· 7
　第一节　勘察任务与目的 ··· 7
　第二节　文物本体现状描述 ··· 7
　第三节　保存现状与病害 ·· 17
　第四节　保存环境调查 ·· 58
　　（一）镶嵌碑刻 ·· 58
　　（二）其他单体碑刻、经幢 ·· 58
　　（三）调查对比 ·· 58

第四章　预防性保护技术 ·· 59
　第一节　预防性保护技术概况 ·· 59
　　（一）国外预防性保护相关规制 ······································ 59
　　（二）国内预防性保护相关规制 ······································ 60
　第二节　三维激光扫描 ·· 62
　第三节　手持白光三维扫描 ·· 63
　第四节　无人机倾斜摄影 ·· 63
　第五节　探地雷达 ·· 64
　第六节　红外热成像 ·· 64

第五章　岱庙石质文物预防性保护勘察 ···································· 66
　第一节　数字化信息采集成果 ·· 66
　　（一）采集点位分布 ·· 66

(二）扫描成果	70
第二节　石质文物的无损检测	180
第三节　石质文物的材料成分检测	198
（一）样品描述	198
（二）测试内容及测试方法	201
（三）测试结果	202
（四）小结	209
第六章　石质文物的环境监测与结构安全监测	210
第一节　环境监测	210
（一）气象环境监测	210
（二）空气污染物监测	210
第二节　结构安全监测	212
第三节　结构安全性分析	219
第七章　勘察结论	227
第一节　主要病因分析	227
（一）主要文物病害分析	227
（二）病害机理及影响因素分析	228
第二节　修缮建议	229
参考文献	231

第一章 绪 论

岱庙位于泰安市泰山区东北部泰山中路古建筑群的南北轴线及泰安古城的中轴线上，坐落于从泰安旧城南门至泰山极顶封禅祭祀的古御道上，东侧梳洗河与西侧漱河蜿蜒流过，北与泰山相望。岱庙建筑群按帝王之居的宫城形制营造，以主殿天贶殿为中轴，回廊环绕，钟鼓楼左右相对，前有仁安门、配天门，后有寝宫；左为汉柏院、东御座（皇帝祭祀时起居之所），右有唐槐院、道舍院（雨花道院）；城墙设八门，雉堞周匝，四隅起角楼，面积96500平方米（图1-1）。整个岱庙黄瓦朱甍，古柏参天，碑碣林立。

图1-1 岱庙天贶殿

岱庙内现存的石质文物是泰山文化的重要载体，具有很高的历史、文化价值，极为珍贵。但是，由于岱庙内石质文物绝大多数属石灰岩质，取材于泰山及周围山区，石质中含有的杂质较多，从材质上来讲，已经造成了其易风化腐蚀的特性。加之上述物理、化学和生物方面的危害，岱庙现存大部分石质类文物的表面存在不同程度的侵蚀和损伤，出现了疏松、裂纹、沙化、表面脱落等风化现象，个别碑刻字迹模糊淡化或缺失，少数石碑出现裂缝。尤其是镶嵌在汉柏亭台基周围以及东城墙上的70余通碑刻，由于墙体厚重、潮湿，通风不好，且碑刻表面直接暴露，整个碑刻风化严重，表面溶蚀，片层状剥落，亟需改善保存环境，进行抢救性保护。2019年2月，山东省古建筑保护研究院承担了岱庙内石质文物维修保护方案的设计工作。

第一节 文 物 概 况

岱庙的碑刻中，秦、汉、晋、隋、唐、宋、金、元、明、清等朝代的刻石精粹齐全，篆隶真草各种题材应有尽有，比较集中地反映了从秦至清的文学、诗词、书法等艺术形式，是研究各时代文学艺术的宝贵资料。岱庙内著名碑刻 5 通，分别为秦二世泰山石刻（秦李斯小篆刻石）、汉张迁碑（汉故谷城长荡阴令张君表颂）、衡方碑（汉故卫尉卿衡府君之碑）、孙夫人碑（晋任城太守之妻孙夫人碑）及唐神宝寺碑（大唐齐州神宝寺之碣）。

岱庙内现有石质类文物 340 余件，除 90 余件室内保存外，多数暴露在室外，散存于岱庙院内，还有部分嵌置于墙体内。受日晒、潮湿等不良环境因素的影响，碑刻风化严重，急需改善保存环境。碑刻合计 206 通，其中迁入碑刻数量 27 通，固有碑刻数量 179 通。

此次勘察范围内碑刻为镶嵌和其他单体碑刻，共计 157 通。其中镶嵌碑刻共计 81 通，其余单体碑刻、经幢共 76 通。此次勘察碑刻共有一级碑刻 1 通，二级碑刻 8 通，三级碑刻 138 通，作为资料和存档的碑刻 10 通。

第二节　区域环境

（一）地理位置

泰安市位于山东省中部的泰山南麓，地处东经 116°20′～117°59′，北纬 35°38′～36°28′，东西长约 176.6 公里，南北宽约 93.5 公里。北依山东省会济南，南临儒家文化创始人孔子故里曲阜，东连瓷都淄博，西濒黄河。

（二）气候概况

（1）气候特征

泰安市属于温带大陆性半湿润季风气候区，四季分明，寒暑适宜，光温同步，雨热同季。春季干燥多风，夏季炎热多雨，秋季晴和气爽，冬季寒冷少雪。全市多年平均太阳辐射总量为 121.58 千卡 / 平方厘米，年际变化在 112～131 千卡 / 平方厘米之间。年内以 5 月份最多，12 月份最少。按 80% 保证率计算，全年辐射总量为 117.9 千卡 / 平方厘米。在 3～11 月份作物生产发育期间，可有 102 亿千卡 / 公顷的能量供利用。

全市年平均气低温为 12.9℃。年内 7 月份最高，平均 26.4℃，1 月份最低，平均为 -2.6℃。极端最高气温 41℃，极端最低气温 -27.5℃。在地域分布上，南部、西部较高，东部、北部偏低。全年平均≥0℃的积温 4731℃，≤10℃的积温 4213℃，无霜期平均 195 天，最长可达 241 天，最短为 161 天。气温适宜，满足了农作物一年两熟或通过间作套种一年三熟的需要。

（2）日照

全年平均日照数 2627.1 小时，年际变化在 2342.3～3413.5 小时之间。日照百分率 58% 左右。年内以小麦灌浆的 5～6 月份最多，月均 268 小时左右，对小麦生长很有利。

（3）降水

全市多年平均降水量为 697 毫米。因受季风气候影响，年际降水变幅较大，年最大降水量 1498 毫米，年最小降水量 199 毫米，相差 7.5 倍。因受地貌影响，东部降水多于西部，山区降水多于平原，东部山区年平均降水量700~750毫米，西部平原则为600~650毫米，总趋势是自东北向西南逐渐减少。年内降水分布很不匀衡，夏季降水最多，占年降水量的65.2%，冬季最少，仅占3.6%；一年之中7月份最多，占年降水量的32.1%，雨热同季，对农作物和林果生长发育十分有利，1月份最少，仅占0.96%。

（4）风向

受海陆风影响，平均风速5.0米/秒。以4月份最大，月平均风速4.9米/秒；8月份最小，风速2.5米/秒，东南风频率最多。12月至2月以北到西北风为主，北风频率居多。

（5）局部气候

受地形、地貌影响，垂直的变化，地域的差异，形成了一些局部小气候区。泰山山顶年平均气温仅有5.2℃，而年降水量达1163.8毫米；徂徕山前、柴汶河畔的高温小区，年平均气温14℃以上，比全市平均高出3~4℃。这些不同类型的小气候区，孕育产生了许多名优特产。

第二章 历史沿革与文物价值

第一节 历史沿革

岱庙始建于汉。

隋·开皇十五年（595年），文帝曾"饰神庙，展宫悬于庭"。

唐·开元十三年（725年）玄宗"令所管崇饰祠庙"。

北宋初年，真宗封禅泰山，"礼成，临白岳词"加封泰山神为"仁圣天齐王"，对其庙制及祭祀供器，"与次值升"，后又封升泰山神曰："天齐仁圣帝"。

真宗之后的哲宗、徽宗更是增修有加，形成现今岱庙的宏大规模。

宋·大中祥符元年（1008年），诏建天贶殿。宋徽宗宣和四年（1122年）重修岱庙，形成"凡为殿寝、堂阁、门亭、库馆、楼观、廊庑合八百一十有三楹"、三路轴线、九座院落的规模。

金·大定十八年（1178年）岱庙发生火灾，第二年重修，"二十年辛丑（1181年）冬告成"。

明·宣德三年（1428年）岱庙大火；天顺四年（1460年）重修。

清·康熙七年（1668年）泰安发生大地震岱庙受损。同年开始修缮岱庙、创建遥参坊。康熙十六年（1677年）建成。乾隆三十五年（1770年），重修岱庙。

嘉靖年间再次毁于火灾，嘉靖四十一年（1562年）重修；并增建遥参亭院落。形成三路轴线、十座院落的规模，一直沿袭至后世。

1928年8月，民国山东省政府撤至泰安，将岱庙前半部改为"中山市场"，后半部改为"中山公园"。岱庙西侧的鲁班殿、环咏亭改成了旅馆和澡堂。抗战期间，日本飞机轰炸泰安、泰山，炸毁建筑无数，泰安居民在城墙上凿防空洞，以避空袭，致使城墙多处坍塌，仅剩土垣。

"文革"期间，岱庙部分古建筑遭到严重毁坏，大量古碑被砸毁。

1968年，岱庙正阳门、三灵侯殿、东西神门等建筑被拆除，改建成水泥结构平顶新式展室。

1986年成立泰安市博物馆，馆址设在岱庙内，并对岱庙进行保护管理。

第二节 保护工程历史沿革

20世纪50年代，当时的管理机构将散落在岱庙雨花道院（被民房占用）各处的部分碑刻连同其他碑刻计50余块嵌于汉柏院东墙内，集中进行展示。

20 世纪 80 年代初，泰山文物管理局将收集到的周边地区流散的碑刻连同岱庙旧有的部分碑刻集中陈列于东环廊，将泰安地区出土的部分汉画像石及石雕陈列于西环廊。

1986 年泰安市博物馆成立以来，加大了对岱庙石刻文物保护的力度，使石刻文物保护管理和利用日益完善，并建立健全了岱庙石刻文物档案。

1996 年，泰安市博物馆邀请中国文物研究所、山东省文物科技保护中心专家对岱庙坊进行现场勘察，于同年二月针对病害原因制定了保护方案，并经国家文物局批准。岱庙坊是泰山现存石坊中建筑体量最大、工艺最好的一座石坊，也是岱庙重要文物建筑之一。

从 1997 年底起，岱庙加快了恢复历史原貌的步伐，先后对配天门、仁安门两侧遗址及唐槐院、雨花道院进行发掘清理，发现了大批宋、元、明、清碑刻石雕，其中就有宋石刻画、宋代角柱石等具有珍贵历史价值的石刻文物。对于被砸毁的残碑断碣，将其搜集起来，立起了"百碑墙"，使之成为历史的见证。

2006 年对《历代碑刻陈列》、《历代汉画像石陈列》、《历代石雕陈列》三个展厅进行了重新改造，补充了新的藏品，采用声光电现代化的展示手段，提升了展陈环境，起到了较好的社会效益。

2007 年岱庙石刻园的建成开放，占地 6900 平方米，是在保护的基础上，展示传承石刻文化的又一创新。

泰安市博物馆为了调查清楚岱庙碑刻的病害情况，主要采取了纵向和横向比较的方式。所谓纵向比较是指时间上的对比，结合馆藏部分碑刻拓片，利用不同时期的拓片与文物现状进行比较。用这种方法，着重对汉张迁碑、衡方碑、元武穆王神道碑、清秋兴八首诗碑等 20 余通石碑进行了比较。

2008 年，山东省文物科技保护中心对岱庙内石质文物进行第一次现场调查。

2011 年 11 月至今国家文物局拨款编制《泰安岱庙保护规划（2013～2030）》。对于石质文物的整体保护提出保护和检测要求。

2012 年 8 月至 2013 年 12 月国家文物局拨款对岱庙碑亭修复保护。

第三节 文物价值

（一）历史价值

泰山是五岳之首，岱庙是封建帝王祭祀泰山神的圣地。自秦至清，史籍上确切记载到泰山封禅祭祀的皇帝共有 12 位。岱庙见证了历代皇家祭祀泰山神的发展过程，承载着各个时代对岱庙的创建、增建、维修等众多的历史信息，体现了历代帝王对泰山神的重视。

岱庙，是古代帝王奉祀泰山神灵、举行祭祀大典的场所。因其历史久远，存世的各类碑刻颇为丰富。从来源上讲，有岱庙历代延续下来的，也有从岱庙外迁入保存的。这些碑刻自秦至今，代代相继，既有著名的秦刻石、汉张迁碑、衡方碑、晋孙夫人碑、唐双束碑等，也有宋、元、明、清历代重修碑记，内容涵盖历代帝王封禅祭告文、寺庙创建重修记、颂岱诗文、石经墓铭等。岱庙内的这些石质文物时间跨度长达两千多年，堪称是一座天然的历代书法博物馆，极大地丰富了泰山文化的内涵，同时也是泰山文化的重要载体。

岱庙碑刻，是历史文化的重要载体之一。它集历史、文学、书法、镌刻于一体，具有重要的历史文化价值，是不可再生的历史文化资源。

（二）艺术价值

岱庙的碑刻中，秦、汉、晋、隋、唐、宋、金、元、明、清等朝代的刻石精粹齐全，篆隶真草各种题材应有尽有，比较集中地反映了从秦至清的文学、诗词、书法等艺术形式，是研究各时代文学艺术的宝贵资料。

（三）社会价值

岱庙包含了众多的文物建筑、丰富的历史和艺术内涵，有着深厚的历史人文底蕴，是人们了解岱庙历史演变、各时代建筑文化、艺术价值的重要场所。

岱庙悠久而辉煌的历史在增强公众的文物保护意识、提高国民的民族自豪感等方面具有重要的社会价值。

岱庙是泰安市重要的文物景点，为泰安经济发展和知名度的提高做出了特别贡献。

第三章 勘察前期工作

第一节 勘察任务与目的

本次病害勘察任务为岱庙内露天和镶嵌碑刻、经幢等石质文物，共计157通。针对这些碑刻、经幢的整体保存情况进行调查，对文物的保存状况进行详细勘察，并依据中华人民共和国文物保护行业标准《石质文物病害分类与图示》（WW/T 0002-2007）绘制病害图。对于风化原因进行详细勘察分析，明确影响碑刻风化的环境及外界因素，为制定物理性保护措施提供依据。

此外以文物预防性保护为基本原则，采用无损采集与检测手段，对满足数字化条件的157通碑刻、经幢通过无人机、三维激光扫描数字化数据采集，并对其中6通碑刻和经幢进行精细化手持数字信息采集，同时对其材料成分进行检测，以及进行结构安全监测与环境监测，为分析石质文物的风化程度与影响因素进行深入分析。

第二节 文物本体现状描述

此次勘察范围内的碑刻、经幢共计157通，依据保存方式的不同对其进行归类，可分为镶嵌碑刻和其他单体碑刻。其中镶嵌碑刻81通（表3-1），其他单体碑刻、经幢共76通（表3-2、表3-3）。

编号说明：对于镶嵌碑刻及其他单体碑刻、经幢分别进行编号，其中镶嵌碑刻以"X+数字"形式进行编号，其他单体碑刻及经幢采用"L+数字"进行编号。

其中一级碑刻1通，为L53秦二世泰山石刻（秦李斯小篆刻石）；二级碑刻8通：L09大宋宣和重修泰岳庙记碑、L22大宋封东岳天齐仁圣帝碑、L39佛顶尊罗经记、L54大金重修东岳庙碑、L55大宋坛封祀颂碑、L56大观圣作之碑、L65经幢（唐）、L66大宋天贶殿碑；三级碑刻共计138通；作为资料和存档共计10通碑刻，包含X71正黄正白旗、X72乾隆诗碑、X73乾隆诗碑、L19致祭东岳泰山之神碑、L20致祭东岳岱宗之神碑、L21王以憨诗碑、L30告祭东岳之神碑、L31"万世流芳"碑、L75重修金星庙记碑、L76重修金星庙告成功记碑。

表 3-1 镶嵌碑刻表

序号	名称	位置	年代	级别	碑刻内容及刻字保存情况	尺寸（cm）高	尺寸（cm）宽
X01	徐宗干题泰山印跋碑	汉柏院内	清道光元年	三级	刻文17行，满行21字，大字径2.5厘米，小字径1厘米。篆、隶两种书体。	70	59.5
X02	张璇登泰山五言碑	汉柏院内	明正德	三级	刻文5行，满行8字，字径6厘米，楷书体。	63	52.5

续表

序号	名称	位置	年代	级别	碑刻内容及刻字保存情况	尺寸（cm）高	尺寸（cm）宽
X03	徐文通登泰山诗碑	汉柏院内	清	三级	刻文29行，满行12字，字径3厘米，行书。	49.5	131
X04	天倪子碑	汉柏院内	清道光七年	三级	刻文29行，满行20字，字径3厘米，楷书。	72.5	161
X05	定亲王碑	汉柏院内	清道光十二年	三级	刻文8行，满行13字，字径5厘米，楷书。	169	64
X06	陶澍由升仙亭陡岱三首碑	汉柏院内	清嘉庆二十年	三级	诗共三首，楷书。	38.5	101.5
X07	徐复斋记天倪子名碑	汉柏院内	元至元二十一年	三级	刻文14行，满行10字，字径4厘米，行书。	55.5	74.5
X08	戴珊登泰山诗碑	汉柏院内	明弘治七年	三级	刻文21行，满行12字，字径2厘米，楷书。	49	84
X09	吴凌题泰山诗碑	汉柏院内	明成化十四年	三级	刻文24行，满行13字，字径2.5厘米，楷书。	60	87.5
X10	俞汝为名山记岱宗及徂徕诗碑	汉柏院内	明万历二十年	三级	—	53.5	105
X11	刘从仁登泰山诗碑	汉柏院内	明万历十四年	三级	刻文46行，满行9字，字径2.5厘米，行楷体。	48	225
X12	乾隆壶天阁诗碑	汉柏院内	清乾隆五十五年	三级	刻文4行，满行10字，字径9×10厘米。行书。	160	78
X13	禹贞文感恩复瞻田碑	汉柏院内	清嘉庆二十一年	三级	刻文38行，满行23字，字径2厘米。楷书。	76.5	171
X14	乾隆过泰山再依皇祖诗韵诗碑	汉柏院内	清乾隆十六年	三级	诗共三首。两首刻11行，满行22字。另一首诗文三行，满行30字。均为行书。	231	99
X15	奉香供祀岱宗碑	汉柏院内	清道光十二年	三级	碑四周线刻云龙纹。刻文39行，满行16字，字径4厘米。楷书。	96.5	227
X16	张佳胤登岱四首碑	汉柏院内	明万历十一年	三级	碑四周线刻海水江崖纹。刻文11行，满行24字，字径5厘米。楷书。	255	92
X17	岱工增修小记碑	汉柏院内	清嘉庆二十三年	三级	刻文49行，满行17字，字径3厘米。楷书。	75.5	197
X18	五经论碑	汉柏院内	清乾隆五年	三级	圆首，四碑并联。刻文86行，满行60字，字径2厘米。楷书。	229	324
X19	乾隆朝阳洞诗碑	汉柏院内	清乾隆五十五年	三级	此碑与乾隆登封台诗碑合并镶嵌在一起。刻文行，满行6字，字径7×8厘米。行书。	67	131
X20	乾隆登封台诗碑	汉柏院内	清乾隆五十五年	三级	刻文6行，每行8字，共131字，字径6×7厘米。正书。	67	66
X21	乾隆恭依皇祖登岱诗韵碑	汉柏院内	清乾隆十三年	三级	刻文7行，满行25字，字径6×8厘米。行书。	229	94
X22	乾隆飞来石诗碑	汉柏院内	清乾隆三十六年	三级	刻文7行，满行6字，字径12×15厘米。行书。	132	131
X23	岱岳庙碑	汉柏院内	明万历四十七年	三级	碑四周线刻海水江崖纹，下刻狮纹。刻文25行，满行52字，字径2.5厘米。行书。	253	108

续表

序号	名称	位置	年代	级别	碑刻内容及刻字保存情况	高 (cm)	宽 (cm)
X24	乾隆题环咏亭诗碑	汉柏院内	清乾隆二十七年	三级	碑四周线刻双龙戏珠。刻文8行，满行5字，字径9×10厘米。行书。	87	141
X25	乾隆日观峰诗碑	汉柏院内	清乾隆五十五年	三级	刻文3行，满行20字，字径6×7厘米。行书。	175	65
X26	张衡、曹植诗碑	汉柏院内	宋	三级	刻文13行，满行11字，字径5×6厘米。隶书。	61	108
X27	登泰观海碑	汉柏院内	清	三级	字径80厘米。行楷书。	96	323
X28	乾隆白云洞诗碑	汉柏院内	清乾隆五十五年	三级	刻文6行，满行8字，字径6×8厘米。行书。	86	71
X29	孙璋登泰山诗碑	汉柏院内	清	三级	刻文10行，满行8字，字径5厘米。楷书。	70	82.5
X30	乾隆桃花峪诗碑	汉柏院内	清乾隆五十五年	三级	刻文6行，满行8字，字径6厘米。行书。	70	75.5
X31	徐仲麟登泰山诗碑	汉柏院内	明景泰二年	三级	刻文11行，满行8字，字径4×5厘米。楷书。	56	69
X32	乾隆咏无字碑诗碑	汉柏院内	清乾隆三十六年	三级	刻文6行，满行6字，字径7×9厘米。行书。	76	70.5
X33	乾隆飞来石诗碑	汉柏院内	清乾隆五十五年	三级	刻文4行，满行10字，字径9×10厘米。行书。	145	68
X34	周津题泰安八景诗碑	汉柏院内	明弘治九年	三级	刻文21行，满行15字，字径2.5厘米。楷书。	58	87
X35	乾隆回马岭诗碑	汉柏院内	清乾隆四十一年	三级	现存刻文4行，满行15字，字径10×7厘米。行书。	98	70
X36	乾隆丈人峰诗碑	汉柏院内	清乾隆五十五年	三级	刻文4行，满行10字，字径7×9厘米。行书。	141	68.5
X37	乾隆十八盘诗碑	汉柏院内	清乾隆十三年	三级	现存刻文5行，字径10×12厘米。行书。	136	64.5
X38	静垒居士登泰山诗碑	汉柏院内	明嘉靖二年	三级	现存刻文13行，字径3.5厘米。楷书。	53	110
X39	胡洙登泰山诗碑	汉柏院内	明嘉靖十一年	三级	刻文9行，满行7字，字径6厘米。行书。	56	87
X40	章忱登泰山诗碑	汉柏院内	清	三级	刻文15行，满行9字，字径2.5×3厘米。楷书。	47	78
X41	南海冯赓飓碑	汉柏院内	清道光六年	三级	刻文32行，满行20字，字径1厘米。楷书。	33	85
X42	乾隆环咏亭诗碑（乾隆四十年）	汉柏院内	清乾隆四十年	三级	刻文6行，满行8字，字径8×9厘米。行书。	96	64.5
X43	乾隆莲花洞诗碑	汉柏院内	清乾隆三十六年	三级	刻文5行，满行8字，字径9×11厘米。行书。	194	73
X44	乾隆环咏亭诗碑（乾隆三十六年）	汉柏院内	清乾隆三十六年	三级	刻文7行，满行10字，字径6×8厘米。行书。	98	70
X45	乾隆五大夫松、白云洞诗碑	汉柏院内	清乾隆三十六年	三级	共两首，一首刻文10行，满行10字，字径6×7厘米。另一首诗文6行，满行7字，字径10厘米。行书。	205	96

续表

序号	名称	位置	年代	级别	碑刻内容及刻字保存情况	尺寸（cm）高	尺寸（cm）宽
X46	乾隆环咏亭诗碑	汉柏院内	清乾隆十三年	三级	碑四周线刻双龙戏珠纹。刻文10行，满行7字，字径8毫米。行书。	88	140
X47	济南府泰安州为钦奉上谕碑	汉柏院内	清康熙二十八年	三级	碑四周线刻云龙纹。刻文14行，满行32字，字径2.5厘米。楷书。	188	78
X48	晋陆机、谢灵运题诗碑	汉柏院内	清	三级	刻文13行，满行8字，字径4×6厘米。篆书。	61	105
X49	乾隆五大夫松诗碑	汉柏亭下	清乾隆十三年	三级	刻文6行，满行8字，字径6×7厘米。行书。	221	94
X50	乾隆奉皇太后登岱诗碑	汉柏亭下	清乾隆十三年	三级	碑首线刻卷云纹。刻文7行，满行16字，字径9×10厘米。行书。	231	96
X51	乾隆日观峰诗碑	汉柏亭下	清乾隆三十六年	三级	刻文4行，满行10字，字径10×13厘米。行书。	213	86
X52	乾隆迴马岭诗碑	汉柏亭下	清乾隆三十六年	三级	刻文4行，满行10字，字径10×13厘米。行书。	165	68
X53	乾隆壶天阁诗碑	汉柏亭下	清乾隆三十六年	三级	刻文4行，满行9字，字径12×17厘米。行书。	214	74
X54	乾隆五大夫松诗碑	汉柏亭下	清乾隆四十一年	三级	刻文6行，满行16字，字径7×6厘米。行书。	155	70
X55	秋兴八首诗碑	汉柏亭下	清乾隆四十九年	三级	六碑并联。刻文100行，满行6字，字径5×6厘米。草书。	48	578
X56	兰花图碑	汉柏亭	清庚申	三级	雕刻兰花、竹子图。	65	145
X57	宋思仁兰草图碑	汉柏亭	清乾隆五十四年	三级	雕刻兰草图。	104	41
X58	竹心竹子图碑	汉柏亭	清	三级	雕刻竹子图。	53	123
X59	登岱篇诗碑	汉柏亭	清	三级	刻文30行，满行不清，字径3厘米。行草书。	39	135
X60	马驷登岳感云、御帐感雨两篇碑	汉柏亭	清	三级	刻文18行，满行8字，字径3厘米。行草书。	51	131
X61	张延庆登泰山碑	汉柏亭	明嘉靖九年	三级	四周线刻卷草纹纹。刻文12行，满行12字，字径2厘米。隶书。	50	71
X62	卢睿游灵岩寺碑	汉柏亭	明弘治九年	三级	四周线刻弦纹。	50	92
X63	侯应瑜华岳八首诗碑	汉柏亭	清雍正	三级	—	60	103
X64	游吕公洞碑	汉柏亭	明万历二十年	三级	刻文21行，满行15字，字径3厘米。楷书。	62	88
X65	陈迁廷赞汉柏九首诗碑	汉柏亭	不详	三级	刻文17行，满行12字，字径2.5厘米。楷书。	56	131
X66	潘鑑登泰山诗碑	汉柏亭	明弘治七年	三级	刻文17行，满行13字，字径3厘米。楷书。	50	93
X67	吴南登泰山杂咏十四首碑	汉柏亭	清顺治二年	三级	刻文32行，满行15字，字径2厘米。草书。	38	103

续表

序号	名称	位置	年代	级别	碑刻内容及刻字保存情况	尺寸（cm）高	尺寸（cm）宽
X68	张民志谒岱宫游黄花洞及汪之漪登岱碑	汉柏亭	不详	三级	刻文18行，满行不清，字径2厘米。隶书。	101	60
X69	郭天来、吴惟明登泰山诗碑	汉柏亭	清	三级	刻文12行，满行33字，字径2.5厘米。行草。	111	55
X70	薛衍庆岱帖诗碑	汉柏亭	清	三级	刻文13行，满行不清，字径1.5厘米。行楷。	90	51
X71	正黄正白旗	汉柏亭	清	存档	—	173	78
X72	乾隆诗碑	汉柏亭	清	存档	—	185	97
X73	乾隆诗碑	汉柏亭	清	存档		163	73
X74	郭沫若登泰山诗碑	东御座	1961年	三级	诗文4行，满行12字，字径9×10厘米。行书。	155	70
X75	郭沫若登泰山诗碑	东御座	1961年	三级	诗文5行，满行11字，字径6×7厘米。行书。	155	70
X76	郭沫若登泰山诗碑	东御座	1961年	三级	诗文5行，满行10字，字径10×10厘米。行书。	155	70
X77	郭沫若题词碑	东御座	1965年	三级	字径23×22厘米。行草体。	156	71
X78	郭沫若题词碑	东御座	1965年	三级	字径22×25厘米。行草。	155	70
X79	郭沫若登泰山诗碑	东御座	1961年	三级	诗文5行，满行10字，字径10×10厘米。行书。	155	70
X80	郭沫若登泰山诗碑	东御座	1961年	三级	诗文4行，满行13字，字径8×9厘米。行书。	155	70
X81	郭沫若登泰山诗碑	东御座	1961年	三级	诗文5行，满行12字，字径9×10厘米。行书。	155	70

表 3-2 单体碑刻、经幢表

序号	名称	位置	年代	级别	碑刻内容及刻字保存情况
L01	万古流芳碑	双龙池	清光绪七年	三级	螭首方座。字径1.5厘米。楷书。
L02	双龙池碑	双龙池	清光绪七年	三级	螭首方座。字径32×36厘米。行书。
L03	济南五三惨案纪念碑	遥参亭内	民国十八年	三级	锥体状碑身，须弥座。
L04	禁止舍身碑	遥参亭内	清康熙五十九年	三级	圭首方座，碑阳、阴四周线刻卷草纹。诗文22行，满行62字，字径2厘米。楷书。
L05	泰邑合山会姓氏碑	遥参亭内	清	三级	四块并在一起，平首方座。文8行，满行41字，字径3厘米，楷书。
L06	太师泰安武穆王祠碑	配天门东侧	元	三级	圭首方座。字径26×22厘米。正书。
L07	大元太师太安武穆王神道碑	配天门东侧	元元祐四年	三级	螭首龟趺。碑阳刻文37行，满行99字共3630字，字径3厘米。
L08	重修青帝观碑记	配天门东侧	清康熙十七年	三级	圆首龟趺，碑四周减地平钑牡丹纹。阳文10行，满行33字，计274字，正书。
L09	大宋宣和重修泰岳庙记碑	配天门东侧	宋宣和六年	二级	螭首龟趺。碑阳刻文26行，满行74字共2268字，字径5.5厘米。碑阴：万代瞻仰。

续表

序号	名称	位置	年代	级别	碑刻内容及刻字保存情况
L10	石塔	配天门东侧	宋	三级	伞形盖，八棱形。塔身上部浮雕璎珞纹。
L11	大观峰碑	配天门东侧	明嘉靖十一年	三级	圆首方座。字径50厘米。正书。
L12	重修东岳蒿里山祠记碑	配天门东侧	元至元二十一年	三级	螭首方座。碑阳刻文21行，满行46字，共733字，字径3厘米。正书。
L13	重修普慈庵碑记	配天门东侧	清咸丰八年	三级	螭首方座。碑阳刻6行，满行34字，共158字，字径3厘米。正书
L14	致祭东岳之神碑	配天门东侧	清光绪十六年	三级	方首方座，后配座。
L15	重修关圣帝君庙碑	配天门东侧	清康熙五十六年	三级	圭首方座。刻文6行，字径2.5厘米。楷书。
L16	重修金桥碑记	配天门东侧	明万历	三级	圭首方座。刻文6行，满行约24字。
L17	创塑州学七十子徒碑	配天门东侧	元至正九年	三级	螭首方座。碑阳刻文25行，满行36字，共793字，字径3厘米。正书。
L18	大定重修宣圣庙碑	配天门东侧	金大定二十三年	三级	圆首方座。碑阳刻文30行，满行69字，共1283字，字径2厘米。正书。
L19	致祭东岳泰山之神碑	配天门东侧	清嘉庆五年	—	方首方座，后配座。
L20	致祭东岳岱宗之神碑	配天门东侧	清乾隆二十二年	—	方首方座，后配座。
L21	王以憼诗碑	配天门东侧	清光绪二十八年	—	
L22	大宋封东岳天齐仁圣帝碑	配天门西侧	宋大中祥符六年	二级	螭首龟趺。碑阳刻文34行，共2319字，行书。与宣和碑并称岱庙两大丰碑。
L23	创建藏峰寺记	配天门西侧	元延祐六年	三级	螭首龟趺。碑阳刻文25行，满行37字，共851字，字径3厘米。正书。
L24	供祀泰山蒿里祠记碑	配天门西侧	明万历三十一年	三级	螭首方座，座上刻案几纹。碑阳刻文17行，满行47字，字径3厘米。
L25	翔凤岭碑	配天门西侧	明隆庆元年	三级	方首方座。字径60×55厘米，正书。
L26	飞龙岩碑	配天门西侧	明隆庆元年	三级	方首方座。字径60×55厘米，正书。
L27	泰山赞碑	配天门西侧	清乾隆四十年	三级	方首方座，碑四周浅浮雕变体龙纹。碑阳刻文35行，满行26字。隶书。
L28	定亲王诗碑	配天门西侧	清道光十二、十三、十五年	三级	碑由6块石碑组成，上部灰瓦卷棚顶。诗文28行，联文5行。
L29	穆光胤等登岱诗碑	配天门西侧	明万历46年—清嘉庆14年	三级	方柱阙形。四面刻有真、草、隶、篆、行5种书体的4则记事和20首诗。
L30	告祭东岳之神碑	配天门西侧	清嘉庆十四年	—	方首方座，后配座。
L31	"万世流芳"碑	配天门西侧	清宣统二年	—	方首方座，后配座。
L32	刘从仁题"唐槐"字碑	唐槐院内	明万历十五年	三级	字径40×30厘米。楷书。

续表

序号	名称	位置	年代	级别	碑刻内容及刻字保存情况
L33	张鹏翮唐槐诗碑	唐槐院内	清康熙四十九年	三级	诗文5行，满行13字，字径6×8厘米。行书。
L34	乾隆咏唐槐诗碑	唐槐院内	清乾隆	三级	方首方座，碑首及碑身四周线刻龙纹。诗文3行，满行12字，字径10×9厘米，行书。
L35	重修岱顶寺庙碑	唐槐院内	清乾隆二十五年	三级	方首方座，碑首浮雕拐子龙纹，碑阳四周线刻回纹。字径1.5厘米。楷书。
L36	沙孟海题杜甫诗句碑	汉柏院内	1984年	三级	圆首方座。碑阳刻文2行，满行6字，字径30×34厘米。草书。
L37	张钦题"观海"碑	汉柏院内	明嘉靖十四年	三级	圆首方座。碑阳刻文2行，满行6字，字径110×95厘米。行书。
L38	舒同题"汉柏凌寒"碑	汉柏院内	1984年	三级	圭首方座。字径40×30厘米。行书。
L39	佛顶尊罗经记	汉柏院内	唐	二级	宝盖、幢身、座均为八角形。刻文64行，满行56字，字径3.5厘米。楷书。
L40	"第一山"碑	汉柏院内	清	三级	方首方座。字径100×70厘米。行书。
L41	蒿里山总持经幢	汉柏院内	后晋天福九年	三级	宝盖、幢身、均为八角形。刻文56行，满行78字，字径2.5厘米。楷书。
L42	陈毅诗碑	汉柏院内	1947年	三级	诗文6行，满行12字，字径8×9厘米。行书。
L43	朱德题泰山诗碑	汉柏院内	1960年	三级	诗文6行，满行12字，字径8×9厘米。行书。
L44	邓颖超题词碑	汉柏院内	1984年	三级	圭首方座。字径29厘米。行书。
L45	青州临清县口生幢子	汉柏院内	后晋天福七年	三级	塔刹顶，幢身为八棱，莲座。刻文56行，字径1.5厘米。楷书。
L46	"篑为山"碑	汉柏院内	宋	三级	圆首方座。字径65×50厘米。楷书。
L47	经幢	汉柏院内	后晋天福二年、八年	三级	幢身为八棱体，有四截组成，无幢顶及座。
L48	汉柏图赞碑	汉柏院内	明崇祯十五年	三级	圆首方座。碑阳刻汉柏一株。碑阳刻文6行，满行16字，共89字，字径2厘米。
L49	御制汉柏之图碑	汉柏院内	清乾隆三十六、四十一年、五十五年	三级	方首方座，碑首及碑阳四周线刻双龙戏珠纹。碑阳刻汉柏图，碑阴为乾隆诗。高345，宽118.5，厚39.5厘米。
L50	张鹏翮汉柏诗碑	汉柏院内	清康熙四十九年	三级	方首方座，碑阳左右两边线刻龙纹。碑阳刻文5行，满行13字，字径8厘米。
L51	刘海粟题"汉柏"碑	汉柏院内	1983年	三级	圭首方座。字径55×50厘米。楷书。
L52	青帝赞碑	东御座	宋大中祥符元年	三级	将其九块残石拼为一碑，空处以砖石充之。现存阳文48字，字径5厘米。
L53	秦二世泰山石刻	东御座	秦二世元年	一级	上为秦刻石，下为题跋碑一并嵌于亭内。残字4行，共10字，字径6.1厘米。跋文16行。
	（秦李斯小篆刻石）				
L54	大金重修东岳庙碑	阁老池东侧	金大定二十二年	二级	圆首龟趺。碑阳刻文27行，满行61字，共1050字，字径5毫米。正书。
L55	大宋坛封祀颂碑	阁老池东侧	宋大中祥符二年	二级	圆首覆斗座。碑阳刻文43行，满行100字，共3777字，字径2.5厘米。正书。

续表

序号	名称	位置	年代	级别	碑刻内容及刻字保存情况
L56	大观圣作之碑	阁老池东侧	宋大观二年	二级	圆首龟趺，碑四周线刻花草纹。碑阳刻文20行，满行71字，字径3厘米。
L57	碧霞元君香火之碑	东碑廊外	宋辛酉年	三级	圭首方座，刻文17行，满行23字，字径3厘米。隶书。
L58	题泰山碑	东碑廊外	明万历二十七年	三级	平首龟趺。刻文14行，满行40字，字径3厘米。正书。
L59	太安州儒学王师爷德政碑	东碑廊外	清康熙四十七年	三级	圭首方座。刻文5行，满行27字，字径4厘米。正书。
L60	修建元君行宫碑记	东碑廊外	明隆庆五年	三级	圆首方座。碑阳刻文14行，满行40字，共463字，字径3厘米。正书。
L61	重修元君庙记碑	东碑廊外	清乾隆四十八年	三级	圆首方座。碑阳刻文9行，满行82字，共562字，字径2厘米。正书。
L62	五三纪念碑	东碑廊外	民国十七年	三级	圆首须弥座。阳文楷书，字径33厘米。阴文楷书，字径10厘米。
L63	洪武祭祀碑	天贶殿西侧	明洪武十年	三级	螭首方座。碑阳刻文9行，满行37字，共169字，字径8厘米。正书
L64	重修东岳庙记碑	天贶殿西侧	清康熙十七年	三级	螭首龟趺，碑四周线刻缠枝纹。碑阳刻文13行，满行64字，共479字，字径4厘米。
L65	经幢	天贶殿西侧	唐	二级	上有宝顶两层，八角形幢身，底部须弥座三层。
L66	大宋天贶殿碑	天贶殿西侧	北宋大中祥符二年	二级	圆首方座。碑阳刻文33行，满行81字共2184字，字径2.5厘米。
L67	重修玉皇阁神像碑记	天贶殿西侧	清道光三十年	三级	平首方座。碑阳刻文5行，满45字，字径1.5厘米。正书。
L68	泰安州重修学庙记碑	天贶殿西侧	明弘治七年	三级	圆首方座，碑四周刻龙纹。
L69	明僧悟亭碑记	天贶殿西侧	明嘉靖二十六年	三级	圭首方座。刻文9行，满行24字，字径2.5厘米。正书。
L70	重修青岩书院碑记	天贶殿西侧	不详	三级	圭首方座。高224，宽67，厚27厘米。碑阳刻文12行，满行60字，字径2厘米。正书。
L71	重修玉皇阁碑记	天贶殿西侧	民国二十二年	三级	碑四周砖砌，须弥座。刻文18行，满行18字，字径4厘米。正书。
L72	重修北斗殿碑	天贶殿西侧	清嘉庆二十一年	三级	平首方座。碑阳刻文6行，满46字，字径2.5厘米。
L73	泰安山左首郡碑	天贶殿西侧	清康熙五十一年	三级	碑四周砖砌，须弥座。刻文30行，满行13字，字径2.5厘米。正书。
L74	"醴泉"碑	天贶殿西侧	清	三级	圆首方座。字径57×46厘米。正书。
L75	重修金星庙记碑	配天门东侧	清康熙十五年	—	—
L76	重修金星庙告成功记碑	配天门东侧	明万历三十三年	—	—

表 3-3 单体碑刻尺寸表

序号	名称	尺寸（cm）							
		碑身			碑首			碑座		
		高	宽	侧宽	高	宽	侧宽	高	宽	侧宽
L01	万古流芳碑	174	75	22	79	83	26	10	100	50
L02	双龙池碑	176	75	22	74	83	30	14	92	49
L03	济南五三惨案纪念碑	160	43	43				90	79	79
L04	禁止舍身碑	216	80	23				52	103	80
L05	泰邑合山会姓氏碑	159	225	21						
L06	太师泰安武穆王祠碑	210	85	28				17	118	55
L07	大元太师太安武穆王神道碑	422	179	66	210	191	75	117	188	75
L08	重修青帝观碑记	260	88	32.5				74	106	32.5
L09	大宋宣和重修泰岳庙记碑	547	205	68	189	265	87	192	275	93
L10	石塔	190	45	45						
L11	大观峰碑	174	78	17				23	120	60
L12	重修东岳蒿里山祠记碑	216	104	30	124	104	30	30	130	82
L13	重修普慈庵碑记	180	71	24	72	71	24	18	103	51
L14	致祭东岳之神碑	172	74	23				26	103	51
L15	重修关圣帝君庙碑	147	60	19				10	82	63
L16	重修金桥碑记	246	86	58				43	132	102
L17	创塑州学七十子徒碑	205	110	23	110	118	33	10	145	82
L18	大定重修宣圣庙碑	239	84	26				8	117	54
L19	致祭东岳泰山之神碑	210	93	25				33	112	64
L20	致祭东岳岱宗之神碑	198	72	22				30	99	54
L21	王以慜诗碑	138	95	22				45	100	63
L22	大宋封东岳天齐仁圣帝碑	500	217	63	180	237	53	98	225	76
L23	创建藏峰寺记	116	82	24.5	86	88	27	74	107	33
L24	供祀泰山蒿里祠记碑	247	111	38.5	110	122	45	99	148	80
L25	翔凤岭碑	208	105	24				16	116	57
L26	飞龙岩碑	210	105	22				12	132	54
L27	泰山赞碑	224	287	33.5				52	348	96
L28	定亲王诗碑	180	346	24				20	418	55
L29	穆光胤等登岱诗碑	273	92	83	45	114	102	17.6	110	110
L30	告祭东岳之神碑	233	81	23				20	88	50
L31	"万世流芳"碑	131	63	20						

续表

序号	名称	尺寸（cm）							
		碑身			碑首			碑座		
		高	宽	侧宽	高	宽	侧宽	高	宽	侧宽
L32	刘从仁题"唐槐"字碑	151	61	12				14	94	52
L33	张鹏翮唐槐诗碑	170	65	20				17	90	60
L34	乾隆咏唐槐诗碑	207	106	43	101	114	51	37	144	86
L35	重修岱顶寺庙碑	303	119	38	127.5	131	45	91.5	142.5	77
L36	沙孟海题杜甫诗句碑	204	80	24				30	106	59
L37	张钦题"观海"碑	251	136	22				25	174	79
L38	舒同题"汉柏凌寒"碑	187	62	24				36	177	78
L39	佛顶尊罗经记	234	35		36	42				
L40	"第一山"碑	246	107	20.5				26	162	60
L41	蒿里山总持经幢	200	25		72	37				
L42	陈毅诗碑	154	70	24				32	105	46
L43	朱德题泰山诗碑	154	70	24				32	105	46
L44	邓颖超题词碑	204	80	26.5				42	96	53
L45	青州临清县□生幢子	161	20		80	36		25	67	
L46	"簣为山"碑	223	83	17.5				11	99	36
L47	经幢	358	23							
L48	汉柏图赞碑	187	62	24						
L49	御制汉柏之图碑	210	118	39.5	77	125.5	45	58	152	72
L50	张鹏翮汉柏诗碑	168	68	20.5				9	90	73
L51	刘海粟题"汉柏"碑	204	80	28				32	106	59
L52	青帝赞碑	270	116							
L53	秦二世泰山石刻（秦李斯小篆刻石）	125	54.5							
L54	大金重修东岳庙碑	373	185	83	168	213	82	120	190	88
L55	大宋坛封祀颂碑	450	157	80				77	190	99
L56	大观圣作之碑	305	154.5	40	138	143	59	104	150	56
L57	碧霞元君香火之碑	155	72	23				32	121	54
L58	题泰山碑	227	90	26				40	92	29
L59	太安州儒学王师爷德政碑	192	73.5	17				37	106	57.5
L60	修建元君行宫碑记	188	84	26				25	92	54
L61	重修元君庙记碑	199	80.5	21.5				32	105	52
L62	五三纪念碑	270	50	30				115	105	72

续表

序号	名称	尺寸（cm）							
		碑身			碑首			碑座		
		高	宽	侧宽	高	宽	侧宽	高	宽	侧宽
L63	洪武祭祀碑	380	149.5	52	164	163	62.5	79	184	108
L64	重修东岳庙记碑	354	127	47	138	143	59	104	150	56
L65	经幢	640								
L66	大宋天贶殿碑	345	148	39				42	177	90
L67	重修玉皇阁神像碑记	182	221	22				26	263	52
L68	泰安州重修学庙记碑	300	142	40	147	142	40	25	153	83
L69	明僧悟亭碑记	115	60	18				19	70	54
L70	重修青岩书院碑记	191	67	28				33	92	49
L71	重修玉皇阁碑记	102.5	150	16						
L72	重修北斗殿碑	163	68	18				23	88.5	50.5
L73	泰安山左首郡碑	69	162.5	20						
L74	"醴泉"碑	150	56	21				35	101.5	50
L75	重修金星庙记碑	96	75	26						
L76	重修金星庙告成功记碑	113	61	11						

第三节 保存现状与病害

依据《石质文物病害分类与图示》（WW/T0002-2007）标准中病害分类对本次勘察所有碑刻及经幢等石质文物进行病害记录。对于病害中普遍存在的降尘、大气污染物的病害未列入表格统计。

镶嵌碑刻X74至X81，此八块碑刻均镶嵌于东御座碑廊，整体保存较好，碑刻表面有墨迹，由于保存于碑廊内，现整体外观较好，其余碑刻病害情况如下（表3-4）：

表3-4 镶嵌碑刻病害统计表

序号	名称	整体保存情况	病害类型		病害说明	照片图纸
X01	徐宗干题泰山印跋碑	整体缺损约四分之一，采用块石及砂浆进行修补，碑体及周围青砖潮碱严重。	机械损伤	局部缺失	碑身缺损约四分之一，面积0.11m²。	XZ-X01
			水泥修补	块石水泥修补	对缺失部位进行块石水泥修补，其中块石面积约0.09m²，水泥修补面积0.02m²。	
			表面（层）风化	表面溶蚀	文物表面出现溶解风化，面积0.08m²。	
			裂隙与空鼓	空鼓	碑身下部出现空鼓，面积0.02m²。	
			表面污染与变色	人为污染	碑刻进行拓片时残留的墨迹，由于雨水冲刷等原因，墨迹已经影响了文字识读及碑刻外观0.42m²。	

续表

序号	名称	整体保存情况	病害类型		病害说明	照片图纸
X02	张璇登泰山五言碑	整体缺损约六分之一，采用块石砂浆修补，碑体及周围青砖潮碱严重。	机械损伤	局部缺失	碑身缺损约六分之一，面积0.06m²。	XZ-X02
			水泥修补	块石水泥修补	对缺失部位进行块石水泥修补，其中块石面积约0.03m²，水泥修补面积0.03m²。	
			表面（层）风化	表面粉化剥落	碑体底部受潮，镶嵌墙体雨水外渗，由于温度及冻融的影响形成的酥粉剥落，面积0.08m²。	
				表层片状剥落	碑刻受潮，由于水盐及温度周期变化形成的片状剥落，面积0.02m²。	
			表面污染与变色	人为污染	碑刻进行拓片时残留的墨迹，由于雨水冲刷等原因，墨迹已经影响了文字识读及碑刻外观0.2m²。	
X03	徐文通登泰山诗碑	整体保存较差，碑刻断裂为三大块，缺损约八分之一，采用水泥砂浆修补碑体及周围青砖潮碱严重。	机械损伤	断裂	整体断裂为三大部分，其中断裂裂隙共计2条，总长度1.45m。	XZ-X03
				缺失	缺失约占八分之一，面积0.25m²。	
			表面（层）风化	表层片状剥落	整体受潮，由于水盐及温度周期变化形成的片状剥落，面积0.45m²。	
			表面污染与变色	人为污染	进行拓片时残留的墨迹，由于雨水冲刷等原因，墨迹已经影响了文字识读及碑刻外观面积0.32m²。	
			水泥修补	水泥修补	缺失部分采用水泥砂浆修补，面积0.25m²。	
X04	天倪子碑	碑刻受外力断裂成三部分，其中右上角处碑水泥砂浆粘接修复。	机械损伤	断裂	整体受外力形成断裂，共2条断裂，总长1.96m。	XZ-X04
			表面（层）风化	表层片状剥落	整体受潮，由于水盐及温度周期变化形成的片状剥落，面积0.09m²。	
			表面污染与变色	人为污染	进行拓片时残留的墨迹，由于雨水冲刷等原因，墨迹已经影响了文字识读及碑刻外观0.43m²。	
			水泥修补	水泥修补	右上角处碑刻断裂严重，后期砂浆粘接修复，面积0.11m²。	
X05	定亲王碑	整体缺失约十分之一，碑刻断裂为上下两部分，采用水泥砂浆修补碑体，其周围青砖潮碱严重。	机械损伤	断裂	整体受外力断裂为上下两部分，断裂裂隙长0.71m。	XZ-X05
				局部缺失	左上角局部缺失，缺失面积0.1m²。	
			表面（层）风化	表面溶蚀	表面受雨水冲刷表面出现溶蚀风化，风化面积0.72m²。	
			表面污染与变色	人为污染	进行拓片时残留的墨迹，由于雨水冲刷等原因，墨迹已经影响了文字识读及碑刻外观0.85m²。	
			水泥修补	水泥修补	左上角局部缺失部位采用水泥修补，修补面积0.1m²。	
X06	陶澍由升仙亭陟岱三首碑	整体碑刻由两块刻石组成，碑刻表面粉化剥落和片状剥落严重。	表面（层）风化	表层片状剥落	整体受潮，由于水盐及温度周期变化形成的片状剥落，面积0.08m²。	XZ-X06
				表面粉化剥落	整体受潮，镶嵌墙体雨水外渗，由于温度、毛细水、冻融的影响形成的酥粉剥落，面积0.09m²。	
			表面污染与变色	人为污染	进行拓片时残留的墨迹，由于雨水冲刷等原因，墨迹已经影响了文字识读及碑刻外观0.24m²。	
				水锈结壳	碑刻上部受雨水，结晶盐析出等形成表面水锈结壳，纵面0.04m²。	
			水泥修补	水泥修补	碑刻两部分间采用水泥修补，修补面积0.05m²。	

续表

序号	名称	整体保存情况	病害类型		病害说明	照片图纸
X07	徐复斋记天倪子名碑	碑刻整体保存较好，表面病害以表面溶蚀和墨迹污染为主。	表面（层）风化	表面溶蚀	表面受雨水冲刷表面出现溶蚀风化，风化面积0.24m²。	XZ-X07
				表层片状剥落	整体受潮，由于水盐及温度周期变化形成的片状剥落，面积0.11m²。	
			表面污染与变色	人为污染	进行拓片时残留的墨迹，由于雨水冲刷等原因，墨迹已经影响了文字识读及碑刻外观0.24m²。	
			水泥修补	水泥修补	碑刻周边采用水泥修补便于碑刻镶嵌，修补面积0.05m²。	
X08	戴珊登泰山诗碑	碑刻表面风化严重，以表面粉化剥落和片状剥落为主，整体表面墨迹污染严重影响碑刻外观及识读。	表面（层）风化	表层片状剥落	整体受潮，由于水盐及温度周期变化形成的片状剥落，面积0.19m²。	XZ-X08
				表面粉化剥落	整体受潮，镶嵌墙体雨水外渗，由于温度、毛细水、冻融的影响形成的酥粉剥落，面积0.11m²。	
				表面泛盐	碑刻下部粉化伴随可溶盐移动，碑刻表面泛盐，面积0.02m²。	
			表面污染与变色	水锈结壳	左上角雨水流淌，石质表面出现结壳，面积0.01m²。	
				人为污染	进行拓片时残留的墨迹，由于雨水冲刷等原因，墨迹已经影响了文字识读及碑刻外观0.21m²。	
X09	吴凌题泰山诗碑	碑刻表面风化严重，整体风化以片状剥落和粉化剥落为主，表面墨迹污染严重影响外观及碑文识读。	表面（层）风化	表层片状剥落	整体受潮，由于水盐及温度周期变化形成的片状剥落，面积0.35m²。	XZ-X09
				表面粉化剥落	整体受潮，镶嵌墙体雨水外渗，由于温度、毛细水、冻融的影响形成的酥粉剥落，面积0.26m²。	
			表面污染与变色	人为污染	进行拓片时残留的墨迹，墨迹已经严重影响了文字识读及碑刻外观0.45m²；少量白灰污染0.1m²。	
X10	俞汝为名山记岱宗及徂徕诗碑	碑刻表面风化严重，整体风化以片状剥落和粉化剥落为主。	表面（层）风化	表层片状剥落	整体受潮，由于水盐及温度周期变化形成的片状剥落，面积0.25m²。	XZ-X10
				表面粉化剥落	整体受潮，镶嵌墙体雨水外渗，由于温度、毛细水、冻融的影响形成的酥粉剥落，面积0.35m²。	
			表面污染与变色	人为污染	进行拓片时残留的墨迹，由于雨水冲刷等原因，墨迹已经严重影响了文字识读及碑刻外观0.45m²。	
X11	刘从仁登泰山诗碑	碑刻整体风化严重，以片状剥落为主。	表面（层）风化	表层片状剥落	由于水盐及温度周期变化形成的片状剥落0.93m²。	XZ-X11
			裂隙	机械裂隙	由于受外力碑刻左半部分石材开裂，裂隙深入碑刻内部，裂隙宽5~10mm，总长0.5米。	
			表面污染与变色	人为污染	进行拓片时残留的墨迹，由于雨水冲刷等原因，墨迹已经影响了文字识读及碑刻外观0.45m²。	
			水泥修补	水泥修补	右下角碑刻表面采用水泥砂浆修补，修补面积0.02m²。	

续表

序号	名称	整体保存情况	病害类型		病害说明	照片图纸
X12	乾隆壶天阁诗碑	碑刻整体风化严重，主要以表面粉化剥落为主，另外碑刻表面黄色粘接材料和墨迹污染对于碑刻文字识读、整体风貌影响较大。	机械损伤	局部缺失	碑刻右上角小块缺失，缺失面积0.01m²，采用块石水泥砂浆修补。	XZ-X12
			表面（层）风化	表面粉化剥落	整体受潮，镶嵌墙体雨水外渗，由于温度、毛细水、冻融的影响形成的酥粉剥落，粉化剥落0.76m²。	
			表面污染与变色	墨迹污染	进行拓片时残留的墨迹，由于雨水冲刷等原因，墨迹已经严重影响了文字识读及碑刻外观0.56m²。	
				粘接材料污染（人为污染）	碑刻表面有黄色环氧树脂的粘接材料污染，污染面积0.3m²。	
				水锈结壳	碑刻上部受雨水，结晶体析出等形成表面水锈结壳，面积0.06m²。	
			水泥修补	水泥修补	面积0.08m²。	
X13	禹贞文感恩复瞻田碑	碑刻整体风化严重，碑刻风化以粉化剥落、片状剥落为主。	表面（层）风化	表层片状剥落	由于水盐及温度周期变化形成的片状剥落0.25m²。	XZ-X13
				表面粉化剥落	整体受潮，镶嵌墙体雨水外渗，由于温度、毛细水、冻融的影响形成的酥粉剥落，粉化剥落1.25m²。	
			表面污染与变色	水锈结壳	碑刻上部受雨水，结晶体析出等形成表面水锈结壳，共约0.36m²。	
				人为污染	进行拓片时残留的墨迹，由于雨水冲刷等原因，墨迹已经严重影响了文字识读及碑刻外观，本块碑刻表面风化严重，致使碑刻表面严重发污，污染面积1.46m²。	
X14	乾隆过泰山再依皇祖诗韵诗碑	碑刻整体表面风化严重，主要以表面粉化剥落和片状剥落为主。	机械损伤	局部缺失	碑刻顶部左下角缺失，缺失面积约0.10m²。缺失部分采用块石砂浆修补。	XZ-X14
			表面（层）风化	表面粉化剥落	墙体中上部受潮严重，镶嵌墙体水分外渗，碑刻表面由于水盐及温度、冻融变化形成的粉化剥落，剥落面积0.56m²。	
				表层片状剥落	由于水盐及温度周期变化形成的片状剥落片状剥落0.62m²。	
			表面污染与变色	人为污染	进行拓片时残留的墨迹，由于雨水冲刷等原因，墨迹已经严重影响了文字识读及碑刻外观，本块碑刻表面风化严重，致使碑刻表面严重发污，污染面积1.45m²。	
			水泥修补	水泥修补	对于碑刻的缺失部位采用块石水泥砂浆修补，其中水泥砂浆修补面积为0.05m²。	

续表

序号	名称	整体保存情况	病害类型		病害说明	照片图纸
X15	奉香供祀岱宗碑	碑刻整体由两块刻石组成，整体风化严重，以粉化剥落和片状为主，表面墨迹污染严重。	表面（层）风化	表层片状剥落	由于水盐及温度周期变化形成的片状剥落，剥落面积0.56m²。	XZ-X15
				表面粉化剥落	整体受潮，镶嵌墙体水分外渗，由于温度、毛细水、冻融的影响形成的酥粉剥落，面积1.12m²。	
				表面泛盐	碑刻整体受潮，碑刻表面出现粉化伴随可溶盐移动，并于碑刻表面富集泛盐，面积0.12m²。	
			裂隙与空鼓	机械裂隙	右侧刻石出现机械裂隙，长0.6m，裂隙宽3~5mm，深入石材约2mm。	
			表面污染与变色	人为污染	进行拓片时残留的墨迹，由于雨水冲刷等原因，墨迹已经严重影响了文字识读及碑刻外观，本块碑刻表面风化严重，致使碑刻表面严重发污，污染面积1.78m²。	
X16	张佳胤登岱四首碑	碑刻整体断裂为上下两部分，裂隙采用水泥砂浆修补，碑刻表面风化以片状为主。	机械损伤	断裂	整体断裂为上下两部分，裂隙采用水泥砂浆修补，总长0.83m。	XZ-X16
			表面（层）风化	表面粉化剥落	镶嵌墙体雨水外渗，由于温度、毛细水、冻融的影响形成的酥粉剥落，粉化剥落0.22m²。主要集中于碑刻上部。	
				表层片状剥落	由于水盐及温度周期变化形成的片状剥落，片状剥落面积0.52m²。	
			表面污染与变色	人为污染	进行拓片时残留的墨迹，由于雨水冲刷等原因，墨迹已经严重影响了文字识读及碑刻外观，本块碑刻表面风化严重，致使碑刻表面严重发污，污染面积1.98m²。	
X17	岱工增修小记碑	碑刻整体受潮，碑刻风化严重，表面风化以粉化剥落、片状剥落为主。	表面（层）风化	表面粉化剥落	碑刻整体受潮，镶嵌墙体雨水外渗，由于温度、毛细水、冻融的影响形成的酥粉剥落，粉化剥落1.22m²。	XZ-X17
				表层片状剥落	由于水盐及温度周期变化形成的片状剥落，片状剥落面积0.76m²。	
			表面污染与变色	人为污染	进行拓片时残留的墨迹，由于雨水冲刷等原因，墨迹已经严重影响了文字识读及碑刻外观，本块碑刻表面风化严重，致使碑刻表面严重发污，污染面积1.32m²。	
				水锈结壳	碑刻上部受雨水，结晶体析出等形成表面水锈结壳，共约0.12m²。	
X18	五经论碑	碑刻整体由四块刻石组成，均出现断裂，碑刻表面整体风化以粉化剥落为主。	机械损伤	断裂	四块刻石均出现断裂，共计5条，总长4.33m。	XZ-X18
			表面（层）风化	表面粉化剥落	碑刻上部出现粉化剥落，主要是由于镶嵌墙体渗水加之温湿度变化、冻融的作用造成的风化，风化面积1.13m²。	
				表面泛盐	碑刻表面出现粉化伴随可溶盐移动，并于碑刻表面富集泛盐，面积0.22m²，主要集中于最左侧刻石中部。	
			表面污染与变色	水锈结壳	碑刻上部受雨水，结晶体析出等形成表面水锈结壳，共约0.05m²。	
			水泥修补	水泥修补	碑刻断裂部位采用水泥砂浆机块石进行修补，修补面积0.09m²。	

续表

序号	名称	整体保存情况	病害类型		病害说明	照片图纸
X19	乾隆朝阳洞诗碑	两块碑刻镶嵌于一起，整体保存状况基本一致，表面主要以片状剥落和粉化剥落为主，碑刻表面出现泛盐、墨迹污染等病害。	表面（层）风化	表面粉化剥落	碑刻上部出现粉化剥落，主要是由于镶嵌墙体渗水加之温湿度变化、冻融的作用造成的风化，风化面积0.35m²。主要在X19右侧及X20左侧。	XZ-X19、X20
				表面泛盐	碑刻表面出现粉化伴随可溶盐移动，并于碑刻表面富集泛盐，面积0.40m²。	
X20	乾隆登封台诗碑		表面（层）风化	表层片状剥落	由于水盐及温度周期变化形成的片状剥落，片状剥落面积0.20m²。	
			表面污染与变色	人为污染	进行拓片时残留的墨迹，由于雨水冲刷等原因，墨迹已经严重影响了文字识读与碑刻外观，本块碑刻表面风化严重，致使碑刻表面严重发污，污染面积1.12m²。	
				水锈结壳	碑刻上部受雨水，结晶体析出等形成表面水锈结壳，共约0.09m²。	
X21	乾隆恭依皇祖登岱诗韵碑	碑刻整体保存较差，断裂为上下两部分，碑刻表面片状剥落为主，上部有粉化剥落和空鼓。	机械损伤	断裂	碑刻断裂为上下两部分，断裂裂隙1条，总长1.02m，裂隙材水泥砂浆修补。	XZ-X21
			表面（层）风化	表层片状剥落	碑刻整体受潮，由于水盐及温度周期变化形成的片状剥落，片状剥落面积1.56m²。	
				表面粉化剥落	碑刻上部出现粉化剥落，主要是由于镶嵌墙体渗水加之温湿度、冻融的作用造成，面积0.52m²。	
			裂隙与空鼓	空鼓	由于风化产生为未剥落状态，片状鼓起未与碑体脱离，空鼓面积0.12m²。	
			表面污染与变色	人为污染	进行拓片时残留的墨迹，由于雨水冲刷等原因，墨迹已经严重影响了文字识读及碑刻外观，本块碑刻表面风化严重，致使碑刻表面严重发污，污染面积0.86m²。	
			水泥修补	水泥修补	碑身断裂采用水泥砂浆修补抹缝，面积0.05m²。	
X22	乾隆飞来石诗碑	碑刻整体风化以片状剥落和孔洞状风化为主。	表面（层）风化	表层片状剥落	由于水盐及温度周期变化形成的片状剥落，片状剥落面积0.54m²。	XZ-X22
				表面粉化剥落	碑刻左下部出现粉化剥落，主要是由于镶嵌墙体渗水加之温湿度变化、冻融的作用造成的风化，风化面积0.10m²。	
				孔洞状风化	碑刻表面片状剥落后其裸露碑体表面发生溶解风化、杂质脱落等风化现象，主要集中于片状剥落内部，风化面积0.34m²。	
			表面污染与变色	水锈结壳	碑刻上部受雨水，结晶体析出等形成表面水锈结壳，共约0.05m²。	
				人为污染	进行拓片时残留的墨迹，由于雨水冲刷等原因，已经严重影响文字识读及碑刻外观，面积0.78m²。	

续表

序号	名称	整体保存情况	病害类型		病害说明	照片图纸
X23	岱岳庙碑	碑刻表面风化以片状剥落和表面溶蚀为主，左下部有局部缺失，采用块石水泥砂浆修补。	机械损伤	局部缺失	碑刻左下角缺失，现采用块石水泥砂浆修补，缺失面积为0.20m²。	XZ-X23
			表面（层）风化	表层片状剥落	由于水盐及温度周期变化形成的片状剥落，片状剥落面积1.32m²。	
				表面溶蚀	表面受雨水冲刷表面出现溶蚀风化，风化面积1.02m²。	
			表面污染与变色	人为污染	进行拓片时残留的墨迹，由于雨水冲刷等原因，墨迹已经严重影响了文字识读及碑刻外观，本块碑刻表面风化严重，致使碑刻表面严重发污，污染面积2.02m²。	
			水泥修补	水泥修补	碑刻下部采用块石水泥砂浆修补，修补面积为0.20m²。	
X24	乾隆题环咏亭诗碑	碑刻整体保存相对较完整，局部出现表面片状剥落、表面溶蚀等风化现象。	表面（层）风化	表层片状剥落	由于水盐及温度周期变化形成的片状剥落，片状剥落面积0.43m²。	XZ-X24
				表面溶蚀	表面受雨水冲刷表面出现溶蚀风化，主要集中于碑刻左上角及中下部，风化面积0.30m²。	
			表面污染与变色	水锈结壳	碑刻上部受雨水，结晶体析出等形成表面水锈壳，共约0.04m²。	
				人为污染	进行拓片时残留的墨迹，由于雨水冲刷等原因，墨迹已经严重影响了文字识读及碑刻外观的污染面积0.30m²。	
X25	乾隆日观峰诗碑	碑刻整体断裂为上下连接部分，上半部分有少量缺失，现采用块石水泥砂浆修补，碑刻表面风化以片状剥落和粉化剥落为主。	机械损伤	断裂	碑刻上下断裂为两部分，断裂裂缝长度0.83m。	XZ-X25
				局部缺失	碑刻上半部分局部缺失，缺失面积0.12m²。	
			表面（层）风化	表层片状剥落	碑刻整体受潮，由于水盐及温度周期变化形成的片状剥落，片状剥落面积0.68m²。	
				表面粉化剥落	碑刻下部出现粉化剥落，主要是由于镶嵌墙体渗水加之温湿度变化、冻融的作用造成的风化，风化面积0.56m²。	
			表面污染与变色	水锈结壳	碑刻上部受雨水，结晶体析出等形成表面水锈壳，共约0.05m²。	
				人为污染	进行拓片时残留的墨迹，由于雨水冲刷等原因，墨迹已经严重影响了文字识读及碑刻外观，本块碑刻表面风化严重，致使碑刻表面严重发污，污染面积0.78m²。	
X26	张衡、曹植诗碑	碑刻整体保存相对较好，表面风化以片状剥落和表面溶蚀为主。	表面（层）风化	表层片状剥落	由于水盐及温度周期变化形成的片状剥落，碑刻局部有少量片状剥落，风化剥落面积0.01m²。	XZ-X26
				表面溶蚀	表面受雨水冲刷表面出现溶蚀风化，主要集中于碑刻左侧中部，风化面积0.20m²。	
			表面污染与变色	涂料污染	碑刻中部白色涂料污染并形成流淌，污染面积0.30m²。	
				墨迹污染	进行拓片时残留的墨迹，由于雨水冲刷等原因，墨迹已经严重影响了文字识读及碑刻外观，污染面积0.15m²。	

续表

序号	名称	整体保存情况	病害类型		病害说明	照片图纸
X27	登泰观海碑	整体有四块刻石组成，整体保存较好，其中"登"字刻石表面有少量片状剥落。	表面（层）风化	表层片状剥落	由于水盐及温度周期变化形成的片状剥落，"登"碑刻底部局部有少量片状剥落，风化剥落面积0.10m²。	XZ-X27
				水锈结壳	四块刻石顶部受雨水影响，结晶体析出等形成表面水锈结壳，共约0.06m²。	
			表面污染与变色	人为污染	进行拓片时残留的墨迹，由于雨水冲刷等原因，碑体发污，对于刻字识读和整体保存风貌影响较小，污染面积1.51m²。	
X28	乾隆白云洞诗碑	碑刻中下部风化严重，表面风化以孔洞状风化和粉化剥落为主。	表面（层）风化	表面粉化剥落	碑刻中部及下部出现粉化剥落，主要是由于镶嵌墙体渗水加之温湿度变化、冻融的作用造成的风化，风化面积0.42m²。	XZ-X28
				表层片状剥落	由于水盐及温度周期变化形成的片状剥落，中部及底部有少量片状剥落，风化剥落面积0.05m²。	
				孔洞状风化	碑刻表面由于软质夹杂物溶解风化，在石刻表面形成的孔洞状风化，风化面积0.36m²。	
			表面污染与变色	水锈结壳	顶部受雨水影响，结晶体析出等形成表面水锈结壳，共约0.08m²。	
				人为污染	拓片时残留的墨迹，由于雨水冲刷等原因，墨迹已经严重影响了文字识读及碑刻外观，本块碑刻表面风化严重，致使碑刻表面严重发污，污染面积0.40m²。	
X29	孙璋登泰山诗碑	碑刻表面整体保存较差，表面风化以片状剥落和鳞片状剥落为主。	表面（层）风化	鳞片状起翘与剥落	碑刻由于岩石石材纹理走向及受镶嵌碑刻墙体泛潮，加之冻融的影响，碑刻表面出现鳞片状剥落的风化现象，风化面积0.15m²。	XZ-X29
				表层片状剥落	由于水盐及温度周期变化形成的片状剥落，中部及底部有少量片状剥落和鳞片状剥落病害相互作用病害加剧，主要集中碑刻左上部，风化剥落面积0.11m²。	
			表面污染与变色	水锈结壳	碑刻顶部中右侧出现水锈结壳，主要由于碑刻表面墨迹附着和碑墙雨水冲刷联合造成的，污染面积0.03m²。	
				人为污染	拓片时残留的墨迹，由于雨水冲刷等原因，墨迹已经严重影响了文字识读及碑刻外观，污染面积0.40m²。	
X30	乾隆桃花峪诗碑	碑刻表面整体保存较较好，表面风化以片状剥落为主。	表面（层）风化	表层片状剥落	由于水盐及温度周期变化形成的片状剥落，中部及底部有少量片状剥落，片状剥落0.016m²。	XZ-X30
			表面污染与变色	水锈结壳	碑刻顶部出现水锈结壳，主要由于碑刻表面墨迹附着和碑墙雨水冲刷联合造成的，污染面积0.02m²。	
				人为污染	拓片时残留的墨迹，由于雨水冲刷等原因，墨迹已经影响了文字识读及碑刻外观，污染面积0.20m²。	

续表

序号	名称	整体保存情况	病害类型		病害说明	照片图纸
X31	徐仲麟登泰山诗碑	碑刻整体保存相对较好，风化以表面溶蚀为主。	表面（层）风化	表面粉化剥落	碑刻上部出现粉化剥落，主要是由于镶嵌墙体渗水加之温湿度变化、冻融的作用造成的风化，风化面积0.01m²。	XZ-X31
				表面溶蚀	表面受雨水冲刷表面出现溶蚀风化，零星分布，风化面积0.05m²。	
			裂隙	浅表性裂隙	由于碑刻薄弱成分风化流失形成的裂隙，一条长0.45m，宽5mm左右，未深入碑刻。	
			表面污染与变色	水锈结壳	碑刻顶部出现水锈结壳，主要是由于碑刻表面墨迹附着和碑墙雨水冲刷造成的，污染面积0.02m²。	
				人为污染	拓片时残留的墨迹，由于雨水冲刷等原因，已经影响了文字识读及碑刻外观，污染面积0.10m²。	
X32	乾隆咏无字碑诗碑	碑刻整体断裂为六部分，采用水泥砂浆修补恢复。	机械损伤	断裂	碑刻断裂为六部分，断裂裂隙总长1.43m，其中左下角采用水泥抹面修补。	XZ-X32
			表面（层）风化	表层片状剥落	由于水盐及温度周期变化形成的片状剥落，中部有少量片状剥落，片状剥落0.01m²。	
				孔洞状风化	碑刻表面由于软质夹杂物溶解风化，在石刻表面形成的孔洞状风化，主要集中于碑刻上部，风化面积0.11m²。	
			表面污染与变色	水锈结壳	碑刻顶部出现水锈结壳，主要是由于碑刻表面墨迹附着和碑墙雨水冲刷造成的，污染面积0.01m²。	
				人为污染	拓片时残留的墨迹，由于雨水冲刷等原因，已经影响了文字识读及碑刻外观，污染面积0.21m²。	
			水泥修补	水泥修补	左下角断裂采用水泥修补，修补面积0.01m²。	
X33	乾隆飞来石诗碑	碑刻风化以孔洞状风化为主，右下角有少量片状剥落。	表面（层）风化	表面粉化剥落	碑刻中部出现粉化剥落，主要是由于镶嵌墙体渗水加之温湿度变化、冻融的作用造成的风化，风化面积0.01m²。	XZ-X33
				表层片状剥落	由于水盐及温度周期变化形成的片状剥落，右下角有少量片状剥落，片状剥落0.05m²。	
				孔洞状风化	碑刻表面由于软质夹杂物溶解风化，在石刻表面形成的孔洞状风化，风化面积0.36m²。	
			表面污染与变色	人为污染	拓片时残留的墨迹，由于雨水冲刷等原因，已经影响了文字识读及碑刻外观，污染面积0.56m²。	
			水泥修补	水泥修补	碑刻与镶嵌墙体间采用水泥砂浆抹缝，污染面积0.02m²。	
X34	周津题泰安八景诗碑	碑刻表面风化以片状剥落为主，顶部有少量水锈结壳	表面（层）风化	表层片状剥落	由于水盐及温度周期变化形成的片状剥落，片状剥落0.25m²。	XZ-X34
				表面粉化剥落	由于片状剥落造成碑体新的薄弱层裸露，受镶嵌墙体渗水加之温湿度变化、冻融的作用造成的粉化剥落，风化面积0.03m²。	
			表面污染与变色	水锈结壳	碑刻顶部出现水锈结壳，主要是由于碑刻表面墨迹附着和碑墙雨水冲刷造成的，污染面积0.02m²。	
				人为污染	拓片时残留的墨迹，由于雨水冲刷等原因，已经影响了文字识读及碑刻外观，污染面积0.35m²。	

续表

序号	名称	整体保存情况	病害类型		病害说明	照片图纸
X35	乾隆回马岭诗碑	碑刻整体保存相对较好，表面污染以墨迹污染为主。	表面（层）风化	表层片状剥落	由于水盐及温度周期变化形成的片状剥落，主要集中于碑刻右上角，片状剥落0.25m²。	XZ-X35
			表面污染与变色	水锈结壳	碑刻顶部出现水锈结壳，主要由于碑刻表面墨迹附着和碑墙雨水冲刷造成的，污染面积0.01m²。	
				人为污染	拓片时残留的墨迹，由于雨水冲刷等原因，已经影响了文字识读及碑刻外观，污染面积0.56m²。	
X36	乾隆丈人峰诗碑	碑刻断裂为两部分，表面风化严重，主要已片状剥落和粉化剥落为主。	机械损伤	断裂	碑刻断裂为两部分，现依靠碑墙拼接在一起裂缝内未采用水泥粘抹，断裂裂隙长0.98m。	XZ-X36
			表面（层）风化	表层片状剥落	由于水盐及温度周期变化形成的片状剥落，主要集中在中下部，片状剥落0.67m²。	
				表面粉化剥落	碑刻中下部出现粉化剥落，基本和片状剥落区域重合，主要是由于镶嵌墙体渗水加之温湿度变化、冻融的作用造成的风化，风化面积0.45m²。	
			水泥修补	水泥修补	碑刻与镶嵌墙体间采用水泥砂浆抹缝，修补抹缝面积0.05m²。	
			表面污染与变色	人为污染	拓片时残留的墨迹，由于雨水冲刷等原因，已经影响了文字识读及碑刻外观，污染面积0.56m²。	
X37	乾隆十八盘诗碑	后期加盖院墙时院墙部分遮挡碑刻内容，碑刻表面以片状剥落为主。	表面（层）风化	表层片状剥落	碑刻由于受外力造成表面损伤，又受水盐及温度周期变化形成的片状剥落，片状剥落0.17m²。	XZ-X37
			表面污染与变色	墨迹污染	拓片时残留的墨迹，由于雨水冲刷等原因，已经影响了文字识读及碑刻外观，污染面积0.87m²。	
				涂料污染	由于院墙涂刷等施工，墙体表面有红色涂料及白灰污染，污染面积0.20m²。	
			水泥修补	水泥修补	主要集中于碑刻左侧与镶嵌墙体结合部位采用水泥砂浆抹缝，修补面积0.15m²。	
X38	静垒居士登泰山诗碑	碑刻整体风化严重，表面风化以粉化剥落和片状剥落为主。	表面（层）风化	表面粉化剥落	碑体整体受潮，由于镶嵌墙体渗水加之温湿度变化、冻融的作用造成的风化，两种病害相互作用，片状剥落后由于新面层较薄弱，石质又长期受雨水及渗透水作用产生酥碱，片状剥落0.52m²。	XZ-X38
				表层片状剥落		
			裂隙	构造裂隙	碑刻表面有三条构造裂隙，构造裂隙共3条，共1.2m，裂隙宽度不足1mm。	
			表面污染与变色	人为污染	拓片时残留的墨迹，由于雨水冲刷等原因，已经影响了文字识读及碑刻外观，污染面积0.45m²。	
X39	胡洙登泰山诗碑	碑刻风化以表面溶蚀和孔洞状风化为主。	表面（层）风化	表面溶蚀	表面受雨水冲刷表面出现溶蚀风化，导致碑体石材杂质流失形成，风化面积0.25m²。	XZ-X39
				孔洞状风化	碑刻表面由于软质夹杂物溶解风化，在石刻表面形成的孔洞状风化，风化面积0.36m²。	
			表面污染与变色	人为污染	拓片时残留的墨迹，由于雨水冲刷等原因，已经影响了文字识读及碑刻外观，污染面积0.40m²。	

续表

序号	名称	整体保存情况	病害类型		病害说明	照片图纸
X40	章忱登泰山诗碑	碑刻整体保存较差，表面风化以片状剥落和粉化剥落为主。	表面（层）风化	表层片状剥落	碑体整体受潮，由于镶嵌墙体渗水加之温湿度变化、冻融的作用造成的风化，两种病害相互作用，片状剥落后由于新面层较薄弱，石质又长期受雨水及渗透水作用产生酥碱，片状剥落 0.24m²。	XZ-X40
				表面粉化剥落		
			表面污染与变色	水锈结壳	碑刻顶部出现水锈结壳，主要由于碑刻表面墨迹附着和碑墙雨水冲刷造成的，污染面积 0.01m²。	
				人为污染	拓片时残留的墨迹，由于雨水冲刷等原因，已经影响了文字识读及碑刻外观，污染面积 0.15m²。	
X41	南海冯赓飚碑	碑刻表面以表面孔洞状风化为主，碑刻表面有白灰污染。	表面（层）风化	孔洞状风化	碑刻表面由于软质夹杂物溶解风化，在石刻表面形成的孔洞状风化，风化面积 0.12m²。	XZ-X41
			表面污染与变色	水锈结壳	碑刻顶部出现水锈结壳，主要由于碑刻表面墨迹附着和碑墙雨水冲刷造成的，污染面积 0.01m²。	
				人为污染	碑刻表面有白灰污染，部分出现墨迹漆皮脱落起翘，形成污染，污染面积 0.05m²。	
X42	乾隆环咏亭诗碑	碑刻整体保存较好，表面风化以片状剥落为主。	表面（层）风化	表层片状剥落	受水盐及温度周期变化形成的片状剥落，主要在碑刻四角，片状剥落 0.08m²。	XZ-X42
			表面污染与变色	人为污染	拓片时残留的墨迹，由于雨水冲刷等原因，已经影响了文字识读及碑刻外观，污染面积 0.34m²。	
X43	乾隆莲花洞诗碑	碑刻表面以表面孔洞状风化为主，主要集中碑刻下部。	表面（层）风化	表层片状剥落	在碑刻表面零星分布，多为薄弱部位风化后成片剥落下来，风化面积 0.06m²。	XZ-X43
				表面粉化剥落	表面风化剥落后，碑刻表面出现粉化剥落的现象，粉化剥落 0.11m²。	
			表面污染与变色	人为污染	拓片时残留的墨迹，由于雨水冲刷等原因，已经影响了文字识读及碑刻外观，污染面积 0.95m²。	
X44	乾隆环咏亭诗碑	碑刻整体保存较好。	表面污染与变色	人为污染	拓片时残留的墨迹，由于雨水冲刷等原因，已经影响了文字识读及碑刻外观，污染面积 0.68m²。	XZ-X44
			水泥修补	水泥修补	碑刻顶部与碑墙镶嵌部位采用水泥砂浆抹缝，部分污染碑刻表面，污染面积 0.03m²。	
X45	乾隆五大夫松、白云洞诗碑	碑刻上部局部断裂，底部有机械裂隙，表面以孔洞状风化为主。	机械损伤	断裂	碑刻上部断裂，断裂后直接拼接，未使用水泥砂浆抹缝，断裂裂隙长 1.17m。	XZ-X45
			裂隙	机械裂隙	机械裂隙共1条，位于碑刻左下部，由于应力的作用产生裂隙，裂隙长 0.72m，宽1至2mm，延伸至碑刻内部较浅。	
			表面污染与变色	水锈结壳	碑刻顶部出现少量水锈结壳，主要由于表面墨迹附着和碑墙雨水冲刷造成的，污染面积 0.01m²。	
				人为污染	拓片时残留的墨迹，由于雨水冲刷等原因，已经影响了文字识读及碑刻外观，污染面积 1.31m²。	
X46	乾隆环咏亭诗碑	碑刻左半部分断裂，碑刻整体保存较好，表面有少量片状剥落。	机械损伤	断裂	碑刻左半部分碑断裂，未采用水泥砂浆抹缝粘接，断裂裂隙长 0.96m。	XZ-X46
			表面（层）风化	表层片状剥落	受水盐及温度周期变化形成的片状剥落，零星分布在碑刻表面，片状剥落 0.02m²。	
			表面污染与变色	人为污染	拓片时残留的墨迹，由于雨水冲刷等原因，已经影响了文字识读及碑刻外观，人为污染 1.23m²。	

续表

序号	名称	整体保存情况	病害类型		病害说明	照片图纸
X47	济南府泰安州为钦奉上谕碑	碑刻表面以表面溶蚀为主，见有片状剥落。	表面（层）风化	表层片状剥落	受水盐及温度周期变化形成的片状剥落，零星分布在碑刻表面，片状剥落0.15m²。	XZ-X47
				表面溶蚀	表面受雨水冲刷表面出现溶蚀风化，导致碑体石材杂质流失形成，溶蚀面积1.32m²。	
			表面污染与变色	人为污染	拓片时残留的墨迹，由于雨水冲刷等原因，已经影响了文字识读及碑刻外观，人为污染1.03m²。	
X48	晋陆机、谢灵运题诗碑	碑刻风化以溶蚀和人为污染为主。	表面（层）风化	表面溶蚀	表面受雨水冲刷表面出现溶蚀风化，导致碑体石材杂质流失形成，溶蚀面积0.13m²。	XZ-X48
			表面污染与变色	人为污染	拓片时残留的墨迹，由于雨水冲刷等原因，已经影响了文字识读及碑刻外观，人为污染0.45m²。	
X49	乾隆五大夫松诗碑	碑刻整体断裂为上下两部分，表面风化以孔洞状风化为主。	机械损伤	断裂	碑刻断裂为上下两部分，拼合后裂隙采用水泥砂浆抹缝，断裂裂隙长0.94m。	XZ-X49
			表面（层）风化	孔洞状风化	碑刻表面由于软质夹杂物溶解风化，在石刻表面形成的孔洞状风化，风化面积0.43m²。	
			表面污染与变色	人为污染	碑刻表面通过墨迹显字，涂抹过程中墨迹分布不均，影响碑刻外观，污染面积1.26m²。	
			水泥修补	水泥修补	碑刻四周采用水泥砂浆抹缝，部分抹灰面积较大，污染了碑刻外观，污染面积0.06m²。	
X50	乾隆奉皇太后登岱诗碑	碑刻表面风化以片状剥落和表面溶蚀为主。	表面（层）风化	表层片状剥落	受水盐及温度周期变化形成的片状剥落，主要在碑刻中部，片状剥落0.62m²。	XZ-X50
				表面溶蚀	表面受雨水冲刷表面出现溶蚀风化，导致碑体石材杂质流失形成，溶蚀面积1.44m²。	
			表面污染与变色	人为污染	拓片时残留的墨迹，由于雨水冲刷等原因，已经影响了文字识读及碑刻外观，人为污染1.56m²。	
				水锈结壳	碑刻顶部出现少量水锈结壳，主要由于碑刻表面墨迹附着和雨水冲刷造成的，污染面积0.18m²。	
X51	乾隆日观峰诗碑	碑刻表面以片状剥落和孔洞状风化为主。	表面（层）风化	表层片状剥落	受水盐及温度周期变化形成的片状剥落，主要在碑刻中部，片状剥落0.58m²。	XZ-X51
				孔洞状风化	碑刻表面由于软质夹杂物溶解风化，在石刻表面形成的孔洞状风化，风化面积0.76m²。	
			表面污染与变色	人为污染	拓片时残留的墨迹，由于雨水冲刷等原因，已经影响了文字识读及碑刻外观，人为污染0.95m²。	
				水锈结壳	碑刻顶部出现少量水锈结壳，主要由于碑刻表面墨迹附着和雨水冲刷造成的，污染面积0.08m²。	
X52	乾隆迴马岭诗碑	碑刻以表面孔洞状风化为主，碑刻表面有水锈等污染。	表面（层）风化	孔洞状风化	碑刻表面由于软质夹杂物溶解风化，在石刻表面形成的孔洞状风化，风化面积0.39m²。	XZ-X52
				表层片状剥落	受水盐及温度周期变化形成的片状剥落，主要在碑刻右侧下部，片状剥落0.11m²。	
			表面污染与变色	人为污染	拓片时残留的墨迹，由于雨水冲刷等原因，已经影响了文字识读及碑刻外观，墨迹污染0.68m²。	
				水锈结壳	碑刻顶部出现少量水锈结壳，主要由于碑刻表面墨迹附着和雨水冲刷造成的，污染面积0.16m²。	

续表

序号	名称	整体保存情况	病害类型		病害说明	照片图纸
X53	乾隆壶天阁诗碑	碑刻下部断裂，拼合后采用水泥砂浆抹缝，表面风化以片状剥落为主。	机械损伤	断裂	碑刻下部断裂，拼接后采用水泥砂浆抹缝，断裂裂隙长1.37m。	XZ-X53
			表面（层）风化	表层片状剥落	碑刻表面受水盐及温度周期变化形成片状剥落，主要在碑刻中部，片状剥落0.26m²。	
				孔洞状风化	碑刻表面软质夹杂物溶解风化，在石刻表面形成的孔洞状风化，由于碑刻表面墨迹层覆盖，形成表面墨迹凸起或起翘，主要集中在上部0.13m²。	
			空鼓	空鼓	碑刻表面由于风化未完全剥落的部位形成空鼓，空鼓面积0.11m²。	
			表面污染与变色	人为污染	拓片时残留的墨迹，由于雨水冲刷等原因，已经影响了文字识读及碑刻外观，墨迹污染1.14m²。	
X54	乾隆五大夫松诗碑	碑刻整体保存较好，局部出现表面风化以片状剥落和粉化剥落。	表面（层）风化	表层片状剥落	位于碑刻中下部，受到雨水冲刷和水盐等变化的共同影响，表层出现崩解形成剥落，面积0.45m²。	XZ-X54
				表面粉化剥落	该病害主要由于表层片状剥落后，新的裸露面表面出现粉化等病害，部位和片状剥落有较大部分重叠，主要集中在下部，风化面积0.32m²。	
				表面起翘	碑刻整体做显字处理，采用黑色油漆进行显字涂刷，伴随着碑刻表面水盐、结晶作用，碑刻表面形成凸起，鼓胀表面油漆，形成凸起状起翘，风化面积0.10m²。主要集中在碑刻上部。	
			表面污染与变色	油漆涂料污染（人为污染）	碑刻表面采用黑油漆类做显字处理，表面形成致密层，现顶部油漆出现起皮等现象，另外碑刻右侧有竖向白灰污染附着，污染面积共0.86m²。	
				水锈结壳	碑刻顶部有少量水锈，并在表面有白灰污染，污染面积0.09m²。	
X55	秋兴八首诗碑	碑刻表面风化以表面泛盐为主，并有大量水锈污染。	表面（层）风化	表面泛盐	碑刻整体受雨水及墙体渗水影响，可溶盐大量聚集于碑刻表面，形成泛盐现象，风化面积1.58m²。	XZ-X55
			表面污染与变色	人为污染	拓片时残留的墨迹，由于雨水冲刷等原因，已经影响了文字识读及碑刻外观，墨迹污染1.25m²。	
				水锈结壳	刻顶部出现少量水锈结壳，主要由于碑刻表面墨迹附着和雨水冲刷造成的，污染面积1.02m²。	
X56	兰花图碑	刻石表面以表面溶蚀和孔洞状风化为主，间有片状剥落。	表面（层）风化	表面溶蚀孔洞状风化	碑刻表面在水盐、结晶等作用下，伴随着温度变化，表面出现大量的薄弱杂质风化流失，形成孔洞状、沟槽状等病害，两种病害相互穿插，风化面积0.45m²。	XZ-X56
				表层片状剥落	受到雨水冲刷和水盐等变化的共同影响，表层出现崩解形成剥落，在碑刻表面零星分布，片状剥落0.10m²。	
			表面污染与变色	人为污染	拓片时残留的墨迹，由于雨水冲刷等原因，已经影响了文字识读及碑刻外观，墨迹污染0.38m²。	
				水锈结壳	刻顶部出现少量水锈结壳，主要由于碑刻表面墨迹附着和雨水冲刷造成的，污染面积0.05m²。	

续表

序号	名称	整体保存情况	病害类型		病害说明	照片图纸
X57	宋思仁兰草图碑	碑刻表面以粉化剥落、片状剥落及表面孔洞状风化为主。	表面（层）风化	表层片状剥落	受到雨水冲刷和水盐等变化的共同影响，表层出现崩解剥落，主要集中在碑刻中部，片状剥落0.08m²。	XZ-X57
				表面粉化剥落	表层片状剥落后，新的裸露碑表面出现粉化等病害，部位和片状剥落有较大部分重叠，主要集中在下部，风化面积0.24m²。	
				表面泛盐	碑刻整体受雨水及墙体渗水影响，可溶盐大量聚集于碑刻表面，形成泛盐现象，风化面积0.21m²。	
			裂隙	构造裂隙	刻石中上部一条横向构造裂隙，裂隙长0.4m，宽1至2mm，深入碑刻3至4mm。	
			表面污染与变色	人为污染	拓片时残留的墨迹，由于雨水冲刷等原因，已经影响了刻画内容的辨识，墨迹污染0.24m²。	
				水锈结壳	刻石顶部出现少量水锈结壳，主要由于碑刻表面墨迹附着和雨水冲刷造成的，污染面积0.11m²。	
X58	竹心竹子图碑	碑刻整体保存较好，表面以黄色涂料和墨迹污染为主。	表面污染与变色	水锈结壳	顶部出现少量水锈结壳，主要由于碑刻表面墨迹附着和雨水冲刷造成的，污染面积0.05m²。	XZ-X58
				涂料污染	碑刻中部有大量黄色涂料污染，污染面积为0.42m²。	
				墨迹污染	拓片时残留的墨迹，由于雨水冲刷等原因，已经影响了刻画内容的辨识，墨迹污染0.24m²	
X59	登岱篇诗碑	碑刻左侧断裂下两部分，表面以泛盐和粉化剥落为主。	机械损伤	断裂	碑刻左侧小部分断裂，共有断裂裂隙2条，总长0.52m，裂缝采用水泥抹灰封缝。	XZ-X59
			表面（层）风化	表面泛盐	碑刻表面由于整体墙体渗水等原因，表面聚集大量可溶盐，泛盐面积0.17m²。	
				表面粉化剥落	受到雨水冲刷和水盐等变化的共同影响，表面出现粉化现象，主要集中在中下部，面积0.21m²。	
			表面污染与变色	水锈结壳	顶部及中部出现少量水锈结壳，主要由于碑刻表面墨迹附着和雨水冲刷造成的，污染面积0.10m²。	
				墨迹污染	拓片时残留的墨迹，由于雨水冲刷等原因，已经影响了刻画内容的辨识，墨迹污染0.19m²。	
X60	马驷登岳感云、御帐感雨两篇碑	碑刻表面风化以片状剥落和溶蚀为主。	裂隙与空鼓	构造裂隙	碑刻上部有一条构造裂隙，长1.15m。	XZ-X60
			表面（层）风化	表层片状剥落	碑刻表面由于渗水及表面雨水冲刷等原因，表面薄弱组分流失，形成坑窝或构造状溶蚀；部分部位表面形成片状剥落，总风化面积0.28m²。	
				表面溶蚀		
			表面污染与变色	水锈结壳	顶部及中部出现少量水锈结壳，主要由于碑刻表面墨迹附着和雨水冲刷造成的，污染面积0.11m²。	
				人为污染	拓片时残留的墨迹，由于雨水冲刷等原因，已经影响了刻画内容的辨识，墨迹污染0.13m²	

续表

序号	名称	整体保存情况	病害类型		病害说明	照片图纸
X61	张延庆登泰山碑	碑刻表面以泛盐、孔洞状风化及表面溶蚀为主。	表面（层）风化	表面泛盐	碑刻表面由于整体墙体渗水等原因，表面聚集大量可溶盐，泛盐面积0.09m²。	XZ-X61
				表面溶蚀	碑刻表面由于软质杂质流失形成的表面坑窝和孔洞状风化，两种风化病害相互穿插，风化面积0.26m²。	
				孔洞状风化		
			表面污染与变色	水锈结壳	碑刻右半部分由于雨水冲刷及表面墨迹相互作用形成的表面水锈，水锈结壳面积0.12m²。	
				人为污染	拓片时残留的墨迹，由于雨水冲刷等原因，已经影响了刻画内容的辨识，墨迹污染0.18m²。	
X62	卢睿游灵岩寺碑	表面以片状剥落和粉化剥落为主。	表面（层）风化	表层片状剥落	受到雨水冲刷和水盐等变化的共同影响，表层出现崩解剥落，主要集中在碑刻中部，片状剥落0.23m²。表层片状剥落后，新的裸露新表面出现粉化等病害部位和片状剥落有较大部分重叠，风化面积0.24m²。	XZ-X62
				表面粉化剥落		
			表面污染与变色	水锈结壳	顶部及中部出现少量水锈结壳，主要由于碑刻表面墨迹附着和雨水冲刷造成的，污染面积0.08m²。	
X63	侯应瑜华岳八首诗碑	碑刻以表面溶蚀为主。	表面（层）风化	表面泛盐	由于碑墙渗水、毛细水等原因造成表面可溶盐在表面富集，在碑刻表面少量泛盐，主要集中在边角部位，泛盐面积0.01m²。	XZ-X63
				表面溶蚀	碑刻表面在水盐、结晶等作用下，伴随着温度变化，表面出现大量的薄弱杂质风化流失，形成坑窝、沟槽状等病害，风化面积0.50m²。	
			表面污染与变色	水锈结壳	顶部及中部出现水锈结壳，主要由于碑刻表面墨迹附着和雨水冲刷造成的，污染面积0.23m²	
X64	游吕公洞碑	碑刻表面以表面溶蚀为主。	表面（层）风化	表层片状剥落	碑刻顶部有小块剥落，面积0.01m²。	XZ-X64
				表面溶蚀	碑刻表面在水盐、结晶等作用下，伴随着温度变化，表面出现大量的薄弱杂质风化流失，形成坑窝、沟槽状等病害，风化面积0.48m²。	
			表面污染与变色	水锈结壳	顶部及中部出现少量水锈结壳，主要由于碑刻表面墨迹附着和雨水冲刷造成的，污染面积0.12m²	
			水泥修补	水泥修补	碑刻右侧中部有小块水泥修补，修补面积0.02m²。	
X65	陈迁廷赞汉柏九首诗碑	碑刻左半部分断裂出四部分，现拼接粘接在一起，整体以片状剥落和表面溶蚀为主。	机械损伤	断裂	碑刻左半部分断裂，共四条裂隙，总长1.13m，裂缝采用水泥抹缝后又采用白水泥再次抹缝。	XZ-X65
			表面（层）风化	表面泛盐	由于碑墙渗水、毛细水等原因造成表面可溶盐在表面富集，在碑刻表面少量泛盐，主要集中在上部边角部位，泛盐面积0.01m²。	
				表层片状剥落	主要集中在碑刻中部及右下角，片状剥落0.03m²。	
				表面溶蚀	碑刻表面在水盐、结晶等作用下，伴随着温度变化，表面出现大量的薄弱杂质风化流失，形成坑窝、沟槽状等病害，风化面积0.48m²。	
			裂隙	机械裂隙	碑刻中部及右部表面有一条横向裂隙，长0.73米，裂隙采用白水泥抹缝。	
			表面污染与变色	水锈结壳	顶部出现水锈结壳，主要由于碑刻表面墨迹附着和雨水冲刷造成的，污染面积0.08m²。	

续表

序号	名称	整体保存情况	病害类型		病害说明	照片图纸
X66	潘鑑登泰山诗碑	碑刻整体断裂为两部分，风化以表面溶蚀为主。	机械损伤	断裂	碑刻断裂为左右两部分，断裂裂隙长0.51m，内采用水泥砂浆及白水泥抹缝。	XZ-X66
			表面（层）风化	表层片状剥落	碑刻右侧下部有片状剥落，剥落面积约0.02平方米。	
				表面泛盐	由于碑墙渗水、毛细水等原因造成表面可溶盐在表面富集，在碑刻表面少量泛盐，主要集中在右侧中部，泛盐面积0.01m²。	
				表面溶蚀	碑刻表面在水盐、结晶等作用下，伴随着温度变化，表面出现大量的薄弱杂质风化流失，形成坑窝、沟槽状等病害，风化面积0.43m²。	
			裂隙	机械裂隙	碑刻断裂部位有条机械裂隙，裂隙长0.46m，裂隙宽不足1mm，裂隙内未风化。	
				浅表性裂隙	碑刻右半部分有两条风化裂隙，裂隙总长0.89米，裂隙属细小裂隙未深入碑体。	
			表面污染与变色	水锈结壳	顶部出现水锈结壳，主要由于碑刻表面墨迹附着和雨水冲刷造成的，污染面积0.03m²。	
X67	吴南登泰山杂咏十四首碑	碑刻左上角断裂，采用水泥砂浆抹缝，风化以表面溶蚀为主。	机械损伤	断裂	碑刻左侧上部断裂，采用水泥砂浆修补，白水泥抹缝，断裂裂隙长0.35m。	XZ-X67
			表面（层）风化	表面溶蚀	碑刻表面在水盐、结晶等作用下，伴随着温度变化，表面出现大量的薄弱杂质风化流失，形成坑窝、沟槽状等病害，风化面积0.27m²。	
			表面污染与变色	水锈结壳	顶部出现水锈结壳，主要由于碑刻表面墨迹附着和雨水冲刷造成的，污染面积0.11m²。	
				人为污染	拓片时残留的墨迹，由于雨水冲刷等原因，已经影响到刻画内容的辨识，墨迹污染0.09m²。	
X68	张民志谒岱宫游黄花洞及汪之漪登岱碑	碑刻风化以表面溶蚀和孔洞状风化为主。	表面（层）风化	表面溶蚀	碑刻表面由于软质杂质流失形成的表面坑窝和孔洞化风化，两种风化病害相互穿插，风化面积0.41m²。	XZ-X68
				孔洞状风化		
			表面污染与变色	人为污染	拓片时残留的墨迹，由于雨水冲刷等原因，已经影响到刻画内容的辨识，墨迹污染0.29m²。	
X69	郭天来、吴惟明登泰山诗碑	碑刻风化以表面溶蚀和孔洞状风化为主。	表面（层）风化	表面溶蚀	碑刻表面由于软质杂质流失形成的表面坑窝和孔洞化风化，两种风化病害相互穿插，风化面积0.47m²。	XZ-X69
				孔洞状风化		
			表面污染与变色	人为污染	拓片时残留的墨迹，由于雨水冲刷等原因，已经影响到刻画内容的辨识，墨迹污染0.33m²。	
X70	薛衍庆岱帖诗碑	碑刻风化以表面溶蚀和孔洞状风化为主。	表面（层）风化	表面溶蚀	碑刻表面由于软质杂质流失形成的表面坑窝和孔洞化风化，两种风化病害相互穿插，风化面积0.31m²。	XZ-X70
				孔洞状风化		
			表面污染与变色	人为污染	拓片时残留的墨迹，由于雨水冲刷等原因，已经影响到刻画内容的辨识，墨迹污染0.17m²。	
			水泥修补	水泥修补	碑刻与镶嵌墙体间采用水泥砂浆抹缝，缝隙较宽，修补面积0.14m²。	

续表

序号	名称	整体保存情况	病害类型		病害说明	照片图纸
X71	正黄正白旗	碑刻表面以表面溶蚀和植物病害为主。	生物病害	植物病害	碑刻镶嵌墙体周围有爬山虎等植物生长，由于爬山虎植物是有随生根和吸盘，其攀爬能力比较强，其吸盘及随生根吸附于碑刻表面，生长过程中分泌酸性物质，腐蚀碑体，病害面积1.12m²。	XZ-X71
			表面（层）风化	表面溶蚀	碑刻表面由于雨水、渗水及爬山虎生长中分泌的酸性物质，致使碑刻软质杂质流失，形成的表面坑窝和孔洞化风化，两种风化病害相互穿插，风化面积0.79m²。	
			表面污染与变色	人为污染	拓片时残留的墨迹，由于雨水冲刷等原因，已经影响了刻画内容的辨识，墨迹污染0.82m²。	
X72	乾隆诗碑	碑刻表面以表面溶蚀和植物病害为主。	生物病害	植物病害	碑刻镶嵌墙体周围有爬山虎等植物生长，由于爬山虎植物是有随身根和吸盘，其攀爬能力比较强，其吸盘及随生根吸附于碑刻表面，生长过程中分泌酸性物质，腐蚀碑体，病害面积1.58m²。	XZ-X72
			表面（层）风化	表面溶蚀	碑刻表面由于雨水、渗水及爬山虎生长中分泌的酸性物质，致使碑刻软质杂质流失，形成的表面坑窝，风化面积0.89m²。	
			表面污染与变色	人为污染	拓片时残留的墨迹，由于雨水冲刷等原因，已经影响了刻画内容的辨识，墨迹污染0.43m²。	
X73	乾隆诗碑	碑刻表面以表面溶蚀为主，边角有片状剥落。	表层片状剥落		主要集中于碑刻左下角，由于掩埋雨水的毛细作用等原因造成的片状破落现象，风化面积0.13m²。	XZ-X73
			表面（层）风化	表面溶蚀	碑刻表面由于雨水、渗水的原因致使碑刻软质杂质流失，形成的表面坑窝和孔洞化风化，风化面积0.65m²。	
			表面污染与变色	人为污染	拓片时残留的墨迹，由于雨水冲刷等原因，已经影响了刻画内容的辨识，墨迹污染0.34m²。	

表3-5 单体碑刻病害统计表

序号	名称	整体保存情况	病害类型		病害说明	照片图纸
L01	万古流芳碑	整体保存相对较好，表面主要病害为表面墨迹污染，碑首生物污染，侧立面有大量风化裂隙。	生物病害	微生物病害	碑首顶部地衣、苔藓等微生物生长导致石质出现变色发黑污染，污染面积约0.22m²。	XZ-L01
			表面（层）风化	表面溶蚀	由于雨水流淌等致使碑刻软质杂质流失，形成的表面坑窝和沟槽状风化，风化面积1.78m²。	
			裂隙	浅表性裂隙	主要集中于侧立面，随石质风化产生沿石材纹理的微裂隙，延伸至石材均不足1mm，整体危害相对较小，多条浅表性裂隙，裂隙较为密集。	
			表面污染与变色	人为污染	进行拓片时残留的墨迹，由于雨水冲刷、拓片工艺差异等原因，墨迹已经严重影响了文字识读及碑刻外观，污染面积1.4m²。	
			水泥修补	水泥抹缝	在碑座、碑身、碑首间部位均采用水泥砂浆进行抹缝，其中面积约0.1m²。	

续表

序号	名称	整体保存情况	病害类型		病害说明	照片图纸
L02	双龙池碑	碑身断裂为上下两部分，采用水泥砂浆粘接修补，后外加铁箍加固。	生物病害	微生物病害	碑首顶部地衣、苔藓等微生物生长导致石质出现变色发黑污染，污染面积约0.2m²。	XZ-L02
			表面（层）风化	表层片状剥落	主要在碑身部位，由于水盐及温度周期变化形成的片状剥落，面积0.42m²。	
			裂隙	浅表性裂隙	主要集中于侧立面，随石质风化产生沿石材纹理的微裂隙，延伸至石材均不足1mm，整体危害相对较小，多条浅表性裂隙，裂隙较为密集。	
			表面污染与变色	人为污染	碑身断裂后采用铁箍加固，长期保存中铁箍锈蚀污染碑身，污染面积0.51m²。	
				墨迹污染	碑刻背面制作拓片时残留的墨迹，由于雨水冲刷、拓片工艺差异等原因，墨迹已经严重影响了文字识读及碑刻外观，污染面积1.1m²。	
			水泥修补	水泥修补	碑刻断裂后采用水泥砂浆修补，修补面积0.45m²。	
L03	济南五三惨案纪念碑	碑刻整体保存较好，表面主要为涂料污染及少量局部缺失。	机械损伤	局部缺失	碑座底部微量局部缺失。	XZ-L03
			裂隙	构造裂隙	碑身底部环绕原生裂隙，裂隙较细较浅，不足0.5mm，长度1.2m。	
			表面污染与变色	人为污染	碑身表面黄色涂料污染，总污染面积0.7m²。	
			水泥修补	水泥修补	侧立面有小块回帖块石快用水泥砂浆修复，修补面积0.05m²。	
L04	禁止舍身碑	碑刻整体保存较好，表面风化为孔洞状风化为主，表面墨迹污染严重。	表面（层）风化	孔洞状风化	碑刻表面软质夹杂物溶解脱落，碑刻表面出现的孔洞状风化，并出现结晶析出等病害，风化面积2.7m²。	XZ-L04
			裂隙	浅表性裂隙	主要集中于侧立面，随石质风化产生沿石材纹理的微裂隙，延伸至石材均不足1mm，整体危害相对较小，多条浅表性裂隙，裂隙较为密集。	
			表面污染与变色	人为污染	碑身制作拓片时残留的墨迹，由于雨水冲刷、拓片工艺差异等原因，墨迹已经严重影响了文字识读及碑刻外观，污染面积0.9m²。	
L05	泰邑合山会姓氏碑	整体由四块碑刻组成，其中两块断裂，采用水泥砂浆修补，并围砌青砖，风化以表面溶蚀为主，表面污染以墨迹污染为主。	机械损伤	断裂	四块中两块断裂采用水泥砂浆修补，并于周围围砌青砖，断裂裂隙两条，总长1.3m。	XZ-L05
				局部缺失	最右侧碑刻上部局部缺失，采用水泥砂浆修补，缺失面积0.30m²。	
			表面（层）风化	表面溶蚀	表面受雨水冲刷表面出现溶蚀风化，主要集中于右边第二块碑刻，风化面积0.56m²。	
			表面污染与变色	人为污染	碑身制作拓片时残留的墨迹，由于雨水冲刷、拓片工艺差异等原因，墨迹已经严重影响了文字识读及碑刻外观，污染面积1.95m²。	
			水泥修补	水泥修补	碑刻由于断裂和局部缺失等原因采用水泥砂浆修补，修补面积约1.0m²。	

续表

序号	名称	整体保存情况	病害类型		病害说明	照片图纸
L06	太师泰安武穆王祠碑	碑刻整体保存较好，表面风化以表面溶蚀为主，碑座断裂。	机械损伤	局部缺失	碑刻右上角有少量缺失，缺失面积0.01m²。	XZ-L06
				断裂	碑座断裂，断裂通长0.31m，先采用水泥砂浆抹缝，现碑刻整体稳定。	
			表面（层）风化	表层片状剥落	由于水盐及温度周期变化形成的片状剥落，主要集中在碑刻右上部，面积0.25m²。	
			裂隙与空鼓	浅表性裂隙	主要集中于侧立面，随石质风化产生沿石材纹理的微裂隙，延伸至石材均不足1mm，整体危害相对较小，多条浅表性裂隙，裂隙较为密集。	
				空鼓	碑刻正立面上部有少量空鼓，空鼓面积0.01m²。	
L07	大元太师太安武穆王神道碑	碑身断裂为三块，采用水泥砂浆修复粘接，碑座为赑屃，整体保存较好，碑刻整体风化以片状剥落为主。	机械损伤	断裂	碑身断裂为三部分，采用水泥砂浆修补粘接，断裂裂隙共两条，总长3.8m。	XZ-L07
			表面（层）风化	表层片状剥落	由于水盐及温度周期变化形成的片状剥落，主要集中在碑刻右上部，面积2.5m²。	
				表面溶蚀	表面受雨水冲刷表面出现溶蚀风化，风化面积2.12m²。	
			裂隙	浅表性裂隙	主要集中于碑身侧立面及碑座赑屃上，其中赑屃上浅表性裂隙共3条，共1.86m，风化深度较浅；碑身侧立面浅表性风化裂隙较密集，裂隙深度相对较深，其中2条宽度较大，大于2mm，深入石刻深度约2mm左右。	
				构造裂隙	碑座赑屃发生构造性裂隙，共1条，宽5mm左右，总长1.3米左右，裂隙深入碑座约1cm。	
			水泥修补	水泥修补	对于碑刻断裂、碑身及碑座连接部分采用水泥砂浆进行修补，修补面积1.3m²。	
L08	重修青帝观碑记	碑刻整体保存较好，碑身和碑座采用水泥砂浆粘接，背部有少量缺失，采用水泥砂浆修补，表面风化以表面泛盐为主。	机械损伤	局部缺失	碑刻背部左下角局部缺失，采用水泥砂浆修补，面积0.30m²。	XZ-L08
			表面（层）风化	表层泛盐	碑刻表面由于毛细作用和可溶盐移动形成的可溶盐在石刻表面富集而形成的表面泛盐，共约0.3m²。	
				表面溶蚀	表面受雨水冲刷表面出现溶蚀风化，并形成沟槽状溶蚀现象，风化面积1.52m²。	
			裂隙	浅表性裂隙	由于表面风化而形成的表面浅表性裂隙，其中相对较宽共4条，共约1m，裂隙宽1mm左右。	
			表面污染与变色	人为污染	碑身制作拓片时残留的墨迹，由于雨水冲刷、拓片工艺差异等原因，墨迹已经严重影响了文字识读及碑刻外观，主要集中于碑刻正立面下部，污染面积0.95m²。	
			水泥修补	水泥修补	碑刻背面右下角及碑身和碑座赑屃连接间采用水泥砂浆修补，面积约0.3m²。	

续表

序号	名称	整体保存情况	病害类型		病害说明	照片图纸
L09	大宋宣和重修泰岳庙记碑	碑刻整体表面片状剥落严重，表面墨迹污染及泛盐现象对外观有较大影响。	表面（层）风化	表层片状剥落	由于水盐及温度周期变化形成的片状剥落，碑身表面有大量片状剥落，面积5.23m²。	XZ-L09
				表面泛盐	碑刻表面由于毛细作用和可溶盐移动形成的可溶盐在石刻表面富集而形成的表面泛盐，共约1.5m²。	
				表面溶蚀	碑首表面出现大量由于薄弱组分流失形成的表面沟壑状风化，风化面积3.22m²。	
				鳞片状起翘与剥落	碑座赑屃表面大量出现鳞片状起翘与剥落，风化面积1.12m²。	
			裂隙与空鼓	机械裂隙	位于碑身中部，由于石材构造形成的机械裂隙，裂隙长3.11m，宽1mm左右，延伸至石刻内部较深。	
				浅表性裂隙	主要分布于碑座赑屃，呈横向密集分布，延伸至碑刻内部较浅。	
			表面污染与变色	水锈结壳	碑座赑屃上部有大量水锈结壳，面积1.21m²。	
				人为污染	碑身制作拓片时残留的墨迹，由于雨水冲刷、拓片工艺差异等原因，墨迹已经严重影响了文字识读及碑刻外观，主要集中于碑刻正立面下部，污染面积5.25m²。	
			表面（层）风化	表层片状剥落	两种病害相互叠加，以片状剥落为主，由于受雨水、可溶盐及温度的周期性变化，薄弱组分流失，由于石材纹理等原因，碑身表面出现大面积片状剥落及表面溶蚀风化，风化面积7.86m²。	
				表面溶蚀		
				鳞片状起翘与剥落	碑座赑屃表面大量出现鳞片状起翘与剥落，风化面积1.01m²。	
			裂隙与空鼓	机械裂隙	位于碑身中部，与正立面对应部位，由于石材自身构造形成的机械裂隙，裂隙长3.11m，宽1mm左右，延伸至石刻内部较深。	
				浅表性裂隙	主要分布于碑座赑屃，呈横向密集分布，延伸至碑刻内部较浅，碑身也有由于片状剥落形成的裂隙。	
				空鼓	主要分布在碑身，由于片状剥落及表面溶蚀的相互作用，碑刻表层出现未完全剥落的空鼓状态，空鼓面积1.45m²。	
			表面污染与变色	水锈结壳	碑座赑屃上部有大量水锈结壳，面积1.44m²。	
			表面（层）风化	表面溶蚀	由于受雨水、可溶盐及温度的周期性变化，碑刻表面薄弱组分流失，由于石材纹理等原因，碑刻表面出现大面积表面溶蚀风化，风化面积4.23m²。	
			裂隙与空鼓	浅表性裂隙	主要集中于碑身侧立面及碑座赑屃上，风化深度较浅；碑身侧立面浅表性风化裂隙较密集，裂隙深度相对较深，其中2条宽度较大，深入石刻深度约2mm左右，总长2.2m。	
			表面污染与变色	水锈结壳	碑身上部与碑座接触部位有小面积水锈结壳，面积为0.02m²。	

续表

序号	名称	整体保存情况	病害类型		病害说明	照片图纸
L10	石塔	整体保存一般，表面以片状剥落和微生物病害为主。	生物病害	微生物病害	上部地衣、苔藓等微生物生长导致石质出现变色发黑污染，污染面积1.65m²。	XZ-L10
			机械损伤	局部缺失	底部有少量缺失，缺失面积0.01m²。	
			表面（层）风化	表层片状剥落	由于水盐及温度周期变化形成的片状剥落，主要集中在经幢中部，0.41m²。	
			裂隙	浅表性裂隙	主要集中中部，随石质风化产生沿石材纹理的微裂隙，延伸至石材均不足1mm，整体危害相对较小，数十条浅表性裂隙，裂隙较为密集。	
			表面污染与变色	人为污染	有成带状分布水泥砂浆和环氧树脂混合材料污染，污染面积0.3m²。	
L11	大观峰碑	碑刻整体保存较好，表面风化以溶蚀为主，背面以孔洞状风化为主，碑座有鳞片状起翘与剥落。	表面（层）风化	表层片状剥落	正立面刻字处由于水盐及温度周期变化形成的片状剥落，片状剥落0.11m²。	XZ-L11
				表面溶蚀	表面受雨水冲刷表面出现溶蚀风化，并形成沟槽状溶蚀现象，风化面积1.52m²。	
				鳞片状起翘与剥落	碑座部分由于冻融等原因造成石材出现起翘和剥落，风化面积0.10m²。	
				孔洞状风化	碑刻背面由于石材软质夹杂物的溶解脱落，造成碑刻表面形成孔洞状风化，风化面积1.15m²。	
			生物病害	微生物病害	碑刻顶部有微生物生长，其生长过程中产生的酸性等物质对碑刻有腐蚀左右，微生物死亡后附着于碑刻表面形成污染，加以雨水侵蚀等使碑刻表面发黑变色，污染面积为0.20m²。	
			表面污染与变色	人为污染	碑身制作拓片时残留的墨迹，由于雨水冲刷、拓片工艺差异等原因，墨迹已经严重影响了碑刻外观，主要集中于碑刻正立面下部，污染面积1.01m²。	
L12	重修东岳蒿里山祠记碑	碑刻整体风化以片状剥落为主，背面表现最为明显，且伴随出现空鼓等病害，碑刻正立面墨迹污染明显。	生物病害	微生物病害	碑首顶部有微生物生长，其生长过程中产生的酸性等物质对碑刻有腐蚀左右，微生物死亡后附着于表面形成污染，加以雨水侵蚀等使碑刻表面发黑变色，污染面积0.7m²。	XZ-L12
			表面（层）风化	表层片状剥落	碑首及碑身由于水盐及温度周期变化形成的片状剥落，片状剥落2.68m²。	
				表面溶蚀	碑身正立面中上部主要以表面溶蚀为主，由于雨水冲刷致使石材杂质及泥质成分流失，造成表面形成坑窝及沟槽状溶蚀风化现象，风化面积0.75m²。	
			裂隙与空鼓	浅表性裂隙	主要集中于碑刻的侧立面，由于自然风化等原因，沿石材纹理发育的细小裂隙集中分布，深入碑体较浅，集中分布。	
				空鼓	主要集中于碑刻背面，由于片状剥落严重，部分未完剥落部分与碑体形成一定空腔，还未完全部落，分布于片状剥落周边，空鼓面积0.56m²。	
			表面污染与变色	人为污染	碑身正立面制作拓片时残留的墨迹，由于雨水冲刷、拓片工艺差异等原因，墨迹已经严重影响了碑刻外观，北立面左侧下部亦有墨迹污染，污染面积1.85m²。	

续表

序号	名称	整体保存情况	病害类型		病害说明	照片图纸
L13	重修普慈庵碑记	碑身断裂为上下两部分，现采用水泥砂浆修补复原，表面风化以孔洞状风化和表面溶蚀为主。	机械损伤	断裂	碑身断裂为上下两部分，现用水泥粘接对外观整体影响较小，断裂裂隙长0.95m。	XZ-L13
			表面（层）风化	表面溶蚀	碑身正立面中上部主要以表面溶蚀为主，由于雨水冲刷致使石材杂质及泥质成分流失，造成表面形成坑窝及沟槽状溶蚀风化现象，风化面积1.21m^2。	
				孔洞状风化	碑身背立面由于石材软质夹杂物的溶解脱落，造成碑刻表面形成孔洞状风化，风化面积1.45m^2。	
			裂隙与空鼓	构造裂隙	碑首侧立面有一条构造裂隙，长0.42m。浅裂隙较宽3~5mm，深入碑刻约10mm。	
				机械裂隙	碑首侧立面接近碑身部位有一条应力裂隙，长0.2m，裂隙宽3mm，贯穿于碑首下部。	
			表面污染与变色	人为污染	碑身正立面制作拓片时残留的墨迹，由于雨水冲刷、拓片工艺差异等原因，墨迹已经严重影响了碑刻外观，污染面积0.45m^2。	
L14	致祭东岳之神碑	碑刻整体保存较好，有少量缺失，表面有墨迹污染。	机械损伤	局部缺失	碑身局部缺失2处，碑刻右上角及碑身左中下部。	XZ-L14
			表面污染与变色	人为污染	碑身正立面制作拓片时残留的墨迹，由于雨水冲刷、拓片工艺差异等原因，墨迹已经严重影响了碑刻外观，背立面左侧下亦有墨迹污染，污染面积1.7m^2。	
L15	重修关圣帝君庙碑	碑刻断裂为上下两部分，采用水泥砂浆及碑墙修复，碑刻表面风化以片状剥落为主。	机械损伤	断裂	碑身断裂为上下两部分，采用水泥砂浆修补，整体修补效果较好，对碑面整体风貌较合适，断裂裂隙长0.70m。	XZ-L15
			表面（层）风化	表层片状剥落	由于水盐及温度周期变化形成的片状剥落，主要集中在碑刻正面中下部，片状剥落0.35m^2。	
			裂隙与空鼓	空鼓	碑刻下部有大片空鼓，并未完全剥离与碑体，空鼓面积0.1m^2。	
			表面污染与变色	人为污染	碑身正立面制作拓片时残留的墨迹，由于雨水冲刷、拓片工艺差异等原因，墨迹已经严重影响了碑刻外观，污染面积0.65m^2。	
			水泥修补	水泥修补	碑身断裂部位采用水泥砂浆修补抹缝，污染面积0.10m^2。	
L16	重修金桥碑记	碑身整体表面风化以片状剥落为主，碑座有片状剥落、空鼓等病害，表面以墨迹污染为主。	表面（层）风化	表层片状剥落	主要集中在碑刻正立面中部及下部，病害面积1.46m^2。	XZ-L16
				表面溶蚀	表面溶蚀主要集中碑刻背面，由于受雨水冲刷形成的表面坑窝状风化，病害面积1.65m^2。	
			裂隙与空鼓	构造裂隙	碑刻表面上部及下部各有一条构造裂隙，裂隙较细小，未受雨水冲刷扩大，总长4.6m^2。	
				空鼓	碑座上部出现片状剥落，并存在未完全剥落的空鼓部位，面积约0.21m^2。	
			表面污染与变色	人为污染	碑身正立面制作拓片时残留的墨迹，由于雨水冲刷、拓片工艺差异等原因，墨迹已经严重影响了碑刻外观，污染面积1.75m^2。	

续表

序号	名称	整体保存情况	病害类型		病害说明	照片图纸
L17	创塑州学七十子徒碑	碑刻整体保存较好，表面风化以片状剥落和表面溶蚀为主。	生物病害	微生物病害	碑首顶部有微生物生长，其生长过程中产生的酸性等物质对碑刻有腐蚀左右，微生物死亡后附着于表面形成污染，加以雨水侵蚀等使碑刻表面发黑变色，污染面积0.5m²。	XZ-L17
			表面（层）风化	表层片状剥落	碑身正立面有少量片状剥落，主要集中于边角部位，病害面积0.16m²。	
				表面溶蚀	主要集中于碑刻背立面，由于受雨水冲刷形成的表面坑窝状和沟槽状风化，风化面积1.45m²。	
			裂隙	构造裂隙	碑首和碑身侧立面部位出现多条机械裂隙，主要是由于结构受力部位出现的裂隙，其中一条长0.4m，裂隙较宽2～5mm，深入墙体内部约50mm。	
				浅表性裂隙	碑首龙纹雕刻出现多条风化形成的浅表性裂隙，裂隙较细，延伸入石材内部较浅。	
			表面污染与变色	人为污染	碑身正立面制作拓片时残留的墨迹，由于雨水冲刷、拓片工艺差异等原因，墨迹已经严重影响了碑刻外观，污染面积2.05m²，背立面也有墨迹材料污染，约0.30m²。	
L18	大定重修宣圣庙碑	碑刻整体以表面溶蚀和片状剥落为主。	表面（层）风化	表面溶蚀	主要集中于碑刻正立面及背立面，由于受雨水冲刷形成的表面坑窝状和沟槽状风化，风化面积2.56m²。	XZ-L18
				表层片状剥落	主要集中在背立面下部及正立面边角部位有少量片状剥落，病害面积0.21m²。	
			裂隙	浅表性裂隙	碑刻侧立面有大量风化裂隙，其中大部分均较较浅，其中两条裂隙宽2mm左右，深入碑体亦有一定深度，雨水便于侵入，对于碑刻的长期保存极为不利，裂隙总长2.86m。	
			表面污染与变色	人为污染	碑身正立面制作拓片时残留的墨迹，由于雨水冲刷、拓片工艺差异等原因，墨迹已经严重影响了碑刻外观，污染面积0.78m²。	
L19	致祭东岳泰山之神碑	碑刻整体保存较好，表面主要以屋墨迹污染为主，侧立面有大量风化裂隙。	裂隙	浅表性裂隙	主要集中于碑刻侧立面，多为细小裂隙密集分布，深入石刻内部较浅。	XZ-L19
				构造裂隙	碑刻侧立面有一条构造裂隙，环绕碑刻侧立面，现裂隙宽度2～3mm，深入碑体约3mm左右，雨水便于侵入，对于碑刻的长期保存极为不利，裂隙总长4.23m。	
			表面污染与变色	墨迹污染	碑身正立面制作拓片时残留的墨迹，由于雨水冲刷、拓片工艺差异等原因，墨迹已经严重影响了碑刻外观，污染面积1.78m²。	
				油漆污染	侧立面有小块黑色油漆污染，污染面积0.01m²。	

续表

序号	名称	整体保存情况	病害类型		病害说明	照片图纸
L20	致祭东岳岱宗之神碑	碑身遭到破坏断裂为上下两部分，断裂缝隙整齐，碑刻整体保存较好，表面风化以背面孔洞状风化为主。	机械损伤	断裂	碑身断裂，应为机械切割所致，断裂接缝整齐规整，现断裂裂缝长0.72m，裂缝用细抹水泥砂浆勾抹。	XZ-L20
			表面（层）风化	孔洞状风化	碑刻背立面风化以孔洞状风化为主，主要由于石材表面夹杂物等溶解脱落造成的风化，风化面积1.35m²。	
				表层片状剥落	碑身正立面右下角有少量片状剥落，风化剥落面积约0.15m²。	
			裂隙	浅表性裂隙	风化裂隙主要集中于侧立面，大多裂隙细小延伸至石刻内部浅；其中有一裂隙位于薄弱夹杂带状缝补区域，裂隙较宽约2～3mm，其延伸至石刻内部约3～5mm。	
			表面污染与变色	人为污染	碑身正立面制作拓片时残留的墨迹，由于雨水冲刷、拓片工艺差异等原因，墨迹已经严重影响了碑刻外观，污染面积1.23m²。	
			水泥修补	水泥修补	对于断裂裂隙采用的细抹水泥砂浆修补，修补面积0.01m²。	
L21	王以慜诗碑	碑刻右上角断裂，采用水泥砂浆修补，表面风化以表面溶蚀为主，表面污染以墨迹污染和黄色涂料污染为主。	机械损伤	断裂	碑身右上方断裂，采用水泥砂浆修补，断裂裂隙长度0.87m。	XZ-L21
				局部缺失	碑身右上角和右下角缺失，共约0.02m²。	
			表面（层）风化	表面溶蚀	主要集中于碑刻正立面，由于受雨水冲刷形成的表面坑窝状和沟槽状风化，风化面积1.02m²。	
				表层片状剥落	碑身正立面有顶部有小面积片状剥落，片状剥落0.01m²。	
				表面粉化剥落	碑座部分有轻微风化剥落，主要由于冻融、温湿度变化引起，风化面积0.13m²。	
			裂隙	浅表性裂隙	碑座表面有两条较长风化裂隙，均位于薄弱夹杂带，裂隙较宽2mm左右，两条总长1.2m，延伸至石刻约3mm。	
			表面污染与变色	墨迹污染	碑身正立面制作拓片时残留的墨迹，由于雨水冲刷、拓片工艺差异等原因，墨迹已经严重影响了碑刻外观，污染面积1.02m²。	
				涂料污染	碑刻正立面左侧及顶部有大片黄色涂料污染，污染面积0.35m²。	
			水泥修补	水泥修补	碑刻断裂裂隙、碑身与碑座间均采用水泥砂浆修补粘接，污染面积0.12m²。	

续表

序号	名称	整体保存情况	病害类型		病害说明	照片图纸
L22	大宋封东岳天齐仁圣帝碑	碑刻整体保存较差，碑身及碑首风化以片状剥落为主，碑座赑屃表面风化以表面溶蚀为主。	表面（层）风化	表层片状剥落	碑刻整体以片状剥落为主，其中碑刻背立面最为突出，其中风化面积10.24m²。	XZ-L22
				表面溶蚀	碑身表面风化以表面溶蚀为主，主要是由于雨水长期冲刷造成的表面坑窝状及沟槽状溶蚀现象，风化面积10.45m²。	
				鳞片状起翘与剥落、孔洞化风化	碑座赑屃表面以孔洞状风化和表面溶蚀为主，由于碑座表层风化等原因造成亦出现鳞片状起翘和剥落，整体几种病害相互影响，总风化面积1.36m²。	
			裂隙与空鼓	机械裂隙	碑身下部与碑座接触部位两条应力裂隙，总长3.63m，裂隙宽2~3mm，其中左下角裂隙贯穿正反面，深入碑体，而在长久保存中雨水等杂质随裂隙进入碑刻内部，对于碑刻的长期保存有严重影响。	
				浅表性裂隙	碑刻侧立面及碑座赑屃上有数条风化裂隙，整体风化裂隙较密集，较细，延伸至碑刻内部较浅。	
				构造裂隙	碑身中上部有一条竖向裂隙贯穿碑体约三分之二，裂隙现正反面均有发展，裂隙顶宽5mm左右，逐步延伸至碑身中下部，逐步变细，深入碑体较深，雨水等杂质沿裂隙进入碑刻内部，对于碑刻的长久保存均有不利影响。碑座赑屃有一条构造裂隙位于碑刻背面，裂隙宽5mm左右，长1.05m。	
				空鼓	碑刻背立面片状剥落严重，并大量出现并未完全剥落而形成的表面空鼓现象，其风化面积约5.36m²。	
			表面污染与变色	水锈结壳	碑座赑屃顶部有大面积水锈结壳，面积为1.12m²。	
				墨迹污染	碑身正立面制作拓片时残留的墨迹，由于雨水冲刷、拓片工艺差异等原因，墨迹已经严重影响了碑刻外观，污染面积3.46m²。	
				材料污染	碑身裂隙采用后期保护材料进行抹缝封护，现保护材料出现老化翘起，对于碑刻表面出现较大污染，污染面积约1.25m²。	
L23	创建藏峰寺记	碑刻整体保存较好，碑刻正立面以表面溶蚀为主，背立面以片状剥落为主。	生物病害	微生物病害	微生物主要集中于碑首双龙雕刻顶部，病害面积0.22m²。	XZ-L23
			表面（层）风化	表面溶蚀	主要集中碑刻正立面，由于表面长期受雨水冲刷造成的表面坑窝及沟槽状溶蚀现象，溶蚀面积0.58m²。	
				表层片状剥落	片状剥落主要集中在碑身背立面及碑座赑屃，片状剥落面积0.71m²。	
			裂隙与空鼓	浅表性裂隙	碑刻侧立面有风化侵蚀形成的浅表性裂隙，裂隙细小密集分布，延伸至碑刻较浅。	

续表

序号	名称	整体保存情况	病害类型		病害说明	照片图纸
L23	创建藏峰寺记	碑刻整体保存较好，碑刻正立面以表面溶蚀为主，背立面以片状剥落为主。		空鼓	背立面由于风化形成的未与碑体完全剥落的风化状态，主要集中于背面右下角，面积为0.04m²。	XZ-L23
			表面污染与变色	水锈结壳	碑座赑屃上部有水锈结壳，主要集中在背立面赑屃上部面积0.14m²。	
				人为污染	碑身正立面制作拓片时残留的墨迹，由于雨水冲刷、拓片工艺差异等原因，墨迹已经影响了碑刻外观，污染面积0.76m²。	
			水泥修补	水泥修补	碑身与碑座结合部分采用水泥砂浆修补抹缝，修补面积0.09m²。	
L24	供祀泰山蒿里祠记碑	碑刻整体保存较好，风化以表面溶蚀和孔洞状风化为主。	生物病害	微生物病害	主要集中于碑首正立面，地衣苔藓死亡后在碑刻表面形成黑色污染，病害面积0.09m²。	XZ-L24
			表面（层）风化	表面溶蚀	碑刻整体以表面溶蚀和孔洞状风化为主，由于表面长期受雨水冲刷造成的表面坑窝、沟槽状溶蚀现象和孔洞状风化现象，两种病害相互覆盖，穿插分布，风化面积4.58m²。	
				孔洞状风化		
				表层片状剥落	碑刻正立面左下角偏中部有少量片状剥落，剥落面积0.13m²。	
			裂隙与空鼓	浅表性裂隙	碑刻侧立面有风化侵蚀形成的浅表性裂隙，裂隙细小密集分布，延伸至碑刻较浅。	
				空鼓	碑座表面有大量已经风化还未出现片状剥落的风化现象，面积约0.78m²。	
			水泥修补	水泥修补	碑身与碑座拼接处采用水泥砂浆修补，修补面积约0.75m²。	
L25	翔凤岭碑	碑刻整体保存较好，表面刻字采用红色油漆显字，以表面溶蚀和孔洞状风化为主。	表面（层）风化	表面溶蚀	碑刻正立面以表面溶蚀和孔洞状风化为主，由于表面长期受雨水冲刷造成的表面坑窝、沟槽状溶蚀现象和孔洞状风化现象，两种病害相互覆盖，穿插分布，风化面积0.64m²。	XZ-L25
				孔洞状风化		
				表层片状剥落	主要集中于碑刻背立面，片状剥落面积0.28m²。	
			裂隙	浅表性裂隙	侧立面底部有大量密集性浅表性裂隙，裂隙细小密集分布，延伸至碑刻较浅。	
L26	飞龙岩碑	碑刻整体表面以表面溶蚀和孔洞状风化为主，右下角断裂。	机械损伤	断裂	碑刻右下角断裂，采用水泥砂浆粘接拼合，断裂裂隙长1.06m。	XZ-L26
			表面（层）风化	表面溶蚀	碑刻正立面以表面溶蚀和孔洞状风化为主，由于表面长期受雨水冲刷造成的表面坑窝、沟槽状溶蚀现象和孔洞状风化现象，两种病害相互覆盖，穿插分布，风化面积0.34m²。	
				孔洞状风化		
			水泥修补	水泥修补	碑刻下部采用水泥砂浆修补，修补面积0.01m²。	

续表

序号	名称	整体保存情况	病害类型		病害说明	照片图纸
L27	泰山赞碑	碑刻整体保存较好，碑座底部断裂，碑身有机械裂隙。	机械损伤	断裂	碑座中部断裂，断裂裂隙长0.63m，现碑座沉降稳定。	XZ-L27
			裂隙	构造裂隙	碑座上部碑身出现机械裂隙，由碑座断裂位置延伸至碑身左侧中部，是由于碑座断裂形成，现沉降稳定裂隙无发展，裂隙长1.55m，裂隙宽不足1mm。	
			表面（层）风化	表层片状剥落	碑刻整体保存较好，碑刻上零星出现片状剥落，剥落面积0.01m^2。	
			表面污染与变色	人为污染	碑身正立面及背立面，制作拓片时残留的墨迹，由于雨水冲刷、拓片工艺差异等原因，墨迹已经严重影响了碑刻外观，主要集中在碑刻背立面，污染面积1.04m^2。	
L28	定亲王诗碑	碑刻整体由六块刻石组成，整体保存较好，碑座由两组块石组成其中，右侧碑座断裂，现沉降稳定。	生物病害	植物病害	碑墙屋面有灌木生长，根系生长破坏屋面，造成雨水渗入，不利于碑刻长久保存，病害面积0.02m^2。	XZ-L28
			机械损伤	断裂	碑座中右侧块石断裂，断裂长0.4米，水泥砂浆抹缝。	
			表面污染与变色	人为污染	碑身正立面制作拓片时残留的墨迹，由于雨水冲刷、拓片工艺差异等原因，墨迹已经严重影响了碑刻外观，主要集中在碑刻背立面，污染面积1.04m^2。	
L29	穆光胤等登岱诗碑	碑刻四面均雕刻碑文，整体保存一般。	表面（层）风化	表面溶蚀	由于表面长期受雨水冲刷造成的表面坑窝、沟槽状溶蚀现象，风化面积2.34m^2。	XZ-L29
			表面污染与变色	人为污染	制作拓片时残留的墨迹，由于雨水冲刷、拓片工艺差异等原因，墨迹已经严重影响了碑刻外观，污染面积0.54m^2。	
			表面（层）风化	表面粉化剥落	碑刻右上部风化严重，主要由于该部位石材碑体较为薄弱，风化后层片状剥落，薄弱部分显露，形成粉化剥落，风化面积0.3m^2。底部及左侧中部有小面积片状剥落，剥落面积0.02m^2。	
				表层片状剥落		
			表面污染与变色	水锈结壳	顶部出现水锈结壳，主要由于碑刻表面墨迹附着和雨水冲刷造成的，污染面积0.02m^2。	
				人为污染	制作拓片时残留的墨迹，由于雨水冲刷、拓片工艺差异等原因，墨迹已经严重影响了碑刻外观，污染面积0.54m^2。	
			表面（层）风化	表面溶蚀	由于表面长期受雨水冲刷造成的表面坑窝、沟槽状溶蚀现象，风化面积1.34m^2。	
				表层片状剥落	主要位于碑刻下部，由于外力等原因形成的片状剥落，风化面积0.05m^2。	
			表面污染与变色	人为污染	制作拓片时残留的墨迹，由于雨水冲刷、拓片工艺差异等原因，墨迹已经严重影响了碑刻外观，污染面积1.87m^2。	
			表面（层）风化	表面溶蚀	由于表面长期受雨水冲刷造成的表面坑窝、沟槽状溶蚀现象，风化面积1.94m^2。	
			表面污染与变色	水锈结壳	顶部出现水锈结壳，主要由于碑刻表面墨迹附着和雨水冲刷造成的，污染面积0.03m^2	
				人为污染	制作拓片时残留的墨迹，由于雨水冲刷、拓片工艺差异等原因，墨迹已经严重影响了碑刻外观，污染面积0.67m^2。	

续表

序号	名称	整体保存情况	病害类型		病害说明	照片图纸
L30	告祭东岳之神碑	碑刻背面以表面溶蚀和片状剥落为主。	机械损伤	断裂	碑座断裂，断裂长0.45m。	XZ-L30
			表面（层）风化	表层片状剥落	碑刻背面右上角和左侧中部两处片状剥落严重，片状剥落0.21m²。	
				表面溶蚀	由于表面长期受雨水冲刷造成的表面坑窝、沟槽状溶蚀现象，风化面积1.06m²。	
			表面污染与变色	人为污染	制作拓片时残留的墨迹，由于雨水冲刷、拓片工艺差异等原因，墨迹已经严重影响了碑刻外观，污染面积1.45m²。主要集中在背立面及正立面中上部。	
L31	"万世流芳"碑	碑身断裂为上下两部分，采用水泥砂浆拼接修复；风化以片状剥落和表面溶蚀为主。	机械损伤	断裂	碑身断裂为上下两部分，裂隙采用水泥砂浆修补抹缝，断裂裂隙长0.67m。	XZ-L31
			表面（层）风化	表层片状剥落	正立面有零星分布的片状剥落，风化面积0.24m²。	
				表面溶蚀	主要集中在碑刻正立面，碑刻表层薄弱组分流失形成的坑窝及沟壑状风化，风化面积0.53m²，严重部位形成片状剥落。	
			表面污染与变色	人为污染	制作拓片时残留的墨迹，由于雨水冲刷、拓片工艺差异等原因，墨迹已经严重影响了碑刻外观，污染面积0.62m²。	
L32	刘从仁题"唐槐"字碑	碑刻表面以片状剥落和表面溶蚀为主。	表面（层）风化	表层片状剥落	碑刻出现大片片状剥落，主要集中在碑刻中部、顶部及下部，片状剥落0.42m²。	XZ-L32
				表面溶蚀	碑刻表面有大量表层薄弱组分流失形成的坑窝及沟壑状风化，风化面积0.36m²。	
			裂隙与空鼓	空鼓	碑刻表面有大量仍未完全剥落的风化部分，主要为中部，空鼓面积0.11m²。	
			表面污染与变色	人为污染	制作拓片时残留的墨迹，由于雨水冲刷、拓片工艺差异等原因，墨迹已经严重影响了碑刻外观，污染面积0.32m²。	
L33	张鹏翮唐槐诗碑	碑刻风化以表面溶蚀为主。	表面（层）风化	表面溶蚀	碑刻表面有大量表层薄弱组分流失形成的坑窝及沟壑状风化，风化面积0.77m²。	XZ-L33
			裂隙	浅表性裂隙	碑刻侧立面有大量风化裂隙，裂隙集中密集，裂隙已风化延伸至碑体内部约4mm左右，裂隙长度0.7m。	
			表面污染与变色	人为污染	制作拓片时残留的墨迹，由于雨水冲刷、拓片工艺差异等原因，墨迹已经严重影响了碑刻外观，污染面积0.67m²。	
L34	乾隆咏唐槐诗碑	碑刻整体保存较好，表面有少量片状剥落和孔洞状风化。	表面（层）风化	表层片状剥落	主要分布在碑刻边角，剥落面积0.05m²。	XZ-L34
				孔洞状风化	主要集中在碑刻背立面中，风化面积约0.01m²。	
			裂隙	浅表性裂隙	主要集中在碑首，有数条浅表性风化裂隙，裂隙集中，未延伸至碑体内部。	
			表面污染与变色	水锈结壳	碑刻中部出现水锈结壳，主要由于碑刻表面墨迹附着和雨水冲刷造成的，污染面积0.97m²。	
			水泥修补	水泥修补	碑身与碑座、碑首接触部位均采用水泥砂浆修补抹缝，修补面积0.05m²。	

续表

序号	名称	整体保存情况	病害类型		病害说明	照片图纸
L35	重修岱顶寺庙碑	碑刻表面风化以表面溶蚀为主，间有片状剥落，	表面（层）风化	表层片状剥落	由于水盐及温度周期变化形成的片状剥落，在碑身、碑座表面呈零星分布，片状剥落面积0.16m²。	XZ-L35
				表面溶蚀	碑刻表面有大量的坑窝及沟壑状风化，主要由于碑刻表面薄弱组分流失造成，风化面积4.51m²。	
			裂隙	机械裂隙	碑刻底部受应力及其他原因形成的机械裂隙，裂隙长2.64m，裂隙已经贯通，裂隙宽1～2mm，现与顶部进行铁箍加固。	
				浅表性裂隙	碑身及碑座有大量风化裂隙，裂隙密集分布，延伸至石刻内部较少。	
			表面污染与变色	水锈结壳	碑身顶部有大量水锈结壳，主要是由于处于碑首及碑身接触处，雨水冲刷形成，水锈面积0.21m²。	
				墨迹污染	主要位于碑刻正立面右侧中部，制作拓片时残留的墨迹，由于雨水冲刷、拓片工艺差异等原因，墨迹已经严重影响了碑刻外观，污染面积0.85m²。	
				锈蚀污染	碑刻下部采用铁箍加固，铁箍锈蚀后在铁箍附近形成表面污染，污染面积0.36m²。	
L36	沙孟海题杜甫诗句碑	碑刻整体保存较好，表面风化以孔洞状风化和溶蚀为主。	表面（层）风化	孔洞状风化	碑刻整体以表面溶蚀和孔洞状风化为主，由于表面长期受雨水冲刷造成的表面坑窝、沟槽状溶蚀现象和孔洞状风化现象，两种病害相互覆盖，穿插分布，风化面积2.68m²。	XZ-L36
				表面溶蚀		
			表面污染与变色	人为污染	主要位于碑刻正立面，制作拓片时残留的墨迹，由于雨水冲刷、拓片工艺差异等原因，墨迹已经严重影响了碑刻外观，污染面积0.75m²。	
L37	张钦题"观海"碑	碑刻整体保存较好，碑刻表面以表面溶蚀为主，背立面以片状剥落和空鼓为主。	表面（层）风化	表面溶蚀	由于表面长期受雨水冲刷造成的表面坑窝、沟槽状溶蚀现象，风化面积1.11m²。	XZ-L37
				表层片状剥落	主要位于碑刻背立面，由于水盐及温度周期变化形成的片状剥落，片状剥落面积0.35m²，部分部位仍存在着未完全剥落的空鼓状态，空鼓面积0.11m²。	
			裂隙与空鼓	空鼓		
			表面污染与变色	人为污染	主要位于碑刻正立面，制作拓片时残留的墨迹，由于雨水冲刷、拓片工艺差异等原因，墨迹已经严重影响了碑刻外观，污染面积0.77m²。	
L38	舒同题"汉柏凌寒"碑	碑刻整体保存较好，表面风化以孔洞状风化和溶蚀为主。	表面（层）风化	孔洞状风化	碑刻整体以表面溶蚀和孔洞状风化为主，由于表面长期受雨水冲刷造成的表面坑窝、沟槽状溶蚀现象和孔洞状风化现象，两种病害相互覆盖，穿插分布，风化面积1.12m²。	XZ-L38
				表面溶蚀		
			表面污染与变色	人为污染	主要位于碑刻正立面，制作拓片时残留的墨迹，由于雨水冲刷、拓片工艺差异等原因，墨迹已经严重影响了碑刻外观，污染面积0.65m²。	

续表

序号	名称	整体保存情况	病害类型		病害说明	照片图纸
L39	佛顶尊罗经记	经幢刻经为正八边形，有四块刻石组成，其中最上部刻石整体保存较差。	生物病害	微生物病害	主要分布在经幢碑首，由于微生物死亡后形成的黑色污染，病害面积0.23m²。	XZ-L39
			机械损伤	局部缺失	经幢刻经最上方刻石东侧有局部缺失，缺失面积约0.18m²，现采用水泥砂浆修补，表面有拓片墨迹。	
			表面（层）风化	鳞片状起翘与剥落	刻石表面有大量风化形成鳞片状起翘的现象，主要集中在下部三块刻经之上，风化面积2.86m²。	
				表面溶蚀	由于表面长期受雨水冲刷造成的表面坑窝、沟槽状溶蚀现象，风化面积1.26m²。主要集中在最下方刻石之上。	
			表面污染与变色	水锈结壳	碑刻东立面及东南、东北立面表面有大量的水锈污染，污染面积1.35m²。	
				人为污染	制作拓片时残留的墨迹，由于雨水冲刷、拓片工艺差异等原因，墨迹已经严重影响了碑刻外观，污染面积1.84m²。	
			水泥修补	水泥修补	对于经幢上部的缺失进行水泥修补，修补面积0.36m²。	
L40	"第一山"碑	碑刻整体保存较好，整体以表面孔洞状风化和刻画为主。	表面（层）风化	孔洞状风化	碑刻整体以表面溶蚀和孔洞状风化为主，由于表面长期受雨水冲刷造成的表面坑窝、沟槽状溶蚀现象和孔洞状风化现象，两种病害相互覆盖，穿插分布，风化面积1.56m²。	XZ-L40
				表面溶蚀		
			裂隙	机械裂隙	碑刻表面有一条斜向应力裂隙，表面表面为细小裂隙，长2.56m。	
				浅表性裂隙	碑身及碑座有大量风化裂隙，裂隙密集分布，延伸至石刻内部较少。	
			表面污染与变色	人为污染	制作拓片时残留的墨迹，由于雨水冲刷、拓片工艺差异等原因，墨迹已经严重影响了碑刻外观，污染面积1.45m²。	
L41	蒿里山总持经幢	经幢整体风化以表面溶蚀和水锈结壳为主	表面（层）风化	表面溶蚀	表面溶蚀主要分布在经幢刻石内，由于表面长期受雨水冲刷造成的表面坑窝、沟槽状溶蚀现象，风化面积3.26m²。	XZ-L41
				鳞片状起翘与剥落	刻经碑首有大量风化形成鳞片状起翘的现象，风化面积0.35m²。	
			表面污染与变色	水锈结壳	主要分布在碑首与刻经接触部位，水锈面积0.37m²。	
				人为污染	制作拓片时残留的墨迹，由于雨水冲刷、拓片工艺差异等原因，墨迹已经严重影响了碑刻外观，污染面积3.55m²。	
			水泥修补	水泥修补	碑刻底部采用水泥砂浆修补，修补面积0.38m²。	

续表

序号	名称	整体保存情况	病害类型		病害说明	照片图纸
L42	陈毅诗碑	碑刻整体正面保存较好，间有片状剥落，背立面整体以表面溶蚀为主。	表面（层）风化	表层片状剥落	零星分布于碑刻上，主要由于受外力碰撞等引起，风化面积0.02m²。	XZ-L42
				表面溶蚀	主要分布在碑刻背立面，由于表面长期受雨水冲刷造成的表面坑窝、沟槽状溶蚀现象，风化面积0.98m²。	
			裂隙	浅表性裂隙	碑身及碑座有大量风化裂隙，裂隙密集分布，延伸至石刻内部较少。	
			表面污染与变色	人为污染	制作拓片时残留的墨迹，由于雨水冲刷、拓片工艺差异等原因，现整体外观较好，面积0.65m²。	
L43	朱德题泰山诗碑	碑刻整体正面保存较好，间有片状剥落，背立面整体以表面溶蚀为主。	表面（层）风化	表面溶蚀	碑刻整体以表面溶蚀和孔洞状风化为主，主要集中在碑刻背立面，由于表面长期受雨水冲刷造成的表面坑窝、沟槽状溶蚀现象和孔洞状风化现象，两种病害相互覆盖，穿插分布，风化面积1.02m²。	XZ-L43
				孔洞状风化		
			裂隙	浅表性裂隙	碑刻正立面及侧立面有多处风化裂隙，延伸至石刻内部较少。	
			表面污染与变色	人为污染	制作拓片时残留的墨迹，由于雨水冲刷、拓片工艺差异等原因，现整体外观较好，面积0.76m²。	
L44	邓颖超题词碑	碑刻整体正面保存较好，间有片状剥落，背立面整体以表面溶蚀为主。	表面（层）风化	表层片状剥落	零星分布于碑刻上，主要由于受外力碰撞等引起，风化面积0.02m²。	XZ-L44
				表面溶蚀	主要分布在碑刻背立面及碑座，由于表面长期受雨水冲刷造成的表面坑窝、沟槽状溶蚀现象，风化面积1.48m²。	
			裂隙	机械裂隙	碑刻表面有一条斜向应力裂隙，未贯穿，表面表面为细小裂隙，长2.56m。	
			表面污染与变色	人为污染	制作拓片时残留的墨迹，由于雨水冲刷、拓片工艺差异等原因，现整体外观较好，面积1.65m²。	
L45	青州临淄县□生幢子	经幢整体风化以表面溶蚀为主。	表面（层）风化	表面溶蚀	主要分布在刻石和碑首，由于受雨水冲刷造成的表面坑窝、沟槽状溶蚀现象，风化面积1.18m²。	XZ-L45
				鳞片状起翘与剥落	刻经碑首有少量风化形成鳞片状起翘的现象，风化面积0.11m²。	
			表面污染与变色	人为污染	制作拓片时残留的墨迹，由于雨水冲刷、拓片工艺差异等原因，现整体外观影响较大，面积1.16m²。	
L46	"簠为山"碑	碑刻整体表面以片状剥落和表面溶蚀为主。	机械损伤	局部缺失	碑刻正立面上部少量缺失，缺失面积0.01m²。	XZ-L46
			表面（层）风化	表层片状剥落	两种病害相互叠加，以表面溶蚀为主，间有片状剥落，其中片状剥落主要集中在碑刻上部及下部边角部位，风化面积1.12m²。	
				表面溶蚀		
			表面污染与变色	人为污染	制作拓片时残留的墨迹，由于雨水冲刷、拓片工艺差异等原因，现整体外观影响较大，面积0.66m²。	

续表

序号	名称	整体保存情况	病害类型		病害说明	照片图纸
L47	经幢	经幢整体有四块刻经组成，表面风化以表面溶蚀为主。	生物病害	微生物病害	经幢顶部刻石表面有大量微生物死亡后在碑刻表面形成的污染，微生物病害 0.56m²。	XZ-L47
			表面（层）风化	表面溶蚀	刻经表面大面积出现表面溶蚀，表面细部薄弱部位风化后层片状剥落，薄弱部分显露，形成沟壑状和片状剥落，风化面积 2.56m²。	
				表层片状剥落		
			表面污染与变色	人为污染	刻石上部有水锈结壳，水锈污染面积 0.19m²。	
L48	汉柏图赞碑	碑刻正面以表面溶蚀为主，背面以表面溶蚀和片状剥落为主。	表面（层）风化	表面溶蚀	碑刻正立面表面大面积出现表面溶蚀，表面细部薄弱部位风化后层片状剥落，薄弱部分显露，形成沟壑状，风化面积 0.87m²。	XZ-L48
				表层片状剥落	背立面以表层片状剥落为主，间有表面溶蚀，两种病害相互叠加，风化面积 1.07m²。	
			表面污染与变色	人为污染	制作拓片时残留的墨迹，由于雨水冲刷、拓片工艺差异等原因，现整体外观影响较大，面积 0.97m²。	
L49	御制汉柏之图碑	碑刻整体以表面溶蚀和孔洞状风化为主。	表面（层）风化	表面溶蚀	碑刻整体以表面溶蚀和孔洞状风化为主，由于表面长期受雨水冲刷造成的表面坑窝、沟槽状溶蚀现象和孔洞状风化现象，两种病害相互覆盖，穿插分布，风化面积 4.56m²。	XZ-L49
				孔洞状风化		
				表层片状剥落	碑刻表面有零星片状剥落，主要缝补在碑刻下部及碑座，风化面积 0.01m²。	
			裂隙	浅表性裂隙	主要集中于碑座，大量出现横向风化裂隙，裂隙密集分布，深入碑座较浅。	
			表面污染与变色	人为污染	制作拓片时残留的墨迹，由于雨水冲刷、拓片工艺差异等原因，现整体外观影响较大，面积 4.78m²。	
L50	张鹏翮汉柏诗碑	碑刻表面以表面溶蚀为主。	机械损伤	机械裂隙	碑刻右上角有机械裂隙，裂隙未完全贯通，裂隙总长 1.12m。	XZ-L50
			表面（层）风化	表面溶蚀	整体以表面溶蚀为主，由于表面长期受雨水冲刷造成的表面坑窝、沟槽状溶蚀现象，面积 1.18m²。	
				表层片状剥落	片状剥落主要集中于碑刻中下部，风化面积 0.03m²。	
			表面污染与变色	人为污染	制作拓片时残留的墨迹，由于雨水冲刷、拓片工艺差异等原因，现整体外观影响较大，面积 0.69m²。	
L51	刘海粟题"汉柏"碑	碑刻整体保存较好，背立面间有片状剥落，侧立面有风化裂隙。	表面（层）风化	表层片状剥落	主要分布于碑刻背立面，呈零星分布主要位于中，片状剥落 0.08m²。	XZ-L51
			裂隙	浅表性裂隙	主要集中于碑刻侧立面，裂隙密集分布，深入碑座较浅。	
			表面污染与变色	人为污染	制作拓片时残留的墨迹，由于雨水冲刷、拓片工艺差异等原因，现整体外观相对较好，面积 1.10m²。	

续表

序号	名称	整体保存情况	病害类型		病害说明	照片图纸
L52	青帝赞碑	碑刻整体保存较差，仅残存7块刻石，后采用水泥砂浆粘接修补，后采用青砖围砌。	表面（层）风化	表层片状剥落	表面片状剥落主要分布在顶部和下部中部四块刻石，表面风化面积0.16m²。	XZ-L52
				表面溶蚀	残存刻石以表面溶蚀为主，由于表面长期受雨水冲刷造成的表面坑窝、沟槽状溶蚀现象，风化面积0.43m²。	
			水泥修补	水泥修补	碑刻由于残缺严重，共有7块残损刻石，其余采用水泥修补恢复，块石总面积0.92m²。水泥修补面积2.21m²。	
L53	秦二世泰山石刻（秦李斯小篆刻石）	依据刻石修葺碑廊，顶部过垄脊屋面，整体保存较好，碑刻为刻石补全，并采用小型碑墙样式保护，外增加玻璃窗防雨水冲刷，整体保存较好。				XZ-L53
L54	大金重修东岳庙碑	碑刻整体以表面溶蚀为主，间有片状剥落。	表面（层）风化	表面溶蚀	两种病害相互叠加，以表面溶蚀为主，间有片状剥落，其中片状剥落主要集中在碑刻上部及下部，风化面积4.86m²。	XZ-L54
				片层状剥落		
				鳞片状起翘与剥落	碑座赑屃有少量风化形成鳞片状起翘的现象，风化面积0.11m²。	
			裂隙	机械裂隙	碑首左右两侧均有一处机械裂隙，裂隙总长2.36m，裂隙宽1~2mm，深入碑体2~4mm。	
			表面污染与变色	人为污染	碑刻左下角有微量黑色油漆污染，污染面积约0.01m²。	
			裂隙	机械裂隙	碑首左右两侧均有一处机械裂隙，与正立面裂隙相对应。	
				构造裂隙	碑座赑屃左侧有一条斜向构造裂隙，长0.79m，裂隙宽2~5mm，深入石材1~5mm。	
			表面（层）风化	表面溶蚀	两种病害相互叠加，以表面溶蚀为主，间有片状剥落，其中片状剥落主要集中在碑刻上部及下部，风化面积5.12m²。	
				片层状剥落		
				鳞片状起翘与剥落	碑座赑屃有大量风化形成鳞片状起翘的现象，风化面积0.11m²。	
			表面污染与变色	水锈结壳	碑座赑屃上部有随赑屃龟背纹的水锈，水锈结壳面积约0.02m²。	
			表面（层）风化	鳞片状起翘与剥落	碑座赑屃有大量风化形成鳞片状起翘的现象，风化面积0.81m²。	
				表面溶蚀	碑刻侧立面有大量风化裂隙，伴随裂隙出现表面溶蚀，石材脆弱部分流失形成沟壑状风化，风化面积2.12m²。风化裂隙密集分布。	
			裂隙	风化裂隙		
			表面污染与变色	水锈结壳	碑首与碑身间接触部位有水锈结壳，面积0.69m²。	

续表

序号	名称	整体保存情况	病害类型		病害说明	照片图纸
L55	大宋坛封祀颂碑	碑刻风化以片状剥落、表面溶蚀及孔洞状风化为主。	表面（层）风化	表层片状剥落	表面风化以表面溶蚀为主，由于表面溶蚀形成的沟壑等相互交叉形成片剥落，风化面积为4.32m²。	XZ-L55
				表面溶蚀	碑座以表面溶蚀为主，溶蚀风化面积0.86m²。	
				孔洞状风化	碑刻表面由于薄弱组分流失于表面形成孔洞状，风化面积1.25m²，于碑刻表面零星分布。	
			机械损伤	断裂	碑刻上下两部分断裂采用水泥砂浆修补粘接，在碑刻正立面未造成污染，裂隙长1.89m。	
			裂隙	机械裂隙	碑刻上半部分由于石材构造出现竖向机械裂隙，裂隙长2.12m，裂隙未贯穿，深入碑刻较浅。	
				浅表性裂隙	碑座表面出现大量风化裂隙，成横向密集分布，深入碑刻内部较浅。	
			表面（层）风化	表层片状剥落	表面风化以表面溶蚀为主，由于表面溶蚀形成的沟壑等相互交叉形成片剥落，风化面积为3.98m²。	
				表面溶蚀	碑座以表面溶蚀为主，溶蚀风化面积0.67m²。	
				孔洞状风化	碑刻表面由于薄弱组分流失于表面形成孔洞状，风化面积2.31m²，于碑刻表面零星分布。	
			机械损伤	断裂	和正立面对应部位，在碑刻背立面造成污染，裂隙长1.89m。	
					碑座有一条竖向机械裂隙，裂隙长0.65m，采用水泥砂浆抹缝。	
			裂隙	浅表性裂隙	碑座表面出现大量风化裂隙，成横向密集分布，深入碑刻内部较浅。	
			水泥修补	水泥修补	碑身中部断裂处采用水泥砂浆修补形成污染，污染面积0.13m²。碑座右上角有0.01m²水泥修补。	
			机械损伤	断裂	断裂部分和正反面相对应裂隙，裂隙内采用水泥砂浆修补，裂隙长1.75m。	
			表面（层）风化	表面溶蚀	表面风化以表面溶蚀为主，由于表面溶蚀形成的沟壑等相互交叉形成片剥落，风化面积为2.98m²。	
				表层片状剥落		
			裂隙	浅表性裂隙	碑座表面出现大量风化裂隙，成横向密集分布，深入碑刻内部较浅。	
			水泥修补	水泥修补	碑身断裂处及周边采用水泥修补，共0.75m²。	
L56	大观圣作之碑	碑身断裂为上下两部分，拼接后采用水泥砂浆抹缝，表面以片状剥落和表面溶蚀为主。	机械损伤	断裂	碑身断裂为上下两部分，拼接后采用水泥砂浆抹缝，断裂裂隙长1.55m。	XZ-L56
			表面（层）风化	鳞片状起翘与剥落	主要分布于碑座，由于冻融等变化形成的鳞片状起翘剥落，风化面积1.11m²。	
				表面溶蚀	碑刻表面由于薄弱部分流失，形成坑窝及沟壑状风化，由于部分部位相互叠加形成表面片层状剥落，其中右下角有大片片状剥落；另外由于部分部位未完剥落，形成空鼓的现象。几种病害分布相互重叠，其中以片状剥落和表面溶蚀为主。空鼓部位采用保护材料抹缝。病害面积3.96m²。	
				表层片状剥落		
			裂隙与空鼓	空鼓		

· 50 ·

续表

序号	名称	整体保存情况	病害类型		病害说明	照片图纸
L56	大观圣作之碑	碑身断裂为上下两部分，拼接后采用水泥砂浆抹缝，表面以片状剥落和表面溶蚀为主。	表面污染与变色	水锈结壳	主要集中在碑座赑屃上部，在碑身上部也有小片分布，风化面积0.28m²。	XZ-L56
				人为污染	碑刻表面采用有机类保护材料进行抹缝处理，防止雨水侵入碑刻内部，现保护材料发白，已经开始影响碑刻的整体外观，污染面积0.59m²。	
			生物污染	微生物污染	碑首顶部及碑身顶部有大面微生物死亡后在表面形成的黑色污染，污染面积0.68m²。	
			机械损伤	断裂	和碑刻正立面相对应部位的断裂裂隙，长1.55m。	
			表面（层）风化	表面溶蚀	表面风化以表面溶蚀为主，由于表面溶蚀形成的沟壑等相互交叉形成片状剥落，风化面积为2.69m²。	
				表层片状剥落		
				鳞片状起翘与剥落	主要分布于碑座，由于冻融等变化形成的鳞片状起翘剥落，风化面积0.46m²。	
			裂隙与空鼓	机械裂隙	碑身右侧有一条竖向机械裂隙，裂隙未贯穿，裂隙长2.48m。	
			表面污染与变色	水锈结壳	主要集中在碑座赑屃上部，在碑身上部也有小片分布，风化面积0.43m²。	
			机械损伤	断裂	与正、背立面相对应，断裂裂隙长0.41m。	
			表面（层）风化	表面溶蚀	碑刻表面薄弱部分风化流失后形成坑窝及沟壑状，风化面积0.75m²。	
			裂隙	浅表性裂隙	碑刻侧立面有大量浅表性裂隙，裂隙密集分布，深入碑体表面较浅。	
			表面污染与变色	人为污染	碑刻表面采用有机类保护材料进行抹缝处理，防止雨水侵入碑刻内部，现保护材料发白，已经开始影响碑刻的整体外观，污染面积0.59m²。	
L57	碧霞元君香火之碑	碑刻以表面溶蚀为主，表面墨迹污染。	表面（层）风化	表层片状剥落	在碑刻正反面均有大量分布，两种病害以表面溶蚀为主，由于薄弱组分流失在碑刻表面形成坑窝及沟壑，并相互重叠形成片状剥落，风化面积1.35m²。	XZ-L57
				表面溶蚀		
			裂隙及空鼓	机械裂隙	碑刻背立面有一条机械裂隙，未贯穿，裂隙长0.9m，裂隙宽不足1mm。	
			表面污染与变色	水锈结壳人为污染	由于残留墨迹后经过雨水冲刷造成碑刻表面出现污染，对碑刻外观影响较大，污染面积0.75m²。	
			水泥修补	水泥修补	碑刻背立面由于片状剥落形成大面积的片层缺失，现采用水泥砂浆修补，修补面积0.14m²。	
L58	题泰山碑	碑刻以表面溶蚀和机械裂隙为主，碑刻表面发污。	表面（层）风化	表层片状剥落	正立面中部有成片片状剥落，主要由于表层风化后受外力造成，风化面积0.29m²。	XZ-L58
				表面溶蚀	由于薄弱组分流失在碑刻表面形成坑窝及沟壑，碑座及碑首都有大量分布，风化面积2.56m²。	
			裂隙	机械裂隙	主要位于碑刻上部，有两条十字交叉裂隙，裂隙总长2.34m²；另外碑刻正立面左下方裂隙长0.94m；碑刻下部一条横向裂隙，环绕碑刻正反面，裂隙长1.34m。	
			表面污染与变色	人为污染	制作拓片时残留的墨迹，由于雨水冲刷、拓片工艺差异等原因，现整体外观影响较大，面积0.95m²。	

续表

序号	名称	整体保存情况	病害类型		病害说明	照片图纸
L59	太安州儒学王师爷德政碑	碑刻整体以表面溶蚀和片状剥落为主。	表面（层）风化	表层片状剥落	主要集中于碑刻背立面及正立面中部两侧，片状剥落0.56m²。	XZ-L59
				表面溶蚀	碑刻整体风化以表面溶蚀为主，由于薄弱组分风化流失后形成表面坑窝和沟壑，风化面积2.05m²。	
			表面污染与变色	人为污染	制作拓片时残留的墨迹，由于雨水冲刷、拓片工艺差异等原因，现整体外观影响较大，面积1.35m²。	
L60	修建元君行宫碑记	碑刻整体以孔洞状风化和表面溶蚀为主，表面发污。	生物病害	微生物污染	碑首顶部微苔藓等生物死亡后在碑刻表面附着变黑形成污染，生物污染0.11m²。	XZ-L60
			表面（层）风化	表面溶蚀	主要分布在碑刻正立面，由于薄弱组分流失造成的表面坑窝及沟壑，风化面积0.65m²。	
				表层片状剥落	在碑刻正立面有少量片状，背立面由于石材材质差异边缘处亦出现片状剥落，片状剥落1.37m²。	
				孔洞状风化	孔洞状风化主要集中在碑刻正立面，表面大量薄弱组分流失细部形成孔洞状，风化面积2.11m²。	
			表面污染与变色	人为污染	制作拓片时残留的墨迹，由于雨水冲刷、拓片工艺差异等原因，现整体外观影响较大，面积1.45m²。	
L61	重修元君庙记碑	碑刻表面风化以表面溶蚀为主，表面墨迹发污。	表面（层）风化	表面溶蚀	碑刻整体以表面溶蚀为主，主要是组分不均匀流失造成的表面坑窝，风化面积2.67m²。	XZ-L61
				表层片状剥落	主要在碑刻背立面两侧边角部位，多由于受外力造成，片状剥落面积0.32m²。	
			裂隙	浅表性裂隙	主要集中在碑刻侧立面，裂隙密集分布，深入石材较浅。	
			表面污染与变色	人为污染	制作拓片时残留的墨迹，由于雨水冲刷、拓片工艺差异等原因，现整体外观影响较大，面积1.51m²。	
L62	五三纪念碑	碑刻整体保存较好，碑座以表面泛盐及溶蚀为主。	表面（层）风化	表面泛盐	碑座须弥座束腰部位表面有大量泛盐现象，风化面积0.64m²。	XZ-L62
				表面溶蚀	主要位于碑座须弥座上部，由于薄弱组分流失形成的表面坑窝，风化面积1.45m²。	
L63	洪武祭祀碑	碑刻整体以表面溶蚀为主间有片状剥落，表面墨迹流淌污染严重，已严重影响碑刻外观。	生物病害	微生物污染	附近树木生长枝叶散落在碑首顶部，伴随雨水腐蚀等滋生微生物，微生物死亡后伴随植物枝叶在碑首附近形成黑色污染，污染面积0.32m²。	XZ-L63
			表面（层）风化	表面溶蚀	碑刻整体以表面溶蚀为主，主要是组分不均匀流失造成的表面坑窝，风化面积2.57m²。	
				表层片状剥落	主要分布于碑身下部及碑座表面，由于风化及应力相互作用形成的表层剥落，风化面积0.65m²。	
			表面污染与变色	水锈结壳	碑首部位由于雨水冲刷及微生物随雨水流淌形成表面水锈结壳，碑身主要由于雨水夹杂墨迹流淌形成的表面结壳发污，污染面积1.62m²。	
				人为污染	制作拓片时残留的墨迹，由于雨水冲刷、拓片工艺差异等原因，现整体外观影响较大，面积3.26m²。	

续表

序号	名称	整体保存情况	病害类型		病害说明	照片图纸
L63	洪武祭祀碑	碑刻整体以表面溶蚀为主间有片状剥落，表面墨迹流淌污染严重，已严重影响碑刻外观。	表面（层）风化	表面溶蚀	碑刻整体以表面溶蚀为主，主要是组分不均匀流失造成的表面坑窝，风化面积3.57m²。	XZ-L63
			表面污染与变色	水锈结壳	碑首及碑身由于雨水冲刷及微生物、墨迹随雨水流淌形成表面水锈结壳，污染面积3.62m²。	
				人为污染	制作拓片时残留的墨迹，由于雨水冲刷、拓片工艺差异等原因，现整体外观影响较大，面积3.99m²。	
			生物病害	微生物污染	详见正立面部分描述，病害面积已统计。	
			裂隙	机械裂隙	碑身和碑首接触部位，碑身西侧立面上有一条机械裂隙，主要是由于应力作用形成，裂隙长0.96m，裂隙宽1~2mm，深入内部较深。	
				浅表性裂隙	碑刻侧立面有大量风化裂隙，裂隙整体密集分布，未延伸至碑刻内部。	
L64	重修东岳庙记碑	碑刻整体以表面溶蚀为主，碑首主要为微生物病害，碑首以表面溶蚀和片状剥落为主，碑座以水锈结壳为主。	机械损伤	局部缺失	碑首及碑身中部共有两小块缺失，缺失面积0.02m²。	XZ-L64
			生物病害	微生物污染	附近树木生长枝叶散落在碑首顶部，伴随雨水腐蚀等滋生微生物，微生物死亡后伴随植物枝叶在碑首附近形成黑色污染，污染面积0.36m²。	
			表面（层）风化	表面溶蚀 表层片状剥落	表面风化以表面溶蚀为主，由于表面溶蚀形成的沟壑等相互交叉形成片状剥落，风化面积3.55m²。	
			表面污染与变色	水锈结壳	碑首部位由于雨水冲刷及微生物随雨水流淌形成表面水锈结壳，碑身制作拓片时残留的墨迹，由于雨水夹杂墨迹流淌形成的表面结壳发污，污染面积1.15m²。	
				人为污染	碑座赑屃头部及上部有水锈结壳，结壳面积0.55m²。	
			生物病害	微生物污染	见正立面说明，病害面积已统计。	
			表面（层）风化	表面溶蚀 表层片状剥落	表面风化以表面溶蚀为主，由于表面溶蚀形成的沟壑等相互交叉形成片状剥落，风化面积为3.47m²。	
			表面污染与变色	水锈结壳	碑首部位由于雨水冲刷及微生物随雨水流淌形成表面水锈结壳，碑身制作拓片时残留的墨迹，由于雨水夹杂墨迹流淌形成的表面结壳发污，污染面积2.17m²。	
				人为污染	碑座赑屃尾部及上部有水锈，面积0.23m²。	
			裂隙	浅表性裂隙	碑刻侧立面有大量风化裂隙，裂隙整体密集分布，未延伸至碑刻内部。	
			表面污染与变色	水锈结壳	碑首部位由于雨水冲刷及微生物随雨水流淌形成表面水锈结壳，碑身制作拓片时残留的墨迹，由于雨水夹杂墨迹流淌形成的表面结壳发污，污染面积0.72m²。	
				人为污染	碑座赑屃尾部及上部有水锈，面积0.12m²。	

续表

序号	名称	整体保存情况	病害类型		病害说明	照片图纸
L65	经幢	经幢整体风化损毁严重，表面以片状剥落为主，采用水泥砂浆拼合外加铁箍加固。	机械损伤	局部缺失	经幢整体缺失约十分之一，表层大部已剥落缺失，文字残存较少。	XZ-L65
				断裂	经幢存在十几处断裂，断裂石块采用水泥砂浆修补粘接后采用铁箍加固。	
			表面（层）风化	表层片状剥落	由于表面风化及应力相互作用，经幢表面片状剥落严重，风化面积约12.68m²。	
			表面污染与变色	人为污染	共采用六匝铁箍加固，铁箍下方均有铁箍锈蚀流淌，出现表面污染，面积3.36m²。	
				水锈结壳	碑刻表面雨水冲刷流淌携带杂质，在碑刻表面形成污染，污染面积4.69m²。	
			水泥修补	水泥修补	经幢整体碎裂，后采用水泥砂浆配合铁箍复原，现经幢整体稳定。水泥修补面积约3.79m²。	
L66	大宋天贶殿碑	碑刻整体以表面溶蚀为主，间有片状剥落和起鼓。	机械损伤	局部缺失	碑刻正立面两处小块缺失，缺失面积0.01m²。	XZ-L66
			表面（层）风化	表面溶蚀	碑刻表面由于薄弱组分的流失形成坑窝状及沟槽状的风化现象，表面溶蚀4.51m²。	
				表层片状剥落	由于表面溶蚀形成的病害相互作用形成片状剥落，风化面积0.54m²。	
			裂隙与空鼓	机械裂隙	碑座上部出现应力型裂隙，裂隙宽3~5mm，长0.56m，表面采用水泥砂浆填充抹缝。	
				浅表性裂隙	主要集中在碑座，有数条平行的风化裂隙，多为细小裂隙延伸至碑刻内部较浅。	
				空鼓	由于部分未完全剥落的形成的空鼓，风化面积0.72m²。	
			表面（层）风化	表面溶蚀	碑刻表面由于薄弱组分的流失形成坑窝状及沟槽状的风化现象，以表面溶蚀为主，风化面积3.65m²。	
				表层片状剥落	由于表面溶蚀形成的病害相互作用形成片状剥落，风化面积0.63m²。	
			裂隙与空鼓	机械裂隙	碑座上部出现应力型裂隙，裂隙宽5~10mm，长0.41m，表面采用水泥砂浆填充抹缝，有杂草滋生。	
				浅表性裂隙	主要集中在碑座，有数条平行的风化裂隙，多为细小裂隙延伸至碑刻内部较浅。	
			表面（层）风化	表面溶蚀	碑刻表面由于薄弱组分的流失形成坑窝状及沟槽状的风化现象，表面溶蚀1.07m²。	
			表面污染与变色	水锈结壳	碑刻表面雨水冲刷流淌携带杂质，在碑刻表面形成污染，污染面积0.57m²。	
			裂隙与空鼓	浅表性裂隙	碑身侧立面多条浅表性裂隙。	

续表

序号	名称	整体保存情况	病害类型		病害说明	照片图纸
L67	重修玉皇阁神像碑记	碑刻整体由三块刻石组成，其中右侧块石断裂为上下两部分，采用水泥砂浆拼接。碑刻表面以表面溶蚀为主。	机械损伤	断裂	右侧刻石上下断裂，采用水泥砂浆修补，断裂长0.75m。	XZ-L67
				局部缺失	右侧碑刻中部缺失，采用水泥砂浆修补，缺失面积0.17m²。	
			表面（层）风化	表面溶蚀	碑刻表面由于风化、外力等造成组分流失，形成沟槽状及坑窝状风化，风化面积2.86m²。	
			表面污染与变色	人为污染	制作拓片时残留的墨迹，由于雨水冲刷、拓片工艺差异等原因，现整体外观影响较大，面积2.22m²。	
			水泥修补	水泥修补	右侧碑刻缺失部分采用水泥砂浆修补，修补面积0.17m²。	
L68	泰安州重修学庙记碑	碑刻整体以表面溶蚀和片状剥落为主。	表面（层）风化	表面溶蚀	碑刻表面由于薄弱组分流失形成沟槽状或坑窝状风化，风化面积5.75m²。	XZ-L68
				表层片状剥落	碑刻表面由于表面溶蚀的发展及表面持续发展，形成表层片状剥落，剥落面积0.78m²。	
			裂隙与空鼓	机械裂隙	碑身中部由于受外力形成的机械裂隙，总两条，总长2.75m。大部分裂隙已经贯穿。	
			表面污染与变色	人为污染	制作拓片时残留的墨迹，由于雨水冲刷、拓片工艺差异等原因，现整体外观影响较大，面积0.63m²。	
			表面（层）风化	表面溶蚀	主要集中在碑身，由于薄弱组分流失形成沟槽状或坑窝状风化，风化面积3.89m²。	
				表层片状剥落	主要集中在碑身，表面溶蚀的发展及表面持续发展，形成表层片状剥落，剥落面积1.56m²。	
			裂隙与空鼓	机械裂隙	与正立面对应位置的裂隙，裂隙长2.75m。	
			表面污染与变色	水锈结壳	碑首与碑刻间有小面积水锈结壳发黑，面积0.01m²。	
				油漆污染	碑刻右下部有微量红色油漆污染，污染面积0.01m²。	
				早期保护材料	碑刻表面早期采用树脂类保护材料对表层剥落后周边部位进行抹缝处理，现保护材料在碑刻表面形成一定影响，污染面积0.23m²。	
			裂隙与空鼓	机械裂隙	碑身中部与正、背立面对应部位均有机械裂隙，长0.21m；碑首与碑身接触部位有一条应力裂隙，裂隙长1.32m，裂隙宽2～4mm，延伸至碑刻内部较深；碑座有一条竖向应力裂隙，裂隙长0.11m。	
				浅表性裂隙	有数条平行的竖向风化裂隙，多为细小裂隙延伸至碑刻内部较浅。	

续表

序号	名称	整体保存情况	病害类型		病害说明	照片图纸
L69	明僧悟亭碑记	碑刻整体风化以表面溶蚀和片状剥落为主。	机械损伤	局部缺失	碑刻左下角有小块缺失，约0.01m²。	XZ-L69
			表面（层）风化	表面溶蚀	主要集中于碑刻正立面，由于风化、外力等造成组分流失，形成沟槽状及坑窝状风化，风化面积0.66m²。	
				片状剥落	主要集中在背立面，由于碑刻石材具有片层状，风化成表层片状，剥落面积0.26m²。	
			表面污染与变色	水锈结壳	碑刻背立面有小面积水锈结壳发黑，面积0.01m²。	
				人为污染	制作拓片时残留的墨迹，由于雨水冲刷、拓片工艺差异等原因，现整体外观影响较大，面积0.47m²。	
			水泥修补	水泥修补	碑刻左下角小块缺失，采用水泥砂浆修补，修补面积0.01m²。	
L70	重修青岩书院碑记	碑刻上部断裂，采用环氧树脂、水泥修补粘接裂隙，风化以表面溶蚀为主。	机械损伤	断裂	碑刻整体断裂为三块，现采用水泥砂浆修补断裂裂隙，裂隙长1.23m。	XZ-L70
			表面（层）风化	表面溶蚀	主要位于碑刻正立面，由于风化、外力等造成组分流失，形成沟槽状及坑窝状，风化面积0.66m²。	
			裂隙	浅表性裂隙	碑身侧立面多条浅表性裂隙。	
				机械裂隙	碑刻上部侧立面有条机械裂隙，总长0.87m。	
			表面污染与变色	早期保护材料	碑刻表面早期采用树脂类保护材料对表层剥落后周边部位进行抹缝处理，现保护材料在碑刻表面形成一定影响，污染面积0.11m²。	
				人为污染	制作拓片时残留的墨迹，由于雨水冲刷、拓片工艺差异等原因，现整体外观影响较大，面积0.87m²。	
L71	重修玉皇阁碑记	碑刻整体保存较好，碑身断裂为左右两部分，现围砌青砖做碑墙。	机械损伤	断裂	碑刻中部斜竖向断裂，断裂裂隙长1.86m，现采用青砖围砌做碑墙。	XZ-L71
			表面（层）风化	表面溶蚀	主要位于碑刻背立面，零散分布，由于风化、外力等造成组分流失，形成沟槽状及坑窝状，风化面积0.25m²。	
			表面污染与变色	墨迹污染	制作拓片时残留的墨迹，由于雨水冲刷、拓片工艺差异等原因造成，现碑刻整体外观相对统一表面墨迹未出现，面积0.95m²。	
				水泥砂浆污染	碑刻背立面表面有较明显水泥砂浆污染，污染面积0.03m²。	
L72	重修北斗殿碑	碑刻整体保存较好，碑刻表面以片状剥落和溶蚀为主，碑刻表面墨迹流淌污染碑体。	表面（层）风化	表面溶蚀	由于表层薄弱组分流失形成沟槽状风化，表面溶蚀0.55m²。	XZ-L72
				表层片状剥落	主要集中于碑刻正立面，由于表面溶蚀发展造成局部出现片状剥落的现象，风化面积0.13m²。	
			裂隙	浅表性裂隙	主要集中于碑刻侧立面，多为密集分布，裂隙宽1mm左右，延伸至碑刻内部约1~3mm，裂隙总长度约2.35m。	
			表面污染与变色	墨迹污染	制作拓片时残留的墨迹，由于雨水冲刷、拓片工艺差异等原因造成，由于墨迹残留及随雨水流淌形成表面污染，面积0.76m²。	
				砂浆沥青污染	碑刻背立面上部及下部有两处集中砂浆沥青污染，侧立面亦有少量污染，污染面积0.03m²。	

续表

序号	名称	整体保存情况	病害类型		病害说明	照片图纸
L73	泰安山左首郡碑	碑刻整体保存较好，表面风化以表面溶蚀和表层片状剥落为主，现围砌青砖做碑墙。	机械裂隙	断裂	碑身左上角背部断裂，现碑刻背立面裂隙宽2mm左右，裂隙长0.79m，现采用青砖围砌做碑墙。	XZ-L73
			表面（层）风化	表面溶蚀	由于表层薄弱组分流失形成沟槽状风化，表面溶蚀0.35m²。	
				表层片状剥落	主要集中于碑刻正立面，由于表面溶蚀发展造成局部出现片状剥落的现象，风化面积0.11m²。	
			表面污染与变色	人为污染	制作拓片时残留的墨迹，由于雨水冲刷、拓片工艺差异等原因造成，由于墨迹残留及随雨水流淌形成表面污染，面积0.21m²。	
			水泥修补	水泥修补	背立面右侧断裂处有小块水泥，修补面积0.03m²。	
L74	"醴泉"碑	碑刻整体风化严重，以粉化剥落和片状剥落为主。	表面（层）风化	表面粉化剥落	受雨水冲刷与温湿度变化、冻融的作用造成的粉化剥落，风化面积1.26m²。	XZ-L74
				表层片状剥落	由于碑刻表面粉化严重，并出现片状分布，逐步形成表层片状剥落，剥落面积0.35m²。	
				表面溶蚀	由于表层薄弱组分流失形成沟槽状风化，主要集中在碑座，风化面积0.31m²。	
			裂隙	浅表性裂隙	碑刻侧立面集中大量风化裂隙，密集分布，其中多数裂隙已经延伸至石材内部较深，裂隙总长3.21m。	
				构造裂隙	碑刻背立面中部有一条横向构造裂隙，裂隙长0.7m，宽1mm，延伸深度3mm。	
			表面污染与变色	人为污染	碑刻正立面上部有微量红色油漆污染，污染面积0.01m²。	
L75	重修金星庙记碑	碑刻为2008年后迁入庙内碑刻，现整体保存相对较好，表面以受外力损伤破坏及人为刻画污染。	机械损伤	局部缺失	碑刻两侧边棱均有少量缺失，其中主要集中于右部，缺损0.02m²。	XZ-L75
			裂隙	构造裂隙	碑刻右侧立面有一构造裂隙，裂隙沿侧立面面发育，延伸至碑刻左侧立面，长1.42m。	
			表面污染与变色	人为污染	制作拓片时残留的墨迹，由于雨水冲刷、拓片工艺差异等原因造成，由于墨迹残留及随雨水流淌形成表面污染，面积0.55m²。	
			水泥修补	水泥修补	正立面右下角有小块水泥修补，污染面积0.04m²。	
L76	重修金星庙告成功记碑	碑刻为2008年后迁入庙内碑刻，整体背立面风化严重，表面以片状剥落和表面溶蚀为主。	机械损伤	局部缺失	背立面左上部有小块缺失，局部缺失面积为0.02m²。	XZ-L76
			表面（层）风化	表层片状剥落	主要集中于背立面，由于岩石片层结构及外力和表层组分流失，形成片层状剥落，风化面积0.76m²。	
				表面溶蚀	主要集中在正立面，由于受雨水、冻融的影响碑刻表面出现薄弱组分流失的情况，风化面积0.57m²。	
			裂隙	浅表性裂隙	碑刻侧立面有大量密集分布的风化裂隙，均为细小裂隙，延伸至碑刻内部较浅。	
			表面污染与变色	人为污染	制作拓片时残留的墨迹，由于雨水冲刷、拓片工艺差异等原因造成，由于墨迹残留及随雨水流淌形成表面污染，面积0.83m²。	

第四节　保存环境调查

（一）镶嵌碑刻

通过对岱庙内碑刻保存环境的综合分析，其中镶嵌碑刻的保存环境依据镶嵌墙体的不同可分为以下几类：

（1）镶嵌于汉柏院东侧碑墙内碑刻，包含X01至X40，总计40通。这是早期为保护碑刻，依靠当时已经残损的岱庙城墙来修建碑墙，碑墙为碎石墙，与岱庙城墙风貌不协调。受当时保护条件限制，砌筑时碑墙内部采用乱石、碎砖及渣土回填，碑刻周围砌体未做防潮、防渗处理。城墙顶部及碑刻镶嵌体均未做防潮隔离，导致镶嵌墙体渗水泛潮、雨水侵蚀，碑刻表面风化严重，出现大面积溶蚀、剥落、片状剥落、泛盐等。整体保存条件较差、文物病害集中严重，且通过观察及历年照片、拓片对比发现病害发展迅速。

（2）镶嵌于砌体的碑刻，包含X49至X70，共计22通。镶嵌体为块石砌体，为汉柏亭的台基，保存情况与X01至X40相似。

（3）镶嵌于院墙的碑刻，包含X41至X48、X71至X73，共计11通。镶嵌墙体为院墙，墙体较薄，且墙体内外均镶嵌碑刻，其中院墙北侧底部被埋，并已经掩埋到碑刻顶部约0.2米。

（4）镶嵌于碑廊墙体内的碑刻，包含X74至X81，共计8通。碑刻均镶嵌于碑廊内，整体保存相对较好。

（二）其他单体碑刻、经幢

单体碑刻一般为集中陈列，岱庙整体林木茂盛，部分碑刻置于林木之中，由于鸟类及动物活动形成大量污染物，伴随雨水流淌至碑刻表面形成大量微生物危害及表面水锈结壳。单体碑刻依据具体环境及体量可分为以下几类：

（1）单体碑刻围砌碑亭或有围砌体的，包含L05、L28、L53、L71、L73共计5通。

（2）碑身高度大于3米的大型碑刻，包含L07、L09、L22、L35、L54、L55、L56、L63、L64、L65、L66、L68共计13通。

（3）年代久远、价值较高且风化严重的碑刻，包含L10、L29、L32、L39、L41、L45、L55、L65、L66、L68、L74共计11通。

（三）调查对比

通过把本次保存现状病害调查结果和2008年第一次调查的情况进行纵向对比，镶嵌碑体中尤其是镶嵌于汉柏院东侧碑墙、汉柏亭台基的碑刻整体风化程度有明显加重趋势，单体碑刻整体保存状况及病害变化不大，但部分碑刻如L55、L65、L66、L68、L74等碑刻病害扩展较为明显。

第四章 预防性保护技术

第一节 预防性保护技术概况

(一) 国外预防性保护相关规制

预防性保护一词来自"Preventive Conservation"的直译。最早的预防性保护概念在1930年由在罗马召开的第一届艺术品保护科学方法研究的国际会议上提出，当时主要针对文物环境的控制，例如对文物环境的温、湿度控制。1931年10月21日至30日在雅典召开建筑类文物古迹国际会议，会议主要从导则、管理立法措施、美学价值、修复材料、保护技术和国际合作等方面进行探讨。大会总结出摒弃样式修复，提倡日常维护和定期维修，历史文物的保护需要社区公众的参与，在修缮中新材料的使用应具有可视性，同时由于古建筑特殊的要求，需要保存古建筑的原真性，故在新材料的使用中尽可能选取隐蔽部位。国际会议形成了《雅典宪章》，这是一份较早提出现代保护政策的国际文件，宪章还提出每个国家或设立专门的相关机构出版有关文物古迹的详细清单，同时清单中附有照片和文字注解，还应介绍历史性纪念物保存的总体进展和方法，《雅典宪章》对今后工程实践以及日后形成的其他宪章产生了诸多影响。1964年5月25日至31日在威尼斯召开了历史文物古迹保护国际会议，参加者众多，其中有联合国教科文组织（UNESCO）、国际文物保护与修复研究中心（ICCROM）、国际博物馆协会（ICOM）等参与大会，会议中将历史城镇纳入历史文物古迹保护的范畴，同时指出"将建筑遗产报告的基本内容公开是非常重要的，一切保护、修缮或发掘工作应有插图和照片的分析及评论报告，要有准确的记录；清理、加固、重新整理与组合的每个阶段以及工作过程中所确认的技术及其形态特征均应包括在内。"至20世纪80年代，预防性保护广泛应用于西方国家馆藏文物保护中，经过不断的探讨及实践，预防性保护逐渐发展成一门独立的学科。20世纪90年代之前在文化遗产保护中应用了过程控制模型，90年代初期面对风险问题逐渐开展管理研究。预防性保护理念应用于建筑遗产领域源于20世纪90年代，意大利文保专家Cesare Brandi在《修复理论》中提出"文化遗产保护最重要和有限的原则应该是对艺术品采取预防性保护措施，优于紧急情况下的临终抢救性修复"，该书在意大利遗产保护领域中引起较大影响，同时书中对预防性保护概念的诠释引起广泛关注。1927年意大利制定的《修复章程》中对预防性保护进行深入诠释，明确指出从修复结果评估的角度采取预防性保护措施是为了避免对艺术品实施更大规模的干预。1987年意大利制定《艺术品和文物保护及修复章程》，章程中明确指出预防性保护主要是保护艺术品及其周边环境条件的共同保护行动，同年ICOMOS颁布《历史城镇和城市地区的保护宪章（华盛顿宪章）》，在保护宪章的第十四条指出为了居民的安全与安居乐业，应保护历史城镇免受自然灾害、污染和噪声的危害。不管影响历史城镇或城区的灾害性质如何，必须针对有关财产的具体特性采取预防和维修措施。

20世纪80年代末至90年代，局部社会发生动荡，如1990年至1991年海湾战争，1992年4月至1995年12月波黑战争，1991年至1999年南斯拉夫内战等使得文物损坏；此外加利福尼亚地震，澳大利亚和亚马逊发生火灾等自然灾害，给建筑遗产造成危害，许多遗产保护机构和专业人士提倡预防性保护措施，而不是灾后的周期性治疗。1992年6月14日联合国环境与发展大会通过《里约环境与发展宣言》（《里约宣言》），在原则十五中提出："为了保护环境，各国应按照本国的能力，广泛适用预防措施。遇有严重或不可逆转损害的威胁时，不得以缺乏科学充分确实证据为理由，延迟采取符合成本效益的措施防止环境恶化。"同年10月ICOMOS推出蓝盾运动，寻求新的保护态度和做法。1996年7月建立蓝盾国际委员会，代表ICOMOS、ICOM、ICA和IFLA负责协调应急救灾，形成文化遗产风险框架，以预防式保护的理念得到不断认可。1999年ICOMOS颁布《历史性木结构保护原则》（ICOMOS Principles for the Preservation of Historic Timber Structure）指出在对木构件干预前应对其残损、结构进行检测，同时提出日常监测及维护的重要性。2003年加拿大自然博物馆的Robert Waller建立了对文化遗产风险评估模型[20]。

综上所述，从1930年第一届艺术品保护科学方法研究的国际会议上提出预防性保护理念之后，遗产保护的思想从紧急的抢救性修缮逐渐转向预防性保护。于此同时通过实例不断地将预防性保护应用于实践中，使保护主题与周边环境相互结合。随着战乱的人为破坏、自然灾害损毁等因素使得遗产面临威胁，预防性保护理念得到推行，逐渐预防性保护成为独立学科，形成系统化的研究。

（二）国内预防性保护相关规制

先秦（公元前483～前402）的儒学经典著作《礼记·中庸》中提出"凡是豫则立，不豫则废"指做任何一件事情，一定要有所准备才能成功，没有准备就开始着手做则会失败。可见古代圣贤之人早就存在预防为主的哲学思想。我国自古就有"防患于未然""防病胜于治病"的古训，"预防"的词汇在我国最早出现在《周易·既济》中记载的"君子以思患而豫（预）防"，意思为：君子要思谋远虑，事成之后，考虑将来可能出现的弊端，防患于未然，提前做好预防措施，可见我国预防思想可追溯至早期的医学中。在《素问遗篇·刺法论》中记载："黄帝曰：余闻五疫之至，皆相染易，无问大小，病状相似，不施救疗，如何可得不相移易者？岐伯曰：不相染者，正气存内，邪不可干，避其毒气，天牝从来……"。文中的"五疫"是各种疫疠病的总称，将五行的金、木、水、火、土用于中医中，医者认为大自然由五种要素组成。古人根据五行理论将疫疠分为木疫、火疫、土疫、金疫、水疫五种。当人正气较为充胜时外邪难以侵袭，疫症是秽气所致，不论各年龄层的人，一旦接触，基本上都会被传染，引发相似的病情。"避其毒气"的"避"指预防外邪，从而达到减少发病的目的。此外《皇帝内经》中"圣人不治已病治未病，不知已乱治未乱"[21]；《千金药方》把预防传染病的方剂列于伤寒章之首等，这些记载均体现预防性在我国医学界很早就备受推崇。除了医学，宋代的叶适在《辩兵部郎官朱元晦状》中述及："陛下原其用心，察其旨趣，举动如此，欲以何为！诚不可不预防，不可不早辩也。"可见预防性保护理念可应用于不同事件及群体，对于预防性保护建立起了一套预防的系统理论体系。这种防范于未然的思想从医学逐渐发展到各个领域，我国古建筑木结构预防性保护主要表现在日常维护和经常性的修缮，在《大清会典·内务府》卷94中提到"保固年限"："宫殿内岁修工程，均限保固三年。新建工程，并拆修大木重新盖造者，保固十年……"，此外地方性也依照习俗自成一套保护"系统"，如在梅雨季节前会对房屋进行提前修缮或维护，预防雨水的渗漏，在天气干燥期间会敲锣提示人们小心火烛等。我国近代的古建筑保护观念和方法始于20世纪30年代。中华人民共和国成立后，国内面对的是大批损毁或有待保护的文物，针对我国国情国家于1982年通过并实施《中华人民共和国文物保护法》，近年不断地修改，2013年6月所修改的《中华人民共和国文物保护法》第四条提出"文物工作中贯彻保护为主、抢救第一、合理利用、加强管理的方针"，第十一条提出"文物是不可再生的文化资源，国家加强文物保护的宣传教育，增强全民文物保护的意识，鼓励文物保护的科学研究，提高文物保护的科学技术水平"，从中可知我国逐渐将保护措施运用至文物中。1992年由国家技术监督局和中华人民共和国建设部联合发布《古建筑木结构维护与加固技术规范》（GB50165-92），以国家标准的形式来指导古建筑木结构的加固和修缮实践，从而加强古建筑木结构的科学保护。我国在2002年参考1964年《国际古迹保护与修复宪章》（《威尼斯宪章》）为代表的国际原则，同时依据我国文物古迹的实际情况和从事文物古迹保护工作者的经验，编制《中国文物古迹保护准则》，有效地将国家文化遗产保护的原则与我国的情况切实相结合。准则中提出文物古迹的三大价值、保护程序、调查对象等，特别是在第三章保护原则中第二十条中提出："定期实施日常保养。日常保养是最基本和最重要的保护手段。要制定日常保养制度，定期监测，并及时排除不安全因素和轻微的损伤。"第四章保护工程中强调日常保养能够预防外力侵害，是一种预防措施，它可适用于任何保护对象。在进行预防性保护时需制定保养制度，发现存有隐患的部分要实施不间断的监测，并把数据进行记录存档。

2004年，国家文物局颁布《全国重点文物保护单位保护规划编制要求》中对生态保护提出应维护地形地貌、防止水土流失、防治风蚀沙化，同时涉及防火、防洪、防震等急性灾变的保护措施应制定应急措施预案。

2009年，由国家文物局和国际文化财保护与修复研究中心主办、中国文化遗产研究院承办的"2009年亚太地区预防性保护：藏品风险防范研修班"在北京举办，这是预防性保护首次在国内作为专题正式出现，该培训主要针对藏品的风险预控、防范讨论，对建筑的预防性保护并未涉及，但建筑遗产的预防性保护研究已受到关注。2009年清华大学肖金亮《中国历史建筑保护科学体系的建立与方法论研究》一文中指出历史建筑保护科学的方法论可以拆分为三个组成部分：多学科组成的学科群、符合多学科保护特点的合理工作流程、保护工作的独特原则，在这三个部分共同作用下形成一个成功的保护工作系统。论文对保护体系的研究进一步提升到哲学层面，对系统论与历史建筑的内涵、价值理性技术的和谐统一、综合集成系统方法论与历史建筑保护工作的关系等问题进行了相应的讨论。

2011年10月，在南京东南大学召开的"建筑遗产的预防性保护国际研讨会"，此次会议是我国首次研究探讨将预防性保护运用到建筑遗产保护领域的学术会议，会议中提出

"日常维护胜于大兴土木，灾前预防优于灾后修复"，将预防性保护运用到建筑遗产的保护中可将病害提前发现，控制在最小的范围内，与抢救性修缮相比较；预防性保护更注重长期效果，体现可持续性，与我国的国情相适应。2013年重庆大学贺欢在《我国文物建筑保护修复方法与技术研究》一文中，根据国外相应的文件及国内相关的规范对修复设计的文本内容进行了相关阐述，并对文物建筑保护修复设计的方法进行了探讨，希望能够明确保护修复设计自身的特点，来更好地保护文物建筑这一独特的建筑类型[24]。纵观国内外预防性保护相关机制的出现和演变，可知预防性保护理念早期是在有意或无意中出现的，欧洲早期主要针对艺术品馆藏文物进行保护，后期不断将预防性保护理念及技术运用到整体建筑中，但多以砖石结构为主。我国早期的预防性保护思想在儒学经典著作中有所体现，并在医学中得以实践，而针对古建筑木构件的预防性保护规制，则在明清官式建筑中有较多体现及应用。中华人民共和国成立后颁布了《中华人民共和国文物保护法》、《古建筑木结构维护与加固技术规范》等法律规范，使对古建筑木构件预防性保护规制以国家法律和国家标准的形式确定下来。

第二节　三维激光扫描

三维激光扫描系统由扫描仪、控制中心和电源组成。三维激光扫描仪的测量介质是自身发射的一组激光束，该系统包括激光测距系统和激光扫描系统，仪器以极高的速度发射激光束，按照一定的顺序扫描观测的区域，然后返回包括距离、天顶距、斜距和反射率等信息，通过这些信息，仪器便可计算出被测物体上某一点的三维坐标信息。通过对采集到的所有坐标信息进行排列整理，即可得到点云，在利用时可通过提取点云上的坐标信息对目标区域进行形变分析，或利用点云进行目标区域的三维建模等，从而达到监测形变的目的。

由于可实现毫米级高精度的几何信息采集，三维激光扫描已广泛运用于古建筑保护与数字化领域，特别是不可移动文物的数字信息采集和病害分析。三维激光扫描同样也可适用于碑刻、经幢等石质文物的数字化记录、数字档案的制作，且可以通过数据发掘和解读进一步分析其外部病害位置、病害类型及病害风化程度。

本次对157通碑刻进行扫描的三维激光扫描工具主要为远距离扫描仪，可精确获取石质文物的几何数据。扫描设备基础数据如下：

勘察工具：美国FARO Focus3D X330三维激光扫描仪，扫描精度25米内可达到±2mm

主要规格参数：

视野单元最大扫面范围：330范围1：90%不光滑反射表面上在户外阴天环境中为0.6~330m，测量速度：122,000/244,000/488,000/976,000点/秒；

测距误差：在10m和25m时误差为±2mm，反射率分别为90%和10%；

噪音误差：标准分别为

10m- 原始数据：0.3mm@90%反射率 |0.4mm@10%反射率；

10m- 压缩噪音4：0.15mm@90%反射率 |0.15mm@10%反射率；

25m– 原始数据：0.3mm@90% 反射率 |0.5mm@10% 反射率；

25m– 压缩噪音 4：0.15mm@90% 反射率 |0.25mm@10% 反射率色彩单元；

分辨率：大于 7000 万彩色像素动态彩色特征：自动调整亮度偏转单元；

垂直视野范围：300° 水平视野范围：360°；

垂直分辨率：0.009°（360°时为 40,960 个三维像素）；

水平分辨率：0.009°（360°时为 40,960 个三维像素）最大垂直扫描速度：5,820rpm 或 97Hz。

第三节 手持白光三维扫描

Artec LEO 是一款广视角的白光三维扫描仪，可以捕获大面积和小细节，因此从小型文物到大型壁画，从汽车到船甚至犯罪现场都可应用。同时具有非接触扫描、扫描速度快、高精度、高密度采样点及扫描方式灵活等特点（图 4-1）。

图 4-1 手持白光扫描

本次利用手持扫描完成天齐圣帝碑、大观圣作碑等 6 通石质文物精密扫描。参数：

工作距离：0.35～1.2m；

最高 3D 分辨率：0.5mm；

最高 3D 点精度：0.1mm；

最大采集速度：3 百万点 / 秒；

3D 光源：VCSEL；

2D 光源：12 颗阵列式白光灯。

第四节 无人机倾斜摄影

勘察方法：确定扫描航线，并在测区内的空旷区域设置多处 30cm×30cm 的正方形标

图 4-2　无人机数据采集

靶板，其目的是为了验证 smart3D 三维建模的精度，由于只有在利用软件对模型内的标靶板测量并且数据与实际标靶尺寸相同时才能确定三维模型的尺寸是等比例尺寸，利用这个方法可以提高测绘精度。之后根据对航测区域内的实地考察可以得知测区内高低点相对落差在 20 米左右，根据该情况对倾斜摄影扫描航线进行高重模处理，在软件 smart3D 中进行控三计算以及三维建模，生成 3MX 格式模型文件，通过对前期放在样地内的标志点进行测量确定航测的尺寸为标准尺寸，精确度可以达到毫米级。利用该模型可以为石质文物保护以及精确测量提供数据支持。最终通过三维激光扫描，将获得的点云数据与摄影建模数据进行校正，获得更为精确的尺寸数据。

第五节　探地雷达

探地雷达采用超宽带雷达技术，基于高频电磁波反射原理对地下 0～8 米范围内进行探测，具有分辨能力强、灵敏度高、探测深度深等优点，专用后处理软件提供一系列算法和工具，通过数据处理、分析、解释、成果编辑，形象直观地再现探测对象的内部结构，实现目标属性的定量分析。本次使用的是 LTD 探地雷达，由一体化主机、天线及相关配件组成，雷达天线频率为 300MHz。

主要目的是对石质文物内部残损状况进行探明，为有限元分析提供更为可靠的数据支撑。现场检测通过探地雷达完成对天齐圣帝碑、大观圣作碑等 5 通石质文物的勘察工作。

第六节　红外热成像

红外热像仪（图 4-3）是利用红外探测器和光学成像物镜接收被测目标的红外辐射能量

测量范围*	−10℃至+400℃
红外测量精度*	±3.0℃
热灵敏度（NETD）	<50 mK
分辨率*	0.1℃
红外传感器尺寸	160×120 px
测量点数量	19,200
视野（FOV）	53×43°
运行温度	−10～45℃
贮藏温度	−20～70℃
焦距，最小	0.3 米

图 4-3　红外热成像

分布图形反映到红外探测器的光敏元件上，从而获得红外热像图，热像图与物体表面的热分布场相对应。也就是红外热像仪将物体发出的不可见红外能量转变为可见的热图像。热图像的上面的不同颜色代表被测物体的不同温度。

本次采用的是博世 GTC400C 热成像仪对石质文物表面进行温度信息采集，对文物表面裂隙等病害程度进行判断，为有限元分析提供数据支撑。

第五章　岱庙石质文物预防性保护勘察

第一节　数字化信息采集成果

自 2019 年 12 月起，完成馆内共计 261 块石质文物的三维激光扫描，并进行数据整理，且对馆内石质文物安置场所进行梳理。由于部分石碑较高，对于三维激光扫描无法采集到的部分信息，需结合下一步无人机倾斜摄影建模进行补充完善。通过手持扫描仪完成了 6 通石质文物的精细扫描及建模工作。并对数据进行发掘解读，对石质文物表面裂隙和风化进行分析解读。

（一）采集点位分布

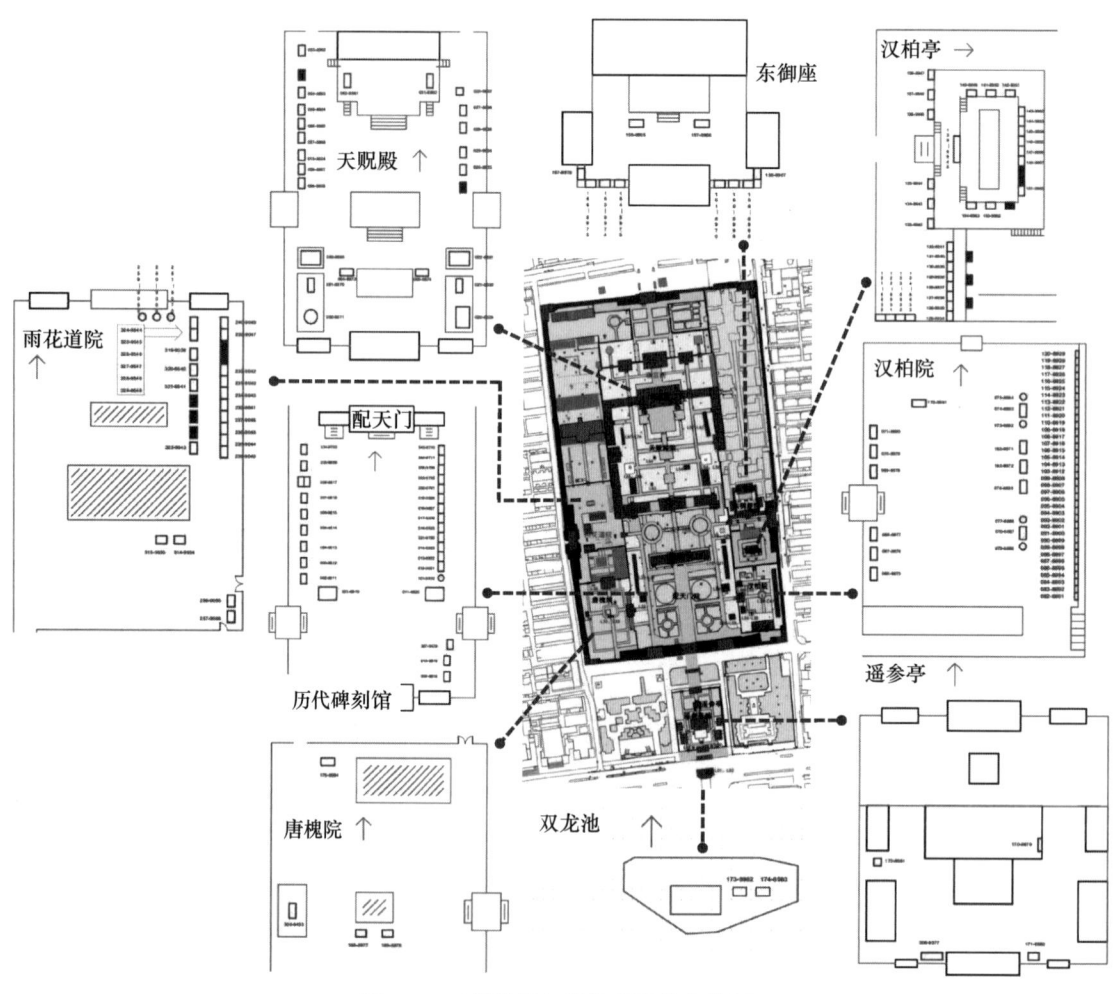

图 5-1　三维激光扫描数据采集点位图

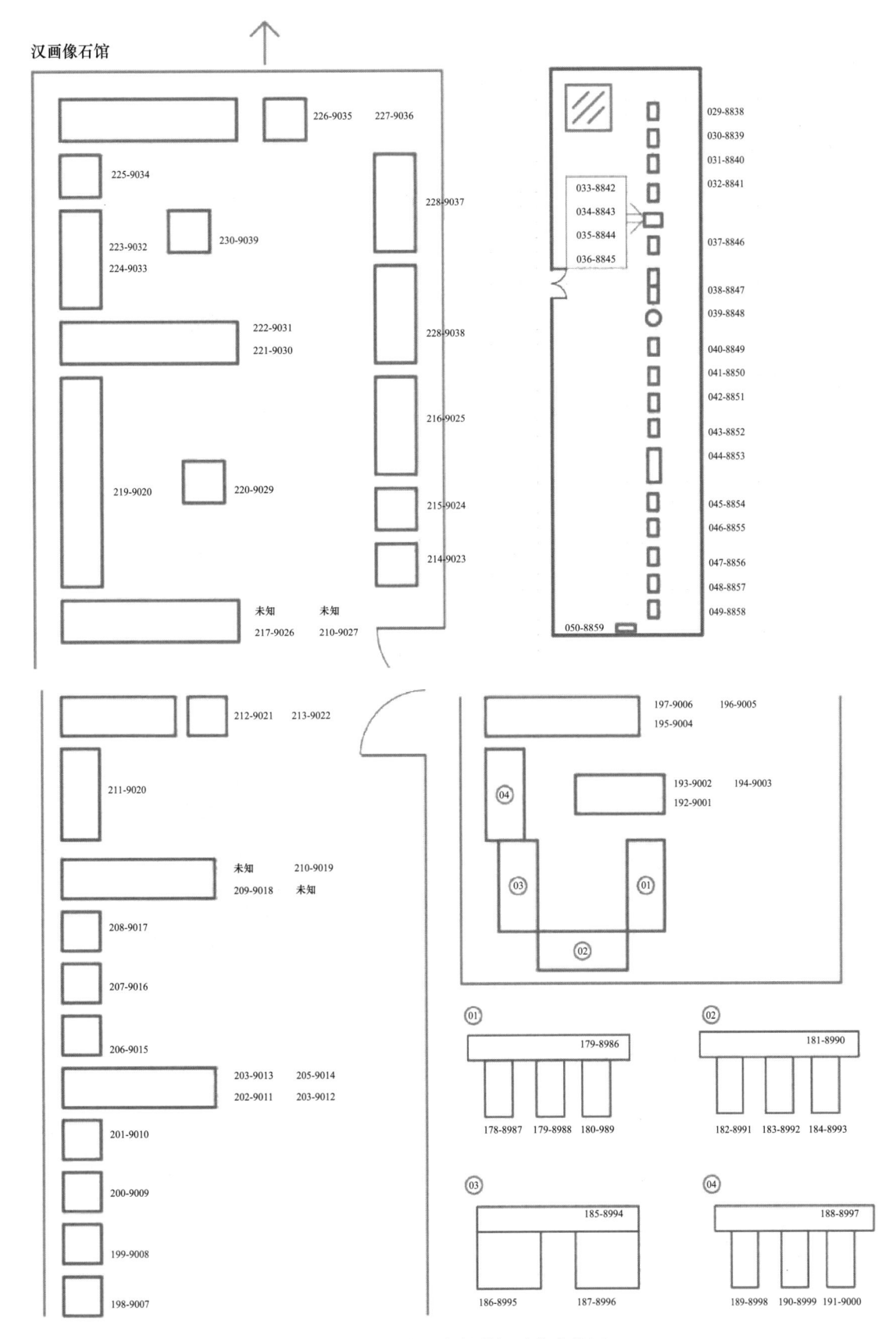

图 5-2　三维激光扫描数据采集点位图

部分成果展示：(图 5-3～图 5-5)。

图 5-3　双龙池石碑扫描点云图

图 5-4　武穆王祠碑扫描点云图

图 5-5　石刻扫描点云图

（二）扫描成果

序号：0001-8810

题名	宋祥符大宋东岳天齐仁圣帝碑铭				
年代	宋祥符六年（1013）	书体	行书	立碑人	晁迥撰、尹熙古书并篆额，中书省玉册官御书院祗侯潘进、谢望之刻
性质	龟趺螭首			文献	《泰山历代石刻选注》
位置	岱庙配天门西侧	文物级别	二级	尺寸	通高778厘米，宽217厘米，侧宽63厘米
保存状况	碑体基本完好，碑文残921字				

图片	图片

碑文内容：

大宋东岳天齐仁圣帝碑　翰林学士、中散大夫、守尚书工部侍郎、知制诰、同修国史、判昭文馆事、护军、南安郡开国侯、食邑一千五百户、食实封二百户、赐紫金鱼袋晁迥奉敕撰，翰林侍诏、朝散大夫、守司农少卿、同正上骑都尉、赐紫金鱼袋臣尹熙古奉敕书并篆额。臣闻结粹为山，丽无疆之厚载；升名曰岳，表奠服之崇丘。至若根一气以混成，媲四时而首出，作镇东夏，实惟岱宗。辨乎五方，设位冠配天之大；画为八卦，建标当出震之区。邃深连空洞之宫，翕习号神灵之府。夫其魁甲艮象，椊制坤轴，□嶙崎□，穹崇岩峣。天门路界于郁苍，日观势临于果曤。列仙遁迹，存栖真之石间；永命储休，□与龄之金箓，滋殖百卉，函育庶类。畜泄雷雨，吐纳风云。封之所以合元符，登之所以小天下。近缀梁社，远瞩秦吴，控压海沂，襟带洙泗，邹人所仰，鲁邦是詹。肇生物之化权，盖颐贞之寿域也。古先哲后，诞膺骏命。披皇图，稽帝文，告成功，申大报，昭姓考瑞，刻石纪号，自无怀氏迨唐明皇，登封展采，布在方策者，罔不于兹矣。开元十三年，始封神曰"天齐王"，礼秩加三公一等。绵历五代，寂寥无闻。爰暨皇朝，勃兴嘉运，叶百姓与能之望，应真人革命之秋。太祖皇帝总揽英雄，鞭挞宇宙，勤劳四征，削平多垒，方混一于寰中。太宗皇帝纂隆洪绪，懋建皇极，斟酌道德，统和天人，乃绥怀于海外。然而艰难创业，蕴蓄诒谋，勒崇奋炎，将底绩而末暇；开先遗大，知弈世而有归。粤惟崇文广武感天尊道应真佑德钦明上圣仁孝皇帝陛下，承鼎定之基，格安之世，显仁以育物，广孝以奉先。宣洽重熙，财成庶政，弭息戎旅，抚柔要荒。乘国步之密清，宅天衷之醇粹，因之以丰穰，加之以阜康。席庆宗庙之重，游心帝王之术。长辔远御，大道坦夷，天衢于是乎嘉亨，德教于是乎被。戴日戴斗，聿遵朝聘之期；太平太蒙，尽人车书之域。垂衣在上，击壤在下，得以畴咨俊茂，博访幽隐，讲求典礼，包举艺文。接千岁之统，可炳仪于封祀；当万物之盛，宜昭告于神明。然犹务谦尊而益光，体健行而不息，冲晦藏用，阅默思道。俄而天休震动，上帝廓怀，真箓涛绵，灵心有怿，总集峻命，觉悟蒸黎。谕金简玉字之文，等河图洛书之宝。承是秘检，发为蕃厘，沛泽开荣，普天受赐。新建元之号，易通邑之名，茂昭降祥，竦动群听。是时东土耆老，奏阙庭以上书；南司宰辅，率官师以抗表。愿循考古之道，焕发升中之仪。弗获固辞，乃徇勤请，且以增覆载之高厚，扬祖宗之纯懿也。储峙供亿，悉出于县官；经启营缮，不烦于民力。大中祥符元年冬十月，具仪制，严仗卫，陈属御，跻介丘。斋心服形，奉符行事，群ση奔走，百礼修明。集镵岩之巅，凌颢英之气，坛墠清肃，牲器纯备，玉币式叙，樽彝在列，莫献克谨，瑞缫用张。宴娱交三神之欢，陟配崇二圣之位。举权火，升高烟，示瑶牒以环观，建云台而特起。社首之礼，抑又次焉。咸秩无文，奉行故事，朝会赦宥，涵濡荡涤。采舆诵，求民瘼，莅前列，衍徽章，参用王制，著明皇绩，大献克集，神实幽赞。故自始及末，见象日昭，史氏之笔，殆不停辍。则有非烟纷郁，太阳晏温。仙芝无根，菌蠢以含秀；醴泉无源，滋涌而善利。灵辉休气，嘉谷奇木，鳞介之宗长，翔游之品类，表异骈出，旷代绝伦，岂非受职贡、发祥介福之征乎？人谓是山也，崇冠群岳，功侔造化，斯不诬矣。国家稽《虞书》四巡之首，原汉氏五祠之重，述宣邦典，申严祭法，奉正直聪明之德，罄精虔嘉粟之诚，为民祈福，与国均庆。封峦之后，复增懿号曰"仁圣天齐王"。盖以形容灵造，

续表

举襃崇之礼也，名称之义大矣哉。化功生物之谓仁，至神妙用之谓圣，登隆显赫，亦云至矣。复思严饰庙貌，彰灼威灵，责大匠之职，议惟新之制。于是命使属役，协辰□功，厎卒徒，给材用，兴云锸，运风斤，程土物以致期，分国工而聘艺。规划尽妙，乐勤忘劳，逾年而成，不怼以素。栋宇加宏丽之状，像设贲端庄之容，凡所才越，肃恭逾至。四年春，举汾阴后土之祀，成天地合答之礼。宪章明备，上下交感，纯嘏既锡，大贲施及，圆首方足，式歌且舞。猗欤！间岁顺动，煴煌景铄，而皆以圣明之述作，从英茂以飞腾。灼叙庆灵，奉扬殊贶，纪诸盛节，悉以命篇。布日星之华，配云雨之润，并刊凤藻，散跨龟跌，播洋溢之颂声，垂极蟠之能事。而志求象罔，顺拜崆峒，辟众妙之门，广列真之宇。非止卜永年于郏鄏，是将纳雅俗于华胥者也。又以太一五佐本乎天，太宁五镇本乎地，其位参两，鸿名可齐，特尊列岳，咸加帝号。由是奉升泰山之神曰"天齐仁圣帝"。乃命驰道之东偏，直宸居之巽位，辟地经始，别建五岳帝宫，以申崇尚之礼焉。御制《奉神述》，诏中书，召侍从之臣，谕以制作之本意。观夫圣文之梗概，以为岱镇之大，辅于柔祇，动植之所蓄息，泉源之所滋液。至灵允宅，阴骘攸司，钟戬□而有征，黎之是赖，旧史具载，前王式瞻。着册府之典，严祠祀之礼，增奉邑之数，申樵苏之禁。皆以仰不测之明咸显无方之妙迹也。方今兵革偃戢，华夷会同，岁获顺成物无疵疠。率由丕应，□助永图，固当稽彼前闻，进其尊称。谓乎唐虞曰帝，商周曰王。夫商周之王，爵人臣而有素；唐虞之帝，奉神道而何疑？况其衮卫等威冠裳制度极徽，数已宿备，宜名体以相符，因而成之，礼无违者。愿延景佑，普及含生。至乎哉！鼓动睿辞，无私广大，坦然明白之理，沛然利泽之德，曲成司牧，俾臻富寿，有以见圣人之情矣。遂志勒石，遍立于五岳庙庭，从近臣之议也。是岁冬，并命使介，分诣诸岳，定吉日，饬有司，皇帝被法服，御朝元殿，礼行乐作，而临遗之。持节受册，袭冕相继，次叙而出，观者如堵，且叹文物声明之盛未尝有也。使者奉诏讫事，率叶素期，于穆宏观，□复超千古矣。越明年，诏五臣撰辞，各建碑于岳庙。而臣浸渍皇泽，涵泳清徽，偶集龟雁之行，遂尘龙凤之署，预承纶旨，强叩芜音，曷胜眷奖。上以庆幸，宣明盛礼，叨奉册于秦城；润色贞珉，玷弥文于鲁岳。荷辉荣之稠叠，愧才学之空虚，燥吻濡毫，谨为铭曰：节彼泰山，蟠亘大东。一气凝神，五岳推雄。势并兔绎，秀出龟蒙。崛起海表，目为天中。高摩霄极，俯瞰旸谷。神策斯秘，昌图可卜。物性钟仁，民居获福。鲁邦为常，盛德在木。百灵渊府，三宫洞天。稷丘真隐，芝童列仙。白鹿方驾，飞龙命篇。宅其胜境，几乎大年。岳长曰宗，岁交曰岱。仰止镜岩，莫兹时载。寿域既优，神聪有赉。祷祀诞隆，寅畏如在。千载兴运，八开基。武功荡定，文教缛熙。封禅缛典。祖宗制宜。逮夫圣嗣，方毕宏规。惟帝奉种，惟打佑德。茂绩其凝，皇献允塞。嘉应沓臻，鸿桢推测。芃芃丰衍，元元滋息。于赫灵庙，控壮名区。有诏改作，俾受全模。协心董役，丰资庞徒。技殚功倍，雷动星累。大厦咸新，群黎改观。靓深，峥嵘轮奂。肃穆威容，洁清几案。钦修允宜，蚤以赞。功懋天作，泽从云游。式谐民望，诏报神休。殊号斯荐，前古匪俦。庶安亿兆，岂止怀柔。天帝之孙，复升以帝。出乎震宫，临乎日际。事固莫京，理亦潜契。树此翠碑，腾芳百世。大中祥符六年岁次癸丑六月辛酉朔十四日甲戍建。中书省玉册官御书院祗侯潘进并谢望之刻。

序号：0002-8811

题名	元延祐创建藏峰寺记碑		
年代	元延祐六年（1319）	书体	楷书	立碑人	住持沙门福岩、泰安州奉符县达鲁花赤朵罗秃立
性质	龟趺螭首		文献	碑帖
位置	岱庙配天门西侧	文物级别	三级	尺寸	通高272厘米，宽82厘米，侧宽24.5厘米
保存状况	碑体基本完好，碑文个别残，碑座后配置			

图片	图片

续表

碑文内容：
创建藏峰寺记　将仕郎、泰安州新泰县主簿刘绂撰并书。泰山之下所建招提，无虑以十数，如佛峪之玉泉、竹林之宝峰、灵岩之十方禅寺，皆名刹也。山之西有大聚落曰"新庄"，新庄之北十里有寺曰"藏峰寺"，亦其一也。寺之周围，岩峦耸秀，林木茂盛，得隙地十余亩。有泉泓澄，虽大旱不涸。初乡先生耿公定远之侄曰俙、曰佺，辟此以避兵厄。迨皇元抚有天下，俙等复安旧业，更相谓曰："兹地之奇，必以遗乎后，不可旷也。"一日，宝峰寺僧定禄过俙所居田里，因谓禄曰："吾有地焉，实烟霞之窟也，汝能住锡于此乎？"禄视之喜曰："真福田矣，舍此焉往？"爰卜吉日，结庵而居，意欲作广大。缘会病殁，嗣守者偷安情窳，不知增葺，荆棘芜没，积年于兹矣。大德癸卯秋，定远公之孙名士恭、婿王衡叹曰："寺之地吾家所施也，荒芜若是，兴复者岂无□□。"□与耆老□钦、黄仁辈，敦请僧福岩主之。福岩本泉州惠安县人，俗姓杨氏，年二十始学浮屠，□十年薄□□方至泰山之竹林寺，爱其云水之胜而止焉，礼寺僧□进为师，操守清特雅，为远迩信向。既受请，每为言曰："辞亲出家，而得依于名山胜境，不既幸乎？况朝庭有优复之典，士民有喜舍之施，□所居仅庇其身，无佛屋□修香火之供，□以祝君父万万寿。"即以兴建自任，日率三二人持刀执斧，凡丛芥之拥蔽者悉伐而除之。复嫌基址迫隘，□东偏益广其地，凿石堙谷，铲高垒洼，手足胼胝而不息于是。发私篋所存，市材雇工构殿于其上。塑弥陀佛及护法神鬼像主伴，凡一十二位，宝座华矍，彩色炳耀。殿之左右翼以二室，又东为香积，西为云堂，且涂以丹腹，轮焉奂焉，巍然临群木之杪下。迨寮舍库厩碓碗之类，果竹之圃，罔不具备，仍买田三十五亩，以给瞻徒众。工既毕，耿君士恭谓予曰："福岩莅此山凡二十年，经营缔构，克就厥绪。匪文诸石，将何以谂后人？欲执事者记其岁月，则所愿也。"余曰："噫！竺乾之道流于东土，人心敬慕，深入骨髓，故剃除须发而为沙门，摩肩接踵，比比皆是。然而有能弘宣圣教、崇构祠宇者，盖可一二数也。如福岩者，内无所得，外无所求，处深山邃谷，建立道场，永为梵诵之所，视其功绩，岂不伟欤！与夫燃臂灼顶，朝乞暮丐，以至于老死竟不能覆一瓦者，宁可同日而语哉！若能爱欲断灭，觉性圆满，光严主持，清净境界，修习善道，成就信等根机，则亦无忝于法门矣。又奚必崇饰庄严，区区徼无量之福耶。"福岩曰："敬闻命矣，请刻于石。"大元延祐六年六月二日。住持沙门福岩，度僧智胜、智果、智可、智普、智深，进义校尉、泰安州奉符县达鲁花赤、兼本县诸军奥鲁、劝农事朵罗歹立。

序号：0003-8812

题名	明万历供祀太山蒿里祠记碑				
年代	明万历三十一年（1603）	书体	楷书	立碑人	赐进士第、儒林郎、翰林院修撰、直起居注编纂章奏管理、诰敕金陵朱之蕃撰，总督辞香岭工成御马监太监甲字库管事冯君相
性质	螭首方座，座纹刻案几状	文献			
位置	岱庙配天门西侧	文物级别	三级	尺寸	通高361厘米，碑首110×122×45厘米，碑身247×111×38.5厘米
保存状况	碑右下部稍残，部分字迹漫患不清				
图片			图片		

续表

碑文内容：
供祀泰山蒿里祠记　夫人心之灵与天地通，山岳得之乃成凝峙，□□得之乃□□□。乡人诚□求诸心，以利济为坦途，以戕剥为恫瘝，则□□□正□□之情可见。而有不然者，昧爽之灵，必不容灭，□当有愧悔□地，即梏己画牢不可破，而心之神□□□□传诚意。君子心广体胖，夫子自信，祭则受福非，君宁谄而精神鼓畅之□；致乎小人，为不善而厌然。于见君子□□亦人耳，且畏真伪之相，□况可对□于神之，神明正直者乎？祷祀求福与内省求□，幽明之理非殊途□，警悟之机有□，籍以起□泰岱。□位东维，万物之始，阴阳交代，称五岳长。《福地记》谓其下有洞天，周回三千里，为鬼神之府；蒿里有祠，则所为□幽冥□符而召人精□考□□。今之修□者也，远迩之民罔不岁时伏腊，恪□以修祀事。试语之以信心，即可□神渎诒未□□。福固不能谓为非，而不目为□□者，即竭蹶以趋精舍。□赴而非实发□念神，必吐之一时之矫饰，□无以盖其生平之伎俩而为感。孚□□之地也。司礼田君义率其属张君禄、袁君受二十余□，岁供冠服香花于泰岱及蒿里二山神祠，而且欲徽言以示信于来兹。予语诸君出入禁闼，坐享□韶，其所取诸天地者，不啻百信常品，假此机缘□□□恒慈爱之念，随时随□。俾人被其泽，□不知即行善降祥心与神□者也。逢好酸穷，身图之便，而胞与之众，蒙其忠□，朝夕明神之侧，曾何逭于怨？□者矣，剏闻蒿里所祠，□人之神赏善罚恶凛若向乘，影附无得，而少肆欺敌焉者。即祀□下而念虑，庞杂□有若为之，引退而不得觏见其容光。得修□□昭昭，而亏□于冥冥，其特一时之偶失？而为神有歉□其享献者乎？鬼神之权不自用，而代天地以为用，用之非有心于福人祸人，而不过因人心之宜者还以付之。如揽镜照形，妍媸自见；持杯酌水，冷暖自知□。镜与水不过物中之具，此灵明者耳，乃无心于人，而人心自为之。应况巨岳雄镇，号为神府，列于祀典，而万代所供瞻仰者乎？其□彻群心于有素，而昭著天地之心，为无私有可潜而悟者矣。故诸君之请，嘉与其向善之诚、敬神之笃，而且谆谆期与懋，勉以□，弘守此心，□不□于天远人迹之义，而不徒为福田利益之说，增一□云。诸君姓氏籍里具载于后，兹不具述。万历三十一年岁在癸卯孟冬之吉，赐进士第、儒林郎、翰林院修撰、直起居注编纂章奏管理、诰敕金陵朱之蕃撰。总督辞香岭工成御马监太监甲字库管事冯君相。

序号：0004-8813

题名	明隆庆"翔凤岭"碑				
年代	明隆庆元年（1567）	书体	楷书	立碑人	监察御史、蜀人刘翱立
性质	方首方座			文献	此碑另有一处摩崖刻石在南天门盘道西，泰山文物风景管理局于1984后根据碑帖复制
位置	岱庙配天门西侧	文物级别	三级	尺寸	通高245厘米，碑身207×105×24厘米，碑座38×116×56厘米
保存状况	保存完好				

图片	图片

碑文内容：
翔凤岭　大明隆庆元年夏吉日，监察御史、蜀人刘翱立。

序号：0005-8814

题名	明隆庆"飞龙岩"碑					
年代	明隆庆元年（1567）	书体	行楷	立碑人	监察御史、蜀人刘翱
性质	方首方座			文献	无
位置	岱庙配天门西侧	文物级别	三级	尺寸	通高246厘米，碑身212×103×23厘米，碑座34×132×53厘米
保存状况	完好				

图片	图片

碑文内容：
飞龙岩　大明隆庆元年夏吉日，监察御史、蜀人刘翱立。

序号：0006-8815

题名	清乾隆泰山赞碑				
年代	清乾隆四十年（1775）	书体	碑文隶书，碑首篆书，碑阴刻"泰山全图"	立碑人	泰安府知府东海朱孝纯撰并书
性质	方首方座，碑身四周浅浮雕变体龙纹			文献	无
位置	岱庙配天门西侧	文物级别	三级	尺寸	通高276厘米，碑身224×287×33.5厘米，碑座52×384×96厘米
保存状况	碑体完好				

图片	图片

续表

碑文内容:
泰山赞 序 盖夫泰山者，上应角亢之精，下据青兖之封。综万物而交代，冠五岳以独宗。肇一元之肇始，兼二气而成终。其体磅礴，其势穹隆。根昆仑以迤北，跨渤澥而遂东。象葱笼其在木，形夭矫以犹龙。乃谓震男，厥神青帝。性本乾刚，心则仁粹。辟群萌以必先，含众生之所际。迎日月之鲜华，蕴风雷而蔚荟。晴则广宇被其光辉，雨则寰区资其湛秒。粤古帝王，克媲天地。对时茂以崝嵘，布春温而蔼啐。指青郊而肆巡，驾苍龙以言迈。景明堂之威仪，钦群后之祎哆。远播德音，高标道谊。民尽熙和，物无疵疠。益群王之遐令，宏国家之普利。皆山之灵神之惠也。恭维圣代，秩祀式敦，省方讫于南国，凭轼首于东藩。倡万邦以履始，视四岳而居尊。仿虞周而徽典，辞封禅之谶文。咨闾阎之疾苦，率官吏以清勤。占云雾于日观，丽翰墨于天门。斯皇古所希觐，岂晚近之足论。孝纯世泰謈缡，情恰山水，昔叨西蜀之分符，今守东鲁之旧址。惧宠命之难膺，忻名山其在迩。仰岱峰之千寻，邻岳麓者数里。排天关其如屏，抚郡城而若几。是故入庙则俨其崇隆，登山则觇其焜炜。幸年岁之屡丰，锡民人以繁祉。既积厚以乘高，爰扬而志美。乃作赞曰：于赫东岳，巀崎岈崿，出震宣扬，先天所作。青帝宅宫，表海于东，兴云施雨，其泽鸿蒙。自昔天子，或封或祀，玉泉斯陈，降以嘉祉。惟我圣朝，河广岳乔，莫不怀柔，百神孔昭。畿近畿辅，春巡是举，五岳凤临，万物载睹。洪衍龙文，烂然星陈，雕金镂石，郁郁芬芬。奉守东郡，瞻言肆觐，凤夜靖共，祗天子命。实惟东神，曰圣曰仁，承天百福，佑我民人。贻我甘雨，茂我稷黍，屡有丰年，宁我邦宇。高山无倾，民众无争，邹鲁文学，有骏其声。使臣稽守，戴高履厚，愿比嵩呼，天子万寿。 大清乾隆四十年岁次乙未夏五月。 泰安府知府东海朱孝纯拜手恭撰并书。

序号：0007-8816

题名	清道光定亲王诗碑				
年代	清道光十二年（1832）、十三年（1833）、十五年（1835）	书体	楷书	立碑人	无
性质	碑由6块石碑排列组合而成，下部石基，两侧砖砌，上部灰瓦卷棚顶，独立形成碑墙，石雕周围浅浮雕回纹。			文献	无
位置	岱庙配天门西侧	文物级别	三级	尺寸	通高346厘米，碑身302×395厘米
保存状况	保存完好				
	图片			图片	

碑文内容:
其一：朝礼名山意至虔，羽衣导引进南天（山顶门名）。烟云缭绕神仙宅，花雨缤纷道德篇。自与苍松同老健，不求丹药契真诠。相逢直似曾相识，握手殷勤证宿缘。题雨花道院，赠浚川大炼师。道光壬辰季夏月，定亲王。联曰 时同野鹤看桃去 或领山猿采药回 其二：千里遥来老炼师，殷勤握手慰遐思。东风恰送青鸾驭，西苑重逢白鹤姿。代致虔诚经默诵（师曾为诵经一月，代致丹忱），惟祈丰裕岁咸宜。小园尽可容仙侣（含芳园款留数日），且缩行旌数日迟。道光癸巳季春，浚川炼师来京见访，喜而有作。定亲王。其三：云鹤翩翩踏软尘，不辞千里肯来宾。重游竟践三年约（癸巳炼师东旋时曾有乙未重来之约），相见欣逢六秩辰。洒扫亭台说法驭，康疆耆老即仙人。世间亦有蟠桃会，无事谈元自率真。道光乙未仲夏上澣，浚川炼师重来见访，喜而有作。定亲王。其四 款留展夕语从容，斋馔园蔬不腆供。海屋添筹欣止鹤，山林返旆美犹龙。停云暂启临漪榭，观日曾登绝顶峰。分手长途天气热，会看凉雨护仙踪。道光乙未仲夏中浣，浚川炼师还山。定亲王。

序号：0008-8817

题名	明至清方碑			
年代	明万历十六年（1618）至清嘉庆十四年（1809）	书体	楷书、隶书、草书、篆书、行书	立碑人	无
性质	碑呈方柱阙形		文献		无
位置	岱庙配天门西侧	文物级别	三级	尺寸	碑身275×92×82.5厘米，每面宽80~90厘米；碑首45×114×102.5厘米，座宽111厘米，侧宽110厘米
保存状况	碑面部分残泐，字迹模糊。				

图片	图片

碑文内容：
明至清方碑，碑四面环刻明清两代题诗、题记、题词，共25则，残不可读者9则，集真、草、隶、篆、行各种书体。内容大多为登岱感怀的诗文和题记，其中较为著名的有穆光胤诗刻、金綮题记等。穆光胤登岱四首　是方碑中刊题刻时代最早的，刻制于明万历四十六年（1618）三月。题诗共四首，刻在方碑东侧，字面高200厘米，宽80厘米，诗文10行，满行32字，字径7厘米，行书。其一：奇峰突兀插中天，双屐腾凌踏紫烟。掌上河山归十二，望中礼乐属三千。风生巨壑飞流折，云散危岑海日悬。闻道仙人曾结宇，可从何处觅芝田。其二：徙倚天门俯大荒，杖藜扶我过虹梁。地蟠沧海三山返，风卷黄河一带长。夕日远邀飞鸟度，晴霄下指白云翔。青天搔首情何限，不道当年李白狂。其三：北来紫鹜壮幽燕，匹练南飞挂日前。海气沧茫常浴日，仙闾隐约别藏天。芝童分供青精饭，玉女高吟白石篇。此际探奇殊未厌，醉时还枕岳云眠。其四：自笑山林气味深，只身几日历危岑。野袍半染徂徕色，长啸全赓梁父吟。云磴盘空时倚杖，天风吹发头插簪。还思五岳真形在，从此应须汗漫寻。黄掞题诗三则，题诗刻制于明天启三年（1623），其一，位于方碑南面中段，字面高30厘米，宽55厘米，诗文10行，满行7字，字径3厘米，草书。其二，位于方碑北面最上层，诗文7行，满行14字，字径8厘米，草书。其三，《登岱》诗一首，位于方碑北面中间，亦是草书，但诗文残缺，已不可读。其一：岱庙感怀　白首风尘祗自悲，那堪抱病寄真祠。不期画道弥三月，艳系于今又几时。倦去每依秦代柏，愁来频读汉人碑。茫茫世路隐知己，好逐渔翁学钓丝。清漳黄掞　其二：晓来云合雨初斜，欲探仙源事已赊。白社多君频问讯，青祠聊此对芳华。地偏侯有清风至，柏密浑无暑气加。虽是江南流落客，也随朋好醉流霞。次歙有麻五师，招游三阳庵阻雨，遂偕朱、侯、王三友过岱庙小集。闽龙溪汝颙甫黄掞。麻一凤谒岱诗，在方碑西侧第二层，与黄掞题诗刻制于同一时间，也为明天启三年（1623）。题诗共三首，诗文共23行，满行13字，字径2厘米，行书。其一：崔巍岱岳启琳宫，封禅千秋礼数崇。久向东方开木德，自历北阙极神功。庭前汉柏云凌斗，院后秦松翠迎空。矫首几回瞻庙貌，同官拜舞凛英风。刺史于公招同安、程、周、王、张诸寅友祝釐馆。其二：经春雨云正茫茫，忽见山城吐曙光。座客尊醪倾北海，使君骢从拥东方。何来岱色饶高馆，不尽天风卷大荒。最是胜情能□歇，平原十日醉何妨。初夏约黄汝颙、朱鲁□、侯珍甫、王瑞□游三元宫洞。阻雨不果。小集岱庙。其三：崔巍飞阁倚云斜，□楚苍然四□馀。□□□曷能胜事，那堪风雨□□华。乾坤总负登临意，院舍□□竹树加。共是江南诸□侣，高言挥麈泻烟霞。龙飞天启之三载中夏，宛陵后学麻一凤谨录于道院西偏。"星辰可摘"题刻，位于方碑西面最下层，刻制于明天启三年（1623），字面高130厘米，宽90厘米。"星辰可摘"4字竖列2行，字径46厘米，楷书。何人鹤登岱诗刻　在方碑北面最下层，刻于清乾隆四十八年（1783）。诗共五首，共16行，满行21字，字径4厘米，行书。其一：攀崖驾壑走云烟，腋挟松风类羽仙。水自前年观北海，门从今日上南天。直来青帝云霄殿，欲挽曦和御日鞭。笑语兹游真快绝，乾坤亭畔数山巅。其二：噫戏高哉帝座通，遥从象外俯环中。云消日观沧溟远，雨凝天门鲁甸空。敢道群山真个小，方知泰岳本

续表

| 来崇。为寻七二登临处，异代萧条落叶风。其三：岩岩历遍上仙间，万壑霜严十月初。松影尚撑秦雨盖，玉函难觅宋天书。荞云浴日能招我，回雁飞虹不可攀。下界苍茫城廓细，汤汤汶水绕寒渠。其四：无字何由辨李斯，诸家论说费寻思。磨崖半壁开元隶，独柱临空汉武碑。绝壁路盘黄岘岭，乱峰云锁白龙池。寻幽午过天风急，可是游人欲去时。其五：盘道盘云云满梯，天门直下万崖低。肩舆不肯斯须住，御帐才过顷刻迷。叠叠飞泉随客转，森森怪石与松齐。举头三观灵霄外，一路歌声响涧溪。乾隆癸卯十月一日，玉书大兄江子安登泰山绝顶五首，蜀绵州鸣九何人鹤。金榮记事题刻，在方碑南侧最上层，清嘉庆五年（1800年）三月二十八日题刻，题记文2行，满行15字，字径3.5厘米，楷书。文曰：嘉庆五年三月廿八日，前泰安守、休宁金榮奉母还里，宿雨花道院。因志。何道生记事题刻，在方碑南侧最上层，清嘉庆五年（1800）二月间，山东道监察御史何道生题书。题记4行，满行14字，字径3.5厘米，隶书。文曰：嘉庆五年，青龙在涒滩，升枋建卯之月，日次壬辰，巡视济宁漕务。山东道监察御史、灵石何道生以阅宗至泰安，恭谒岱庙。同来者，靖江郑锡琪。孙星衍记事题刻，在方碑南侧最上层左侧，刻于清代嘉庆二年（1797）二月，题记3行，满行19字，字径5厘米，篆书。题记为：嘉庆二年二月癸酉，署按察使孙星衍来谒岱庙。泰安府知府金榮、运河同知黄易、阳湖杨元锡、钱唐江凤彝同至。次日，宿登封台，观日出，始去。孙璜谒岱庙诗刻，在方碑西面，刻于清嘉庆十四年（1809），题记8行，满行10字，字径4厘米，行书。文曰：谒岱庙 日观天门梦寐通，急从岱麓谒斋宫。神明发育东皇主，殿阙巍峨紫禁同。玉镇石幢钦宝贵，唐槐汉柏仰苍葱。登峰他日窥天下，到此先觇气象雄。嘉庆十四年八月初二日阳湖孙璜。|

序号：0009-8818

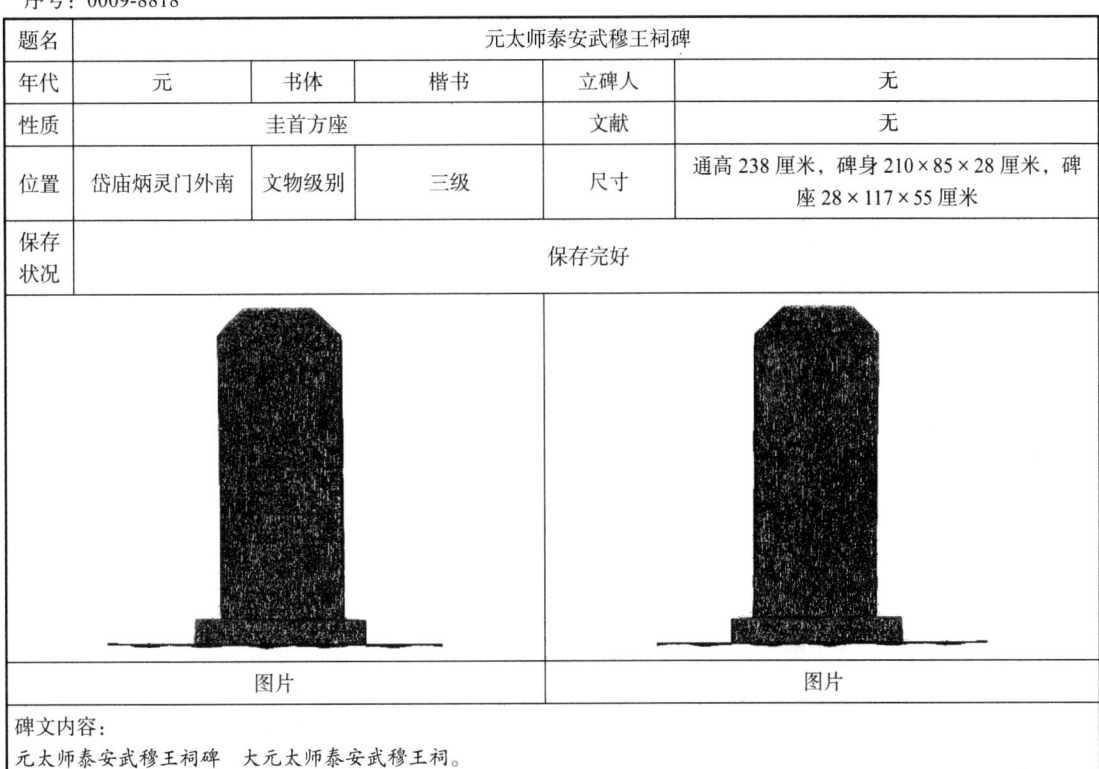

题名	元太师泰安武穆王祠碑			
年代	元	书体	楷书	立碑人	无
性质	圭首方座		文献	无
位置	岱庙炳灵门外南	文物级别	三级	尺寸	通高238厘米，碑身210×85×28厘米，碑座28×117×55厘米
保存状况	保存完好			

图片	图片

碑文内容：
元太师泰安武穆王祠碑 大元太师泰安武穆王祠。

序号：0010-8819

题名	元延祐太师泰安武穆王神道之碑铭碑			
年代	元延祐四年（1317）	书体	楷书	立碑人	中奉大夫、江西等处行中书省参知政事姚燧撰并书
性质	螭首龟趺		文献	《泰山历代石刻选注》
位置	岱庙炳灵门外南	文物级别	三级	尺寸	通高749厘米，碑首210×191×75厘米，碑身422×179×66厘米
保存状况	碑阳文残泐过半，碑阴文全部磨灭，碑断后修复			

续表

| 图片 | 图片 |

碑文内容：

圣元故光禄大夫、上柱国、江浙等处行中书省平章政事忙兀公彰德表勋碑铭并序。中奉大夫、江西等处行中书省参知政事姚燧撰并书。当大德癸卯，燧持宪节使江之东三年，光禄大夫、上柱国、江浙行省平章政事公之三子：内□□太宫宿卫浑都，与江东建康道肃政廉访副使伯都，及行河南参知政事野仙帖穆而，谱其系，状其事，以请曰："先公三宿坟莽也，其忠以事国，孝以绳家，光大而雄伟者。不及今焉铲之金石，将日远日忘，奚以示遗冑于无穷，敢属笔子燧。"以与宪副联事，此道义不可辞，乃序之曰：公忙兀氏，讳博尔欢。畏答而公之曾孙，蘸木曷公之孙，琐鲁大都公之子。始畏答而与兄畏翼俱事太祖，时太畴盛强，畏翼谋往归之。畏答而苦止曰："帝何负汝而为是？"竟去。追又不复，雪泣而归，请独宣力。帝贰之曰："汝兄与众皆往，独留何为？"无以自明，乃折矢誓曰："所不忠事帝者，有如此矢。"帝感其诚，易名"屑廛"，约为按答，盖明炳几先，与友同死生之称。帝后与王罕陈于曷刺真，彼众我寡，刺兀鲁一军先发，其将兀彻带玩鞭马鬣不应。屑廛请曰："战犹凿也，匪斧不入，我先为凿，诸斧继。"顾帝诀曰："臣万一不还，三黄头儿将轸圣虑者。"辰入疾战，大败其军，晡犹逐北，敕使止之，乃旋师，免胄为殿，脑中流矢。帝伤之曰："朕戒卿早休兵，竟创而归。"亲为傅药，寝与同帐，逾月而卒。帝曰："襄只里吉为敌将，实御屑廛。其以只里吉民百户属屑廛子，世世岁赐，勿绝其族。"散亡者收之，即封北方万家，太宗以其子忙各为君王。又俾贵臣忽都忽大料汉民，分城邑以封功臣，割泰安州民万家封郡王。归奏，帝问："忙兀之民何如是少？"对曰："臣今差次，惟视太祖之旧，旧多亦多，旧少亦少。"帝曰："不然，旧民少而战绩则多，其增封为二万，与十功臣同为诸侯者，民异其编。"兀鲁争之："忙兀旧兵不及臣半，今封固多于臣。"帝曰："汝忘而先玩鞭马鬣事耶？"后诸王与十功臣既有土地人民，凡事干其城者，各遣断事官自司听直于朝。公年十六，为断事官。世祖正宸极，以从征叛王阿里不哥功，赐其军乘马四百匹，金银币帛称是。寻诏入宿卫，近臣曰："是勋阀诸分，从其出入禁闼，无辄谁何。"李亶反，诏将忙兀一军，围济南，钞益都、莱州，贼平。决狱燕南，人称明允，赐衣一袭。云南王虎各赤，为其省臣宝合丁辈毒杀事闻，敕中书择可治其狱者，凡四奏，人皆不当旨。丞相先真举公，且言"败事，臣请从坐"。帝曰："之人则可。"公辞："臣不爱死，第年少，目不知书。"帝曰："朕方恃卿求皇子死，尚书别帖兀而知书，惟可使之簿责其事，是否一委自卿，明日慎无归咎辅行也。且闻卿不善饮，彼地多瘴，宜少饮敌之。"未至四五驿所，宝合丁遣人负金六籯来迓。公曰："云南去朝廷辽邈，省臣握兵，不安其心，将惧而变。"乃好为语道之。既至，尽以金归省，而竟其狱，得置毒情，杀之而还。奏，可。顾先曰："卿举得人。"赐黄金为两五十。武备寺奏："今入筋角，惟忙兀以时夥于常岁。"帝曰："其报赐之，自今凡忙兀事无大细，如扎剌而事，统丞相安童者，悉统于博罗欢。"八年，授昭勇大将军、右卫亲都指挥使虎符，大都则专右卫，上都则三卫兼总。十一年，授金吾卫上将军、中书右丞。会师南伐，分军为两，制曰："其右授丞相伯颜、阿术节度，左悉委卿。"指一犯法臣曰："如别急烈迷失，朕不责也。"俄授兼淮东部元帅，军于下邳，公策诸军曰："清河居宋北鄙，城小而固，与泗州、昭信、淮安实相犄角，当水陆冲，未易卒拔，可顿大兵为疑。海州、东海、石湫违此数百里，其守必懈，吾将轻兵倍程而东，其守臣可袭虏也。"师至海州，丁安抚果下，石湫、东海随下，清河史安闻之，亦下。不一月，而下四城。宋主既降，而淮东诸州犹城守，故太傅伯颜入觐，还，密诏以公进兵。拔淮安、南堡，战白马湖及宝应，弃高邮而不攻，由西小河达漕河，据湾头堡，断通、泰援，竟投扬州，斩其制帅李庭芝，淮东诸州悉下。赐西域药及葡萄酒、介胄、弓矢、鞍勒。会分江南诸州隶诸侯王与十功臣，又益封桂阳州。十四年，遣平叛王只里幹带于应昌，赐鞶带、币帛，与博罗同署枢密院事。未久，授北京右丞，既至，召还。会南土多反者，诏募民能从大军进讨者，俾自为军，其百夫、千夫，惟听其万夫长节度，不役他军，制命符节，一与正同。已行矣，公疾不能自陈，令董司徒文忠入言："今者日所出入，胜兵何啻百万，何假此曹无赖侥幸之徒，以壮军威。臣恐一践南土，肆为贪虐，斩伐平民，妻其妇女，橐其货财，民畏且仇，反将滋众，非便。"召舆疾入，帝视其色瘁然，赐坐与语，重陈董奏，可之。适常德入诉唐兀带一军残暴其境，如公所策，敕斩以徇，诸是军皆罢之。十六年，曷剌斯、博罗斯、幹罗罕、薛连幹皆强宗也，

续表

势不相一,求遣大臣来莅。诏令公往,凡居是二年。十八年,以右丞行省甘肃。时大军驻西北,仰哺省者十数万人。自陕西陇右,河湟皆不可舟,惟车辇而畜负之,途费之余,十石不能致一,米石至百缗。公经画得方,供亿不乏,贼不敢窥边者二年。廿有一年,授龙虎卫上将军、御史大夫、江南诸道行御史台事。黄华反,征内地戍兵进讨,未能平,贼多奴良民以归。公令监察御史、提刑按察司随上纠核,皆止还之。以疾归。会诸侯王乃颜反,帝欲自将征之。公曰:"始太祖分封东诸侯王及侯,其地与户,臣如知之。以二十率之,彼得其九,忙兀、兀鲁、扎剌而、宏吉烈、亦其烈斯五诸侯得其十一。彼力滋多,吾力滋多;吾有衰耗,彼亦衰耗。然要其归五侯之力,终多彼二,惟责征兵五侯,自足当之,何烦乘舆?臣昔疾今愈,请集东征。"制可。赐介胄、弓矢、鞍勒,命公董是五诸侯兵以行。与乃牙接战,屡摧其锋,再与其党一王塔不带战,霭雨不止,军以乏食,求却。公曰:"两阵之间,勿作事先。"已而,彼军先动,公悉众乘之,逐北二日,身中三矢,擒塔不带,斩忽伦辈,后与月列鲁太师合力,始诛之。赐银为两四百五十,币帛九。不再月,其党一王哈丹复叛,公再请往,诏与诸侯王乃马带讨之。公狃于屡胜,一日不虞,贼游兵卒至,止从三骑返走。有绝壑前,广二丈,深加广半,追兵且及,独公策马能越,三人后者皆见杀,人以为天相忠义。后逐北极于东海之墺,哈丹自引焚,获其二妃,斩其子老底于阵。凡战四年,所俘金银悉散将士,以故人致死力。贼平,敕一妃赐乃马带,一妃赐公。陈金银器延春阁,召东征诸侯王及公至,将分赐之。问公"卿家是器几何,鞶带有无。"公曰:"以陛下威德,奉身之物,亦毕备矣。"帝曰:"朕出此本以酬卿曹之劳,在人则伐其能以幸多取,朕问犹曰既有,可谓谦抱不眩于货者,岂令其徒归,姑赐是器五百两。"二十八年,改河南宣慰司为行中书省,求可百事省平章者,凡三奏皆不允,末乃及公则可。授荣禄大夫、平章政事。淮盐为引,岁六十五万,前政多逋,至公如额而集,赐异币一。开封监县帖兀而告廉访使胡某不戢其民昏集曙散,县簿陈勋置巡屋器械于村,又周刘店为墙,四其门扃鐍,司夜出入。诏公按之,皆诬,杖而徙戍南边。河水迁流无常,民讼:"退滩连岁不绝,或以其地投献诸侯王,求为田民自蔽。"公奏正之,仍著为令。河后泛滥,堤埠横溃,归德、睢州、汴梁水及城下,潆为巨漫,公亲行水,督有司捍完之。皇上元贞二年,迁公平章陕西,未行而改复为河南。入觐奏:"忙兀一军戍北岁久,衣率故弊,请以臣泰安州五户岁入丝一斤四千斤尽输内帑,易为匹帛,分赉诸军。"上以为益,敕递车送达军中,赐银为两四百五十,币帛三。陛辞之日,上谕之曰:"卿今白须,世祖德音实足听闻,事更加慎。"中书平刺真、宣政院使大食蛮合奏:"始者伐宋,世祖分军为两,右者之伯颜、阿术,左属之博罗欢。今伯颜、阿术皆有田民,而博罗欢独不可后。"上曰:"何久不言,岂彼耻自白邪!其于淮东所尝战地高邮已籍之民,赐五百户。以上、中、下率之,上一,而中、下各二,及圈背银椅。"比季至汴,逾年,凡流外官、久滞不铨、旅食道宫者,旬月皆出之。大德之元,叛王岳术忽儿、兀鲁速不华来归,公遣使驿闻:"始是诸王叛由其父,是辈小弱,若无与知,今焉来归,宜弃前恶,以劝未至。"上曰:"是奏深契朕衷。"改平章湖广,赐金鞍勒。至汝宁台福建省于江浙,授公光禄大夫、上柱国、江浙等处行中书省平章政事,赐玉带。夏大旱,随祷而雨。杭之豪民十家,入赂于官,大为酿务,高其沽而专其利,酒日漓恶。公变其法,改省四,凭其富蓄,凌轹府县,肆为奸利,自刻木牌,与交钞杂行民间,实侵货币,与国争利。又盗堤海之石,墙其私居。公欲斩之,而中书刑曹当以杖然,亦由是大姓,始知重足立矣。以大德庚子(1300)五月二十有二日薨于临安寓所,年六十有三,以其年七月八日葬于檀州西北太行山,不封。最其平生,典兵则右卫都指挥使、都元帅、枢密院;风纪则御史大夫;宰相则三为右丞,四为平章。与夫四十七年,马足所及,西南云南,西北金山,东北海隅,东南句骊,东南吴闽。再讨判臣,四征叛王。其间,事平而疾,闻变请行,惟以有国艰虞为忧,视转斗乎万里之远、历岁之久,若堂奥之朝夕焉。虽风雪鞍瘠其肤,锋矢交集其躬,饮食饥渴不时,其□皆不避恤,必致寇首戏下,归报终事而止,真凛凛有曾考风。上尤眷重之,若世祖身御橐鞬弓失,皆万世传宝,不以赐臣下者,惟以赐公。海东青鹘杂,先朝多或十骑至白鹊咀,爪王如,圣语晓曰:"是禽惟朕及鹰师所馽,以卿世臣诸孙宣力之多,日桑榆矣,无以娱心。河南治地平衍而远,且多陂泽,鹅鹳所集,时出纵之,使民得见昭代春秋蒐田之盛,不敢萌启邪心。"皆殊赐也。夫人兀怯烈氏,□按檀氏、□扎剌而,皆前公卒,今夫人扎剌而氏、王氏、按檀氏、宏吉烈氏。男□人。太公实副参政博罗欢公于庭臣,居家最有法。夜不寐,诸子列侍其前,听谈祖宗故实,毋敢或归私室。燕奉樽俎,迭歌舞以娱宾,亦无有酒失者。女六,长适国戚卜伯,次适薛彻干平章子金书枢密院事完者,次适国王弟孛兰盼,次适月赤察而太师弟怯烈出,次适山东宣慰使必宰牙,幼在室,男女孙如干。铭曰:皇矣太祖,肇造方夏。左之右之,惟十臣者。公之曾考,展一其中。折矢沥告,帝视友同。故陈来加,挺戈而出。大崩其军,免胄而入。五兵之长,无失不仁。由贼叩轮,茂功是创。帝恻其心,百俘偿死。顾成嘉止,既王其子。逮分茅土,帝自等差。国以泰安,二万其家。功祖王季,勤勤克类。再传而公,世祖之事。勋伐遗苗,帝植以培。而独于公,尝誉其材。听于禁闼,无止出入。翼翼其昭,弥谨自律。随感而安,利惠麾干。承命即往,奚远奚难。东北海邦,西南南昭。瓯闽炎陬,金山退徼。闻有艰虞,必请赴趋。大狱叛藩,无一漏诛。人臣宪宪,曰名台院。平章大夫,有密钧践。先圣今圣,贵予优优。良驷天闲,豪隼御鞲。橐鞬介胄,鞍带衣裘。黄白之金,委家如丘。皇矣太祖,于疆于理。惟公曾考,实成其始。遗厥大艰。畀之神孙。神孙世祖,辟乾禽坤。考其皇舆,南北犹判。孰是浙右,赢鬼歆课。大兴师征,蕺百城。冈不箪壶,竭颛义声。傅出国部,屦王衔璧。蕞尔淮东,诸狱犹壁。诏公进攻,荡歼渠凶。九域攸同,公焉成终。将天之意,悠悠或至。成始之孙,宜际斯会。益封桂阳,江岭内外。于乃先烈,克光以大。尝闻古先,誓侯功臣。泰山如砺,国以永存。嗟公王孙,国泰山下。权舆砺如,其自今也。延祐四年(1317)四月二十一日。男翰林学士承旨、开府仪同三司、知制诰、兼修国史野仙帖穆而建。

序号：0011-8820

题名	宋宣和重修泰岳庙记碑				
年代	宋宣和六年（1124）	书体	碑阳文楷书，碑额篆书，碑阴楷书	立碑人	宇文粹中奉敕撰，张漴奉敕书篆
性质	螭首龟趺，碑阳四周浅浮雕方夔纹			文献	无
位置	岱庙配天门东侧	文物级别	二级	尺寸	通高928厘米，碑首189×265×87厘米，碑身547×205×68厘米。碑座192×275×500厘米
保存状况	碑体基本完好，碑阳文残缺56字				

图片	图片

碑文内容：
宣和重修泰岳庙记　翰林学士承旨、正奉大夫、知制诰、兼侍讲、修国史、南阳郡开国侯、食邑一千五百户、食实封壹佰户臣宇文粹中奉敕撰，朝散大夫、充徽猷阁待制、知袭庆军府事、管勾神霄玉清万寿宫、兼管内劝农使、兼提举济单州兵马巡检公事、陈留县开国男、食邑三百户、赐紫金鱼袋臣张漴奉敕书篆。宣和四年九月，有司以泰岳宫庙完成奏功，制诏学士承旨臣宇文粹中纪其岁月。臣粹中辞不获命，退而移文有司，尽得营建修崇诏旨本末，与庀工鸠材因旧增新之数，谨再拜稽首而言曰：臣闻自昔受命而帝者，咸有显德，著在天庭，合四海九州之欢心，以为天地社稷百神之主。故有坛场圭币以象其物，有宫室祠宇以犹其居，有牲牢酒醴以荐其洁，有祝册号嘏以导其诚。其漠然而意可求，侥然而诚可格，殆与人情无以异。是以黄帝建万国而神灵之封七千，虞、夏、商、周，文质迭救。虽时尚不同，而事神以保民，其归一揆。故其言曰：望于山川，遍于群神。又曰：山川鬼神，亦莫不宁。其诗曰：怀柔百神，及河乔岳。又曰：堕山乔岳，允犹翕河。河东曰兖州，其山镇曰岱山，自开辟以来，以尊称东岳。其穹崇盘礴，虽号为一方之镇，而触石肤寸，不崇朝而及天下。是以历代人君昭姓考瑞，盛登封之礼，告祭柴望，五载一巡守，必以岱宗为首。而神灵烜赫，光景震耀，载在书史，接于耳目者，奕奕相属也。宋受天命，建都于汴，东倚神岳，远不十驿。章圣皇帝肇修祀祀，盖尝躬款斯下。钦惟神灵响答之异，念唐开元始封王爵，礼加三公一等，未足以对扬休应，遂偕五岳，咸升帝号。自是宫庙加修，荐献加厚，四方万里士民奔凑奠享祈报者，盖日益而岁新也。皇帝聪明仁孝，光于上下，神动天随，德施周溥，既已跻斯民于富寿，乃申敕中外，凡所以礼神祇，崇显祀，尽志备物，毕用其至。岁在辛巳，迄于壬寅，诏命屡降，增治宫宇，缘墙外周，梁栾分翼，岿然如青都紫极，望之者知其神灵所宅。凡为殿、寝、堂、阁、门、亭、库、馆、楼、观、廊、庑，合八百一十有三楹，财不取于赋调，役不假于追呼，而屹然天成，若天造地设，灵祇燕豫，福应如响。呜呼！真盛德之事也。惟古圣王先成民而后致力于神，故奉牲以告曰：博硕肥腯，谓民力之普存也。奉盛以告曰：洁粢丰盛，谓三时不害，而民和年丰也。奉酒醴以告曰：嘉栗旨酒，谓上下皆有嘉德，而无违心也。臣窃伏观皇帝陛下，临御以来，凤宵之念，无一不在于民者。发号出令，以诫以告；颁赐施惠，以生以育；设官择人，以长以治；制法垂宪，以道以翼，以训以齐。政成化孚，中外宁谧。于是国有暇日，以修典礼；民有余力，以事神祇。咸秩无文，周遍群祀，自古所建，上下远迩，灵祠告祝，于今莫不毕举。观是宫庙，土木文采，轮奂华丽，则知郡邑之富庶；帷帐荧煌，衮冕璀璨，则知丝枲之盈溢；牲牷充庭，醪醴日御，则知耕牧之登衍；箫鼓填咽，歌呼满道，则知气俗之和平。神之听之，乃厎陈于上，帝用降鉴，锡兹祉福，则社稷之安固，历数之绵远，盖方兴而未艾也。臣既书其事，又再拜稽首而献颂曰：于皇上帝，监观九有，欸赞天燿，山川封守。帝欲富民，俾阜货财，溥润泽之，俾司风雷。东方岱宗，是为天孙，体仁乘震，生化之门。昔在章圣，崇以帝号，发册大庭，五云前导。施于子孙，格是神保，岁在摄提，新宫载考。皇帝慈俭，爱民自衷，不侮鳏寡，不废困穷。神鉴其仁，锡之屡丰，皇帝神武，赫然外攘。驯服悍虏，以蕃善良，神予其义，助之安疆。仁义既洽，民有余力，还以报神，神居是饬。峨峨神居，作镇于东，有来毕作，庶民所同。惟此庶民，惟皇作极，丕应侯志，遍于尔德。祝皇之寿，泰山同久，握图秉箓，历箕旋斗。祝皇之祚，泰山等固，镇安二仪，混同万宇。下逮群黎，遍数锡之，亿载万年，惟神是依。匪神独依，惟天无私，有谣康衢，述是声诗。宣和六年岁次甲辰己酉朔十八日丙寅建。胡宁刊。

序号：0012-8821

题名	明嘉靖"大观峰"碑				
年代	明嘉靖十一年（1532）	书体	楷书	立碑人	济南府知府杨抚题
性质	圆首方座			文献	无
位置	岱庙配天门东侧	文物级别	三级	尺寸	通高218厘米，碑身173×78×16.5厘米
保存状况	碑体完好				
	图片			图片	

碑文内容：
明嘉靖"大观峰"碑 大观峰 明嘉靖十一年济南府知府杨抚题。

序号：0013-8822

题名	元至元重修东岳蒿里山神祠记碑				
年代	元至元二十一年（1284）	书体	楷书	立碑人	徐世隆撰文、徐汝嘉楷书，杨桓篆额
性质	螭首方座，座饰减地平案几纹			文献	无
位置	岱庙配天门东侧	文物级别	三级	尺寸	通高361厘米，碑首109×114×34厘米，碑身217×104×31.5厘米
保存状况	碑体保存完好				
	图片			图片	

续表

碑文内容:
重修东岳蒿里山神祠记　翰林集贤学士、正议大夫、知制诰、同修国史徐世隆撰，承务郎、同知泰安州事徐汝嘉书丹，济宁路儒学教授杨桓篆额。蒿里者，古之挽章之名，出于田横门人，感而成歌。汉李延年分二曲，《薤露》送王公贵人，《蒿里》送士大夫庶人。后代以为人死归于蒿里，其山有神主之。因立七十五司，以为追逋收扑出入死生之所也。故张华《博物志》、陆机《泰山吟》皆云："人死其魂拘于蒿里。"白乐天诗曰："东岳前后魂，北邙新旧骨。"樊殿直《修庙记》亦言"人生受命于蒿里，其卒归于社首。"今东岳山有地府，府各有官，官各有局，皆所以追死注生，冥冥之中岂无所宰而然耶？其祠距东岳庙之西五里许，建于社首坛之左，自唐至宋香火不绝，望之者，入则肃然，近则威然，出则怵然，若有追之者，岂非世人如见真鬼神而然欤？吴道子画《地狱变相》后，城都人来观，咸惧罪修福田，两市屠沽鱼肉不集，况此祠司局之多，鬼神之众，囹圄之深幽，其不寒心而骇目者鲜矣。金季兵烽四起，玉焚石烬，向之所谓像教者，又堕之劫灰矣。行台严武惠公治东平，民怀吏畏，政和神明，特敬天倪子提点道教张志伟。张初名志伟，后遇上知，赐名曰"志纯"。议起庙像如初，未完而公薨。嗣相能爵天倪子鸠工者。又数年，既申省部，始许修理。圣上即位，怀柔百神，无文咸秩，诏海内名山岳渎诸祠，听所在修完游会。玄门掌教宗师管领诸路道教洞明真人祁志诚，与天倪子意契，遂竭力以成。旧祠百二十楹，近已完善，次第落成。其塑像辉耀，比旧有加焉。余待罪翰林，方作泰山庙碑为竟，天倪子曰："岱宗碑成，此特碑之一事耳。若不足劳执事，执事文如流出，第令门生执笔代书则足矣。"余谓："蒿里山者，社首之禅址犹在，亦唐代受厘之地，使老夫不腆之文挂名其上，故所愿也，非所敢望也，故附语而为之记。若夫无怀氏封禅之君，有虞氏巡狩之代，略而不书，尊泰山也"。宣授冲虚至德通玄大师、东岳提点监修官、兼东平路道教都提点张志纯同建。太师国王嗣孙、太中大夫、东平路达鲁花赤、兼本路诸军奥鲁总管卜申立石。大元至元二十一年岁次甲申十月己巳朔十五日己未。

序号：0014-8823

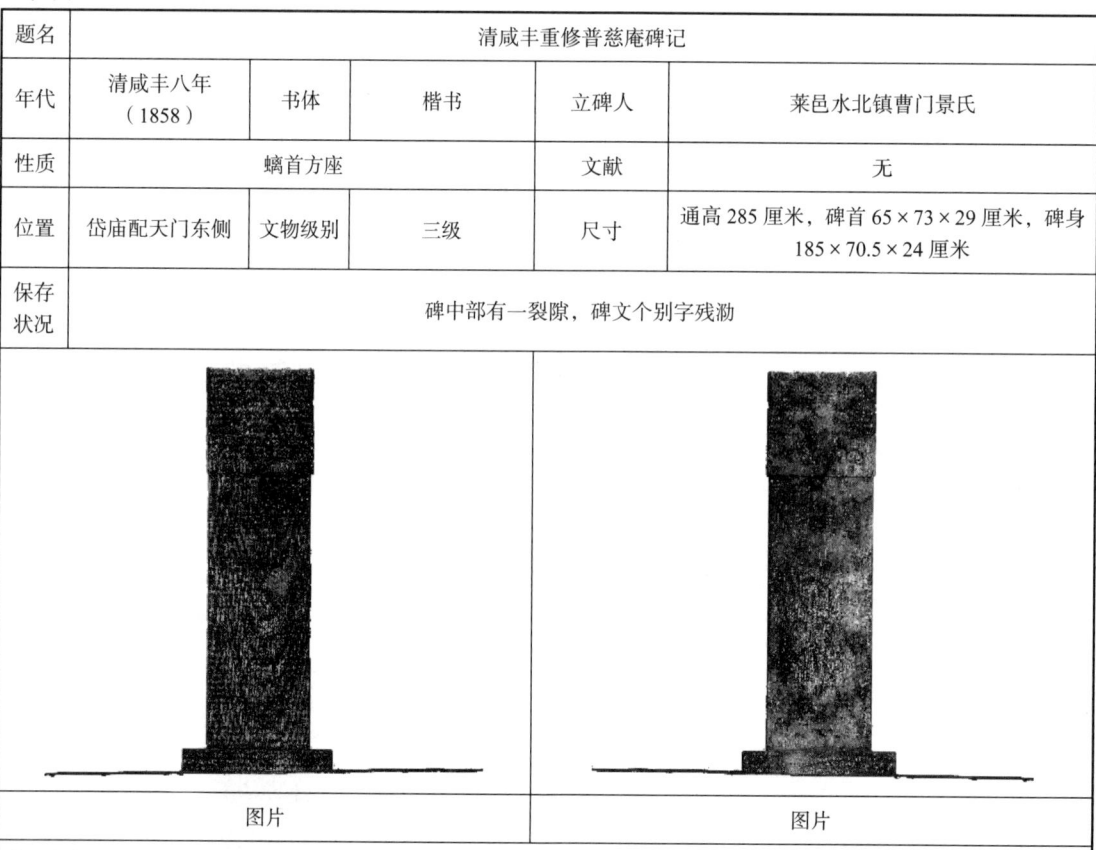

题名	清咸丰重修普慈庵碑记			
年代	清咸丰八年（1858）	书体	楷书	立碑人	莱邑水北镇曹门景氏
性质	螭首方座		文献	无
位置	岱庙配天门东侧	文物级别	三级	尺寸	通高285厘米，碑首65×73×29厘米，碑身185×70.5×24厘米
保存状况	碑中部有一裂隙，碑文个别字残泐			

图片	图片

碑文内容:
清咸丰重修普慈庵碑记　重修普慈庵碑记　古之立庙奉神，原以神道设教之意也。郡城北门外有普慈庵者，其始建在康熙壬午，庙貌宏□，规模□观，遹古刹也。惟后观音殿五楹，□深日久，风雨摧残，而屋瓦欲坠，□□仅存，见者无不恻然心伤。无奈工费浩繁，独力难成，虽有善士，亦难遽举。兹有莱邑水北镇曹门景氏，身负钜任，□会信女善男，共输资财，以襄义举，不日之间，则丹楹刻楠，□□□□，因□告竣，故为之序，以志其事云。（以下45人题名略）大清咸丰八年岁次戊午清和月上浣谷旦

序号：0015-8824

题名	明嘉靖明僧悟亭碑记				
年代	明嘉靖二十六年（1547）	书体	碑文楷书，碑首篆书	立碑人	无
性质	圭首方座			文献	无
位置	岱庙天贶殿东	文物级别	三级	尺寸	通高144厘米，碑身115×60×16厘米，碑座29×70×55厘米
保存状况	碑体基本完好，碑文个别字残泐				

图片	图片

碑文内容：
明僧悟亭碑记　□亭碑记　石工李绍先刻　流以明心见性为学，号曰沙门□□□□。自汉□□□□氏以来，而中国之削发缁衣，修塔建寺者益盛，故吾晶□诋其为非，盖能守五戒十律、持慧定而免于轮回者，寡矣。悟亭自早岁出家，捷普照寺事，□喜为师者，有戒行奉佛甚□，人有疾苦者，辄出布施济之，终身未尝□轮回事，华莲、弥陀、佛顶及人刚光明大品诸经，无不默然诵教。弟子本增本惠供养舍利，□来佛守菩提无为之戒，尝以偈劝世日允说皆经典到处即塔庙人能知此修成就一处也，享年七十五岁而终，葬于普照寺前，迤西四山环抱，一水夹流，有以萃风景之攸胜云。郡庠　颜泉戚遑篆额　郡庠　乐山崔奇元　撰文　郡庠　洋滨曹大用　书丹　郡庠　小溪　张经邦　嘉靖二十六年岁次丁未吉旦　□□住持悟英、回淇同建。

序号：0016-8825

题名	清康熙重修关圣帝君庙碑				
年代	清康熙五十六年（1717）	书体	楷书	立碑人	无
性质	圭首方座			文献	无
位置	岱庙配天门东侧	文物级别	三级	尺寸	通高152厘米，碑身136×60×20厘米，碑座16×80×62厘米
保存状况	碑文剥蚀严重，碑身下部文字已不可辨识				

图片	图片

续表

碑文内容：
重修碑记　重修关圣帝君庙碑　神□乾坤之正气含日月之精华，忠肝义胆□九死也。不回……堂堂□□荆襄龙□巴蜀拒吴却魏咸生震□手□君明□封金……扶社稷护祐君民是以□德在人心□封号者……乃神乃圣复□天□□□□□吉□□□□□以成文……乎□云蟠而变化□□高□飘□□□□士民……□□领袖善人孙□祥等□同会□修徐在科……巡按苏等处监□□□弘李□□□□□　江南池州府青阳县知县王□马成□李□□江　贡□监生施廿□□□马□□□会马冶　庙主戴七□□□朱守财王□　监生范□□马□岳忠贤王国　□起□□志杨　康熙五十六年五月初九□□士□

序号：0017-8826

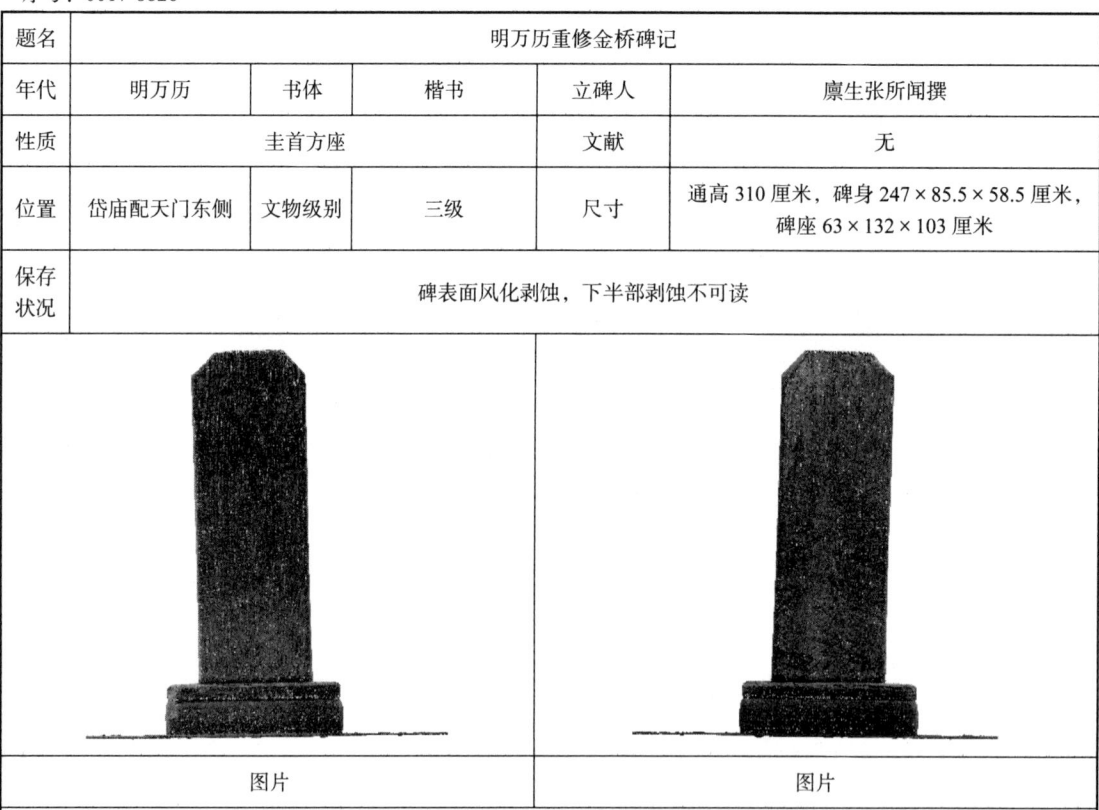

题名	明万历重修金桥碑记			
年代	明万历	书体	楷书	立碑人	廪生张所闻撰
性质	圭首方座			文献	无
位置	岱庙配天门东侧	文物级别	三级	尺寸	通高310厘米，碑身247×85.5×58.5厘米，碑座63×132×103厘米
保存状况	碑表面风化剥蚀，下半部剥蚀不可读				

图片	图片

碑文内容：
奉旨重修金桥碑记　工部尚书重可咸　山西巡抚年志夔　山东布政司照磨石颢玉　盐运司同王应修　新泰县知县李春□（以下人名略）重修泰山漦河桥碑记　泰山漦河桥，古名金桥，旧规制□隘，行涉不便，明万历甲□□□，敕赐□王禅师讳道勤者，□旨重□费，□以千计，□日实弘廓，壮严建之，广人诚亿万□□□□之一代诚□□代之□□浩浩功绩当□泰山俱□□□□长其一□□□诸善信贴福一方，当亦永□灵□照中而同□宝□□□慈□□勒□□□□□□　明□□□□年二月□□□廪生张所闻撰，比丘□□□□慧……

序号：0018-8827

题名	元至正创塑州学七十子记碑			
年代	元至正九年（1349）	书体	碑文楷书，碑额篆书	立碑人	袭封衍圣公五十五代孔克坚书丹，荣禄大夫、四川等处行中书省平章政事□□篆额，泰安儒学教授张从仁撰，庙学教授陈遵礼立石
性质	螭首方座			文献	无
位置	岱庙配天门东侧	文物级别	三级	尺寸	通高337厘米，碑首108×118×29厘米，碑身203×110×23厘米。碑座26×145×81厘米

续表

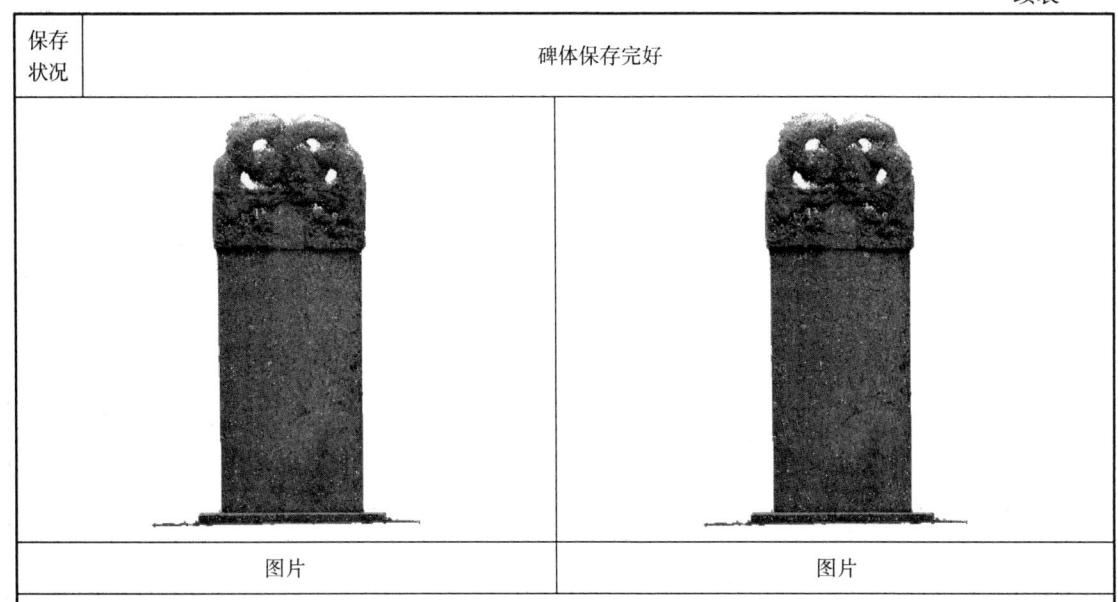

保存状况	碑体保存完好	
	图片	图片

碑文内容：
创塑州学七十子记　荣禄大夫、四川等处行中书省平章政事□□篆额，中奉大夫、袭封衍圣公五十五代孔克坚书丹。人生天地之间，其不可负者三，曰君、曰亲而师与焉。乐土安业而享太平者，君也；抚字鞠育而全躯者，亲也；《诗》、《书》六艺，诲导启迪以成其材德者，师也。人能忠于君、孝于亲、敬其师，乃天之恒则，人之职分，当为而已，不然何以自立于世间耶。昔周道既衰，王纲解组，天下贸贸焉。乱臣贼子接迹于世，三纲以斯而紊，五典以斯而，奚由也哉？皇天奄顾载生。吾夫子祖述尧舜，宪章文武，所以垂世立教，师表万古者也。时门弟子不惮数千里而从游，虽值陈蔡之厄，匡人之围，寒饥流落，不敢少倍于圣人之规，其有补于名教也。历代以来，载在庙祀者，岂不韪欤！至正七年夏六月，大成至圣文宣王五十二代孙孔之严判官泰安郡，下车之日，视事莅政，首谒庙貌。登殿行释奠礼既毕，瞻仰圣像，被袞冕巍巍南面；颜、曾、思、孟并所谓十哲，皆左右列次，相向坐侍。其形仪端严清肃，绅有古人风采。出观两庑，七十子及续补硕儒，血食廊庙者，其像只绘之于壁，几案不肆，俎豆不候，风霾往来，聚散不恤，贤哲之灵奚能安然也哉。于是乎作心积虑，念兹在兹。至正己丑春三月，遂与幕宾张焕、宋显协谋曰："清庙圣像既完，且若两庑圣像犹睹图画，钦敬明神之诚，讵有优劣之者也。"遂捐俸禄，五月鸠工，比十哲之像而捏塑之。自大成殿下左右两庑，以世代先后次列而南，转东西以与神门并。其冕服之制，考之历代封爵等咸而像之。其贤像总百又有七，而户牖礼器奠斝咸备焉。其梵木之须，工役之力者，皆稍其食而酬其直，不扰其民。会其糜之资，以缗计者五千有奇。岁时官士祀享有归，神之来假来享必矣。夫孔侯生圣人，五十代之后，而能追远报本，□志始祖先贤垂世立教无穷之泽，可谓孝矣。修殿宇，塑贤像，恪恭祀事，润饰风化，有辅圣朝崇文偃武，益隆之景运，可谓忠矣。忠孝既能，臣子之职庶几乎得矣。呜呼！他日岱阳之风丕变，人材众多，若徒泰山孙氏，徂徕石氏、党氏辈出，以□□有元之新化，复齐鲁之旧风，孔侯之功从斯远矣。彼流俗偏驳不正之学，略孔氏之规，趋异端之说者，瞻斯庙，仰斯像，其不惕然而自惭者乎！且以原其事之本末，礼之先后，略记云耳。泰安儒学教授张从仁撰。至正九年仲夏吉日　庙学教授陈遵礼立石。

序号：0019-8828

题名	金大定重修宣圣庙记碑			
年代	金大定二十三年（1183）	书体	碑文楷书，碑额篆书	立碑人	李守纯记，进士刘礼书丹并篆额，泰安州司候判官、提学甄之纲立石
性质	圆首方座			文献	无
位置	岱庙配天门东侧	文物级别	三级	尺寸	通高270厘米，碑身238×84.5×24.5厘米，碑座32×117×54厘米
保存状况	碑文基本完好，个别字残泐				

图片	图片

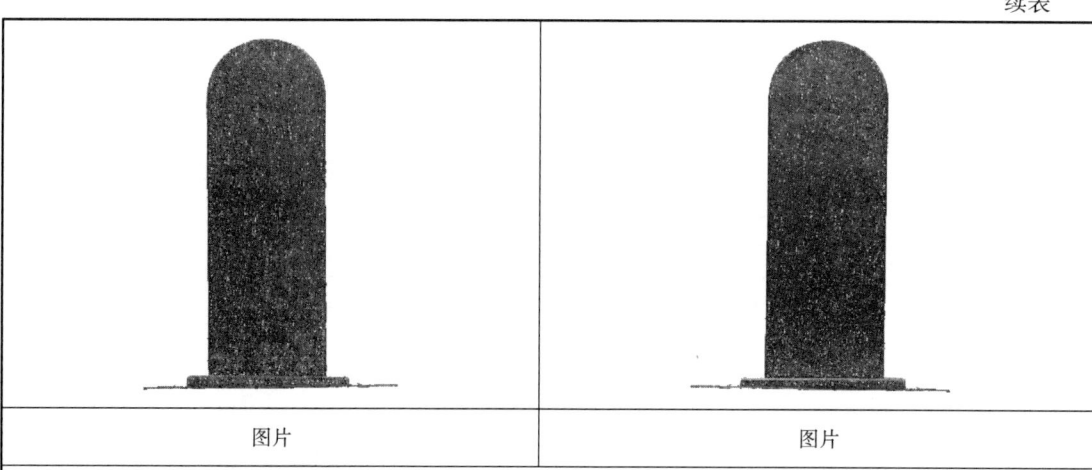

碑文内容：

大定重修宣圣庙记　泰安之为州也，有岳祠以壮观其中，有岱宗、徂徕、汶、洸、漕、济以环抱其外，实为周公之封境、孔子之乡国、帝王封禅之所也。亡宋开宝五年徙乾封县于此，大中祥符元年改日奉符，废齐阜昌之初改为军日泰安，本朝开国六十有八年升之为州。自其为县，以孙明复、石守道二先生山斋之故基建学，以柏林之地课养士，作成之材故常有焉。魁乎天下者，耿公昌世；显于翰林者，则杨公用道，是其尤杰出者也。惜乎岁久，殿宇坏甚，震风凌雨，圣贤像弗克谨庇，黉舍颠漏，学者鲜肯居之。有司者各出，竟不之葺，亦莫如之何矣。岁在戊戌，岳祠被灾，朝廷命徐公中宪伟来守兹郡，寻蒙宣诏指画岳祠营缮之制。公受训诫以还，朝夕从事，再期告成。上遣使来视，使者见其庙貌闳壮密丽，甚称赏之，因询以岳祠之弊。公乃□陈数事，又言有一于此为害尤重。昔者岳庙告修所坏，运司必先视之兖州然后行之，故旷日持久而不能有成也。且如宣圣庙，日就倾圮，只请缮之运司，尚三年而不报，况夫岳庙，更当禀于兖州乎？稽滞之弊从可知已。使者还，奏得可其请，更其旧弊，所谓宣圣庙，听以岳庙余材修之。公遂以规绳授之匠者，大其庙度，柱以石，瓦以琉璃，长廊四回，如拱如揖。圣贤之像皆仿阙里，而又讲有堂，处有斋，以至庖湢亦皆有所，委曲以尽心，期副国家崇儒重道之意。人特见其成，莫知其所以施设之方，可谓贤且能也，朝庭可谓能择人而任使之矣。经始于壬寅三月十有四日，落成于八月初四日，俾守纯为文以记之。守纯以职在主善，不敢以浅陋辞，故叙其实而复有说焉。夫事之兴废，殆非人力之所能，天也。是学之坏久矣，诸生所望者，扶颠补漏而已，犹尔龃龉，愿莫之遂，今日一新，甲于他郡，始知天意。以圣上守成尚文之际，不欲有司草创而修，故使无难其事也。然则事之废兴，岂非天乎？处乎其中，被国家教育之恩者当如何哉？固不可泥于章句而止此，当以致君泽民为心，知其所以学者而务进焉。所以学者何哉？曰道也。道之在人则为性，性之妙用则为神，散之□应物则为五常，如或好仁、好义、好礼、好智、好信。而未造乎道则其物物也，虽劳心役虑求合于五常而处之，然亦不能无蔽，孔子于是有六言六蔽之戒也。若乃造道之深，则居之安；居之安，则资之深；资之深，则取之左右逢其源。故其应物也，不待劳心役虑求合于五常，而自然合矣。孔子于是有"一以贯之"之语也，由此言之，学者之所当以道为事。子又曰："朝闻道夕死可矣。"岂非欲夫学者之以道为事耶。犹恐乎末之能入，复示其所以入之之门曰："知几其神乎？君子上交不谄，下交不渎，其知几乎。"当是之时，颜子不幸，曾子独得其传。曾子传之子思，子思传之孟子。其子思之论道则曰："天命之谓性，率性之谓道，修道之谓教。"又曰："至诚之道可以前知，至诚如神。"孟子之论道则曰："存其心，养其性，所以事天也。"又曰："大而化之之谓圣，圣而不可知之之谓神。"夫二子之立言无少诡于孔子者，兰陵荀卿独非之，谓传□□传不知其统。呜呼！荀卿胡为而云尔也？是与二子同门而异户欤？是其学之浅不足以知其深欤？徐以其所著之书考之，盖其学之浅不足以知其深也。何则？荀卿有曰："学者始乎为士，终乎为圣人。"观乎其意，则是以圣为道之极也，岂知子思、孟子以神为道之极。而得孔子所传者，宜乎！妄生诋訾而不顾矣。守纯以谓，儒家者流必欲助吾君、明教化，不先造孔子之道则难矣；必欲造孔子之道，不先践子思、孟子之言亦难矣。而荀卿之说，反使天下后世有惑于二子，失其所趋向。故为辨之，俾学者知其所以学焉。他日或为朝庭之用，庶几乎不远于政事。癸卯四月二十有六日，李守纯谨记，进士刘礼书丹并篆额。州学斋长薛实，学录李颐之，学政安然升卿，登仕郎、泰安州司候判官、提学甄之纲立石。

序号：0020-8829

题名	金大定重修东岳庙碑				
年代	金大定二十三年（1182）	书体	碑文楷书，碑额篆书。	立碑人	杨伯仁奉敕撰，黄久约奉敕书，党怀英奉敕篆额
性质	圆首龟趺		文献		无

续表

位置	岱庙天贶殿东南碑台上	文物级别	二级	尺寸	通高661厘米，碑首168×213×82厘米，碑身373×185×83厘米
保存状况	碑文残缺263字					

图片	图片

碑文内容：

大金重修东岳庙碑　翰林侍讲学士、少中大夫、知制诰、兼左谏议大夫、礼部侍郎、护军、弘农郡开国侯、食邑一千户、食实封壹佰户、赐紫金鱼袋臣杨伯仁奉敕撰，中宪大夫、充翰林待制、同知制诰、上骑都尉、江夏县开国子、食邑五百户、赐紫金鱼袋臣黄久约奉敕书，承务郎、应奉翰林文字、同知制诰、兼充国史院编修官、武骑尉、赐绯鱼袋臣党怀英奉敕篆额。臣闻嗜欲将至，有开必先，天降时雨，山川出云，明神之所以昭圣德也。堕山乔岳，允犹翕河，敷天之下，裒时之对，圣人之所以昭神功也。岂非幽显之感通，报施之明验欤？昔我始祖景元皇帝，肇基王迹，遂荒大东。迄我太祖，仁兵一举，爰革辽命。及我太宗，继伐徂□，奋定华夏。我主上亦由东都□纂大统，绍开中兴，皆符帝出乎震之义也。乃眷岱宗之神，乘震秉篆，实司东方。东方者，万物之始，故为群岳之长。我国家受命之攸在，虽德自天启，亦惟神之阴相哉。□圣在位三十有□年，内外晏清，礼乐修举，祭帝于郊，而百神受职，民和物丰，靡有菑害。凡岳镇海渎，名山大川，率时有司崇饰其庙貌，严寅其祀事。岁时亲署，祝版遣驿，命守臣侍祠，皆首于岱宗。大定十八年，岁在戊戌春岳庙灾，虽门墙俨若，而堂室荡然。主上闻之，震悼不已，俾治有司不戒之罪。既而叹曰："神其或者以宫庙故弊，欲作新者乎？乃敕庀工度材以闻。明年，以同知河北西路转运使事徐伟就迁知泰安军专领其事，彰德军节度判官王元忠佐之，皆选能也。命驰驿以图来入受训诫，示之期约，且择尚方良工偕往营之。出内帑钱以贯计者□有□□，黄金以两计二百四十有六，及民之愿出资以助者几十万千，且运南都之材以足之。复诏："其工役必烦吾民，给以佣值。"故皆悦而忘劳矣。二十一年辛丑冬告成，凡殿、寝、门、闼、亭、观、廊、庑、斋、库虽仍旧制，加壮丽焉。诏谓："格神之道，所贵致洁。"其当阳之像毋用漆塑，以涿郡白玉石为之。殿楹高敞，勿事蔽障，殿阁□□，设为储胥，俾四方士民远致奠献者，皆遂其瞻祷之心，而无亵黩之意。庙之西南隅旧设客馆，宾客往来皆止焉，郡吏时率倡乐以娱之，因为（下缺十字）洞启，或终夜欢哗。诏以"神灵静谧之宅，岂可使之污渎如此。"即其地更置庙库，俾门禁加严，盖所以崇肃敬也。自三观而下十里达于庙，禁无樵采。二年四月，制诏翰林侍读学士杨伯仁纪其事。臣伯仁承乏禁林，职在赞扬圣德，岂敢以鄙陋辞谨书诏旨之始末与其经费之多寡，□□拜手稽首而作颂曰：东方曰仁，万宝资始。神惟岱宗，爰主张是。鸡鸣见日，其高岩岩。兖州之镇，鲁邦所詹。触石生云，合于肤寸。曾不崇朝，天下膏润。无怀而下，七十二君。咸登兹山，告厥成勋。于皇于金，肇迹东土。诞膺天命，实受神祐。我后中兴，出震应辰。禋祀上帝，怀柔百神。无文咸秩，刻此乔岳。宫庙制度，天子礼乐。灾之所生，然在不虞。旧或未舍，新何以图。洪惟圣明，鉴此神惑。亲授规摹，选能兴事。宸衷简在，民愿攸同。不怼于素，案图奏功。台门将将，如鸟斯革，广殿巍巍。增陛以级。牲酒圭币，荐羞以时。敢献善祝，神之听之。圣人之德，圣人之寿。泰山之高，泰山之久。圣人之业，圣人之基。泰山之固，泰山之维。神居孔安，有缭是格。生甫及申，蕃宣方国。礼无不答，神罔时恫。于万斯年，福禄来崇。

序号：0021-8830

题名	宋大中祥符封祀坛颂碑			
年代	宋大中祥符二年（1009）	书体	碑文行书，碑额篆书。	立碑人	王旦奉勅撰，裴玛奉敕书并篆额
性质	圆首覆斗座		文献	无

续表

位置	岱庙天贶殿东南碑台上	文物级别	二级	尺寸	通高高494厘米，碑身385×157×61厘米。碑座高108厘米
保存状况	碑体保存完好，碑文多有残缺					

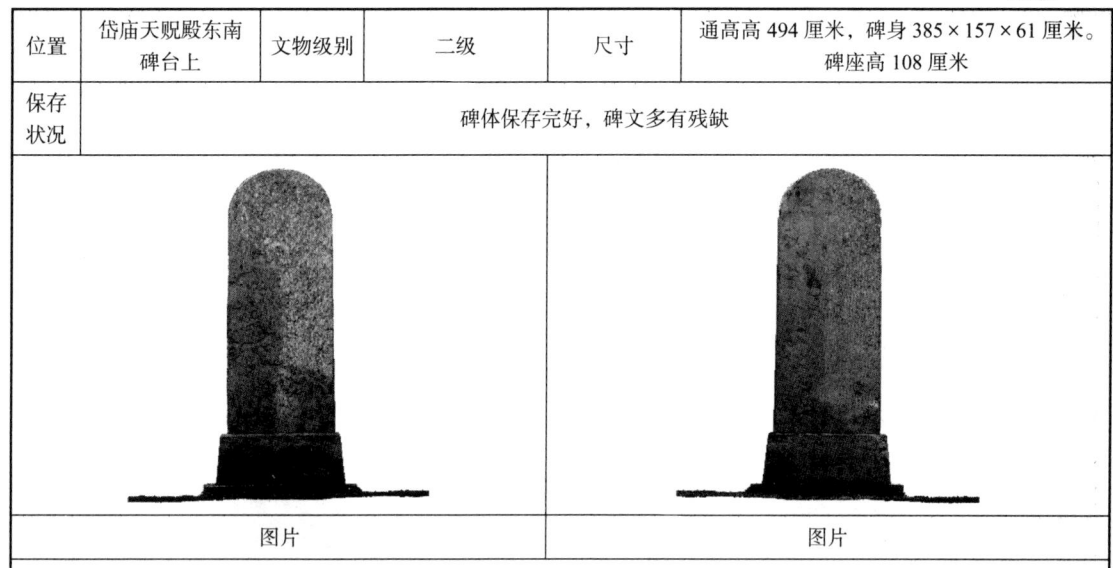

图片	图片

碑文内容：

大宋封祀坛颂　天书仪卫使、封禅大礼使、推忠协谋同德佐理功臣、金紫光禄大夫、中书侍郎、兼刑部尚书、同中书门下平章事、集贤殿大学士、监修国史、上柱国、太原郡开国公、食邑四千七百户、食实封贰千壹佰户、臣王旦奉勒撰。臣闻天地之文，著明含章，焜焴于庶物；礼乐之用，象功崇德，昭格于至神。王者宣淳耀之烈，建中和之极。于是锡天瑞，出坤珍，觉悟于蒸民。鲜不登泰山蹑梁父，聿崇于明德。盖天地之文阕，下民何以法象乎？礼乐之兴废，后世所以祖述焉。是知勒皇绩，腾茂实，交三神之欢，著一王之法；述符命，继昭夏，申乎大报，示于无穷，极典章之备物，真帝王之盛节者也。粤自遥初，始造书契，增高益厚，载九皇之德，朴略而难名。时迈省方，垂六经之文，绅绎而可举。沿袭之规寖广，巡狩之仪□□，五载际于《虞典》，一纪因乎周制，所以彰善瘅恶，观民设教者矣。自后道非下济，德异升闻，或缄秘祝之辞，或黜诸儒之议，先治兵而释旅，乃肆意于登封。惟顺时展义亡行，殆为民祈福之义。光武纪号，因石感于故封；开元陈信，示玉牒之不秘。典章斯在，风烈可观，道实难行，礼从兹绝。洎四方之傲扰，属五代之陵夷，但恣寻戈，不遑置器，俎豆之事，扫地将尽，涂炭之俗，吁天无辜，阴骘下民。诞（下缺16字）圣光启丕运。皇宋三叶，在□天下五十载矣。太祖启运立极英武圣文神德玄功大孝皇帝之创鸿业也，名膺帝籙，运契天飞，微织道之降，鄱牧野之誓，以帝轩之神武，□汉（下缺9字）号，陟元后，集大勋，望风而海外骏奔，端宸而天下宁晏。太宗至仁应道神功圣德文武大明广孝皇帝之恢宝图也，天纵多能，体膺上圣。徇齐浚哲，居质以成德；文明中正，开物以成务。凝神澄息，定制度及策贤良，率土致覆盂之安，丕基成磐石之固。崇文广武仪天尊道宝应章感圣明仁孝皇帝，圣道日跻，大明继照。尹京邑也，神明之政，四方是则；践承华也，元良之德，万国以贞。图箓允钟，讼狱咸格。遵顾命而主神器，极孺慕而纂元祊。守凉阴，养长乐。孝冠于百王；熙庶政，叙彝伦，智周于万物。封爵出禄，褒德念功，若临照之代明，法云雷之作解。继志述事，树经久之规；弛禁省官，布宽大之令。□张文理，荐视学于上庠；振举武经，乃大蒐□甸。厚时风而敷世教，训戎昭而数军实。尔者边吏致告，时巡（缺7字）檄□□扬天声，秉武节悼□□□□民继好。一介交聘，靡宣金革之威；六师不阵，还于衽席之上。缓带喑哺而式和民则，弢弓□刃而止严武备。于是修坠典，缉遗文。命秩宗，讲三王之礼；训奉常，考六代之乐。渴说议，则下周爰□诏，□□□，则中□□□。□□狱讼，申饬理官，简孚而用平刑，□□而行轻典。敦叙公族，并建戚藩，犬牙之制是崇，麟止之咏斯洽。设狝狩之礼，止于从时；修宴射之仪，予以观德。劳亲焦思，有文饰之忧勤；革履弋绨，迈汉文之恭俭。卜郊定位，荥历上陵，□□极之□，□久废之礼。易脂泽而哀恸，入石室而涕洟，至性感于人神，玄德祐于上下。紫宸议政，励精于日昃；金华侍读，不寐于宵分。校正三台之书，增建石渠之阁，规模广于丽正，典藉备于宣明。深味道腴，以资治本。帝尧稽古，虞舜好问，以声身而为律度，执规矩以定□□，□□□□，推恩而逮下；万方有罪，引咎而在予。德教被于无垠，皇明烛于有截。兵偃刑措，道茂化醇，百嘉阜昌，庶萌乐育。独运陶甄之上，丕阐鸿钧之祚。访崆峒之道，采康衢之谣。夷夏大和，天人交感，必彰嘉应，以□玄通，门号承天，节谓献岁。真官奉其丕命，告以先期；秘检焕于灵文，降□清旭。受厘宣室，躬拜丹书，锡无疆之休，谕大中之理。䴉是覃如春之泽，易纪年之号。且斯文未作，伏羲氏观象以画八卦，有神马负图之瑞；洪水方割，夏侯氏底绩以导百川，受玄夷使者之命。比屋相庆，异代同符，虎眉□首之氓，讴谣于外，鸿笔丽藻之彦，颂美于内。于是东土耆艾，阙里诸生，连袂而来，抗章以请。洎鸠皇之士，即序之戎，藩岳大臣，缁黄众品，伏阙叩首，请封禅者，无虚日矣。金以为祥瑞杂沓，天意也；中外倾瞩，人事也。牂牁、越巂、朱崖、象郡之地，俱入于提封□；□□、东县、江芋、鄯鄯之类，悉从于班贡矣。群情悃幅，式仔于庆成；上帝顾怀，不可以谦拒。书上者至于五，上不得已而俞。诞告庶邦，载形明昭，将以奉扬先烈，非谓告厥成功。申命辅弼之臣，谕以简易之道，经始勿亟，无扰于民。且山为岳镇之宗，地为守礼之国。周孔垂教，乃始封载诞之邦；阴阳相代，是育粹炳灵之府。当僝工之际，藏事之初，明诚以孚，玄鉴先答。应龙有翼，蜿蜒而下垂；醴泉无源，潎沸而自涌。芝含三秀，

续表

匝地而罗生；日丽九华，得天而绚采。鳞介之细，草木之微，表异效奇，纷纶叠委，而复迹心粹清，凝思玄北。乃因华胥之梦，再觌姑射之神。告以玉书，降于神房之麓；著之黄素，得于季夏之初。揆日奉迎，备礼祇若。爰畴咨以封祀，固胞合于穹旻。巫命□司，革定大典，采摭清议，讨论旧章。即事用希，其礼多阙，酌义训以革正，参制度以折衷。古文逸礼之靡记，议郎博士之未达。上资玄览，洞析于精微；无望清光，悉臻于体要。穆卜涓日，掌鼓奏仪，申必告之诚。躬祠青庙，以就盈之月。有事于丘，先斋紫宸，载止禁籞。屏箫韶之备乐，以极静专；却大官之常缮，以御菲薄。清禋式道，云会星□，□严跸之启行，奉天书以先路。备设仪卫，增置官属，极恭肃而奉天贶也。采章之盛，藻绣原隰；武备之雄，震叠区宇。八方述职，万旅腾装，让途而行，外庐不闭。奔走会同之际，端肃而无哗；瘠发栗烈之时，融和而可爱。民绝札瘵之患，物有蕃庑之咏，供帐不移而□，储供不戒而备。历东郡之属邑，抵澶渊之□□。军国异名，修文事而有武备；士诵夹侍，掌方志而道地图。风伯清尘，招摇参乘，周览临濮，少留汶阳。戒警庶官，申严执事，靖恭尔位，恪谨攸司，羽卫具陈，乘舆乃出。垂翠緌而鸣寒玉，载琼葩而拥云罕。天□景从，禁旅前驱，八神齐奔，万物咸睹。卿云侍族，仙禽成侣，俯法从而交荫，揽德辉而翔泽。□光下烛，抱□腾芒，观云式瞻，奏牍狎至。溢简编而不可载，考图牒而未始闻。下诏肃祇，柴望而告至；储精蝡濩，渊默而斋居。祀前一日，未质明，备法驾，至于山趾，更衣于帷殿。上乃乘轻舆，陟绝巘，跻日观，出天门。筑圜台于山上，度地宜而循古制也。升山之前夕，层云蔚兴，严飚暴起，达曙振野而未已，有司失职而是忧。洎宝篆先登，华盖徐至，焚轮止息，寥浃清霁，若胚浑之判初，状群灵之先置。辛亥，祀昊天上帝，设天书位于左次，登歌乐作，奉迎就位，显奉符而错事也。二圣严配，定位侧向，以申恭事，表继志而奉天也。亚献终献，作之乐章，以为礼节，一其仪而申昭事也。祝史正辞，秘刻勿用，黎元蒙福，孚佑是祈，克其己而厚勤恤也。裒冕俯偻，金石铿越，捧珪币，奠牺象，络金绳而斯毕，飞紫燎而上达。舒迟暨礼，陟降尽恭。明德之馨，至诚之感，苾芬以荐，胖蚃如答。通帝乡之岑寂，接云汉之昭回。协气上浮，纤罗不动，神策锡灵长之祚，日卿奏殊尤之瑞。垂绅委珮，蹈舞九室之前；鳌抃山呼，声振层霄之外。山下设坛四成，如圜丘之制，乃命茂亲，以承大祭。崇□□□以斯□，洁粢丰盛而在列，万灵咸秩，四陬来同。九宫贵神，实司水旱，吾民是依，动系惨舒，厥职尤重。命筑坛于山下封祀坛东，率礼吉蠲，诏大僚以尸其事。壬子，祀皇地祇于社首，百司承戒，慎之至也。三献尽诚，礼无违者。翌日，朝觐坛，觐群后，辑五瑞，千品成列，万国骨涸。英荟韶夏以遍作，僬侏兜离而次设。风行敕令，雷动欢声，祝网之仁普沾，蓼萧之泽遐逮。大明之照遍烛于荜家，崇朝之润周济于天下。昭示圣作，以志元封，日星炳其天章，鸾龙奋其仙翰。感祚德之玄贶，遂光表之鸿猷。金玉其相，与典坟而并鹜；神灵是保，揭日月以长新。复有道，济生民，名在祀典，功德兼茂，迹用尤著者，焕乎睿文，特形赞□，刊于翠琰，贻厥方来。而乃祀乔岳之灵，幸列真之宇，俾加贲饰，用极褒崇。养老申合饮之私，劳□推给复之惠。命市纳贡，采诗观风，聘有道而省高年，平权衡而考制度。官克用义，黜幽之典靡行；化洽可封，归厚之民咸若。悍婪攸怀，幽隐咸达。乃翠华之旋轸，临曲阜之故墟，升讲肆之堂，屈顺风之拜，徘徊设奠，眷想遗风。襃圣之礼有加，郕后之恩弥渥。以经□□□载□□□邦。周公旦启真王之封，太公望进昭烈之号，咸建庙貌，领于祠官。按节回銮，式闾表墓，遍及群望，罔不遗灵。河济之区，海岱之壤，南暨淮汉，北际常赵，梯航万国，冠带诸首，四远云来，千里星属。听清晔□□□□得跻仁寿之□□觐睹作□□事扶老□□□□□□，六龙回御，七萃解严，太史撰辰，近臣奉祀，藏侑神之金匮，上加谥之宝册。举归格艺祖之礼，亲飨太宫；考饮至策勋之典，惠绥列辟。尽圣人之能事，成天下之壮观。前□所记，才十二□，□仪斯废，仅三百载。□□□□天命□□□□，实惟其时。烈祖造新邦，臻大定，经制而未遑；太宗求玉理，致升平，业成而中罢。遗兹景铄属在，钦明丕显，诒谋奉成，先□□□大号，永中□□名。□昭姓考瑞，接大统也；勒石垂鸿，昭茂功也。人神以和，礼乐大备，盛德也；□□定位，祖考严配，大孝也；报本穹昊，归功宗祜，谦尊而从众欲，礼毕而受徽称，克让之风，高视于前古矣。下尺一之诏，严禁止之条，□□行苇，靡□□□□□，好生之德，遍及于群心矣。服纯衣而在道，御□□□数□，则别涤□□，致美黻冕，减乘舆服御之物，罢周庐次舍之制，则惟新礼器，增饰坛壝，故翼翼之心，精意以享，有典有则，必躬必亲，寅恭天至也。既如彼苍苍之意，惟德□□□□事□□瑞报况神速也，又如此宜乎？拥鸿休，介繁祉，后天而老，象日之升，垂万世之耿光，为百王之称首者也。臣位冠台衡，亲奉旦暮，承上公之乏，相盛德之事，与夫茂陵草遗忠之奏，周南兴留滞之叹，非可同年而语矣。刻又盛膺□□□□，获当述兹，而以绍帝王之坟素，表金石之篆刻，嗣丕天之大律，□之鸿范者也。寡韦、平之经术，无燕、许之才笔，大惧椁昧，不能发挥，徒踯躅于燥吻，实儴而塞诏。赓歌舜德，曷继于阜陶；纪颂汉巡，有愧于亭伯。贻之来裔，以阐丕□。其辞曰：增高益厚，王者上仪，制礼作乐，莫大于斯。应运继统，垂鸿逆厘，兹事体大，惟圣难之。岱宗炳灵，岩岩峻峙，和銮响绝，牲瓒礼弛。缺其神欢，邈逾星纪，乃圣挺生，乘时斯起。惟宋肇兴，受天顾諟，尽黜苛政，式叙彝伦。以洗污俗，乃吊匪民，革其不谯，被以至仁。咸灵有赫，轨迹易遵，与民更始，其命惟新。宝历日隆，神武不测，厥角献琛，水礜陆□。惠泽滂流，皇猷允塞，阴骘下民，懋建皇极。照彼六幽，化行蛮貊，累盛重光，乾乾翼翼。展义省方，观风耀德，偃伯灵台，跻民寿域。宝鼎增重，永协大同，正符荐锡，告厥成功。谕乎至理，迪彼元风，保邦清净，锡祚□□。化洽无外，道惟大中，百度以贞，六符斯正。倾输群心，称述瑞命，金议勒封，以斯升侑。休烈日彰，神策天授，徇民从欲，展采告成。属车时迈，法从天行，济济鹣序，哕哕鸾声。星言汶上，云会岱亭，穹崇绝巘，密迹圜灵。躬陟上封，事申昭事，祖考来格，礼乐明备。感以至诚，享其精意，款谒归功，谦谦益至。严酤克诚，蒸蒸不匮，柔祇昭报，恋祀事修。二仪訢合，百神怀柔，帝载穆，灵贶殊尤。肆觐辑瑞，端冕凝旒，万国以朝，四夷拭我。行苇之仁兮敦洽，蓼萧之泽兮周溥，茂遂群生，浸渍万宇。庆集五图，风还遂古，腾茂飞英，超三迈五。赫赫显号，穰穰鸿禧，百禄是荷，万寿无期。遂及黎庶，永洽淳熙，法昊穹兮，刚健不息。踵黄轩兮，清净无为，自天之锡，百世承之。大中祥符二年七月十五日立。翰林侍诏、朝散大夫、国子监博士、同正骑都尉臣裴瑀奉敕书并篆额。

序号：0022-8831

题名	清乾隆重修岱庙碑记				
年代	清乾隆三十五年（1770）	书体	碑前18行为汉文，楷书；后18行为满文	立碑人	乾隆帝御制御书
性质	龟趺方首，碑首阳线浅浮雕变体龙纹，碑身四周刻云龙纹			文献	无
位置	岱庙天贶殿东南碑亭内	文物级别	三级	尺寸	通高700厘米，碑首162×162×65厘米，碑身420×148×51.5厘米
保存状况	碑体完好，碑文残损严重				
	图片			图片	

碑文内容：
重修岱庙碑记　泰岱位长群岳，称宗最古，表望最尊，而有其秩之举，莫敢废，所系于政经亦最巨。逖稽《诗》、《书》，首纪有虞。成周之世，弥文懿烁隆茂，大要非巡狩述职，穆穆皇皇，末闻轻议，展彩错事，数典特为严重。陵夷讫乎霸国，觊觎三五，妄希受命告功，其巨犹知设辞以靳之。然自七十二家之说兴，而昭姓考瑞，大号显名，铺陈极乎迁之书、相如之文，世壮封土作，瑑玉成牒；甚者以上山为恐伤木石，以遇风雨为德未至，以举火辄应为得行秘祠。盖由柴望一变为封禅，由封禅再变为神仙，而汰侈益无等矣。我朝监于成宪，祇慎明禋，洪帷皇祖圣祖仁皇帝康熙二十三年甲子，廷臣有援"黄帝上元封峦勒成"之说为请者，圣谕特下九卿等议驳，甚盛典也，甚盛心也。朕寅承永怀，奉训时式，每举时巡盛仪，即躬祀岱庙，洁蠲将事。而于登封台纪事诸什，时复长言申谕，所谓"便使尧舜至今存，迄无可告成功日"者，其义庶几质诸古皇而不易耳。夫庚经者不可以不斥，则准经者不可以不修。方曲跧闻之士，猥言长坛埤而庙庭，而像设，疑乎踵事非制。故吴澄以五岳之麓各立一庙，谓始自唐时，及考郦道元引《从征记》称"岱庙有三，今屹峙南麓者，实即昔之下庙"。又称"庙有汉柏，庙库藏汉时神车乐器"。则祀岳于此自汉已然，所从来甚远。且巡狩述职，特祀也；国有令典，遣官赍祝策来告，常祀也。是皆于庙有专缭，而又何泥古之云。乃者岁庚寅为朕六十庆辰，至辛卯，恭逢圣母皇太后八旬万寿，于时九宇胪欢，百灵介祉。维岱大生，秉苍精化醇之气，用克推演鸿厘，绥祚我皇极。而重周，岁渝弗飨，灵承昌副焉。爰谀将作扩而新之，其岁月详岳顶记中。以是庙为太常宿县之所，因为迎神、送神歌，俾主者肄而落之。其辞云：遥参亭兮置顿，帝乘青阳兮出震。会东后兮前驱，标天齐兮作镇。焖萧兮韫辞，传芭兮乃晋。霭云童童兮起肤亏，睇肃然其神来兮蚕献　右迎神　何九皇兮六十四民，升中颂德兮欲云云。罗封坎兮菹席，藉禺车兮蒲轮。江茅鄌黍兮纷效珍，神安格兮顾歆。曰："予正祀兮荐，扶桑晁采兮告庆臻。泰符在握兮与物为春，乎根一而衍万兮翊我昌辰。右送神　乾隆三十五年岁在庚寅孟冬月之吉御笔。

序号：0023-8832

题名	宋碧霞元君香火碑				
年代	宋辛酉年	书体	碑文隶书，碑额篆书	立碑人	无
性质	圭首方座			文献	无
位置	岱庙天贶殿东	文物级别	三级	尺寸	碑身155×72×28厘米，碑座22×124×54厘米

续表

保存状况	碑文剥蚀严重，大部分字无法认读

图片

碑文内容：
宋碧霞元君香火碑　碧霞元君香火之碑（碑文残不可读）。

序号：0024-8833

题名	明万历题泰山碑			
年代	明万历二十七年（1599）	书体	楷书	立碑人	栾德轩撰，王家相书
性质	平首龟趺		文献	无
位置	岱庙天贶殿东	文物级别	三级	尺寸	268厘米，宽90厘米，侧宽26厘米
保存状况	碑体基本完好，碑文残缺			

图片	图片

碑文内容：
题泰山碑　寓内宽衺不极造□□□，胡能遮其原而□□□哉，远鲁泰岳天□□双明舆图所载，巍巍乎，号雄观矣。果谓其峻极□□□嵯崪撑乾坤□□□耳，何足多焉。盖以泰山在高，雄灵乃贵，识其义者可以论太山矣。愚方龀岁即□□□太山之说，每观其分至沓来者，若鱼贯、若珠连，异地同心，各持处以争奔走忙兮、惚兮，鼓于无形。斯神之□可方物乎，其善恶黑白，若烛照然。冥冥之报不爽铢。俾一切众生家□祈户为祝善者，盖□□恶者□变其故，盟思□□遗也。此泰山之笃天下□□神巳□驾。王魏讳世恭，进驾泰行，不计再三，只烦一念。普提亭亭，独上实总□□陈言尚志督卒之功也。请予文以勒不朽，予薄识数辞不得，谨以因果之说进焉。因果者，何当也之修来世之胎也，陈魏二君因善善士凛凛处，若寸积丝累，行将善行哉，而实汉之报，当必有绵绵□世者，则因果□□矣。束帛怡于累丝，九仞起于积壤，此积累之益，□□昔人去，人有树艺之功，终有未收之利，树艺□共□耶，未收者其耶耶，谓天下事有自然无因果，是□私□其心于可必侯，其心于不可必尤，所谓见解之诛。陈魏君诸善士各宜交勉于末路。龙飞万历二十七年十月巳亥二十八日□□苑□儒学禀生石松栾德轩撰，庄山泽泉王家相书。

序号：0025-8834

题名	清康熙泰安州儒学王师爷德政碑			
年代	清康熙四十七年（1708）	书体	碑文楷书，碑额篆书	立碑人	泰安州百姓同立
性质	圭首方座				文献	无
位置	岱庙天贶殿东侧	文物级别	三级	尺寸	通高207厘米，碑身192×74×16.5厘米，座15×103×57厘米
保存状况	碑面有剥蚀现象，碑文个别文字残泐。				

图片	图片

碑文内容：
百世流芳　泰安州儒学王师爷德政　公讳玜，字公玉，号槐园，兖州府济宁州人，由岁贡□□□州儒学训导。济水真儒，秉铎岱麓。处事光明，接□谦敬。美言造福，切时利病。遏恶劝善，同官无竞。培植斯文，爱恤百姓。商颂清廉，士歌公正。愚民无心，颇知贤佞。立石感恩，万人祝庆。康熙四十七年岁次戊子仲春谷旦　阖州耆民百姓同立。

序号：0026-8835

题名	明隆庆修建元君行宫碑记			
年代	明隆庆五年（1571）	书体	碑文楷书，碑额篆书	立碑人	书丹人房宗业
性质	圆首方座				文献	无
位置	岱庙天贶殿东侧	文物级别	三级	尺寸	碑身和224×84×26厘米，座92×54厘米
保存状况	碑体基本完好，碑阳个别字残泐，碑阴题名残泐严重，不可识读				

图片	图片

续表

碑文内容:
修建元君行宫碑记　刑部郎中、前济南府同知、署泰安州事、安阳翟涛。赐进士出身、陕西按察司使、乡人萧大亨篆额。州制礼□坛之西，密省通衢，一凡登岱进香悉由于此。时道人朱孝同、王金宝、李守清相视既久，欲建元君行宫，恐力弗胜，往谋于郡。善士邵汝仪、刘贵、李宗儒、徐仲德等辈诸君，遂欣然捐资略地，又募一郡之人各出私帑，以助功成。时甲子之岁，二府翟公署我州事，乃给帖文，因令修建。于是卜吉日，芟草芥，筑墙垣，饰群材，授工期，继展力偕作，越庚午而庙始成。其中元君，东瘹疹，西子孙，庙貌威然，诚皆祀典所载，有功于斯民者也。□兹辛未岁春月，道人因索余记，余亦应诺。或曰："元君之神亦尊矣，斯庙狭隘，且地荒僻，一室一隅，岂神所栖耶。"余曰："不然，神之灵在天下，如水之在地中，其流衍洋溢，布获弥漫，徽往而不在。方斯庙之未立也，地止野田，草树荒凉，人将安敬自□。庙之既建也，四方走集，各赍□□，俨然人□而知畏。是惟灵在神，而不可限以地位之大小；惟敬在人，而不可溺于鬼神之有无。如以地位而已，则□亦因之而弛，又岂交神之道乎觐此庙之建，其神□淫祠，人非诌渎，□施之资，非妄费也。"犹恐岁久而湮，复识于石，俾后人继之而复葺之，后之视今如一日也。若此，神获奠止，多灵止，受福田，利益庶永享乎，其垂之不朽云。隆庆五年春月吉旦。□□宋士龙谨识。书丹人房宗业。(以下及碑阴题名略)

序号：0027-8836

题名	清乾隆重修元君庙记碑				
年代	清乾隆四十八年（1748）	书体	楷书	立碑人	唐仲冕撰，郑鸿渐、尚涟书
性质	圆首方座			文献	无
位置	岱庙天贶殿东侧	文物级别	三级	尺寸	碑身 225×80.5×21.5 厘米，碑座 32×105×52 厘米。
保存状况	碑体完好，个别字残泐				
	图片			图片	

碑文内容:
重修元君庙记　岱邑为观宇环集之地，而栋垣煜熻，殿阙巍峨，踞诸岳之长。镇东郡之雄者，则以东岳一祠为冠。然瞻礼者，祀甫毕即勃窣山谷，扪萝天外，男女趾踵相错，南极吴粤，北鄙赵，东西秦晋淮洛，无老稺，莫不膝前呼吁，震动鼎沸，雷鸣响应，达□百无外，争相梯级，以求叩所谓碧霞元君者。则元君祠与帝座通呼吸之灵，而又与东岳齐馨香之祀，藉非慈光慧照，覆及海宇，安得顶礼罗拜若之盛哉！顾其祠不一，岱庙南有遥参亭，社首山有灵应宫，其祀亦盛。要皆朱薨颀栏，襄帷绮丽，翠柏宵，障其左右，以象珠宫贝阙、琼楼十二之华，于以拟琪花翠竹、舞鹤翩跹之致。故二庙之深邃崇闳，与岳顶庙几埒。其他一隅之地，一亩之宫，亦往往有奉元君，而称为泰山行宫者，盖遍河朔矣，而邑中为尤多。予辛丑岁游岱，借主讲知书院，西隅有元君庙在焉。规制浅狭，且就荒落。摩其碑，为明隆庆五年州守翟公涛倡建，宫保萧公大亨篆额，以地当入岱通衢，祈岳者先礼此也。明年，郡庠生魏从周等首倡修理，像设之漫滤者金饰，墙宇门阀之腐黑摧折者饬材而赤白之。又增置醮棚五间、月台、影壁，庙貌焕然改观，予为颜其额，首事者以记请。夫是庙距今二百余年，创始者不能保其继，后完者必能善其终，事固相待。特恐庙宇局于基址，无岩峦竹石之奇，无琼台、翠幔、藻井、雕梁之壮，彩未足驻云軿，而拟灵府也。然予尝与诸子游憩其下，遥瞻仙云灵怪，朝夕百变，时缭绕于堂殿卢烟之外，则安知金支翠葆不与天风冉冉俱下乎？是又在瞻叩者之洁斋以祀，而修建之事为不可少矣。是为记。甲午科举人、星沙唐仲冕陶山氏谨撰。邑庠生郑鸿渐尚涟手敬书。(以下题名及施资钱数26列，每列20人，略。) 又在左下角有题记6行，其文为：上年买庙前张柱大地壹亩，价钱肆拾千整。今买晋元大地伍亩，壹段叁亩陆分，壹段壹亩肆分，价钱壹百贰拾千整。以上共布施钱肆百玖拾叁千肆百陆拾肆文。大清乾隆四十八年岁次癸卯孟夏月吉旦。[此碑原在元君行宫院(泰安城校场街西)]

序号：0028-9537

题名	中华民国十七年"五卅纪念碑"石碑				
年代	中华民国十七年（1928）	书体	无	立碑人	无
性质	无		文献	无	
位置	岱庙天贶殿东侧	文物级别	三级	尺寸	碑身 270×50×30 厘米
保存状况	较好				
	图片		图片		

碑文内容：
五卅纪念碑

序号：0029-8838

题名	清道光刻秦李斯 29 字碑				
年代	清道光六年（1826）	书体	篆书	立碑人	徐宗幹立石
性质	须弥座，石镶边		文献	无	
位置	岱庙东碑廊内	文物级别	三级	尺寸	通高 223 厘米，碑身 115×40×12 厘米
保存状况	碑体完好				
	图片				

碑文内容：
臣斯臣去疾御史大臣昧死言请具刻诏书金石刻因明白矣臣昧死请　道光丙戌秋，闽□乐梁章钜用所藏（旧拓片）属南通州徐宗幹钩抚上石。

序号：0030-8839

题名	汉故卫尉卿衡府君之碑				
年代	东汉建宁元年（168）	书体	隶书	立碑人	门生平原乐陵朱登字仲康作
性质	圆首方座，额下有穿，原座已失，其碑首上雕圆柱状晕纹			文献	无
位置	岱庙东碑廊内	文物级别	一级	尺寸	碑身 250×108×25.5 厘米
保存状况	碑下部漫患，部分文字残泐不清；碑阴文字全部漫灭				

图片

碑文内容：
汉故卫尉卿衡府君之碑　府君讳方，字兴祖。肇先盖尧之苗，本姓伊氏，则有伊尹，在殷之世，号称阿衡，因而氏焉。□□□土，家于平陆。君之烈祖，少以儒术，安贫乐道。履该原原，兼修季由，闻斯行诸，砥仁疠□，□□□土，阶夷慜之贡，经常伯之僚，位左冯翊，先帝所尊，垂名竹帛。考庐江太守，兄雁门太守，聿追来孝，长发其祥。诞降于君，天资纯懿，昭前之美，少以文塞，敦厉允元，长以钦明，耽诗悦书。□□□秋，仕郡辟州，举孝廉、除郎中，即丘侯相，胶东令。遵尹铎之导，保障二城，参国按起，班叙□□，䡒本肇末，化速邮置。州举尤异，迁会稽东部都尉，将继南仲、邵虎之轨，飞翼轸之㽵，操参□之□，绥来王之蛮。会丧太夫人，感背人之《凯风》，悼《蓼仪》之劬劳，寝暗苫块，仍自上言，倍荣向哀。礼服祥除，征拜议郎，右北平太守，寻李广之在边，恢魏绛之和戎，戎戢土佚，费省巨亿，怀□□□□，□静有绩。迁颍川太守，修清涤俗，招拔隐逸，光大芬茹，国外浮议，淡界缪动，气泄狂□，□□□□，归来洙泗，用行舍藏。征拜议郎，迁太医令，京兆尹，旧都余化，《诗》人所咏，并有亡新。君□□□，□隆宽慄，鹗火光物，陨霜剋奸，振举起旧，存亡继绝，恩隆乾泰，威肃剥坤。本朝録功，入登卫尉，辅翼紫宫。凤夜惟寅，裨隋在公，有单襄穆典谟之风。诏选贤良，招先逸民，君务在宽，失顺其文，举已伐政者，退就勒巾。永康之末，君卫孝桓。建宁初政，朝用旧臣，留拜步兵校尉，处六师之帅。惟时假阶，将授绠职，受任浃旬，奄离寝疾，年七十有三，建宁元年二月五日癸丑卒。诏遣使□、□吊赙礼，百僚临会，莫不失声。其年九月十七日辛酉葬。盖《雅》、《颂》兴而清庙肃，《中庸》起而祖宗。故仲尼既殁，诸子缀论；《斯干》作歌，用昭于宣；谥以㢸德，铭以勒勋。于是海内门生故吏，相与□，采嘉石，树灵碑，镌茂伐，秘将来。其辞曰：峨峨我君，懿烈孔纯。高朗神武，历世忠孝，冯隆鸿轨，不忝前人。宽猛不主，德义是经。韬综□，温故前呈。揽英接秀，踵迹晏平。初据百里，显显令闻，济康下民。曜武南会，边民是镇。惟□□□，忧及退身。参议帝室，剖符守藩。北靖□□，有闻有声。旋守中岳，幽滞以荣。迈种旧京，□□□□。舍泽戴仁，□攸宁。克长克君，不虞不阳。维明维允，耀此声香。能哲能惠，克亮天功。入统□□，赳赳光光。法言稽古，道而后行。兢兢业业，素丝《羔羊》。侃侃，颙颙昂昂。何规履矩，金玉其相。謇謇王臣，群公宪章。乐旨君子，□□无疆。铭勒金石，□歌□□。□问□□，万世是传。门生平原乐陵朱登字仲康作。

序号：0031-8840

题名	汉故谷城长荡阴令张君表颂碑				
年代	东汉中平三年（186）	书体	隶书	立碑人	韦萌等刊石立表
性质	圆首方座，碑周边有蟠螭浮雕盘环（原座已失）		文献		无
位置	岱庙东碑廊内	文物级别	一级	尺寸	碑身263×115×22厘米
保存状况	碑体完好，碑文残泐六十八字				
图片					

碑文内容：
碑阳：汉故谷城长荡阴令张君表颂　君讳迁，字公方，陈留己吾人也。君之先出自有周，周宣王中兴，有张仲以孝友为行，披览《诗雅》，焕之其祖。高帝龙兴，有张良，善用筹策在帷幕之内，决胜负千里之外，析珪於留。文景之间，有张释之，建忠弼之谟，帝游上林，问禽狩所有，苑令不对，更问啬夫，啬夫事对。於是，进啬夫为令，令退为啬夫，释之议为不可，苑令有公卿之才，啬夫喋喋小吏，非社稷之重，上从言。孝武时有张骞，广通风俗，开定畿寓，南苞八蛮，西羁六戎，北震五狄，东勤九夷。荒远既殡，各贡所有，张是辅汉，世载其德。爰既且于君，盖其缠緟，缵戎鸿绪，牧守相系，不殒高问。孝弟于家，中謇于朝，治京氏易，聪丽权略，艺于从畋，少为郡吏，隐练职位，常在股肱，数为从事，声无细闻。徵拜郎中，除谷城长，蚕月之务，不闭四门。腊正之祭，休囚归贺。八月算民，不烦於乡。随就虚落，存恤高年。路无拾遗，犁种宿野。黄巾初起，烧平城市，斯县独全。子贱孔蔑，其道区别，尚书五教，君崇其宽。诗云恺悌，君隆其恩。东里润色，君垂其仁。邵伯分陕，君懿于棠。晋阳珮玮，西门带弦，君之体素，能双其勋。流化八基，迁荡阴令。吏民颉颃，随送如云，周公东征，西人怨思。奚斯讚鲁，考父颂殷。前詰遗芳，有功不书，后无述焉，於是刊石竖表，铭勒万载。三代以来，虽远犹近。诗云旧国，其命惟新。於穆我君，既敦既纯，雪白之性，孝友之仁。纪行求本，兰生有芬。克岐有兆，绥御有勋，利器不觌，鱼不出渊。国之良幹，垂爱在民。蔽沛棠树，温温恭人。乾道不缪，唯淑是亲。既受多祉，永享南山，干禄无疆，子子孙孙。惟中平三年，岁在摄提，二月震节，纪日上旬，阳气厥析，感思旧都，故吏韦萌等愈然同声，赟师孙兴，刊石立表，以示后昆。共享天祚，亿载万年。
碑阴：故安国长韦淑珍钱五百，故从事韦少□钱五百，故从事韦元雅钱五百，故从事韦元景钱五百，故从事韦世节钱五百，故守令韦叔远钱五百，故守令范伯犀，故吏韦金石钱二百，故督邮范齐公钱五百，故吏范文宗钱千，故吏范世节钱八百，故吏韦府卿钱七百，故吏范季考钱七百，故吏韦伯台钱八百，故吏范德宝钱八百，故吏韦公钱五百，故吏氾定国钱七百，故吏韦闻德钱五百，故吏孙升高钱五百，故吏韦公逵钱七百，故吏韦排山钱四百，故吏范巨钱四百，故吏韦义才钱四百，故吏韦辅节钱四百，故吏韦元绪钱四百，故吏韦客人钱四百百，故从事原宣德钱三百，故吏韦公明钱三百，故吏范成钱三百，故吏韦辅世钱三百，故吏范国方钱三百，故吏韦伯善钱三百，故吏氾奉祖钱三百，故吏韦德荣，故吏范利德钱三百，故吏韦武章，故吏骃叔义，故吏韦宣钱三百，故吏韦孟光钱五百，故吏韦孟平钱三百，故守令韦元考钱五百。

序号：	0032-8841					
题名	晋任城太守夫人孙氏之碑					
年代	西晋泰始八年（272）	书体	隶书	立碑人	无	
性质	覆斗形首，座已失，有穿			文献	无	
位置	岱庙东碑廊内	文物级别	一级	尺寸	碑身 219.5×96×19.5 厘米	
保存状况	碑文残泐 327 字					
	图片					

碑文内容：
夫人济南孙氏之中女也，实曰□姬。其先与齐同姓，支别降，族遂以为氏。父列卿光禄大夫，建德亭侯，以儒雅称，世济其休。夫人少有淑质，纯静不□，宽仁足以容众，明敏足以辨物。九岁丧母，少为父所见慈抚，终丧哀毁，坐不易位，虽有隐括傅母之训，罔以加焉。父时未立继室，长沙人桓伯序有寡妻伏氏，魏文帝以用妻之。伏氏年少，有国色，父非所好，而顾违尊命，莫之能定。夫人谓父曰："何不以尝同僚辞之。"父乃悟。文帝诏报之曰："生敬其人，死辞其室，追远敬修，违而得道者也。"父悦，入谓之曰："昔藏武仲先犯齐庄，不令与己邑。今我不犯尊，而蒙优诏，同归殊途尔。"其时代伯序为侍中，父为侍郎，此为同僚，故夫人发之。父为渤海太守十余年，政化大行，孤寡悦服，□□统意。时夫人见□在家，止大令留而谓之□，乃感而退，虽天之道，然事君不怼，□能以俭闻。□□□为吏部书，多老诚先帝旧臣，举之□托，必不忘君，既而果举君为侍中。夫人怨而容过，穷尽所情，为父所异，皆此类也。夫人在羊氏，深严有器度，承上接下，众皆悦之。任城非夫人□生，夫人由此相帅孝谨，加之谦勤，战战深深，唯恐不逮，是以舅姑嘉其淑婉，娣姒宗其德音，以夫人为妇四十余载，言无口过，行无怨恶故也。□上感慈闻□□□，下惟诗人刑于之言，瞻前顾后，率由弗违，以御于家邦，终始以孝闻，□夫人之力。□□□□□二□小子宏明、宏哲，皆□□不幸早亡。子孙皆仁厚，振振有麟止之化，皆是义形□□□□□□泰始八年庚寅□，十二月甲申□□，嗣子迅哀怀永绝，恩深周极。追惟□□□□□□□力齐肃之训，□尔叹曰："古者钟鼎纪铭，所以章君父之令德也，又有号谥褒□□□□□□，我先姚立言立德，同之不朽，可没而无称哉！于是，乃追而纪诵，为之铭曰：奂乎文母，于我夫人，潜神内识，罔不弥纶。和乐色养，□□□□，□□是勤。昧旦□□，令闻日新，难长□多，仍罗□□。翼翼小心，惟忧用老，□□□惟，永世□□，切切遗孤，辟踊靡及。日古□□，□□月□，何以告哀，□□□□。

序号：	0033-8842				
题名	东魏王盖周等造像记碑				
年代	东魏武定五年（547）	书体	楷书	立碑人	王盖周等
性质	石呈正四面体，文以顺时针方向刻制于四个侧面上，第四侧面上雕刻有菩萨像一尊			文献	无

续表

位置	岱庙东碑廊内	文物级别	二级	尺寸	高23厘米，第一、第三侧面宽85厘米，第二、第四侧面宽71厘米
保存状况	碑体完好，个别字残泐					

图片

碑文内容：
□魏武定五年，岁次丁卯，七月丙申朔四日己亥，邑仪一百三十四人等，敬造石像一躯。上为国祚永隆，后愿七世父母居家眷属一切昆裔，咸同斯福。像主王盖周、钟盖世、钟道明；菩萨主钟金、王惠兴；菩萨主钟助、李弥陀；起像主王念、邹文惜，光明主僧休、王贵；宝塔主马庆林；都维那王承祖、王怀；都维那钟文渊、尹世；都维那徐普勇、沐贵；维那邹晚兴、王回洛；维那王思贤、藏惠匠；维那王思贵、徐萨宝；维那王腊生、王双晖；□□□荣族、钟方□；□□□□、钟□□；钟□□、钟□□，敬□。命过王元吉，比丘僧贵，比丘贵篡，比丘僧云，比丘保侍，比丘惠闰，比丘道灵，比丘明宣，比丘僧敬，比丘惠思，比丘法藏，比丘僧晖，比丘惠银，比丘惠宝，比丘惠导，维那开记，维那僧转、王僧辩，维那惠凝，维那惠生。(此石刻为像主王盖周等134人敬造石像的底座。1966年文物工作者在长清县黑峪村首次访得之，并运至岱庙保存)

序号：0034-8843

题名	北齐乾明比丘尼慧等造像记碑			
年代	北齐乾明元年（560）	书体	楷书	立碑人	无
性质	呈正四面体			文献	无
位置	岱庙东碑廊内	文物级别	二级	尺寸	石高19厘米，四面皆宽60厘米
保存状况	碑体完好，个别字残泐				

碑文内容：
大齐乾明元年，岁在庚辰，□月辛巳朔二十五日，比丘尼惠、比丘尼静游、□迎□义姜率□诸邑同建洪业，□敬造弥勒像一躯。上为皇帝陛下、群臣宰守、诸师父母含生之类，愿□□转冥，眠三空现灵法界，共修□正觉。邑义士比丘尼□宽，邑义主比丘尼僧炎，□大像主张□口弟苛，邑义□兴，像主栾伏□，□□□由，像主伶明弁，像主徐六周，像主芯荚受。(此石刻为比丘尼惠等所造弥勒像的底座。文字刻于石之侧面，以顺时针方向为序，第一侧面存字21行，计109字；第二侧面存字3行，计15字；第三侧面及第四侧面无字。皆楷书，字径2厘米。其书法为典型的魏碑体。此石为1966年文物工作者在长清县石窝村访得，并运至岱庙保存)

序号：0035-8844

题名	隋开皇张子初等造像记			
年代	隋开皇十一年（591）	书体	楷书	立碑人	无
性质	碑呈正四面体		文献		无
位置	岱庙东碑廊内	文物级别	二级	尺寸	石高19厘米，第一、第三侧面宽53厘米，第二、第四侧面宽48厘米
保存状况	碑体保存基本完好，碑文个别残泐			

碑文内容：
大隋开皇十一年，岁次丁亥，二月癸未朔十九日辛丑，观音菩萨主张子初共邑义人等，同修大观音菩萨像一躯。以此善因，上愿皇帝陛下祚延无穷，化等金轮皇帝；又愿父母师僧法界含识邑义人等，生生世世常□净土，善愿从心。大都维那张法显、大都维那冯玄静、大都维那张盘龙、维那王洪、维那过嗣伯、维那王子诞、维那柏业、维那王羽、维那张世垮、维那张珎义、邑义人张继伯、邑义人张显义、邑义人张宜公、邑义人任子恭、邑义人张买婢、维那比丘僧成、维那张煞鬼、维那张善义、维那王子儒、维那牛智乾母、柏罗、邑人于□□、邑人卢体、维那牛郎宸、维那牛洪略、维那张定汉、维那张文昂、比丘道兴、比丘道威、邑义人张士安、邑义人王子略、邑义人赵道业、邑义人任子建、邑义人柏法贵、邑义人侯文贵、邑义人张益德、邑义人张绍达、邑义人冯贰兴、邑义人任恭妻张、邑义人张士安妻吴、邑义人任建妻秦、邑义人孟旭。（此石刻为张子初等人所造观音像的底座，铭文刻于四个侧面，皆正书，以顺时针方向为序。此石为1957年在长春观旧址出土，是泰山现存唯一的隋代刻石，1966年移入岱庙保存）

序号：0036-8845

题名	唐天宝修岳碑记			
年代	唐天宝十一年（752）	书体	楷书	立碑人	无
性质	石为八棱柱体		文献		无
位置	岱庙东碑廊内	文物级别	二级	尺寸	高85厘米，八侧面每面宽10厘米
保存状况	碑体保存基本完好，刻文个别字残泐			

碑文内容：
唐天宝修岳碑记　天宝十载八月九日，奉敕修岳，至天宝十一载五月。朝议郎、行披□令、员外置同正员、上柱国孙惠仙，上清大洞三□法师、内供奉、赐紫道士邓子虚，专知修岳官、承奉郎、行士曹参军李从游，专知官、宣义郎、行瑕丘县尉王子舆，专知修岳林官、朝议郎、行乾封县丞长孙山峻，书手岱阳郡王仙，道士董大□，专知神仪官、文林郎、守乾封县主簿马温之，专知催造木官、乾封县刘文江，专知检校官、奉议郎、乾封县尉□怀□，将仕郎、守岱岳令陈巨源，元置字玄之，录事彭彦看，饶阳纪倩书，太原王立正，修造典王象琳，书手平阳李恬，专知修邵环、唐正谏。（题名按顺时针方向刻于八个平面上。第1至第7平面刻天宝十年修岳官题名，此石于20世纪50年代在岱庙东华门附近出土）

序号：0037-8845

题名	唐开元"大唐齐州神宝寺之碣"			
年代	唐开元二十四年（763）	书体	隶书	立碑人	无
性质	圆首方座		文献		
位置	岱庙东碑廊内	文物级别	二级	尺寸	碑身256×131×28.5厘米
保存状况	碑体中部断（后组合），碑文个别字残泐			

续表

碑文内容：
□子寰撰并书 观夫三皇五帝时王，夏殷周汉氏作，淳源竭而不流，浇俗纷其方扇，虽□荀将圣老氏谷神，游龙之道德西浮，叹凤之诗书东迈，竟不能庇交丧，拯□□，驭彼黎俗登兹仁寿，徒存紫气之言，终绝素王之笔。曷若金□□迹，超十地而孤尊；宝树应期，乘四轮而广运。大雄有已，见□生溺之苦海，于是雩横宝筏而济之；大雄有已，见诸子迷之朽宅，于是驾舟航而出之。视之以五蕴皆空，明之以诸漏以尽。洎玉毫腾彩，现贤王之象位；金仪入□，现神通之日月。经传白马，眇暗嵝以移来；刹起青龙，□阎浮而错峙。遂令有国有家者，得其道而四海以宁，元元□□者，得其门而六尘高谢，岂与夫向时之二教同日而言焉。神宝寺者，宝山阳面，岱宗北阴。冈峦□□，而石峰万寻；林薮朦胧，而□□千仞。豹豹蹲踞，人绝登临，虺蟒纵横，鸟通飞路。粤有沙门讳明，不知何许人也，禅师德隆四辈，名优六通，僧徒具归，群生宗仰。晨□棘□，四念经行，夜宿榛□，六时礼敬，貔豹枕膝，禅心寂而不惊；虺蟒萦身，戒定澄而不乱。水瓶澄满，羽仗夜来，事迹非凡，故非可测，条题□记，自叙因由曰：明以正光元年，象运仲秋，于时振锡登临。思同鹫岭，徘徊引望，想若鸡峰，燐弹指发声，此为福地。遂表请国主，驱策人神，立此伽蓝，以静默为号，自梁以来，不易题榜。属隋季纪绫，生人版荡，革鼎推变，真俗各虚，今之所存，殆将半矣。至我大唐御宇，重迁九鼎，再修二仪，四海廓清，万帮一统。用光正道，建三宝以传灯；化洽垂衣，统□生于寿域。乃格命天下，有因废伽蓝先有名额者，并使屯修。于是有乡人王部，应答州县申闻。以此寺北有宝山，东有神谷，因改为"神宝寺"尔。其寺也，望鲁开基，临齐作镇，堂宇宏壮，楼阁岧峣，砌□璜，阶涂金碧，□容有□，瑞相无违。发妙彩于天金，磬奇遗于龙石。手轮含字，临□缀而披纲；眉宇舒毫，鉴璧埍而上月。寺内有石浮图两所，各十一级，舍得塔一所。众宝庄严，胡门洞启，石户交晖，返宇锵锵，飞栊□□。半天鹏起，遥遥烟雾之容；一地龙盘，宛宛丹青之色。把朝霞之畅防，湛夜月之濯濯。风牵则宝铎□□，日照则花盆晶晶。迢迢亭亭，郁郁青青，皓皓旰旰，焕焕烂烂。远而望之，炳无初日照灼皎扶桑；近而察之，□似□□度□夕阳。方之雁塔，有似飞来；辟以化城，遂疑踊出。实瞻仰之形胜，是归依之福田。寺内先代大德僧明斡，提智悬灯，被无明暗。僧彦休，护惜浮囊，微尘不犯。僧元质，积行勤苦，轨范僧伦。僧神解，□树论幢，摧诸骄子。僧弘哲，持经得验，舍利□存。僧惠冲，殷念西方，期心安□，所造功德，触类滋多。僧景淳，禅户纲宗，玄门枢纽。僧贠固，□心弘护，结志修营。僧法将，韶龀出家，童颜落彩。三齐负笈，独标麟角之光；九洛□□，迥出牛毛之外。并俱沐圣恩，金成道器。忽鹤风急，鹿苑霜飞，早谢传灯，空归锡影。现在诸大德寺主僧慧珍，戒珠□月，道骨含星，堤忍作衣，法空成座，六时礼念，胁不至床，一食标□，□不再饮，是慈悲父，是良福田，广济苍生，普心供养。前都维那僧惠沿，标松千仞，崖岸万里，吐妙□于唇吻，纳山岳于心胸，纵横道门，□达无碍。上座僧尘外，戒香纷馥，有宾头□之轨仪。都维那僧敬祥，惠剑如霜，继含利佛之谈说。僧敬崇，秦苑良林，横爱河而济群溺。僧智山，祇园杞梓，敞法宇而庇苍生，并腾麟俊鼓，矫凤，饰厚柱于春台，扶定轮于秋驾。□烟飞，来游欢喜之园；宴坐经行，实名和合之众。故同镌宝碣，高袛福门。大唐开元神武皇帝陛下，朝宗万国，□顿八宏。金镜含七曜之辉，玉烛和四时之气，庆云澄彩，瑞日呈祥，仁动上玄，力作大造。瀚海天山之地□入隄封，龙庭虎穴之乡咸沾□化。封金岱岭，刻玉仙间，藻镜乾坤，光华日月。刺史卢讳金□，门有卿相，家袭银璜，强干则不发私书，清肃则遽然官烛。矜孤恤寡，爱士崇贤，故得咏于来□，登歌至晚山。茌县□令梁曰大夏，幹局贞□，神情警悟。风琴写韵，则瑞雏争鸣；冰镜澄清，则祥鸾自舞。诚梵王之福地，真释帝之名区尔。其洞户深沈，山扉□。玉床蕾乳，问《抱朴》而犹疑；石壁鳌经，访严尊而不识。奇卉怪木，如窥须达之园；瑞药仙苗，似入提伽之院。象王献果，下甘露于玉盘；凤女持花，拂灵香于宝帐。迦陵频伽之鸟，百啭间关；优昙钵罗之花，九光凌乱。汉□游女，对玉洞以倾动；季梁贤臣，仰琼堂而顿首。庶使文殊过去，忆妙说之清尘；弥勒再生，见神功于贞石。式镌宝碣而为颂云：大雄降迹，葱山本元，□有三界，非无二门。不生不灭，若亡若存，遍看群有，无如我尊。雁门惠远，闍宾罗什，明公继兹，伽蓝比立。俗户易窥，真门难入，遘□龙象，前后相及。大唐受命，当宇握镜，化洽万邦，功齐七政。绿图舒卷，紫云迴映，惠日再晖，薰风在咏。门庭爽敞，房宇轮奂，莲台画阁危楼飞观。竹韵宫商花然灿烂，僧众虔仰，士女称欢。亭亭妙刹，灼灼精庐，雕盘瞰翠，镂槛凌虚。珠悬日净，峰迥风□，□蒉栖凤，到井衔蕖。峨峨宝碣，落落神轩，邪山整峙，苦海澄源。锦云霞烈，绥雾风翻，此中何地，给孤独园。维开元廿上年岁次予十月丁未朔五日辛亥树，刻工毕。僧普解，僧法海，僧惠深，僧□，僧法□，右大德等并名继此寺□□迁神勒之在铭，纪于来代。（此碑原在长清县小寺村神宝寺故址，1965年移存岱庙炳灵门内，1983年10月移岱庙碑廊内）

序号：0038-8847

题名	唐岱岳观造像碑记（双束碑）				
年代	唐显庆六年（661）至宋	书体	楷书	立碑人	无
性质	双石并立，碑首为九脊歇山顶状，方形座		文献		无
位置	岱庙东碑廊内	文物级别	二级	尺寸	通高323厘米，碑身238×100×40厘米

续表

保存状况	碑下部漫患不清，部分文字残泐
图片	

碑文内容：
唐岱岳观造像碑记（双束碑）。（碑文略）

序号：0039-8848

题名	唐广明幽栖寺陀罗尼经幢				
年代	唐广明二年（881）	书体	楷书	立碑人	无
性质	幢身平面作八角形，幢身上置宝盖，座为仰莲			文献	无
位置	岱庙东碑廊内	文物级别	三级	尺寸	通高259厘米，幢身高192厘米，八侧每面宽35厘米
保存状况	幢体基本完好，部分文字残泐				
图片					

碑文内容：
经幢铭：维大唐广明元年岁次庚子九月壬子朔八日己未，郓州平阴县信城乡申家疃百姓贯公□，奉为国、尚书、常侍、□官、端公、郡邑寮寀等，建造佛顶尊胜陀罗尼经幢壹所并序。沙门无垢撰　释夫周王感瑞，□□于是西来；汉帝呈祥，金像因兹东迈。是以达摩应梁□□梦，历险阻而为法无辞；僧会感吴主之心，度山川而捐躯有志；波利是罽宾之上客，摄总持而往返无方；义僧是圣朝之高僧，念真宗而去来不倦。斯乃历代□□□朝达人。圣生明而道德迢彰，

续表

帝叶茂而清□远□，伏以此寺名传万古，厥号幽栖。凿山谷以崇修，倚溪岳而葺理。倾因会昌圣敕，像返真空，僧还故里，殿塔成而却摧，泉林翠柏悉复枯涸。爰（以下缺13字）伽蓝宜依修□□□。至咸通十三年，有大施主贾智、樊亮、侯宽等，虽身居尘网，心且如莲阳。兹梵宇摧残，金田荒秽，遂与两村人等，共结信珠，欲重陈间，□□□僧□□时使□给崇公（以下缺27字）立，是以□泰峰之梁栋，沛嵩华之柱石，遂构斯佛堂三间。新建古殿，长养泉林，伤残石像再辉，毫停重容重现，可谓□台暗而□新，金色隐而复现。更招良工，于堂内塑释迦牟尼佛一躯，（以下缺27字）岂历星霜，彩绘装塑悉皆圆满。公睹斯堂宇未覆旧基，虽立殊功，未全本志。遂重舍珍鸟，更市长材，又于乾符四年秋七月，堂厦周回（以下缺八字）四岳海兽吠云月以号天周，面山禽，对烟霞而笑曰："可谓近出群峰，远□孤山。可以遂檀越之信心，可以资施主之福庆；足以栖宴坐之山僧，足以纳幽贞之野客。"泉林如故，松柏复清，后梓道客可安宁，施主□崇保安庆。至五年正月下旬，遇黄巢军军经过，公于此时为母亲尊年，孝心恳切，不避捐躯，竭力祛候。人马往来约百千万，虽罄家资，且喜慈亲万福，骨肉不被俘虏，在圈牛马悉皆如故。至三月廿三日，母亲寿年八十，素无疾苦，然尔而辞世。公虽怀□木之心，未答劬劳之德，重启愿更资夜识，遂于佛殿后面造天王堂一所。至六年春，广召人工，撮石砌基，摊土平下。上接山脚，垒以成台；下倚涧崖，砌而成□。始自一篑，终乎千工。已日计时磬基数，给主自曰："藏新□□扇。"遂请当寺僧惠照，又市长材□斯堂中：维□□□□迁□塑，大功将毕，福果已圆，往来道侣可归依，荣系尘心可瞻仰。又于七年春改为广明元年四月，塑北方大圣毗沙门天王一躯，大圣和尚一躯，地藏菩萨一躯。至夏五月，月号蕤宾，皆已毕功。又于七月，召良工于卢邑，琢美石于陶岭，□邦国之清泰，□无亡而离苦，请当寺僧惠照，共建造佛顶尊胜陀罗尼经幢一所。斯乃镌总持之秘要，镜天人之相仪，广尘墨之征，言极□宫之妙。欲垂不朽之号，必□金石以□，可能传永劫之名，须赖志人而光美真鉴了。义惢（下缺十二字）因前有作且无为，大惠广施，不言亦善。李躬以喻众，刻已以功人，郡邑咸称积善家，乡党尽传清信士。棱层寒堵，梵刹之光辉□□，金幢显宝地而壮观，能使善住天子得□顶而三恶自除，释提（下缺15字）落尘以销殃殁，后修因得净土而灭罪。殊功既立，徘徊雁翅于长空；巨善已彰，集人天之善庆；已立胜幢，挡他日之令名。并著金地，欲陈奇志，砂莫难筹；欲尽深诚，尘墨无比。总斯上善，福（下缺16字）极，诸王太后宝位常在，辅林近臣长资宠锡。尚书广春膏之惠，草木增荣□秋霜之威，品物咸类，长官风清，百里布政，一同为邦国。□□□□之吾艾□端公尽忠，略以驰名，竭（以下缺16字）著于人寰；德赞烹鲜，忠孝早传于上国。□□士庶，共保休贞；井邑居人，咸欢乐业。消灾裏而若秋霜落叶，□福庆而似春景花开。山川结□化之因，□□富农桑之实。场□地里，祐我生民，（下缺14字）家之名姓尽在幽栖，镌两村之信人永标金地，先赎得经具录于后。大佛名经一部，妙法莲经一部，金光明经一部，贤劫千佛名经一部，仁王护国般若经一部，佛因果经一部，（下缺14字）经一部，大悲陀罗神咒经一部，地藏菩萨经一部，观世音经一部，药师经一部，阎罗王经一部，宝箧陀罗经一部，又因果经一部。幽栖寺寺主僧道坚，功德主僧惠照，僧满□，僧满业。申家田仝（下缺十字）公瞻，男重顺，男重建，男十二，女弟子邵氏，女弟子李氏，女四娘子，新妇刘氏，新妇李氏，孙男吾□。申家田仝当田仝修盖此寺，或有所施根椽片瓦，并□名于后，无不蒙其利。施主冯良才，施主杨元，施主李阜，施主冯立，施主徐宗，施主徐义，施主徐幹，施主曹武，施主王宝，施主刘因，施主苏广，施主牟阜，施主邵元晟，棘勤，施主樊亮，施主侯宽，施主樊庆，施主卢公□，施主张元信，施主王君则，施主宋素，施主潘元遽，施主李武，施主侯君则，施主张忠周，施主张教，施主张宗简，施主张君庆。施主杨元陟奉为亡父，于天王堂内进西方净土一铺，又于前堂内塑阿难、迦叶各一躯，妻尹氏，弟元洪，亡兄元赏，元瞻、元实、元敖，长兄新妇贾氏，次新妇马氏，次新妇侯氏，新妇李氏，侄男从章、从密、从周、从景、从儒，男佛留，孙男菩萨留。施主刘逢过，沙门贞一，沙门继崇，沙门行□，沙门玄雅。紫盖庹禅书，汾水处尘赞，镌石幢子匠吴弘童。广明二年岁次辛丑二月己卯朔十五日癸巳建立。佛顶尊胜陀罗尼经序 佛顶尊胜陀罗尼经者，婆罗门僧佛陀波利。仪凤元年从西国来至此土，到五台山中次，遂五体投地，向山顶礼曰："如来□后，众圣□虚，唯有大士文殊师利于此山中，汲引苍生，教诸菩萨。波利所恨，生逢八难，不睹圣容，远涉□水，故来敬谒。伏乞大慈大悲，普覆令见尊仪。"言已，悲泣雨泪，向山顶礼。礼已，举头忽见一老人从山中出来，遂作婆罗门语谓僧曰："法师情存慕道，追访圣宗，不惮劬劳，远寻遗迹。然汉地众生多造罪业，出家之辈亦多犯戒律，唯有佛顶尊胜陀罗尼经能□众业，未知法师将此经不？"僧曰："贫道直来礼谒，不将经来。"老人曰："既不将经来，空来何益？既见文殊，亦何必识师？可却向西国取此经来流传汉土，即是遍奉众圣，广利群生，极济幽冥，报诸佛恩也。师取经来至此，弟子当示师文殊师利菩萨所在。"僧闻此语，不胜喜跃，遂载抑悲□至心敬礼，举头之顷，忽不见老人。其僧惊愕，倍加虔心，念念倾诚，回返西国，取《佛顶尊胜陀罗尼经》。至永淳二年回至西京，具以上事闻奏大帝，大帝遂将其本入内，请日照三藏法师及敕司宾寺典客令杜行顗等共译此经，施僧绢三十匹，其经本禁在内不出。其僧悲泣曰："贫道捐躯委命，远取经来，情望普济群生，救扶苦难，不以财宝为念，不以名利开怀，请还经本流行，庶望虚舍同益。"帝遂留□得此经，还僧梵本。其僧得梵本，将向西明寺，访得善解梵语僧顺贞，奏共翻译。帝遂其请，僧遂对诸大德共顺贞翻译。译毕，僧将梵本向五台山入，于今不出。今前后所翻两本并流行于代，小小语有不同者，幸勿怪焉。至垂拱三年，定觉寺寺主僧志静□□在魏国东寺亲见日照三藏法师，问其迳留，一如上说。志静遂就三藏法师谘受神咒，法师于是口宣梵音，经二七日，句句相委，俱□梵音，一无差失。仍更取旧翻梵本，勘校所有脱错，悉皆改定。其咒初注云："最后别翻者是也，其旧句稍异于□，今所翻者，其新咒改定不错，并注其音，讫后有学者，幸详此焉。"至永昌元年八月，于大敬爱寺见西明寺上座澄法师问□□□□就其翻经，僧顺贞见在，住西明寺。此经救扶幽显，最不思议，恐学者不知，故录其委曲，以传未悟。（以下《佛顶尊胜陀罗尼经》及咒语略）

序号：0040-8849

题名	宋政和"升元观敕"碑			
年代	宋政和八年（1118）	书体	行书，额篆书	立碑人	无
性质	圆首方座			文献	无
位置	岱庙东碑廊内	文物级别	三级	尺寸	通高175.5厘米，碑身153×65×20.5厘米
保存状况	保存完好			
	图片			

碑文内容：
尚书省牒　泰宁军奉符县升元观　泰宁军状，据兖州仪曹掾、兼兵曹娄寅亮状称，契勘兖州奉符县泰山之下有古洞天，周三十里，名曰"三宫空洞之天"，载在图经是实。即目宫观并无名额，却有建封院一所，逼连岳庙之后。殿屋完备，田产颇多，只一村僧佔据住持，任从民间安攒邱墓，秽恶不蠲，深虑触渎真仙不便，欲乞备申朝廷改为道观。州司看详本院，委合改充前件洞天道观，伏候指挥。牒奉　敕宜赐"升元观"为额。牒至准　敕，故牒。政和八年六月十四日牒　起复太中大夫、守左丞王序　特进少保　起复少保太宰　太师鲁国公不押　政和八年闰九月二十一日，袭庆府管内都道正、兼权措置升元观知事、洞元大师、赐紫道士李仲昭立石。碑文为尚书省批复泰宁军奉符县升元观的文书。泰宁军为北宋末年设置的军名，金初改泰安军，不久又改为泰安州。升元观的前身叫"建封院"，由一"村僧"住持，泰宁军往尚书省打了报告，认为泰山是道教名山，要求将其改为道观，得到朝廷批准，宋徽宗赐名为"升元"。"敕牒"乃是朝廷所下的文件。（此碑原立于岱宗坊北约200米的升元观内，观已早圮，1976年碑移存岱庙）

序号：0041-8850

题名	泺庄创修佛堂之记碑			
年代	金大定十一年（1171）	书体	楷书	立碑人	无
性质	方碑、方座			文献	无
位置	岱庙东碑廊内	文物级别	三级	尺寸	碑残高197厘米，碑身179×95×29厘米
保存状况	碑首残，个别文字残泐			

碑文内容：
泰山西南麓，其间稍平坦，凹下处有居民二十余家，曰"泺庄"。泉石环绕，南望一山尤可爱，盖其峭拔壁立数百仞，色白有如削玉，故居人谓之"白石山"焉。山北下有一溪，其流潺潺，清音满耳，逾于丝竹，虽旱干不绝，盖其泉源来自岱山绝顶之北也。然居民遇有祈福禳灾者，常患去寺观遥远，乃欲兴建佛堂。于是本庄王清与其伯母许氏，于其□之地，承顺众意，创为草庵，安置经像，与众结香火因缘，既而请僧智初居之。智初俗姓王氏，本莱州高密县人。皇统年间，因游泰山过此，爱其景物有武陵桃源之风致，且应众请，故留不去。既感众情之归向，□以戒律严身，经论导俗，又时以茶果延致儒雅及贤士大夫，俾人观其容上未几人，始知其为善也。所知若何？所谓知慈悲为善中主，故拔苦而与乐；知孝悌为仁之本，故事父而敬兄。布□则不住于六尘，邪妄则不生于一念，此乃智初化人之大略也。谁谓遽尔示寂，王清与社众等感慕遗迹，不忍顿绝，遂乃斥大庵地，诚心募众，鸠集瓦木，构堂三间，□□石像二尊，一曰弥勒，一曰罗汉。又造经楼，制作工巧，以贮华严与社众持诵。凡此福业，出自创兴，其费不啻千贯，而得其成功者，良由邻近诸村及诸善侣协心相助之力也。今社等以谓，僧智初其未亡时，既有德于我辈，而不图所以报之可乎！念所报之道，莫如刻石以记其善行，使后来知我辈向善及□佛堂经像之兴，盖有自云。大定十一年正月二十有五日，溪上翁撰记，岱宗杨好古书丹篆额。许氏男妇田氏，高震，袭仪，杂催佟青，社司苏拯，库头高成，点□王青，社举张平，武进，□录卜法源，维那王兴，教授孙心，张忠，任典，智藏，田希，社录侯靖，社□梅政立石。匠人□□。

序号：0042-8851					
题名	金大定重修天封寺记碑				
年代	金大定二十四年（1184）	书体	楷体	立碑人	住持僧法越
性质	圭首方座			文献	
位置	东碑廊内	文物级别	三级	尺寸	通高190厘米，碑身181×96×18厘米
保存状况	碑额文字于文革期间砸残，碑文亦被毁57字，不可识读者23字				
图片					

碑文内容：
承直郎、应奉翰林文字、同知制诰、兼国史院编修官、云骑尉、赐绯鱼袋党怀英撰并书篆。泰安东南三十里，得故废县曰古博城，在唐为乾封，宋开宝间移治岳祠下，居民从之而县废焉。城西南隅，有寺号郭头，地故沮湿，诸僧乘其闲旷而迁之今地。祥符有事泰山，更以天封为额。季末丧乱，毁撤荡然，仅存殿像。皇朝既定山东，寺僧曰道先始还其下，结茅数楹以奉香火，扫除而修旧，起废之力而未给也。皇统锡度，而先之徒受业者凡七人，其名法越者，则先之上足也，先既老，乃以寺事付越主之。越幼乐事佛，父母不能夺，听其出家。能攻苦食淡，以庄严作佛事，衣盂之资，一钱无所蓄。自其师时，日营月葺，集所得材以为讲堂、为僧居、为厨库，与夫夏腊朝夕，器用之宜有者悉备。既又以前殿规模故狭，不足以称，乃更度为高广，尽撤其旧，并与象设皆新之。越既以淳质精苦为乡邻信向，凡杖锡所至，魔皆为檀，瑰章钜材，无不乐施，有资者助财，有力者致功，更舍所有不远而至者相属也。于是回檐四合，不日崇起，落成于明年。越属余妇翁石震抵书京师，求文以为记。余昔家徂徕之下，而游于所谓天封者旧矣。盖曾下第归过而托宿焉，醉卧僧榻上，夜半，若有人掖余者三，且言曰："前路通也，何为醉且眠？"殆梦而非梦也，□□甚异之。是时独一老僧宿东庑下，诘旦，告以其故。老僧笑曰："是伽蓝神也。异时神甚灵，寺之僧童有不力者，神必以疾痛苦之，至悔谢乃已。间亦警人以来事，子或者为神警乎？审如神言，子固非久滞者，待也勉之。"余亦漠然未之信也。其后余登科第，始记神言有徵，欲书其事于石以答神意，盖久而不果。余幸得以附见于记，其尚何辞，故书而遣之。又并告之曰："凡有为之法，其废兴成坏故自有数，然其兴而成之则必在人。今越之兹，缘用心既专，致力既勤，故能废而复兴，而坏者复成。盖专则一，勤则精，精一可以入道，况其余乎？诚进而不已，其于道末可量也。后之人能如越之专且勤，守其已成而无使弊坏，则善矣。不然，其不为神所苦者幸焉，况其道乎！呜呼！佛之所以为佛，亦曰'精进'而已哉。"殿之役始于大定十七年夏，而成于十八年之秋，像之功则复七年而后毕焉。助缘□力者，乡人李元，王桐，王法，景云，越族徐氏，盖其里人也。二十四年冬十有一月初三日记。住持僧法越立石。侯辉刻。

序号：0043-8852					
题名	元至元东平府路宣慰张公登泰山记碑				
年代	元至元二年（1265）	书体	碑阳楷书，碑阴楷书	立碑人	碑阳：济南杜仁杰记，泰安州道门提点、东岳庙住持宗主张志伟同刺史张汝霖立石，高又玄刊
性质	圆首方座			文献	无
位置	岱庙东碑廊内	文物级别	三级	尺寸	通高167厘米，碑身128×77×29厘米

续表

保存状况	碑右下角残缺，碑文残泐

图片

碑文内容：
碑阳：东平府路宣慰张公登泰山记　奉高晚生王祯书　皇帝中统之元载，擢用宿儒，宣抚十道，公首与其选。公治河东，考为天下最，上亲召，劳以卮酒，至以之字呼，朝野荣之。越四年，上复命公为东平宣慰使。不期岁，吏循其口，服其口。尝曰："曲阜实夫子祖庭，泰山为中原之神岳，此皆在境内，官所当亲祀之者也。"以至元重九前三日，办严以行。由沂州门出，时天宇晦冥，左右更谏，不能止。翌日，到祎庙，拜三圣墓竟，雨气犹未艾，信宿抵岳祠。明旦登西华门，云则载阴载暘，雨则间作间止，咫尺三观在水墨泼染间，刹那千百其变。公喜甚，沾醉而下，醒谓所亲曰："登顶之约，盖不敢定，苟晴矣，乃行，否则恐劳而人。"既而五鼓将作，阴为之解驳；三唱未终，星为之芒错。于是州刺史张汝霖、奉符令张俭、司户王天挺及从者三百，指具肩舆，辇公而上。已而过黄岘，饭于护驾泉，次御帐少憩，去天门犹不翅十五里。路渐狭隘，林树四合，就其缚望之，天光凝碧如绀珠。薄暮至绝顶，由东以望，见山影默黑，偃卧无际。顷观李斯碑，仅得数字，其余漫不可识。下自登封坛，皆历代磨崖，亦复剥裂殆尽，惟唐开皇御制《纪泰山铭》，其字大如碗，深几寸，泥金错落，犹有存者。日没少倾，寒气已逼人，如仲冬时，从者燎薪围坐以待旦。参甫中，公起坐，盥洗毕，步自玉女池，登日观峰，六合裹开，肃然无纤溽。立待蒸泰时，东方晓晓，乍离乍合，不移晷，日露半边许，恍然如入无量金色界中，凡在行者莫不叹诧。及回，又得西影，直抵昧谷，若与昆仑争长雄。公辄奋髯警叫曰："吾此行凡三见岱宗面目，吾愿足矣。"噫！予自壬辰北渡三十余年，凡九来，未尝睹此奇事，虽欲勿纪，得乎？古者有天人之辩，以谓人无所不至，惟天不容伪，真知言哉！公纯诚人也，盖无往而不协，无动而不吉，无祷而不应，是行之异，乃一节耳，平生如此者盖每每也。虽然天下之事，固有邂逅相合者多矣。昔卫旱伐邢，师兴而雨，或者谓适与雨会，则非也，此特纯归之天，乌在所谓由人乎哉！至于挥剑成河，变昼为夜，或有此理。如韩吏部衡山之云，苏端明借海藏之春，皆吾辈之余事，安用诧为？因公此来，盖不得不辩征，书诸于石，以示来者。济南杜仁杰记　至元二年二月望日。副宫范居正、知宫王志朗，栖真大师、副提点侯志崇，保和大师、东岳庙副提点刘诩从，崇真明道圆融大师、泰安州道门提点、东岳庙住持宗主张志伟，同刺史张汝霖立石。高又玄刊。

序号：0044-8853

题名	明凌志魁登岱八首诗、东岳庙供器碑				
年代	碑阳刻制于明万历三十四年（1606），碑阴刻制于明成化七年（1471）	书体	碑阳草书，碑阴楷书	立碑人	无
性质	碑四周石砌，须弥座，为横式长方形碑			文献	无
位置	岱庙东碑廊内	文物级别	三级	尺寸	通高193.5厘米，碑身92×235×16厘米，座高91厘米
保存状况	碑体保存完好				

续表

图片

碑文内容：

碑阳：**明凌志魁登岱八首诗** 其一：帝作高山莫大东，尘寰无复并尊崇。日轮欲吐光先烛，蜃市遥凝气转葱。直讶神鳌横海出，却疑灵鹫与天通。划然矫首扶桑外，今古茫茫眼一空。其二：何代楼台烟雾端，尚多遗迹寄巉岏。秦碑字岂焚书灭，汉禅文还杂霸看。玉检金泥丹壑暝，水帘经峪绣纹寒。乾坤转眼皆陈迹，枉叹当年创守难。其三：揭来名岳恣真游，俯视尘寰豳九州。三观当阳长不夜，五松作雨近疑秋。青天半入秦吴尽，沧海平吞河济流。自得大观观已足，浮云世复何愁。其四：压尽群山是此峰，分明削出玉芙蓉。扪萝乍识三天路，拄杖时闻万壑钟。宫殿已非秦日月，川原犹是汉提封。蓬莱咫尺频翘首，金镜何缘达九重。其五：仰攀云汉俯蛟宫，宛在蓬壶瑶水中。入夜孤看山月小，凭虚一笑海天空。自缘鳌极垂终古，几度龙舆幸大东。鼎鼎乾坤谁足贵，可能相对两称雄。其六：五华峰畔立斜曛，大地山河指顾分。紫塞东临连渤海，玉关北望切燕云。高斋自系兴衰运，盛美宁夸封禅文。赖有巨灵施地轴，万年带砺翊明君。其七：蹀躞东游亦壮哉，平生怀抱此中开。钧天上帝金为阙，洞府仙人玉作台。三岛云霞长日护，九河烟浪拍空来。还持龙剑披瑶草，七十二峰次第回。其八：烟云一气正漫漫，银海金波拥画栏。游客放歌鼗鼓吹，词人作赋相登坛。风高鹳鹤诸天迥，日落鱼龙大泽寒。怅望金茎香雾里，几时肺病到长安。凌云甫登岱八首乃和东阿于老师韵也，曰："下里巴人敢续阳春白雪哉！徒以穷一时兴耳，未可出以示人。"予曰："我辈属和，各随才情，不以工拙较也。"因为勒之石。时万历丙午孟夏榖旦书。新泰徐光前。碑阴文：**东岳庙供器碑** 山东等处提刑按察司，为制造备用供器，奉钦差巡抚山东都察院右副都御史翁札付前事，据济南府章丘县丞梁骥呈缴造完，奉州东岳庙供器文册到院。案照先据，山东按察司分巡济南道佥事张呈为民情事，照得近蒙朝廷节次差官，前往泰安州东岳庙修建斋醮及祈祷等事，其一应供用器皿，俱是该州里长出钱雇赁送用，中间多是裹器，不堪供用，及至破损，又要赔偿，十分负累，呈乞定夺等因，已付本官，督同该州官吏拘集本庙住持及各色铺行计议，合用物件，估计价值支给香钱银布等物，共折算优银七百七拾□两五钱四分，差委县丞梁骥率领泰安州老人侯禄等，前去南京、浙江买办及盖造库房收贮去后。今据前因，合将造完各色器皿开札本司，置立文簿二扇，用印钤记，将札内各项物件备细抄誊上簿，发去泰安州着落，当该官吏，将一扇本州收掌，一扇发于库子收掌，眼同查点明白，督令库子如法收架。若遇应合支用之时，照数支出，应用毕日，本州官吏督同原收库子，务要用心洗涤，揩抹洁静，照前收架，不许损失。有损失就令库子照数赔赏，先取该州官吏并库子收架，过数目，及不致损失，状具缴报。仍仰该州将各项物件备云札帖，镌刻石碑，置立库门，以备永远参考。仍行山东布政司及济南道并佥事张，一体知会施行。奉此，拟合通行。除外，今置文簿二扇，用印钤记，将各项器皿数目开坐，发仰本州并□收库子收掌，以凭稽考。所有文簿须至出给者。计开：造完漆、锡、铜、铁、桌凳、青白花瓷等器：径二尺殊红布漆盘壹拾柒个；径一尺五寸殊红布漆食盘肆拾伍个；径一尺二寸殊红布漆盘陆拾个；径一尺红布漆盘壹百个；径八寸殊红布漆盘贰百□□个；□□碗盏千叁百柒拾陆个；殊红布漆茶酒瓯壹千叁百柒拾捌个；殊红布漆大碟壹千贰百贰拾个；里红外黑布漆大碟壹千陆百伍拾肆个；里红外黑布漆碗肆百玖拾贰个；里红外黑布漆添酒瓯肆拾个；里红外黑布漆杯叁拾陆桌，每桌伍拾个，共伍百肆拾个；里红外黑红丝茶盘贰付，连钟匙；里红外黑布漆板茶架肆付，连钟匙；径□□□布漆盘拾个；径八寸黑布漆盘壹百个；黑布漆交椅叁拾把；径一尺八寸黑布漆食筥拾付，连杠；径一尺六寸黑布漆食筥拾付，连杠；殊红布漆香盒伍拾个；殊红漆箸壹千贰百双；黑漆箸叁百贰拾双；殊红漆小桌捌拾伍张；殊红漆大春台桌壹拾张；红漆春台桌柒张；殊红油小桌壹拾捌张；殊红漆□桌伍拾张；殊红油供桌伍张；殊红油木烛台壹百捌拾□对；红油木凳伍拾贰条；殊红木花瓶叁拾壹对；红油小桌壹百贰拾伍张；红油小烛台壹百贰拾□对；红油木斗升各伍个；红油圆木盘壹拾伍个；香灯□叁个，每个重伍斤；盛放面果板春盛拾架；锡花瓶叁对，每对重伍斤；□□□□叁对，每对重肆斤；锡茶壶陆把，每把重肆斤；锡酒海叁个，每个重拾斤；锡酒壶叁拾把，每把重贰斤；锡酒镟叁个，每个重壹斤捌两；锡洗面盆叁个，每个重伍斤，连架；铜□匙壹把；铜提炉贰个；铜手炉贰个；铜剪烛肆把；烧纸铁架贰个；大铁火盆陆个；大铁过锅捌个；铁行皂叁个；铁炉錾伍付；煎茶面果铁铛伍个；铁勺并筴篱共壹把；铁炙床壹把；靠香铁插架壹个；青瓶香炉叁百零叁个；小细瓷酒钟壹拾贰个；白瓷碟拾桌，每桌贰拾个，共贰百个；青细瓷碗叁拾个；白花瓷碗叁拾个；白花瓷盘贰百个；红纱灯笼壹拾个；篾丝灯笼贰拾个；小插杆竹壹百根；砚台伍个；大竹帘

续表

壹个；拜毯贰拾条；插小旗杆小石鼓壹百个；木穿造小席殿壹所，计叁间；设孤魂堂小席棚壹所，计壹间；小木床贰拾张，每张连芭席；蒸笼陆付；案桌柒张；盛放漆器木橱柜拾个；涤牲大衫木盆肆个；洗脚小杉木盆贰个；白木盘壹拾伍个；瓷盆壹拾个；担水梢伍付；大水瓮壹拾个；大旗杆木贰根；盘面大荆圈肆个；盛放锡器丹朱大小木柜柒个；铁锁叁把。成化柒年玖月初捌日立石。（此碑原立岱庙储库门前，今存岱庙碑廊内。碑文之后刻库存各类器物件数，碑阳为万历间刻《登岱八首》诗。此碑记载岱庙所存器物甚详，是研究岱庙现有库存文物的可靠资料）

序号：0045-8854

题名	明嘉靖太极图碑			
年代	明嘉靖十六年（1537）	书体	楷书	立碑人	无
性质	圭首方座			文献	无
位置	岱庙东碑廊内	文物级别	三级	尺寸	通高254厘米，碑身213×84×16.5厘米，碑座52×118.5×60厘米
保存状况	碑体基本完好，碑文大部分残泐，尤以下部为甚			
图片				

碑文内容：
明太极图说　无极而太极。太极动而生阳，动极而静；静而生阴，静极复动。一动一静，互为其根。分阴分阳，两仪立焉。阴变阳合，而生水、火、木、金、土。五气顺布，四时行焉。五行，一阴阳也。阴阳，一太极也。太极本无极也。五行之生也，各一其性。无极之真，二五之精，妙合而凝。乾道成男，坤道成女。二气交感，化生万物。万物生生，而变化无穷焉。惟人也得其秀而最灵。形既生矣，神发知矣，五性感动而善恶分，万事出矣。圣人定之以中正仁义而主静立人极焉。故圣人与天地合其德，日月合其明，四时合其序，鬼神合其吉凶。君子修之吉，小人悖之凶。故曰：立天之道，曰阴与阳；立地之道，曰柔与刚；立人之道，曰仁与义。又曰，原始反终，故知死生之说。大哉易也，斯其至矣。（碑阴为清代聂剑光据29字本拓片摹刻的《秦泰山刻石》）

序号：0046-8855

题名	金泰和谷山寺敕牒碑			
年代	金泰和六年（1206）	书体	碑阳楷书，碑阴草书	立碑人	付僧丘智崇立
性质	螭首方座，首与碑身为一体，天宫内雕饰释迦牟尼趺座像			文献	无
位置	岱庙东碑廊内	文物级别	三级	尺寸	通高261厘米，碑身187×94.5×26.5厘米
保存状况	碑体基本完好，碑阳文个别残泐，碑阴残损较严重			

续表

图片

碑文内容：
金泰和谷山寺敕牒碑（上部牒文）尚书礼部封　尚书礼部　泰安州泰符县第一乡泰山佛峪谷山寺受业第三代住持勤僧尊□僧智崇，自办于沂州纳米准钱，承买到洪字第一百二十五号寺额一道，乞书填作"玉泉禅寺"者。牒奉敕，可特赐"玉泉禅寺"。牒至准敕，故牒。泰和六年十一月　日。令史丁介桂，主事韩弁。承德郎、守员外郎、兼左补阙　孙；朝散大夫、郎中、兼国子监丞　王；承德郎、试礼部侍郎、兼□□□秘书少监　乔；中奉大夫、礼部尚书、兼翰林学士、知制诰、同修国史□□□□　张□　寺额付僧智崇。（下部牒文）尚书礼部封　尚书礼部　泰安州奉符县佛峪谷山玉泉禅寺住持僧智崇，于大安元年三月内，赴泰安州仓纳讫白米贰拾叁硕壹斗贰升肆合，承买到□字第陆拾壹号院额壹道，今将本寺在城常住柴水下院，其地东至城大巷，西至街，南至李官人，北至刘善友，乞书填作"香岩禅院"名额者。牒奉敕，可特赐"香岩禅院"。牒至准敕，故牒。大安元年三月　日。令史王□，主事翟昌言。奉直大夫、翰林修撰、同知制诰、权员外郎　赵；中宪大夫、礼部郎中、兼国子监丞王；翰林学士、□□□□知制诰、兼礼部尚书、同修国史□□□□张；皇弟、开府仪同三司、判礼部尚书韩王。付僧丘智崇。

序号：0047-8856

题名	明崇祯胡一龙泰山绝顶诗碑			
年代	明崇祯元年（1628）	书体	草书	立碑人	无
性质	平首方座		文献	无
位置	岱庙东碑廊内	文物级别	三级	尺寸	碑通高207厘米，碑身195×70×20厘米
保存状况	碑体右上角残缺，下部剥蚀，部分文字不清				

图片

碑文内容：
泰山绝顶诗　欲向陟宗左，翠华云沧秩。就汉到□□，巅顶之湛向。图得真形灵，不识野□远。□练笔写静，树捲著花痂。造朝见元君，麻姑亲手爬。泰山绝顶作，崇祯元年，中州胡宠。（胡一龙，明代进士，庐陵县（今江西吉安市的古称）人，生平不详。此诗为草书，多残缺，胡一龙另在灵岩寺题诗较多）

序号：0048-8857

题名	清乾隆登泰山依皇祖诗韵诗碑				
年代	清乾隆二十二年（1757）至乾隆二十七年（1762）	书体	行书	立碑人	无
性质	平首方座			文献	无
位置	岱庙东碑廊内	文物级别	三级	尺寸	通高266厘米，碑身242×93×18.5厘米
保存状况	碑阳保存基本完好，碑阴上部残泐				
	图片				

碑文内容：
碑阳题《登泰山五依皇祖诗韵》诗两首，文8行，满行20字，字径8厘米，行书。题于乾隆二十七年（1762），为乾隆皇帝第四次登泰山后所作：其一：春巡南国孤纤眸，按辔高山仰马头。可匹何曾曾吴岭见，既成乃复大江浮。便教一问峰今谷，未许多劳郡与州。清晓载登午言降，那因胜处恣耽留。其二：五岳之中宗首出，谁能昆脚与皆头。神传杜句真称独，象拟韩文信不浮。结揽圣情昭泰麓，照临民隐遍齐州。继绳今日伊予责，敢不聪听一意留　登泰山五依皇祖诗韵。壬午孟夏月，御笔。碑阴题《过泰山三依皇祖诗韵》诗两首，文8行，满行24字，字径8厘米，行书，题于清乾隆二十二年（1757）。由其"过泰山三依皇祖诗韵"可知，乾隆二十二年（1757）乾隆第三次来泰安时没有登上岱顶，所以有"过泰山"之说。其一：方山一宿停清眸，泰岱岩岩见举头。南指遥程春晓发，东来紫气马前浮。圣踪永古并崇岳，恺泽于今在九州。纵是瞠乎嗟莫及，觐扬敢不意淹留。其二：灵岩石路盘山脚，齐甸春光动陌头。案衍遥从西峪度，龛毵不碍晓烟浮。瓣香寸意驰仙阙，舆地千年镇兖州。忧乐向来何处著，思量结习岂应留。过泰山三依皇祖诗韵。丁丑孟春下浣，御笔。

序号：0049-8858

题名	清何乾隆人麟杜甫望岳诗碑				
年代	清乾隆四十九年（1784）	书体	碑阳草书，碑阴楷书	立碑人	蜀锦州何人麟
性质	方首方座			文献	无
位置	岱庙东碑廊内	文物级别	三级	尺寸	通高270厘米，碑身219×88×27.5厘米
保存状况	保存基本完好				

续表

图片

碑文内容：

碑阳：望岳诗　岱宗夫如何？齐鲁青未了。造化钟神秀，阴阳割昏晓。荡胸生层云，决眦入归鸟。会当凌绝顶，一览众山小。观海、登岱，古今大快事。惟宦途人每难兼到。余自乾隆辛丑莅蓬莱，登方壶，作仙吏。癸卯夏五，量移奉符，依青帝作香案吏，可云兼到矣。公余，偕啸台陈君、鸣九三弟攀滕蹑险，驾鳌登云。披览历来题咏，名作甚夥。惟工部望岳诗碑刻无存，自愧非才，未敢捉笔。爰録其句，命工镌石，以补其阙云。时乾隆甲辰仲夏月书，孙衍瑞　蜀锦州何人麟。工匠　同镌。孙相　碑阴：（上部）必续泰山遊，平生愿始了。贤宰况姻娅，邀登戒初晓。风生万壑松，云上一声鸟。北海竟可超，下视尘寰小。瑞菴姻大兄由蓬莱调任泰安之翌年，余解官将归剑南。菊月朔，顺道就别于衙斋。君与余幼时同学，长随肩□，各通籍后不见于兹盖十六年矣。相见道故，感叹久之。遂题登岱，命余堉里斋相随，且出其草书杜少陵之诗碑刻以示。字挟龙翔凤，舞之若君怀素工。怀素，余少所服膺。而杜公岱宗一首脍炙人口，碑板独缺。此举诚足补前人之未备。……（以下残泐不清，略）（下部）岱岳祠前多古柏，中有两株最苍碧。老枝盘屈蛟龙形，参天不下二千尺。我来怅望封禅台，残碑惜已蚀青苔。老僧为我说颠末，知是汉皇亲手栽。自元封举大典，首巡东岳隆丰腆。谁教风雨老千年，山灵呵护不容剪。吁嗟乎！万松山势何崇隆。此树真与山争雄，养成栋梁不肯用。甘与山神为清供，万古千秋东岳颂。乾隆甲辰十一月一日同异斋大兄遊岱庙，咏汉柏七古一首题于家夫人。刻杜少陵望岳之碑阴。蜀锦卅晓山晋如。

序号：0050-8859

题名	明万历筑桥碑记				
年代	明万历二十三年（1595）	书体	叠篆体	立碑人	岱下生萧启书
性质	圭首方座，四周饰云龙纹			文献	无
位置	岱庙东碑廊内	文物级别	三级	尺寸	通高171厘米，碑身152×74×11厘米
保存状况	碑下部有断痕，有4字残泐				

图片

· 110 ·

续表

碑文内容：
明万历筑桥碑记　筑桥碑记　南北一通衢，三流濚回区。□□鸣雨毕，天根见木郁。徒柽年年立，舆梁岁岁输。功德晔两大，遐迹□□术。万历乙未年岱下生萧启题书。(此碑原在肥城安驾庄肖店村东岳圣母殿壁上。萧启(生平不详)题书。碑额篆筑桥碑记。诗文为七叠篆书体，较为奇特难识。1980年移置岱庙保存)

序号：0051-8860

题名	清乾隆东御制诗碑			
年代	清乾隆十三年(1478)、乾隆十六年(1751)、乾隆三十六年(1771)、乾隆四十一年(1776)	书体	行书	立碑人	无
性质	方首方座，碑首及碑身四周阳面、阴面线刻二龙戏珠图案，座饰案几状纹	文献		无
位置	岱庙东御碑亭内(天贶殿前)	文物级别	三级	尺寸	通高316厘米，碑首79×129×44.5厘米，碑身187×110×41厘米，碑座51×140×72厘米。
保存状况	保存完好			
	图片		图片	

碑文内容：
碑四面共刻诗五首，碑阴碑文刻乾隆帝于乾隆十三年春(1748)，陪奉皇太后朝圣之后登岱，首谒岱庙时作《祀岱庙二律》，计10行，满行20字，字径5厘米，行书。诗中言朝礼山神乃为民求福。其一：释奠回銮礼岱宗，绳先不为事登封。地灵自是神凭宇，庙古还看黛蔚松。阶下崎崟临介石，殿中肃穆仰苍精。已躬那更求多福，祈岁心殷惠我农。其二：祀视三公旧典行，配天生物镇苍精。崇朝所冀云蒸雨，大德应符震出亨。寝殿端居帝偶后，仙坛陪享弟随兄。泰山林放如相拟，久矣禋宗不易明。祀岱庙二律，戊辰仲春，御笔。碑阳碑文为《谒岱庙作》诗一首，是乾隆皇帝于乾隆十六年(1751)南巡回銮时谒岱庙所题，文计6行，满行16字，字径8厘米，行书。诗曰：岱宗遥望谢重登，岱庙森严玉陛升。只有丰年祈帝贶，愧无明德答神凭。唐槐汉柏形容古，时景民风气象增。迅矣三年成瞬息，向来欣戚总难胜。谒岱庙作。辛未孟夏，御笔。碑北侧碑文是乾隆三十六年(1771)乾隆帝第六次拜谒岱庙后所作，《谒岱庙六韵》诗，文计7行，满行31字，字径5厘米，行书。文曰：亿祀神庥永，百年庙貌新。佐天生万物，护国福烝民。庆落卜良日，展诚恰仲春。扶桑石突兀，炎汉柏轮囷。肃拜经九载，慈宁值八旬。抒忱颙有吁，介寿愿重申。谒岱庙六韵，辛卯仲春月下浣，御笔。乾隆此次到泰安是在清廷为庆祝乾隆帝六旬大寿，恭迎其母皇太后八旬万寿，重修岱庙之后，故其诗中有"百年庙貌新"之句。碑南侧碑文是乾隆四十一年(1776)乾隆帝第七次拜谒岱庙后所作，为《谒岱庙六韵》，计6行，满行26字，字径5厘米，行书。诗曰：庆落当辛卯，来瞻兹丙申。安典欣荏止，古庙展诚纯。即此康强吉，孰非锡美仁。东方生众物，万祀佑斯民。松柏那论旧，丹青尚落新。所希绵懿寿，命驾岂辞频。谒岱庙六韵，丙申暮春中浣，御笔。

序号：0052-8861

题名	清乾隆西御制诗碑				
年代	清乾隆二十二年（1757）、乾隆二十七年（1762）、乾隆五十五年（1790）	书体	行书	立碑人	无
性质	方首方座，碑首及碑身四周线刻二龙戏珠图，座饰案几状纹			文献	无
位置	岱庙天贶殿前	文物级别	三级	尺寸	通高316厘米，碑首77×117×45.5厘米，碑身187×111×40厘米，碑座52.5×141.5×70厘米
保存状况	保存完好				
	图片			图片	

碑文内容：
西御碑亭与东御碑亭遥遥相对，碑的规制及装饰图案一致。共刻诗三首，均为行书。碑阳刻《谒岱庙作》诗一首，文计6行，满行14字，字径8厘米。乾隆二十七年（1762）所题。诗曰：时巡指江国，致祀遣春宫。兹取回程近，亲瞻祭席箪。大生功配帝，如在貌临坛。肃拜无私祷，抒诚心始安。谒岱庙作，壬午孟夏，御笔。碑阴刻《谒岱庙六韵》一首，乾隆二十二年（1757）题，文计7行，满行15字，字径8厘米。诗曰：春巡限定程，望岳寄遥情。用趁回途便，一申肃拜诚。震方惟帝出，寅德肇人生。仰载无私祷，祈年有屏营。英云笼宝殿，佳气护曾城。退憩寻环咏，诗裁不易评。谒岱庙六韵，丁丑孟夏，御笔。碑侧刻《谒岱庙瞻礼作》一首，文计4行，满行20字，字径6厘米。乾隆五十五年（1790）题。诗曰：来因瞻岱宗，岱庙谒城恭。封禅事无我，阜安祈为农。代天敷物育，福国锡时雍。九叩申虔谢，八旬实罕逢。岱庙瞻礼作，乾隆庚戌季春上浣，御笔。

序号：0053-8862

题名	明"醴泉"碑				
年代	明	书体	楷书	立碑人	无
性质	圆首方座			文献	无
位置	岱庙天贶殿西侧	文物级别	三级	尺寸	通高185厘米，碑身150×56×21厘米，碑座35×101.5×50厘米
保存状况	保存完好				

续表

图片	图片

碑文内容：
明"醴泉"碑　醴泉
此碑原在天书观醴泉旁，据《泰山道里记》载，碑刻制于明。

序号：0054-8863

题名	清康熙泰安山左首郡碑				
年代	清康熙五十一年（1712）	书体	楷书	立碑人	无
性质	碑四周砖砌，须弥座（后配）			文献	无
位置	岱庙天贶殿西侧	文物级别	三级	尺寸	通高185厘米，碑身69×162.5×20厘米
保存状况	碑文残泐严重				

图片	图片

碑文内容：
泰安，山左首郡也，当□□之处。地瘠民贫，水旱频□。自四十三年来，元气犹未复原也。幸遇我菴徐老夫子荣膺命来抚兹土，以仁慈之心，施宽大之政，夙兴夜寐，兢兢以爱人为任，真不啻火烈之后而继以阳春也。由是□祝于田歌于途，穷乡僻壤，愚夫愚妇，老叟童稚，无不欣欣乐。我夫子之仁乃命持□，耀我夫子以朝，从此往□。自夫子于□□□□□□，自我辈□□□情不勿见驾，攀载□□□□不能乃以□□之情，联为往言立□志亦时之逼命云尔，数载恩勤渊□□猛间遇调尽，襟刑平图围无魂□□薄□有好意空具□□□僻壤堪裏□龙德作甘霖荣膺□命匆匆去我辈，傍徨不自禁，功在庙廊，□□民生成仁爱意□伦□声，他□□青□□□德，今朝达□□□□马瘦□欢遍野綵纶诏去，泣论顾□公□任　山左四郊壬□更逢春　康熙岁次壬辰□□日。

序号：0055-8864

题名	清嘉庆重修北斗殿碑				
年代	清嘉庆二十一年（1816）	书体	楷书	立碑人	无
性质	平首方座			文献	无
位置	岱庙天贶殿西侧	文物级别	三级	尺寸	通高186厘米，碑身163×68×18厘米，碑座23×88.5×50.5厘米。
保存状况	此碑风化较严重，石花较重，碑文部分字迹残泐，捐资姓名无法识读				

图片	图片

碑文内容：
原夫北极□为端居柴垣之内北斗□□□□座之□□□继夫大生广生临御注乎寿命□□□□祝君亲情商并泰山之颂求嗣续者永绵□□之祥为帝之车实命之司宜建祠以将事缘春秋而享祀兹□□□□坊之北白鹤泉之西□□北斗殿制已久，迤者祠垣荒鞠□衡之□鉴□□□□宇静洁魁杓之照临攸凭欲知天久□应须用布地黄金津逢□人君□□绅□生抒诚心子首事□□橐而□□□□既损渐起栋柱连云之势片瓦所□□成檐牙□商之□□天□来格垠因□眙之修□□□好善□□冥□□□福谨疏短章用纪功德　□生员夏禹□　□生员周在□　主持刘正□　嘉庆贰拾壹年拾月吉日立。捐款人约200余人（已无法识读，略）

序号：0056-9565

题名	中华民国二十二年修玉皇阁神像石碑记				
年代	中华民国二十二年（1933）	书体	无	立碑人	无
性质	无			文献	无
位置	岱庙天贶殿西侧	文物级别	三级	尺寸	通高216
保存状况					

图片	图片

碑文内容：
无

序号：0057-8866

题名	重修青岩书院石碑记				
年代	年代不详	书体	无	立碑人	无
性质	无			文献	无
位置	岱庙天贶殿东侧	文物级别	三级	尺寸	通高224厘米，碑身191×67×27厘米
保存状况	保存较好				

图片	图片

碑文内容：
无

序号：0058-8867

题名	明弘治泰安州重修庙学记				
年代	明弘治七年（1494）	书体	楷书	立碑人	无
性质	圆首方座，碑阳四周饰龙纹			文献	无
位置	天贶殿西侧	文物级别	三级	尺寸	通高472厘米，碑身300×142×40厘米
保存状况	碑文多处剥蚀，碑体中部有裂痕				

图片	图片

续表

碑文内容：
致仕、吏部尚书、齐州尹旻撰　吏部尚书、卢氏耿裕书　泰山□□有州曰泰安州，治之东庙学在焉，庙以崇祀孔子之祠，学以□孔子之教，因□享（下缺7字）也，□□建□□□之故，前自有记，不□□，成化二十二年□士德清胡君瑄来守兹土，始至谒庙，□□学□，慨然叹曰："廷奉诏祀孔子，以天子□□，今庙制不大，无以尊崇祀典，民间后秀子弟附学者多□□，不□□以教育人才，大而广之，□□□□。况泰山天下第一山也，是州人才济济，代不乏人，东蕃臬司以（下缺10字）焉。又□□□□一事也□□□□，不知王政之本也。"逾年，政通人和，于是请于巡抚、巡按及蕃臬司府诸公，□然改作，乃积良材，乃集众工（下缺7字）以□，刘崔震素有才干，专董工役，岁丁未二月经始之，先市东北民地二十余丈，以拓其基，外缘以垣，院中营建□□，两庑、戟门，计四十三楹，俱以琉璃□□□涂塈彩绘，不浮于□门之□□□□庙也，外树儒林，文□二坊，以表□□，自明伦之堂，师生斋舍合计五十四楹。堂之左右列科贡题名碑亭，以示激励，与夫□门、公□、馔堂、榭、囷、库、廪、庖、厨，凡□□□宜有者，秩秩成具，独圣贤肖像、祭器、民之趋□者，聊□制□□□者，有□足以壮观一州，作新士气，其功倍于创建，而财不妄□□□繁□绪而人不告。乃于弘治辛亥十月讫工，属学正胡熙叙（下缺7字）记于余，余惟泰山密迹阙里，（下缺7字）群圣中第一圣人也，生则□尼丘之祷，没则□泰山之颓，作万世□□□经名教之师，师之□□否□□□□之分，顾其师不师何如尔。我□□家□圣相承□师孔子，自京师暨天下郡县莫不建（下缺6字）隆有□□矣。今世之长□力一心，以兴学为事，非其□□□本祗德意而能□哉，况长之善政善（下缺9字）继自合，官斯州者，尚当笃□□以时加修葺，以孔子□□□□俗为师弟子者，以孔子之道，教之不倦，学之不厌，将见第一等人才彬彬□，辈出新人，王家安如泰山，顾不伟欤？是为记。弘治七年岁次甲寅春三月吉旦。泰安州知州曹镛，同知孙瑾，判张英，儒学学正胡熙，训导刘振，蔡□□，张□□，济南程瀚镌。

序号：0059-8868

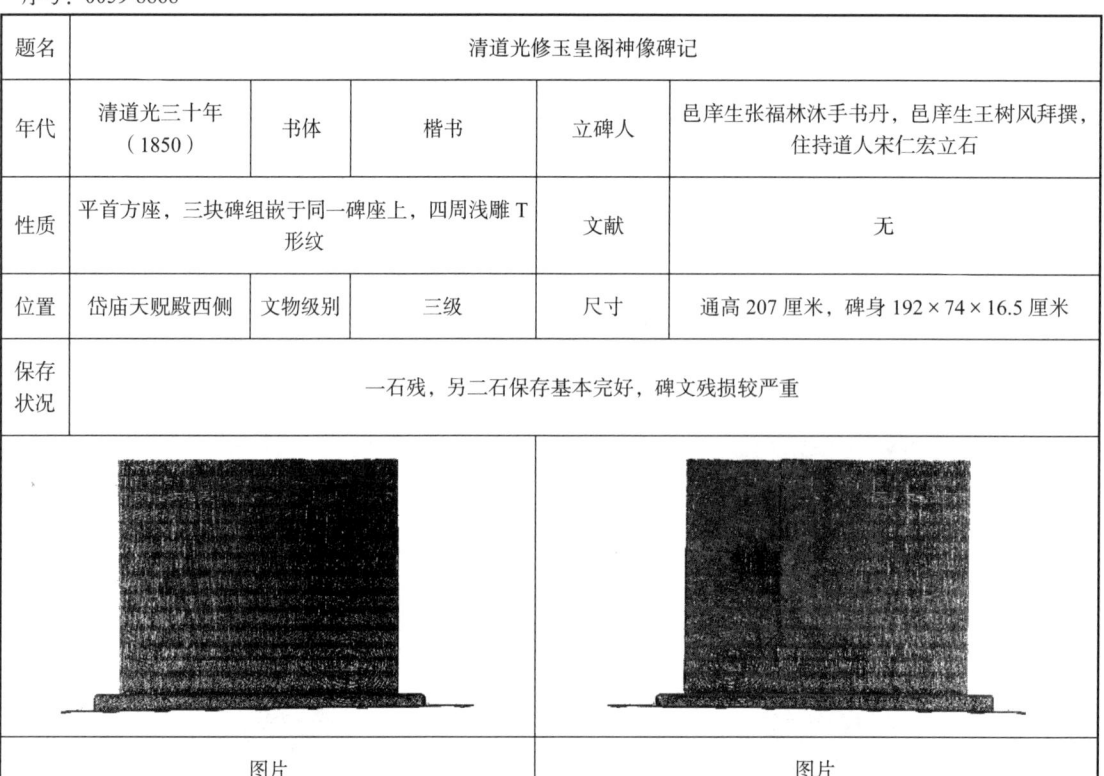

题名	清道光修玉皇阁神像碑记			
年代	清道光三十年（1850）	书体	楷书	立碑人	邑庠生张福林沐手书丹，邑庠生王树凤拜撰，住持道人宋仁宏立石
性质	平首方座，三块碑组嵌于同一碑座上，四周浅雕T形纹			文献	无
位置	岱庙天贶殿西侧	文物级别	三级	尺寸	通高207厘米，碑身192×74×16.5厘米
保存状况	一石残，另二石保存基本完好，碑文残损较严重				
	图片		图片		

碑文内容：
泰邑城北白鹤泉正殿有三皇楼一座，巍然崇峻，都鄙人士有虔祷，灵应不爽，实万方之所瞻仰也。第日远年湮，风摧雨蚀，詹牙倾圮，瓦陇颓落，滴漏难言，见者心□伤之，道人亦为之恻然。于是募化四方，自通都大邑，以至州间乡党各庄，皆有领袖，愿捐资财，无不踊跃乐施。董事人命工重修，使敝者以新，栋宇彩绘，墙壁丹涂，神像浑金。工既告竣，不可不有以志之也，故勒诸员珉，以永垂不朽云。邑庠生张福林沐手书丹　邑庠生王树凤拜撰　住持道人宋仁宏立石　（以下980人题名略）　大清道光叁拾年岁次庚戌季春谷旦

· 116 ·

序号：0060-8869

题名	明洪武去东岳封号碑			
年代	明洪武三年（1370）	书体	楷书	立碑人	无
性质	螭首龟趺，碑面四周刻云龙纹		文献	无
位置	岱庙天贶殿西南	文物级别	三级	尺寸	通高684厘米，碑身389×156×56厘米
保存状况	碑体保存基本完好，碑文稍有剥蚀。2012年，在原址基础上建碑亭保护				

图片	图片

碑文内容：
皇帝制曰："磅礴东海之西，中国之东，参弯灵秀，生同天地，形势巍然。古昔帝王登之，观沧海，察地利，以安民生。"祝曰："泰山于敬则致，于礼则宜。自唐始加神之封号，历代相因至今。曩者元君失驭，海内鼎沸，生民涂炭。予起布衣，承上天后土之命，百神阴佑，削平暴乱，正位称职，当奉天地、享鬼神，以依时统一人民，法当式古。今寰宇既清，特修祀仪。因神有历代之封号，予起寒微，详之再三，畏不敢效。盖神与弯同始，灵镇一方，其来不知岁月几何。神之所以灵，人莫能测。其职受命于上天后土，为人君者何敢预焉！惧不敢加号，特以'东岳之神'名其名。依时祭神，惟神鉴之。"

序号：0061-8870

题名	宋大中祥符天贶殿碑铭			
年代	宋大中祥符二年（1009）	书体	楷书	立碑人	杨亿奉敕撰，尹熙古奉敕书并篆额
性质	方座圆首		文献	无
位置	岱庙天贶殿西碑台上	文物级别	二级	尺寸	通高408厘米，碑身346×148×40厘米
保存状况	碑体稍有剥蚀，碑文有残损				

续表

| 图片 | 图片 |

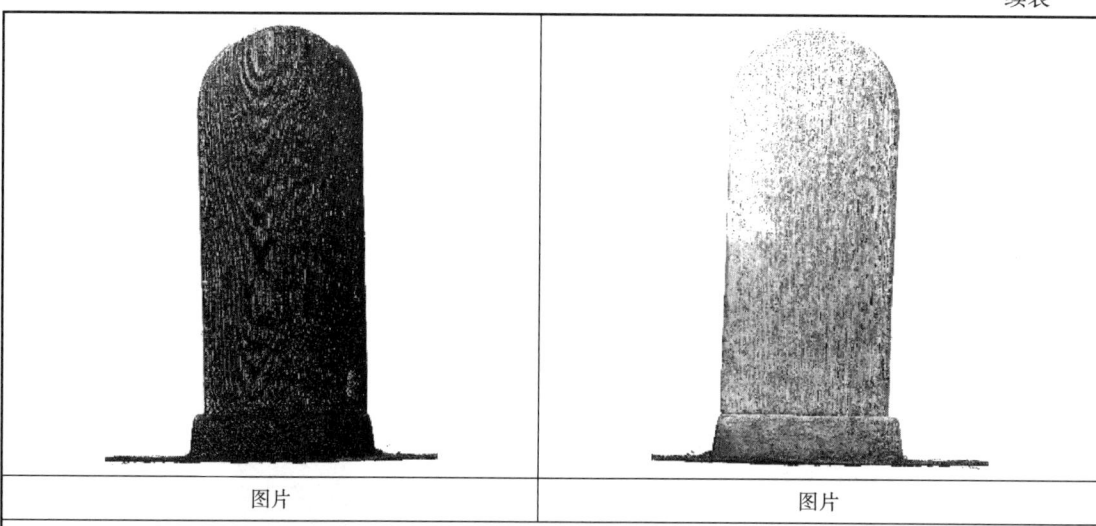

碑文内容：

宋天贶殿碑碑铭并序：翰林学士、中大夫、行尚书兵部员外郎、知制诰、同修国史、制史馆事、柱国、南阳郡开国侯、食邑一千一百户、赐紫金鱼袋臣杨亿奉敕撰，翰林待诏、朝散大夫、国子博士、同正骑都尉臣尹熙古奉敕书并篆额。臣闻：玄天之覆物也，阴骘而无私；上帝之临下也，高明而有赫。俾朗回而成体，其听孔卑；杳寂寞以希声，厥应如响。故《周书》纪其"辅德"，《羲易》载其"益谦"。百禄咸宜，于以隆其永命；庶征时若，于以降乎嘉生。斯皆自我民而聪明，表其道之贞观者也。至乃秉阳而健，垂象于日星；得一以清，成章于云汉。东壁列位，主图书之秘文；魄宝沧精，握河洛之命纪。盖乾之缊至显矣，天之文有烂矣。眇覩太古，铺观往牒：三五之世，德化醇茂，故伏牺受龙图以作八卦，轩辕得龟篆以朝万灵，放勋获玉泥青绳之文，帝舜膺赤文绿错之瑞。夏商以降，绩用昭明，故大禹梦苍水之符，帝乙拜玄玉之字，西伯之赤雀止户，武王之白鱼入舟。皆盛烈通于神祇，茂勋格于穹厚。由是奇物谲诡以效质，珍图炳焕以告休，宣纯禧而奋景炎，形宝训而示灵春。斯固殊尤绝迹，旷千载而罕逢；卓异倜傥，为百祥之称首。不然者，又何以运契乎中和之极，兆发乎至治之期？杂霸已还，寂寥而无纪；合符之盛，启迪而必先者哉！崇文广武仪天尊道宝应章感圣明仁孝皇帝陛下之御天下十有二载也，纂八圣之丕基，揽八纮之鸿绪，中道底定，庶邦协和，玉烛阳明，珠躔轨道，颂声载路，协气横流，百工惟时，五兵不试。仁风衍于无外，洪化驰而若湍。品物茂遂而由仪，群黎富庶而知教。徽纆之刑几措，弦诵之声相闻。人自谓于羲皇，家悉为于邹鲁。行苇勿践，忠厚之性成；天网弥疏，宽大之德著。淳源载复，治具毕张。皇上方端居穆清之中，独运陶甄之表，执粹精而思道，宅清明而在躬。极深研几，渊默雷霆，扬蕤绚景，辉光日新。固已浚哲之懿升闻，悃恒之爱就洽。金玉其度，追琢而惟精；云日之表，就望而无极。当其夏景长至，阴魄下弦，斗城觐深，虎闱建章万户，笾篚之有严；卫尉千屯，谁何而载肃。银汉左界，玉绳西倾，挈壶之漏屡移，膝席之对云罢。方将凝神于蠛濩，宁体于清闲，静虑合于希夷，嘉应通于肸蚃。俯及乙夜，闑乎严扃，焕发灵光，皎若白昼。乃有真灵，降于霄极，胪语示乎休征，将求衣而趋时，忽乘飚而灭迹。天子于是申以斋戒，致其精明。爰及献岁发春之初，祇受大中祥符之锡。九宾宿设，亲于广庭；八神前驱，奉引于黄道。置之恭馆，藏于东序。乃复肆眚于绵宇，易号于初元；惠赍洽于五服，爵秩加乎群后。均合饮之泽以尚齿，推给复之典以贵农，皇明诞敷，纯嘏均被。由是徇东人之勤请，考乾封之旧章，将陟介丘，禅社首，奉符而行事，刻号以告成，扬二圣之休光，为天下之壮观。列城除道，有司讲仪；龟策告犹，云气呈瑞。观物象而咸若，俟我后以来苏。三神眷怀，万邦和会，而灵心昭答，玄应沓臻。以为庶人雁常，犹毕星之好雨；群小多辟，或夏虫之疑冰。虽况施之殊伦，舆情之成□□。犹复□甲而申告，以徼予清衷；方将应期而迢至，以彰乎绝瑞。惟元年仲夏既望之后夕，上复梦神人，谕以谆谆之意，期以来月，锡符于泰山。于是浚发德音，申微执事，有依类托寓之异，疾置飞驰以闻。粤勒钟纪铭，铸浑叶度，肇自初吉，以及生明，惟兹岩岩之峰，荐发穰穰之瑞。祥光夜烛，成十辉之姿；卿霭朝跻，结九葩之状。是月之六日也，粤有梓匠，晨诣灵液亭，给斤斵之役。草露□涯，人迹罕至，忽得黄素于灌莽之上，其文有"皇帝崇孝育民，寿历遐岁"之言。词章震骇，魂思飞越，亟以白引进使曹利用、宣政使李神福，即共捧持，以诣封禅经度制置使臣钦若、臣安仁，缄縢载严，骑置来献。皇上周旋钦翼，夙夜斋明，醇粹内充，典章兼举。命庙之元宰，暨左右之信臣，分受使者奉道灵贶驿传云至，诏跸出迎。羽卫星陈，官师景从。弁冕端委，亲拜受于苑中；玄图秘文，复遍示于群下。先是，阴云待族，大雨濯枝，濡泥治道之是艰，霈服废礼之为惧。是日也，悬宇澄霁，佳气郁葱。杲杲之驭上跻，光华在旦；丛丛之姿迭媚，纷郁垂文。五弦之风载薰，九光之霞成绮。神人胥悦，戬谷来同。刻乃绵蕝之仪，素已草具；翠葆之驾，乃先启行。既备物以吉蠲，俾有司而翊卫。载以咸辂，入于应门，星旄先驱，金奏并作。天子方复弭鸾旗而税龙驭，抚毡案而坐帷宫，穆穆皇皇，以俟夫元符之至也。既而步自闉闍，率先群司，纳之珠庭，是为秘宝。且复讨论前载，追求遗范。辉景下烛，秦既作畴；珍瑞云获，汉亦起宫。其后因轨迹而增崇，建名称而不朽者，非可以悉数也。乃诏鲁郡，申饬攸司，爰就灵区，茂建清宇。授规于哲匠，董役以延臣，朴斲前施，暨涂咸备，法《大壮》而取象，曾不日以克成。直寒门□□之庭，镇阿

·118·

续表

| 阁神房之麓。云封崛起,回对于轩榱;泉流洌清,载环于阶城。祗若天贶,表以徽名。既而慎择灵辰,揭之题榜,乃有玄鹤集于雕甍,清唳引之,坠羽而去。斯又九泉之仙质,千岁之纯精,挺胎化之姿,告寿昌之兆者也。及夫亲封泥检,载阳烟燎,降自阴道,禅于方丘,会朝明堂,肆觐东后。灵泽及于四海,神化驰于六幽。天子乃抚节盘桓,凭轼游豫,周爰溥览,以届于兹。瞻堂构以改容,临清流而发叹。金炉朱火,修潜德以升闻;羽盖清尘,彰健行之不息。旋轸饮至,天成地平;因时计功,金相玉振。且以为古之哲后,褒纪瑞命,方牒所述,踵武可征。至若甘露黄龙,标于年历;《芝房》《朱雁》,播于乐章。或作绘以彰施,或绎经以论著,皆所以昭显报降,垂示方来。爰诏下臣,颂兹徽烈。恭惟紫书秘牒,荐锡于玉晨,福应之大者也;灵宫真宇,列峙于坰野,制作之盛者也。非有迁、雄之博物通达,崔、蔡之发篇清丽,邹、枚之论辩,曹、王之气质,又曷能敷陈景铄,述发鸿明,著之金石之刻,流乎亿万之祀?如臣肤浅,岂能演畅。拜命之下,燥吻惟勤。颂叹游扬,虽豁于素蕴;博约温润,宁企于前修。伏纸怔忡,将□□□。铭曰:太始权舆,邃古之初。结绳而治,斯文阙如。三五迭兴,受命合袪。河洛开奥,乃出图书。岐周发祥,凤止高冈,火流于屋,鱼跃于航。灵眷谆谆,赤文煌煌。金策之赐,翦殷启疆。卯刀口撰,□□□□。秘图玄契,旷绝靡常。惟皇建极,与天合德。有开必先,神休巨测。清夜戒期,圣容斯觌。旭日朝跻,真符云获。节彼崇巘,天帝之孙。刺经定议,发祉阁□。惠风怹涌,和景晏温。玄文申锡,明灵有赫。云篆腾晶,冰纨襞积。殊类响答,奇应山沓。惟蒸礼成,蓼萧庆洽。遽宇肇飞,揭榜雕楣。建兹昆号,式昭鸿禧,□□□□,翠旌临蕤。福应之盛,辉光在兹。鲁邦奕奕,秦观巍巍。封云荟蔚,浪井涟漪。岿然宏构,永镇方祇。大中祥符二年十一月十七日。东岳泰山之神庙重修碑铭:赐进士、通议大夫、礼部左侍郎、兼翰林学士致仕、河东薛瑄撰文,赐进士、中奉大夫、山东等处承宣布政司、左□□、罗浮李颙篆额,赐进士、中宪大夫、前兵部职方主事、济南府知府成皋陈铨书丹。东岳泰山之神,故有庙,在山之阳。朝廷有大典礼、大政务,则遣使告焉。庙屋历年既久,□多圮漏弗治。先是守臣尝奏请修建,而未克底完。天顺已卯,泰安州复以其事达之济南府,因以上请,诏允修葺。于时都宪年公富方议兴役而去,左副都御史贾公铨继来巡抚,乃洎巡、按、藩、臬协议,既择有干幕职以董其役,复俾济南府知府陈铨月一往以综理焉。铨既至泰安,谓修葺庙宇,固所以祇若神命,致谨大神,然尤当以省民财、重民力为本。财匮民劳,事亦非可。因询之守庙者,具言数十年所积祀礼之物甚富,遂遣人持市木之巨细与其他修屋之不可缺者,及既合,而匠役皆在官之人,而农民不知有役。铨既综理有法,董役者亦用其意,不亟不徐,功日就绪。始事於天顺庚辰秋七月,次年辛巳夏五月讫工。殿宇、周廊、门观、缭垣,悉皆完洽,不陋于前,不侈于后,咸愿刻石,以纪其事。山西按察使王允,济南人也。因以书来,求文於瑄。惟孔子有曰:"必也正名乎!"盖明则有礼乐,幽则有鬼神,其理一也。然则祀神之道,其可不以正名为先乎?如岳镇海渎,在古帝王之世,皆以名山川称之,初无封号之加。盖以其为天地储形萃秀,神气流通,能兴云雨以泽物,能出财用以济民,故虽载在祀典,而不可加以封号。自前季以来,道学不传,幽明之理不明于天下,邪诞诡妄之说日作。于是有封五岳为王为帝者,有封五镇为公者,有封四海四渎为公为王者,而又各加以美号。夫岳镇海渎,其言峙而流,其气神而灵,古礼"五岳视三公,四渎视诸侯",而乃崇其等人,其神名既失正,神岂顾享。洪惟我太祖高皇帝定有天下之初,即稽古祀神之典,乃颁大明诏诰于岳镇海渎诸神曰:"考诸祀典,知五岳五镇四海四渎之封,起自唐世,崇名美号,历代有加,渎礼不经,莫此为甚。今依古定制,凡岳镇海渎,并去前代所封名号,只以山水本名称其神。"仰惟诏旨所载,隆复古制,大洗前讹,其所以达幽明之理,严上下之分,允宜表正斯世,垂法将来,而为万古不易之大典。孔子所谓正名者于斯见之。猗欤!东岳泰山之神为诸岳冠,圣朝既正其名,秩其祀,而庙弗治,又俾所司以时修葺。而巡抚宪臣泊藩臬,得综理其役如铨者,不竭民之财力而克底完新,皆可谓□若朝廷丕休显命而致谨大神者矣。遂序其事而铭之曰:一理宰干,二气互根。清浮无际,浊坠斯存。柔行刚峙,川洪岳尊。惟此泰山,造化锺萃。崒堨太虚,磅礴厚地。匪鲁邦詹,实众岳最。其蓄罔测,其施靡量。玄云寸石,甘雨八荒。功既载溥,厥报宜彰。有庙在阳,奉命新葺。重臣是承,守臣是职。民不匮劳,事底完集。殿宇廊观,笃卓萦回,高下中度,不骞不卑。神气欝欝,流通在兹。昔古山川,明祀有体。夫何前季,封号荐起,跻岳於天,紊三公礼。逮我圣世,道复古隆。斥绝僭诞,率由大中。岳镇海渎,悉正其名。惟岱宗神,神称允格。追兹有役,咸愿石刻。述理继辞,以示无极。(以下略三十八人衔名)大明天顺五年岁次巳冬□月吉日。济南府推官雁门齐鲁立石 |

序号:0062-8871

题名	唐经幢				
年代	唐	书体	无	立碑人	无
性质	上覆有宝顶二层,八角形幢身,底部须弥座三层			文献	无
位置	岱庙天贶殿西南	文物级别	二级	尺寸	高640厘米
保存状况	石质风化严重,字已湮灭				

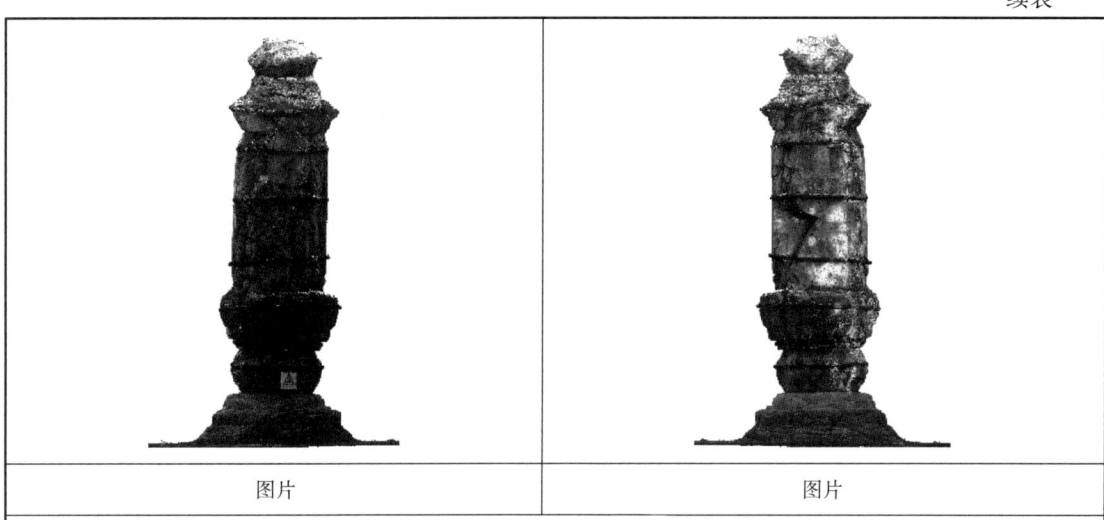

续表

图片	图片

碑文内容：
唐经幢
幢原立于岱庙东南侧之冥福寺，后移至岱庙。

序号：0063-8872

题名	明洪武祭祀碑			
年代	明洪武十年（1377）	书体	楷书	立碑人	无
性质	螭首方座				文献	无
位置	岱庙阁老池西	文物级别	三级	尺寸	通高623厘米，碑首164×163×62.5厘米，碑身380×149.5×51厘米
保存状况	碑体保存完好，碑文残泐3字				

碑文内容：
皇帝谨遣曹国公李文忠、道士吴永舆、邓子方致祭于东岳泰山之神曰：朕荷上天后土之眷命，蒙神之效灵，以致平群雄，息祸乱，君主黔黎于华夏，统控蛮夷，于今十年，中国康宁。然于神之祀，若以上古之君言之，则君为民而祷，岁有春祈秋报之礼，于斯之际，有望于神而祭者，有巡狩之所在而燎瘞者。今予自建国以来，十年于兹。国为新造，民为初安，是不得亲临所在而祀神也。特遣开国忠臣李文忠、道士吴永舆、邓子方以代予行，奉牺牲、祝帛于祠下，以报效灵。自今以后，岁以仲秋诣祠致祭，惟神鉴之。尚飨。

序号：0064-8873

题名	清康熙"重修东岳庙记"碑			
年代	清康熙十七年（1678）	书体	楷书	立碑人	碑阳施天裔薰沐拜记，碑阴岱下张所存谨志
性质	螭首龟趺，碑面及碑身阴刻文，四周线刻缠枝纹				文献	无
位置	岱庙阁老池西	文物级别	三级	尺寸	通高596厘米，碑首138×143×59厘米，碑身354×127×47厘米，碑座104×150×56厘米
保存状况	碑体保存完好，碑文个别字残泐				

续表

| 图片 | 图片 |

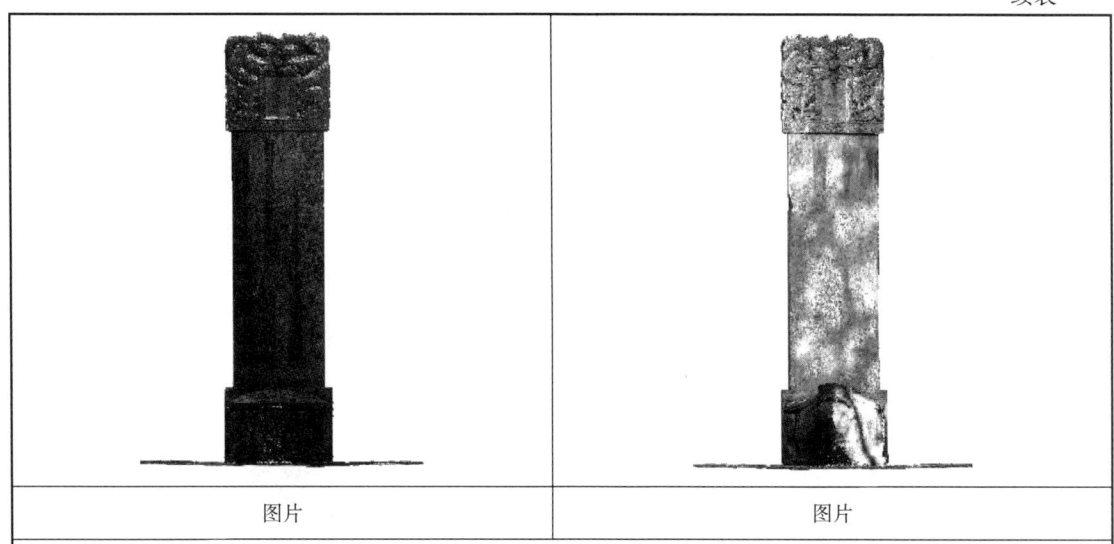

碑文内容：

碑阳铭文：重修东岳庙记　岱宗长五岳，为古帝王巡封柴望处，其载在《诗》《书》《史传》者已详。登封有台，肆觐有堂，纪功德有碑，周、秦诸遗址，皆历历可绪，至为庙以祀，莫详所始。《风俗通》所称"在县西北三十里，山虞长守之"者，疑自汉以前事。唐庙已在岳之南麓，而宋则置今地，历金、元、明代加崇饰，各有记。盖自宋东封驻跸来，历代祝厘率于此，凡朝庭祭告册书，亦必刻石庭中，我皇朝未之有易。其规模宏丽，俨若王居。固其所也，明之季，兵饥荐臻，四方祈报，由碑之泯，不至于是，崇宫□阁，繄于榛莽。风雨之所摧，鸟鼠之所窜，榱桷湢腐，丹碧渝败，倾圮秽杂，实为神羞，守土者为所以更新之而不能也。国家声教四讫，民用大和，操香币、望石间而来者无间远迩。天裔切念管缮之役，宜以时举，以告抚君，以谂同列，佥曰可。武举张子所存有智计，可任，进而俾之。量力程工，剂多寡，定期会，岁有所营，月有所构，以底于成。自殿、庑、斋、寝、门、塾、堂、□以至坛堞、楼观，一为更新，迄夫榜题、铭刻、庭植之属，咸厘整涤濯，俯仰瞻顾，耳目为易。天裔稽首庭下而扬言曰："此皆神明幽赞之力也，实皆圣天子仁恩远被之所致也。守土下臣得籍以释惭负，幸甚。愿伏谒游览于斯者，务自砥砺，以承神麻，以承帝德于无疆。"是役也，始于康熙戊午年春二月，告成于康熙丁巳年夏五月。其出教倡始及捐体赞成诸公，俱刻于后。康熙十七年岁次戊午孟夏月吉旦。施天裔薰沐拜记。（以下略捐资赞助者官员二十八人衔名）碑阴铭文：重修岱庙履历记事　自皇清康熙八年春二月，蒙布政司施老爷委修岱庙。彼时，周围城墙俱已摊塌，惟前面城上仅存五凤楼三座，后载门一座，止存梁柱，东华门、西华门并城上门楼、四角楼仅存基址。大殿琉璃脊兽、瓦片、上层下层周围椽板俱已毁坏，墙根俱已碎塌，檩枋俱坏大半，惟梁柱可用。后寝宫三座，钟鼓楼、御碑楼、仁安门、配天门、三灵侯殿、太尉殿十一处，瓦片、墙垣俱已摊塌，椽板俱已残毁，其梁柱檩枋堪用者十分之三。廊房百间，止有二十三间仅存梁柱，其余七十七间仅存基址。炳灵宫一座，大门一座，延禧殿一座，大门一座，仅存基址。经堂五间俱已塌坏。余细估殿宇木料、琉璃瓦片并颜料等项，非向远方采买无以应用。于八年三月二十日，亲赴南京上西河长江内，用价一千六百两，买杉木二根，同店家包与排夫于五等运至济宁，水脚运价银七百五十两，买绳缆器具，将杉木扎成八排，交于排夫。予又到芜湖镇买桐油一万斤，银朱二百斤，铜绿四百斤，官粉四百斤，大绿二百斤，赤金二百厢，誉黄、烟子、黄香等料，雇船装载，于七月初三复回南京。择初八吉日，用猪羊排上祭江，留家人二名看守木排，予于本日开船先行，于八月十五日抵济宁，雇车运桐油等料回州。其木排于八年七月十五日自南京开排，用纤夫三百余名，至九年八月方到济宁，予又到济宁将木排卸到岸，雇车运送泰安，共载六百余车，用车价银一千两余，方抵泰安。又在泰安四乡采买榆杨树二千余株。又差人到山西阳城县买铅四千斤，西廊后，立琉璃窑三座，烧造琉璃脊兽、瓦片等项。招集木作泥水等匠四百人，分工齐修。先派木作百人修廊房七十七间，木料砖瓦俱如创建，尚有二十三间仅存梁柱者，俱添换木料修葺。次拆卸大殿，将碎坏砖墙俱易为石，其檩枋坏烂者，俱换新料，至于椽子、望板俱换，瓦片、脊兽尽另烧造。后寝宫三座、钟鼓楼、御碑楼、仁安门、配天门、五凤楼三座，后载门一座，仅将瓦片木料并墙拆卸到地，俱换新者。东宫门、炳灵宫、西宫门、延禧殿、东华门并楼、西华门并楼、并四角楼，无根椽片瓦，俱如创建。又创建经堂五间、配殿二座，环咏亭、鲁班殿。阖庙殿宇，俱用金朱彩画油漆，大殿内墙、两廊内墙，俱用画工书像，各殿神龛俱创作者。其周围城墙俱拆到地，创添石根脚五行，俱用新砖灌浆垒至墙顶。自大殿东西两边，俱铺新甬路至大门者，门前建玲珑石碑坊一座。南京请皇路圣像六十轴，锁金法衣四身，北京铸铜香案一付，重三百斤。午门内栽柏树八十五株，杨树四十株，槐树二十二株，白果树二株。仁安门前栽柏树五十三株，槐树十二株。大殿左右丹墀，栽柏树五十九株，松树四株，白果树二株，杨树五株，槐树九株。后寝宫栽柏树三十一株，杨树十八株，白果树二株，槐树五株。寝宫后栽榆树三百株。此皆东岳之灵，方伯之功，予亦得艰苦经划于其间。今将所历时日，所费物力，所栽树植，所建殿、楼、墙、宇一一刻记于石，后亦以见重修之非易也。康熙十有七年夏四月，岱下张所存谨志。

序号:	0065-8874					
题名		宋大观圣作之碑				
年代	宋大观二年（1109）	书体	瘦金体	立碑人	无	
性质	圆首龟趺，碑面四周刻			文献	《泰山历代石刻选注》	
位置	岱庙阁老池东侧	文物级别	二级	尺寸	通高547厘米	
保存状况	碑体保存完好，碑文残泐严重，已多不可读					
图片			图片			

碑文内容：

学以善风俗，明人伦，而人材所自出也。今有教养之法，而未有善俗明伦之制，殆未足以兼明天下。孔子曰：其为人也孝悌，而好犯上者鲜矣；不好犯上而好作乱者，未之有也。盖设学校，置师儒，所以敦孝悌。孝悌兴，则人伦明；人伦明，则风俗厚，而人才成，刑罚措。朕考成周之隆，教万民而宾，兴以六德六行，否则威之以不孝不悌之刑。比之立法保任孝、悌、姻、睦、任、恤、忠、和之士，去古绵邈，士非里选，习尚科举，不孝不悌有时而容，故任官临政，趋利犯义，诋讪贪污，无不为者。此官非其人，士不素养故也。近因余暇，稽《周官》之书，制为法度，颁之校学，明伦善俗，庶几于古。诸士有善父母为孝，善兄弟为悌，善内亲为睦，善外亲为姻，信于朋友为任，仁于州里为恤，知君臣之义为忠，达义利之分为和。诸士有孝、悌、睦、姻、任、恤、忠、和八行，见于事状，著于乡里，耆邻保伍以行实申县，县令佐审察延入县学，考验不虚，保明申州如令。诸八行，孝、悌、忠、和为上，睦、姻为中，任、恤为下，士有全备八行，保明如令，不以时随奏贡入太学，免试为太学上舍，司成以下引问考验，较定不诬，申尚书省取旨，释褐命官，优加拔用。诸士有全备上四行，或不全一行而兼中等二行，为州学上舍上等之选。不全上二行而兼中等一行，或不全上三行而兼中二行者，为上舍中等之选。不全上三行而兼中一行，或兼下行者，为上舍下等之选。全有中二行，或有中等一行而兼下一行者，为内舍之选，余为外舍之选。诸士以八行中三舍之选者，上舍贡入，内舍在州学，半年不犯第二等罚，升为上舍。外舍一年不犯第三等罚，升为内舍，仍准上法。诸士以八行中上舍之选，而被贡入太学者，上等在学半年不犯第三等罚，司成以下考验行实闻奏，依太学贡士释褐法；中等依太学中等法，待殿试，下等依太学下等法。诸士以八行中选在州县，若太学，皆试补为诸生之首，选充职事及诸斋长谕。诸以八行考士为上舍上等，其家依官户法；中下等免户下支移、折变、借借、身丁；内舍免支移、身丁。诸谋反、谋叛、谋大逆口孙及大不恭、诋讪宗庙，指斥乘舆，为不忠之刑；恶逆诅骂，告言祖父母、父母，别籍异财，供养有阙，居丧作乐自娶，释服匿哀，为不孝之刑；不恭其兄，不友其弟，姊妹叔嫂相犯，罪杖，为不悌之刑。杀令略人，放火强奸，强盗若窃盗，杖及不道，为不和之刑；谋杀及卖略，缌麻以上亲，告大功以上尊长，小功尊属若内乱，为不睦之刑；诅骂告言外祖父母与外姻有服亲，若妻之尊属相犯，至徒违律为婚，停妻娶妻，若无罪出妻，为不姻之刑；既受业师，犯同学友，至徒应相隐而辄告言，为不任之刑；诈欺取财罪杖，告嘱耆邻保伍，有所规求避免或告事不干己，为不恤之刑。诸犯八刑，县令佐州知通以其事，目书于籍报学，应有入学，按籍检会施行。诸士有犯不忠、不孝、不悌、不和，终身不齿，不得入学；不睦十年，不姻八年，不任五年，不恤三年，能改过自新，不犯罪而有二行之实，耆邻保伍申县，县令佐审察听入学；在校一年又不犯第二等罚，听齿于诸生之列。大观元年九月十八日，资政殿学士兼侍读臣郑居中奏，乞以御笔八行诏旨摹刻于石，立之宫学，次及太学、辟雍、天下郡邑，二年八月二十九日奉御笔赐臣礼部尚书兼侍讲久中，令以所赐刻石。通直郎、书学博士臣李时雍奉敕摹写。承议郎、尚书礼部员外郎、武骑尉臣葛胜仲，朝散郎、尚书礼部员外郎、云骑尉臣韦寿隆、承议郎、试尚书礼部侍郎、学制局同编修官、武骑尉、陇西县开国男、食邑三百户、赐金鱼袋臣李图南，朝请郎、试礼部尚书兼侍讲、实录修撰、飞骑尉、南阳县开国男、食邑三百户、赐紫金鱼袋臣郑久中。太师、尚书左仆射、兼门下侍郎、上柱国、魏国公、食邑一万一千二百户、食实封三千八佰户，臣蔡京奉敕题额。碑原立泰安城内文庙泮桥西（即今泰山区机关宿舍院），1974年移立岱庙。

序号：0066-8875

题名	1984年沙孟海题杜甫诗句石碑			
年代	1984年	书体	无	立碑人	无
性质	无			文献	无
位置	汉柏院	文物级别	三级	尺寸	碑身252×140×22厘米
保存状况				
图片				图片
碑文内容：无				

序号：0067-8876

题名	明嘉靖张钦题"观海"碑			
年代	明嘉靖十四年（1535）	书体	行书	立碑人	山东左布政使张钦
性质	圆首方座，碑阳四周阴刻一道弦纹			文献	无
位置	岱庙汉柏院	文物级别	三级	尺寸	通高288厘米，碑身252×140×22厘米
保存状况	碑体基本完好，碑阳两侧跋文残泐严重			
图片				图片
碑文内容：观海　山东左布政使，顺天府通州心斋张钦书。碑两侧题跋　昔颜、柳以善书鸣唐，至今称之必曰："颜筋柳骨"。然鲁公以忠烈显，公权以正谏著，炳琅宇宙，岂徒以其书邪！心斋张公，曩为御史守关，武皇北狩，抗疏回銮，风采凝然，匹休往哲。平生究心字学，尤善大书，当其濡毫伸纸，气定神闲，得心应手，端严遒劲，盖有出于颜、柳筋骨之外者。然世方以茂节高勋占公大受，而游情楮墨，公固以为艺成而下矣。顷者公书"观海"二大字，镌诸泰山之崖，其字画之妙，如吾前所云。噫！字，心画也，公宏中肆外，惟变所适，克所至焉。海岱争崇深，可也，然亦有岩岩气貌而难于为水者邪！嘉靖乙未岁夏五月新安叶份□				

序号：0069-8878

题名	明崇祯"汉柏图赞"碑				
年代	明崇祯十五年（1642）	书体	行书	立碑人	无
性质	圆首方座，碑阳四周阴刻一周弦纹			文献	无
位置	岱庙汉柏院	文物级别	三级	尺寸	通高214厘米，碑身187×62×23.5厘米
保存状况	碑体保存基本完好，个别字残				

图片	图片

碑文内容：
碑中为汉柏图，图下跋文：汉柏图赞　有宛者柏，蟠株灵宇。植之何年，云自汉武，形寄青峦，巍峙崇阶。兄彼泰松，弟乃唐槐。飞润流津，函云漏月。乔柯孤引，修干高揭。亭亭偃盖，蔽芾侯甸。镇厥东土，荫兹下面。我来其下，徘徊徒倚。图之镌之，昕夕仰止。晋濩泽道庄陈昌言题　崇祯十五年壬午秋七月关中耀州左漆左佩玹篆

序号：0070-8879

题名	清乾隆"御制汉柏之图"碑				
年代	清乾隆三十六年（1771）、乾隆四十一年（1776）、乾隆五十五年（1790）	书体	行书	立碑人	无
性质	方首方趺，碑首及碑阳四周线刻双龙戏珠纹及行龙纹。碑座浮雕变形莲瓣纹			文献	无
位置	岱庙汉柏院	文物级别	三级	尺寸	通高345厘米，碑身210×118.5×39.5厘米
保存状况	碑体基本完好，碑阳题跋大多漫患不清				

续表

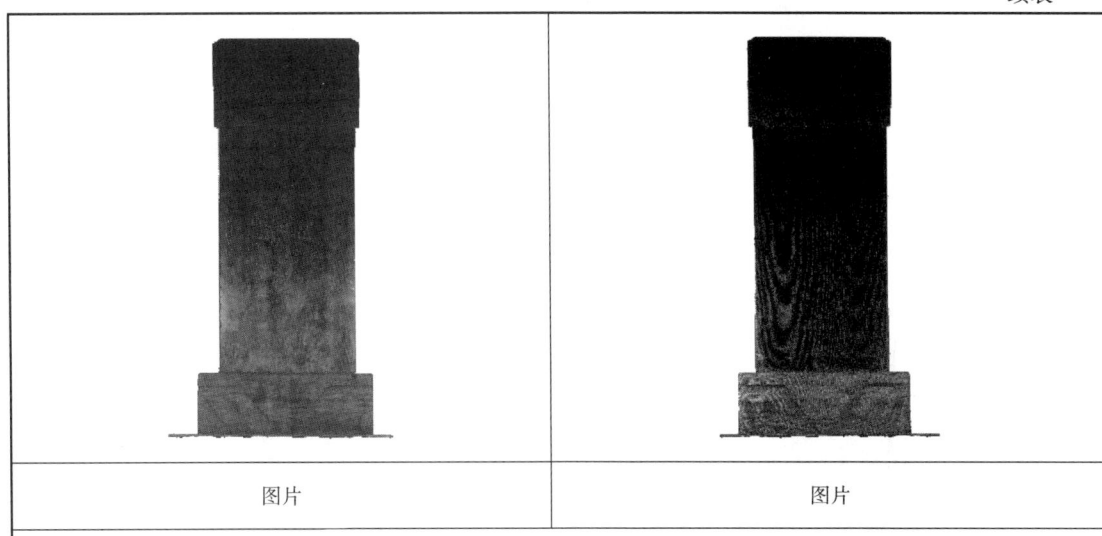

图片	图片

碑文内容：
碑阳刻汉柏图一幅　碑北侧刻《口号一首》，清乾隆四十一年（1776）乾隆帝第七次来泰安时所赋：历劫哪知荣与枯，谓犹多事写形吾。不禁笑指碑图问，久后还能似此无。口号一首。丙申暮春月中浣，御笔。碑阴刻《题汉柏作》诗一首，清乾隆三十六年（1771）乾隆帝第五次到泰安时所赋：汉柏曾经手自图，郁葱映照翠阴扶。殿旁亭里相望近，名实主宾谁是乎？碑南侧刻诗一首，清乾隆五十五年（1790）是乾隆帝最后一次到泰山，再次游览欣赏了汉柏后所赋：既成图画复吟诗，汉柏精神那尽之。碑堵却空留一面，待兹来补岂非奇。汉柏，庚戌季春上浣，御笔。

序号：0071-8880

题名	清康熙张鹏翮题汉柏诗碑				
年代	清康熙四十九年（1710）	书体	行书	立碑人	张鹏翮
性质	方首方座，碑阳左右两侧线刻龙纹，上下纹饰残			文献	无
位置	岱庙汉柏院	文物级别	三级	尺寸	通高202厘米，碑身168×68×20厘米
保存状况	碑体完好，碑文部分残泐				

图片	图片

碑文内容：
汉柏　古柏千年倚碧峦，太平顶上觉天宽。晴空白鹤时来舞，云外逍遥得静观。康熙庚寅春日，遂宁张鹏翮书。

序号：0072-8881

题名	1983年刘海粟"汉柏"石碑			
年代	1983年	书体	无	立碑人	刘海粟
性质	无			文献	无
位置	汉柏院	文物级别	三级	尺寸	通高247厘米，碑身204×80×27.5厘米
保存状况	保存完好			
图片				图片
碑文内容： 汉柏				

序号：0073-8882

题名	唐石经幢			
年代	唐（618～907）	书体	无	立碑人	无
性质	无			文献	无
位置	汉柏院	文物级别	三级	尺寸	通高287厘米，径86厘米
保存状况	保存较好			
图片				图片
碑文内容： 无				

序号：0074-8883

题名	1963年仿刻北宋米芾"第一山"石碑			
年代	1963年	书体	无	立碑人	无
性质	无			文献	无
位置	汉柏院	文物级别	三级	尺寸	通高272厘米，碑身高246厘米，宽107厘米
保存状况	保存完好			
图片		图片		

碑文内容：
第一山

序号：0075-8884

题名	后晋天福蒿里山总持经幢			
年代	后晋天福九年（944）	书体	楷书	立碑人	无
性质	幢身八面，座佚，幢盖平面作八角形，每面刻璎珞纹，八角出狮头，口衔璎珞，盖顶之上为石制宝珠			文献	无
位置	岱庙汉柏院	文物级别	三级	尺寸	残高295厘米，幢身高201厘米，每面宽23厘米
保存状况	幢座佚，经文剥蚀过半			
图片		图片		

续表

碑文内容：
后晋天福蒿里山总持经幢
总持经幢（总持经文略）□晋天福九年岁次甲辰七月癸卯朔十□日□西。会首阁□□，东京同力会人胡宁疑、李斯遇、李绍、胡进、成开、桂知海、杜延贞、何丹贞、□□、张温、李□章、胡知复、孙建□、崔殿、崔襄、董廷圭、董进、张继□、□□□、王和遇、于庭简、李彦□、郝晖、田廷蕴、胡庭晖、韩知远、王晖、胡希演、李知裕、刘廷晖、尹太、尹晖、滑州别驾孙延徽、姚蕴、李复、乐虔、郓州同力会人□□□，□州同力会人，天平郡节度押衙、前齐州都商税使、银青光禄大夫、检校太子宾客、殿中侍御史、云骑尉韩知训、李顺、前□□州别驾王汉夫，前摄郑州司马郑廷经、卢县同力会人杨□、□州别驾刘崇友、冷继远、王延福、靳斌、张延□、杨廷海、张厚、□□训、武宁中、吴温、宋赋、张廷训、赵彦柔、段冻、刘重遇、霍□□、□□□、董知温、袁知海、刘邺、宋廷晖、王肇、王章、前摄齐州司马赵和嗣、郓州都水陆会首刘宏谦、泰宁军押管勾（下缺二十字），□州同力会人辛蕴、王□□，泰宁军随使□、监修岳庙、银青光禄大夫、检校太子宾客、殿中侍御史、武骑尉刘□□、张延绍、□□押衙、前岱岳镇史、新补充副镇、权知镇李□□、武□军同节度副使、前察□镇副兵马使、充岱岳镇都虞侯王训，东京□□□□延河、果子人□□□，张设、匠人马□侯。此幢原立于泰安城西南蒿里山，1959年移至岱庙汉柏院。

序号：0077-8886

题名	后晋天福青州临淄县□生幢子				
年代	后晋天福七年（942）	书体	楷书	立碑人	无
性质	幢身八面，顶部塔刹状，莲花座			文献	无
位置	岱庙汉柏院	文物级别	三级	尺寸	残高298厘米，幢身高162厘米，每面宽19厘米
保存状况	幢体残泐，碑文基本漫灭				
	图片			图片	
碑文内容： 后晋天福青州临淄县□生幢子 幢文：佛顶尊胜陀罗尼经序（略）。此经幢原立冥福寺，后移存岱庙。					

序号：0078-8887

题名	宋"篑为山"碑				
年代	宋	书体	楷书	立碑人	无
性质	圆首方座			文献	无
位置	岱庙汉柏院	文物级别	三级	尺寸	通高254厘米，碑身228×83×18厘米

续表

保存状况	碑体基本完好，碑阴残泐严重，尤以下部为甚	
	图片	图片

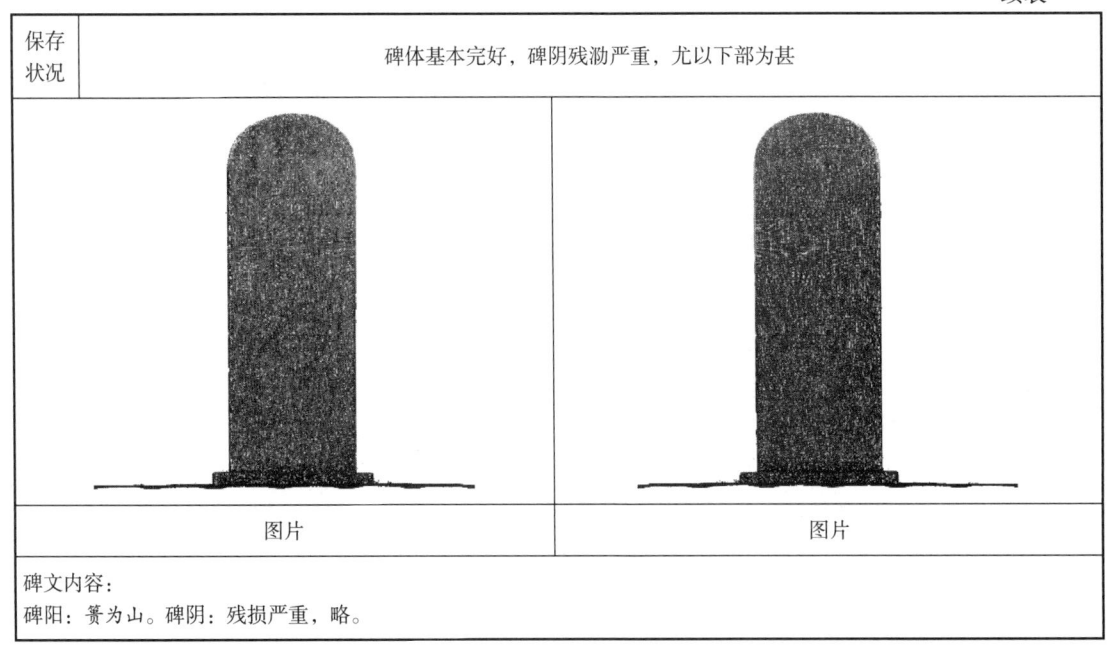

碑文内容：
碑阳：簪笏山。碑阴：残损严重，略。

序号：0079-8888

题名	后晋经幢			
年代	后晋天福二年（937）、后晋天福八年（943）	书体	楷书	立碑人	无
性质	幢身八面，由四截组成，无幢帽及幢座			文献	无
位置	岱庙汉柏院	文物级别	三级	尺寸	高355厘米，八面，每面宽45厘米
保存状况	幢身残损严重，经文残不可读			
	图片		图片	

碑文内容：
后晋经幢
幢文：略。

序号：岱-080

题名	清咸丰重修泰安邑廨记碑			
年代	清咸丰元年（1851）	书体	楷书	立碑人	张延龄
性质	长方形碑，碑阳四周浅浮雕云龙纹		文献	无
位置	岱庙汉柏院	文物级别		尺寸	82×159×17厘米
保存状况	碑体保存基本完好，个别字残泐			

碑文内容：

重修泰安邑廨记　庚戌春，延龄自雷泽调任，甫下车进署廨，由门而堂半就倾圮。而公堂尤甚，堂檐穿天，不知几历年所，至旁舍之颓然更不胜指数。时因亲事之初，未暇筹及。今承乏一载有余，幸年谷顺成，民俗相安无事。公余溯查邑廨，旧为前明萧太保宅，创于乾隆四年，邑宰李公松所建。本属旧宇置设，又历今百一十二年，考诸邑乘，未见续修之举，其为积久荒废可知。延龄薄宦几及十年，苦无私橐，兼且积累盈身，力何堪任？现奉新令，一切工程停止，既难详修，又值通省清查之后，不克筹垫。踵为流摊积弊，倘竟置之不论。泰邑固山邮冲要，省会咽喉，民事烦多，而旧时堂额犹悬，仰视几虑亲民无所，又何以成治体。况今圣天子建元之初，励精图治，百废具举。官斯邑者，方期举一邑而从新化焉，乃一公堂之不能兴废固存，又何望其远周一邑耶？若以为壮观瞻，抑未矣，是延龄不得不勉力兴修之本心也。工之次序，先盖造亲民堂三间，圈棚三间，东西库房各一间，纵横悉如旧制，而土木工料则革旧全新。堂后另置看堂役宅，门役、茶房等所居西屋三间。又更新宅门内含春堂三间。复仍旧料，而增修甬道、公生明牌坊一座及仪门三间、大门三间。仪门以西添盖西皂役房三间，守门役房一间。大门以东另置守门役房一间，白夫房二间。门外东西旧有牌坊二座，东则新建，西则修整。其余捕班房及照壁、周围垣墙一律修整如旧，并陆续修整房舍，不复眉列。是役也，兴工于辛亥闰秋之朔，成于九月念八日。初不计目前之窘，继而幸免半涂之废，抑亦兴废固存之一端，藉以自勉而推行之，何敢有倦于后日，并以告后来诸君子共矢同志于不衰云。若夫泰岳，震方也；山岳，艮象也。雷雨作于上，山水通于下，泽润丰美之象。方将于新是役后，而祝一邑之光昌日臻其盛焉。是为记。知泰安县事、如皋张延龄谨识。咸丰元年岁次辛亥谷旦立。（此碑原在泰安县旧县署院，铭文对泰安县旧县署的沿革兴废记载较详）

序号：0082-8890

题名	清道光徐宗干题泰山印跋碑			
年代	清道光元年（1821）	书体	隶书、篆书、楷书	立碑人	无
性质	方形，嵌于墙内		文献	无
位置	岱庙汉柏院东碑墙	文物级别	三级	尺寸	70×59厘米
保存状况	右上、左上两角残缺，碑文部分残泐			

图片

续表

碑文内容：
玉印记碑　山顶碧霞祠旧有玉印，印重九十六两，高二十二分，上有狮纽，连座高四寸八分（以下缺五字）上有狮纽，连座高四寸八分（以下缺五字）乾性庚申，祠毁于火，移贮县库。道光辛巳，县署灾，复诸煨烬，终无磨灭。都人士（以下缺五字）可以辟邪，争钤印焉，久将漫漶不可识，爰摹勒于石，而系以铭：有灵在天，无欲则仙。照尔善恶，鉴尔蚩妍。山精木魅，不敢前分。呼云雨于泰山之巅。（玉印考）右印或以为泰时物，或以为宋真宗时物。《文献通考》云："玉女祠侧有石像，真宗东封易以玉。"此当为大中祥符时赐物，是则与玉像□□□□必其曰天仙者何？以天神而□□偶之曰天尊、曰上帝；以地祇而瞿芇像之曰元君、曰天仙。东方主生，崇是岱岳，固其宜也。今玉像久毁，金石□□□□印独存，题名记所谓"铁碑铜鼓融为汁，而玉印独完，唯一角少缺"者是也，宰斯土者，递相授焉，当综考图志而为之辨，并识于后，□□质博古者。（玉印文考）天仙照鉴，乃告神之词，非所以为赐也。以意度之，帝无侈陈天书，崇尚策瑞之事。时侍从诸臣必虔，有为"群仙下降、东岳见形"之说以献媚者，故御制《谢天书铭》云"梁父仙间"，又《广生赞》云"群仙之府"，可知此印必系当时祝告所用，用毕仿金绳例瘗于土中，为后人掘地得之耳。正异用金铸宝，曰天下同文，以封石石感，同一张皇夸大之意。若云赐物，则天书降于泰山，正当用天下同文金宝赐镇泰山，以示千古盛事，又何必别制一玉印哉。是为记。时道光戊子清和月，崇川徐宗干书。

序号：0083-8892

题名	明正德张璿登泰山五言诗碑			
年代	明正德七年（1512）	书体	楷书	立碑人	无
性质	竖长方形		文献	碑拓片
位置	岱庙汉柏院东碑墙	文物级别	三级	尺寸	63×52 厘米
保存状况	碑左上角缺损，碑文部分漫漶不清			

图片

碑文内容：
登泰山五言　五月观沧海，初秋上泰山。海深还有市，山大更无班。抚景思蝦蚌，凭空看宇寰。一年巡历地，刚得两颜开。予昨寓登州，海市见，甚奇。既为文以写美景。今过此而登山也，并言之。正德壬申秋七月望，恒山张璿题。

序号：0084-8893

题名	明徐文通登泰山诗碑			
年代	明	书体	行书	立碑人	徐文通
性质	横长方形碑		文献	据碑拓片录入
位置	岱庙汉柏院东碑墙	文物级别	三级	尺寸	49×131 厘米

续表

保存状况	碑右端残损，碑身断裂，碑面残损较重，字多模糊不清
图片	

碑文内容：
徐文通登泰山诗碑 ……雨对蓬壶凭高莫……子不面空大夫 灭箦峰□青□□阴□□漫跚跚中原郡国秋箛晚万里山河夕照虚王多空传三岛□秦皇不驾五云□□年□□□诞身□还封禅书 岱宗宫□□□□望烽烟万里开叠□□□□王柱□云东海接蓬莱□□□问寻源夕照俯身□□□徘徊。朝□□□□春宫天外征尘□□东摠辔□□怀驭日振衣使者□乘风十……万里□览秋色……马河□□石玉凤□□远汉□望衔杯摇落伤怀□□谁能冠世雄 芙蓉高削玉□幽绝顶跻攀临九州白画风涛秋不息青宫日□晓含愁天空万里浮□尽地折中原碣石□回有翠华千载事只看老□护……婺君徐文通顿首拜稿。

序号：0086-8895

题名	清道光定亲王诗碑				
年代	清道光十二年（1832）	书体	楷书	立碑人	清定清王爱新觉罗·奕绍
性质	竖长方形碑，碑阳四周浅浮雕云龙纹			文献	无
位置	岱庙汉柏院东碑墙	文物级别	三级	尺寸	169×64厘米
保存状况	碑左上角及右上角残缺，碑中部有断裂				
图片					

碑文内容：
一天苍翠接南天，足下云生百天巅。四壁玲珑撑怪石，几湾清澈泻流泉。长松犹记秦封时，古柏遗闻汉代传。昕夕阴晴多变态，崇朝遍雨信诚然。道光壬辰季夏，奉命祈雨，来至泰安，恭瞻岱岳，敬成一律。

序号：0087-8896

题名	清嘉庆陶澍由升仙亭陟岱诗碑				
年代	清嘉庆二十年（1815）	书体	行书	立碑人	陶澍
性质	横长方形碑		文献		泰山大全
位置	岱庙汉柏院东碑墙	文物级别	三级	尺寸	38×101 厘米
保存状况	碑面多处残泐，碑文漫患不清				

图片	图片

碑文内容：
由升仙亭陟岱 豁达天门指顾通，升仙亭回接鸿濛。眼前杯豆群山小，脚底波涛万壑同。云气出为天下雨，海声吹上日边风。壮游此际真奇绝，手挈珠杓踏彩虹。嘉庆乙亥冬，安化陶澍。题岱顶浴日养云之室二首 海内名山首岱宗，青天削出万芙蓉。云潘绝顶千年石，风响前朝五粒松。槛外烟霞驯白鹿，崖边星宿挂苍龙。就瞻是处天藻，玉检金泥陋汉封。云涛刚趁午风掀，莽莽坤舆豁混元。万水东来潴大壑，一山西向砥中原。丹崖翠巘仙人宇，羽葆珠旗玉女轩。恋阙臣原香案吏，回头尸五即台垣。长沙陶澍

序号：0088-8897

题名	元至元徐世隆蒿里山神祠诗碑				
年代	元至元二十一年（1284）	书体	行书	立碑人	无
性质	长方形碑		文献		
位置	岱庙汉柏院东碑墙	文物级别	三级	尺寸	55×74 厘米
保存状况	碑面斑驳残泐，个别字迹不清				

图片

续表

碑文内容：
世传蒿里摄灵魂，庙宇烧残弊复新。七十五避阴断事，数千余里远祠人。天神志似张华博，地狱图如道子真。积少成多能事毕，泰山元不让微尘。岁甲申闰五月廿七日甲辰，翰林集贤学士、政大夫、知制诰同修国史徐复斋为提点道教天倪子张志纯书之，志纯初名志伟，为上知识，改赐今名。

序号：0089-8900

题名	明弘治戴珊登泰山诗碑			
年代	明弘治七年（1494）	书体	行书	立碑人	戴珊
性质	横长方形碑		文献	《泰山大全》
位置	岱庙汉柏院东碑墙	文物级别	三级	尺寸	49×84厘米
保存状况	碑面残损严重，字多漫漶不清			
	图片			

碑文内容：
珊以节使往鲁府行册封，礼成，还道泰安州。谒东岳神祠，寻登其岳之巅。先是阴云竟夕，迨晓天开日朗，万里在目，众心咸悦。昔韩昌黎张开衡山之云，珊何人斯？乃亦得此邪！诗以纪之。时弘治七年十一月五日，同登者：副使工部员外郎安福周浚，门人知州长曹镐，学正舒城胡熙，训导无锡蔡亨也。晓日团圆宕雾收，几盘石磴翠峰头。紫霄咫尺瞻双阙，沧海微范见一抔。凭仰远怀尼父道，丹青真逼谪仙讴。岳灵帝德绥宗社，名号千年不负州。赐进士通议大夫，刑部右侍郎、前副都御史、浮梁戴珊书

序号：0090-8899

题名	明成化吴凌题泰山诗碑			
年代	明成化十四年（1478）	书体	楷书	立碑人	吴凌
性质	横长方形碑		文献	碑拓片
位置	岱庙汉柏院东碑墙	文物级别	三级	尺寸	60×87厘米
保存状况	碑面残损严重，碑文残泐，多不可读			

续表

图片

碑文内容：

明成化吴凌题泰山诗碑……跻攀入云□□□高飞鸟□夜春□□光芒□东晓夷□九州内碌□□□少□封何代□□□荒炯表磨崖□□□此事成□□傍有仙真祠□来亦茫渺古不可见今人空□□谁哉仲尼徒□堪小　右题泰山　□捲乾坤事远游，登封曾此驻跸□。大夫松在君安在，涧底湍声哭未休。又　风雨□□□龙，□□□□大夫封。扶苏谩有安秦策，不□当时半日功。又　王立岩□□树阴，君王怜□□□心。当时□□灰飞尽，留□□□□□今。右题大……予奉……兖同登泰山……成化戊……身奉……大夫……即……

序号：0091-8900

题名	明万历俞汝为名山记岱宗及徂徕诗碑			
年代	明万历二十年（1592）	书体	楷体	立碑人	俞汝为
性质	横长方形碑		文献	碑拓片
位置	岱庙汉柏院东碑墙	文物级别	三级	尺寸	53×105厘米
保存状况	碑文风化严重，多不可识			

图片

碑文内容：

登岱八首　为爱名山访岱宗□□仙人……岘夕棒丹书下□□□□可餐……溶溶人生几得登临□□□飞龙□　振□天门路几盘迢远飞磴……见例峡泉流杖底看近远……层峦也知只尺邻霄汉行……梯悬绝□转亭　半倚崔巍半香宾天为□□□□镇人□图画识真形参差剑履仙人□□呼吸风霆□子□身世总疑□□上□阿□动使□　十二峰头礼碧霞芙蓉青□□仙家山回落□□香石隐驱龙御帐斜肤寸尚□□□雨羽□还□□□花冷然守内供长啸岳色……四顾奇纵觉有神白云□处见□鹤玉女池□□大人灵秘自天开上界□□此地□东巡黄河万里看衣带杯水盈是……金银为色羽为衣仿佛双□驭翠……迹从伊流睇得真机遨哉□有……策非检点灵先满山谷赞赞三□山中朋　检玉绳金事有无□官□此□山乎□□御道龙骖□□□□历代……主符胡然七十二君□□有秦时五大夫　九点仓茫□九州□□常抱使臣……妇赖有长□□式……梧秋遥□累□□趼□乎□金钱□上头　题无字碑　龙文蝌蚪□□斯无字归□□碑□□□处云根看到未雕时……在兹黔首自□□计拙……登日观　夜深海□□灵飞吞吐藻浴少微山□接光□□未稀欲挠扶桑□日驭□何处……万历壬辰秋日曹州□使者华亭俞汝为书

序号：0092-8901

题名	明万历刘从仁登泰山诗碑				
年代	明万历十四年（1586）	书体	行楷	立碑人	贵溪徐贞明书，泰安知州刘从仁、同知武尚科、判官马天俸、吏目苏天寿刻石
性质	横长方形碑			文献	碑拓片
位置	岱庙汉柏院东碑墙	文物级别	三级	尺寸	48×225厘米
保存状况	碑面残损严重，碑文大部不可读				

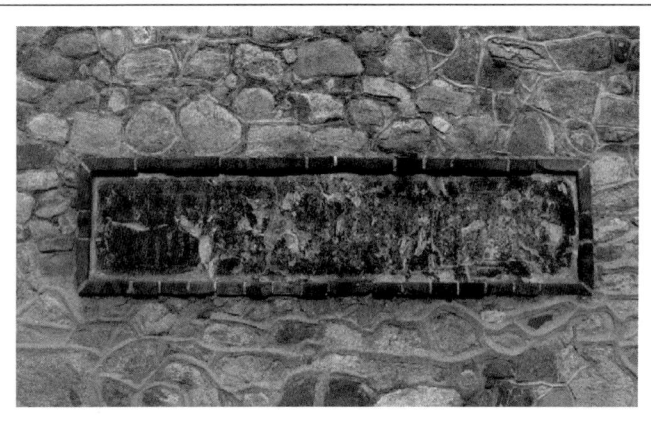

图片

碑文内容：
登是岩最高处　石径披云入，凭高欲御风。松阴环叠□，□□长□锡。□□□沸大，□□饯自工。探奇情未已，指点问遗□。灵岩古刻多磨灭，世以金石□寿□。□□□浮□，□乎为之□有。□有□□□□，拥□岩胜山□□□尊残碑翳荒□陈迹托□门□□成今古……意与谁□。灵岩杂咏　朗公化为石，停云石亦封。不识停云意，吾□叩朗公。右朗公石　证明何所□，山头空□□。立壁□何心，云归山村寂。右证明岩　一□同中客，都忘世上群。何物供怡悦，深山多白云。右白云洞　如来金粟影，犹有铁袈裟。付□衣亦障，寄语□僧伽。右铁袈裟　当年双鹤舞，□□几多日。空留泉□名，问□□□知。右白鹤泉……者自朝……偶然飞锡□何意得□泉本自无思议谁能管测□。右锡□泉　世人矜□艺漫□说公轮穴处宁为拙巢□未是迁　右□般洞　丙戌□贵溪徐贞明书　泰安州知州刘从仁　同知武尚科　判官马天俸　吏目苏天寿刻石

序号：0093-8902

题名	清乾隆题"壶天阁诗碑"				
年代	清乾隆五十五年（1790）	书体	行书	立碑人	无
性质	竖长方形体			文献	无
位置	岱庙汉柏院东碑墙	文物级别	三级	尺寸	160×78厘米
保存状况	碑右上角残缺，碑文多处残泐，个别字模糊不清				

续表

图片

碑文内容：
壶天阁居路之中，于是传餐足憩躬。便可轻舆徐以进，未能策马愧于衷。庚戌季春，御题。

序号：0094-8903

题名	清嘉庆禹贞文感恩复瞻田碑			
年代	清嘉庆二十一年（1816）	书体	楷书	立碑人	无
性质	横长方形碑		文献		碑拓片
位置	岱庙汉柏院东碑墙	文物级别	三级	尺寸	76×171厘米
保存状况	碑面残损严重，碑文大部漫患不清			

图片

碑文内容：
余道家者流，自宜守道德清净之旨，为蒲团生活，何敢计有无、较丰啬，沾沾于求田问舍之所为，然以方外人幸见容于尧舜之世，沐浴膏泽，歌咏太平，与四民之乐业者，无以异。岂真有辟谷之术、服炼之法，如神仙之餐霞吸露者哉。惟其然，则岱庙之宜有赡田亟矣。况岱庙乃钦工重地，自我七代师祖黄恒镍来守是祠，奉檄为提点司，其时尚有岁分香税之例，迨香税裁革后，道众渐多，司务渐繁，虽充应道纪，世不乏人，而赡田终未有也。数传至我侯太师祖瑶池公，讳仙海，天性朴素，力行节俭，承道纪二十余年，所积香金，购朴家庄产，以为岱庙养育之资。历有年，侯太师祖卸任之后，刘师祖接补道纪，度支屡匮，积欠陈因任事，甫十年，势不能支，遂解任去。及余受钤领庙事，适承其敝，力难补救，加以歉收频仍，饔飧不继，道众数十口嗷嗷啼饥，几无以自活，不得已始将庄田典质，以济眉燃，寻复售而弃之，抵逋欠焉。顾事出两岐，典卖二家，俱与余构讼，逾年不辍。蒙郡伯廷老公祖，廉得其情，判归岱庙。岁计所获，以偿其直。永远不许典卖，而承典承买者，并禁之。即令刻石著为例，而讼遂平。意祖宗艰辛之业，一旦覆坠，如破卵矣。赖郡伯仁明，剖断公允，俾岱庙沐再造之恩，是故两造之慷慨慕义，相忘不争。然非郡伯之忠信明决，深服人心，安能使虞芮质成之风再见于今日也哉。用是与道众约毋奢华、毋逸欲，以勉副郡伯体恤至意，而先人绪业亦可以世世长享无替矣，谨述颠末为后来者鉴。泰安府道纪司管理泰山上下庙宇盘道钦工事务禹贞文泊道众立石。庚申　恩科举人邑人　蒋大庆代撰

序号：0095-8904

题名	清乾隆"过泰山再依皇祖诗韵诗"碑			
年代	清乾隆二十七年（1762）	书体	行书	立碑人	无
性质	竖长方形碑		文献	《泰山大全》
位置	岱庙汉柏院东碑墙	文物级别	三级	尺寸	231×99厘米
保存状况	碑左下角残损，碑文风化严重，多不可识			
图片				

碑文内容：
藏台阁泰安碑　其一　才看积雪消峰脚，又觉轻云翳日头。岂是山灵邀客住，故教岚令作烟浮。赓吟尚忆尧登顶，结揽遐思禹画州。阿那天门门左侧，云巢三日我曾留。其二　仄路盘旋出塞口，岱宗俯视众峰头。试思前度游如在，了识百年梦亦浮。稍喜省方近吴会，岂辞问路自齐州。若云此地山川景，只合驱车不合留。过泰山再依皇祖诗韵，辛未孟春下浣，御笔。欲笑相如逢汉武，更非张说谀唐明。却因瞻彼岩岩相，便似畅兹坦坦情。或马或舆遵栈路，宜诗宜画入仙京。齐州九点烟中辨，益切忧怀保泰平。壬午孟夏月中澣，登泰山作，御笔

序号：0096-8905

题名	清道光奉香供祀岱宗碑			
年代	清道光十二年（1832）	书体	楷书	立碑人	无
性质	横长方形碑，碑阳四周线刻云龙纹		文献	碑拓片
位置	岱庙汉柏院东碑墙	文物级别	三级	尺寸	96×227厘米
保存状况	碑左侧断裂，碑面残损较重，碑文多处模糊不清			
图片				

续表

碑文内容：
奉香供祀岱宗碑　道光乙酉丙戌，额两奉香供岁祀于岱宗，于兹六载矣。今夏京师久旱，宵旰忧勤，靡神不举。六月二十七日，定亲王奉命恭赍御制祝文祷于岱庙，谨奉请随同行。祝礼毕，登山升香，甫陟山麓，见浓云坌涌，拱北齐飞，后闻京畿即由是日连沛甘霖，东省毗连州县优渥均沾。仰惟一人先劳，百灵效顺，矧岳镇神祇，发育峻极，宜其不崇朝而遍应也。敕下内府司员，恭亲撰祝辞及藏香、供器，交额祇领，前谒泰山，恭代行礼，虔诚报谢。爰躏洁驰往，于七月十五日入泰郡。时方溽暑，抵境即风动雷作，云起雨随，倍深震格。乃命有司，视牲牷，肃豆登，设祭品，肆习典仪，胪列钦颁供器。十六日质明入庙，虔奉祝辞焚告，默达谢忱。礼成后，口香登山，敬谒碧霞祠，祇尊定亲王前谒各庙，以次分献。斯时也，弥山云气馥郁氤氲，凛百神之来歆，益庆兆民之有赖也。次日下山，盘路右有寿星亭，询其建之由，相传泰山上应角、亢躔次。是日，适为余五旬生辰，□□典礼业已告成，久未登临，停舆小憩，明发不寐，有怀父母鞠育之恩，凤夜惟寅，仰副天子诚求之意。所愿民和年丰，敢私祝乎。前月随同定亲王登山，卜雨于岱麓关帝庙，繇辞有"去复回"之语，越旬余奉命令复来报谢，载展精禋，足见灵爽丕昭，而名山升口，益感至诚在上之无远弗格也。道光壬辰七月十七日山东巡抚讷尔经额恭记。泰安县知县徐宗干敬泐石

序号：0097-8906

题名	明万历张佳胤登岱四首诗碑				
年代	明万历十一年（1583）	书体	楷书	立碑人	张佳胤
性质	圆首方碑，碑阳四周线刻海水江崖纹		文献		无
位置	岱庙汉柏院东碑墙	文物级别	三级	尺寸	225×92厘米
保存状况	碑有一断痕，个别字漫漶				
	图片				

碑文内容：
其一：张衡曾赋四愁诗，来往相从及此时。翠壁千盘随杖转，丹梯一线自天垂。瑶函偶拾神人字，绛节高居玉女祠。梦里按图分五岳，真形微被地灵窥。其二：青空寒露滴芙蓉，挂颊天门倚岱宗。汉草相传司马笔，秦官犹寄大夫松。参差三观疲双目，□□千岩藉短筇。方内名山探欲遍，晚年始迁丈人峰。其三：天鸡听罢曙将分，剑倚峰头接斗文。仿佛白知山下水，升腾红放海东云。烟霄身拥三千丈，封禅书传七十君。怪底衣裙常五色，由来岳气已氤氲。其四：日月双从岱顶悬，每依帝座揽秋□。秦碑突兀青天上，仙岛微茫大海前。寓目好看吴苑马，颣身那辩汶阳田。山中纵失襄城驾，犹胜风尘在市廛。明万历癸未秋日，太子少保、兵部尚书、铜梁张佳胤书。（碑原立于岱庙环咏亭，1929年环咏亭毁于战火，1959年移立汉柏院）

序号：0098-8907

题名	清嘉庆岱工增修小记碑				
年代	清嘉庆二十三年（1818）	书体	楷书	立碑人	蒋大庆撰，泰安府道纪司禹贞文同众立石
性质	横长方形碑			文献	碑拓片
位置	岱庙汉柏院东碑墙	文物级别	三级	尺寸	75×197厘米
保存状况	碑面残损严重，碑文已多不可识读				
图片					

碑文内容：

岱工增修小记碑　六经无仙佛等字，只从至情至性中教人体验，随时随地皆可以动善念，而有合于圣贤之道，特有是念而不能推而行之，奚裨焉。我郡尊廷老祖多思政事，事慎重不苟，戊寅春，奉檄重修岱工，虑帑项所关工程匪细，因访历下捐职州同马魏公致和，聪敏有营建才，聘作监督。魏公运筹多方，无辜物，无柱材，计日量功，不愆于素，工将竣，复念泰山为香火麋集之地，盘磴稀疏，登陟维艰，于旧额外增筑数百磴，包崖十余段，见近巅两峰陡险，夹逼盘道，往往坠石惊人，遂创建一祠于新盘口侧，以合祀灵官山和土地，以祈冥护山路，纤长男妇云集无蔽身地，又为筑憩所十余处，以及重新山馆，补架石坊，此皆善念一动而即见诸行事者也。今岱工仅万金费耳，经魏公调度已足以当从前数万金之用，且额外增修，以利剂乎四方，不相识之人而绝不以肥身家为计其用心为何如也。噫！群二秦技巧归指令大匠呈材，功在任人。观夫魏公固为克当其才，然非我老公祖之□人善任，焉能相与有成，若是乎？郡人□□因志之，以志来者。赐进士□身文林郎泰安府教授翟德先　巳酉恩科举人泰安县训导宋肇祥　邑绅　江橘　庞润远　周隆基　卢珽　宋毓瓞　刘曰棠　张炤　夏禹亭　夏丕承　魏扑　夏瑞恒　贾泮林　郑鸿渐　程志　朱卓　弭瑞符　柴兰皋　杨世焜　李源深　常希圣　武定府滨州训导庚申恩科举人蒋大庆撰　邑庠生程希闵书丹　恩科戊寅举人卢琳　候选员外郎　宋兴廷　原任城武县教谕巳酉科拔贡　赵□　甲子科举人　游金垣　候选县丞　宋兴帏　候选守府　宋毓苓　原任嘉兴卫漕运府甲寅恩科武举张龙光　泰安府道纪司禹贞文　同众立石　嘉庆贰拾叁年岁次戊寅菊日上浣　谷旦　历下杨传镌

序号：0099-8908

题名	清乾隆五经论碑				
年代	清乾隆三十九年（1774）	书体	楷书	立碑人	知山东泰安府事李纯刻立
性质	四碑并立，每碑圆首			文献	无
位置	岱庙汉柏院东碑墙	文物级别	三级	尺寸	229×324厘米
保存状况	四碑共有五处断裂痕迹，部分碑文模糊不清				

续表

图片

碑文内容：

苏东坡五经论碑 《易》《易》者，卜筮之书也。挟策布卦，以分阴阳而明吉凶，此督智者之事，而非圣人之道也。圣人之道，存乎其爻之辞，而不在其数。数非圣人之所尽心也，然《易》始于八卦，至于六十四，此其为书，未离乎用数也。而世之人皆耻其言《易》之数，或者言而不得其要，纷纭迂阔而不可解，此高论之士所以不言欤？夫《易》本于卜筮，而圣人开言于其间，以尽天下之人情。使其为数纷乱而不可考，则圣人岂宜以其有用之言而托之无用之数哉！今夫《易》之所谓九六者，老阴、老阳之数也。九为老阳而七为少阳，六为老阴而八为少阴。此四数者，天下莫知其所为如此者也。或者以为阳之数极于九，而其次极于七，故七为少阳九为老。至于老阴，苟以为以极者而言也，则老阴当十，而少阴当八。今少阴八而老阴反当其下之六，则又为之说曰，阴不可以有加于阳，故抑而处之于下，使阴果不可以有加于阳也，而易不曰老阴八而少阴六。且夫阴阳之数，此天地之所为也，而圣人岂得与于其间而制其予夺哉。此其尤不可者也。夫阴阳之有老少，此未尝见于他书，而见于《易》。易之所以为老或为少者，为夫揲蓍之故也。故夫说者宜于其揲蓍焉而求之。揲蓍之法，曰，挂一归奇。三揲之余而以四数之，得九而以为老阳，得八而以为少阴，得七而以为少阳，得六而以为老阴。然而阴阳之所以为老少者，不在乎七八九六也，七八九六徒以为识焉耳。老者，阴阳之纯也。少者，阴阳之杂而不纯者也。阳数皆奇而阴数皆偶，故乾以一为之爻，而坤以二天下之物，以少为主。故乾之子皆二阴，而坤之女皆二阳。老阴老阳者，乾坤是也。少阴少阳者，乾坤之子是也。揲蓍者，其一揲也。少者五而多者九，其二其三少者四而多者八。多少者，奇偶之象也，一爻而三揲，譬如一卦而三爻也。阴阳之老少，于卦见之于爻，而于爻见之于揲。使其果有取于七八九六，则夫此三揲者，区区焉分其多少而各为处，果何以为也？今夫三揲而皆少此，无以异于乾之三爻而皆奇也。三揲而皆多此，无以异于坤之三爻而皆偶也。三揲而少者一，此无以异于震坎艮之一奇而二偶也。三揲而多者一，此无以异于巽离兑之一偶而二奇也。若夫七八九六，此乃取以为识，而非其义之所在，不可以强为之说也。《易说》附 四营而一变，三变而一爻，六爻为十八变也。三变之余，而四数之得九为老阳，得六为老阴，得七为少阳，得八为少阴。此乾者之二百一十有六，坤之策一百四十有四，取变而言也。九六者为老，七八者为少，其说未之闻也。或曰：阳极于九，其次则七也，极者为老，其次为少，则阴当曰于十，而少于八也。曰阴不可加于阳，故十不用，犹当老于八，而少于六也。则又曰：阳顺而上，其成数极于九，阴逆而下，其成数极于六。自午而上，阴阳均也。稚于子午，而壮于巳亥，始于复姤，而终于乾坤者，阴犹阳也。曷尝有进阳而退阴，与逆顺之别乎？且夫自然而然者，天地且不能知，而圣人岂得与于其间而制予本哉！惟唐一行之学则不然，以为《易》固已言之矣，日十有八变而成卦，八卦而小，则十八变之间，有八卦焉，人莫之思也。变之初也，有多少，其一变也不五则九，其三变也不四则八，八与九为多，五与四为少，多少者奇偶之象也。三变皆少，则乾之象也。乾所以为老阳而四数，其余得九，故以九名之，三变皆多，则坤之象也。坤所以为老阴而四数，其余得六，故以六名之，三变而少者一，则震坎艮之象也。震坎艮所以为少阳而四数，其余得七，故以七名之，三变而多者一，则巽离兑之象也。巽离兑所以为少阴而四数，其余得八，故以八名之，故七、八、九、六四者，因余数以名阴阳，而阴阳之所以为老少者，不在是而在乎三变之间，八卦之象也。此唐一行之学也。《书》 愚读《史记·商君列传》，观其改法易令，变更秦国之风俗，诛秦民之议令者以数千人，黥太子之师，杀太子之傅，而后法令大行，盖未尝不壮其勇而有决也。曰："嗟夫，世俗之人，不可以虑始而可乐成也。使天下之人，各陈其所知而守其所学，以议天子之事，则事将有格而不得成者。然及观三代之书，至其将有以矫拂世俗之际，则其所以告谕天下者常丁宁激切，亹亹而不倦，务使天下尽知其君之心，而又从而折其不服之意，使天下皆信以为如此而后从事。其言回曲宛转，譬如平人自相议论而诘其是非。愚始读而疑之，以为近于濡滞迂远而无决，然其使天下乐从而无黾勉不得已之意，其事既发而无纷纭异同之论，此则王者之意也。故常以为当尧舜之时，其君臣相得之心，欢然乐而无间，相与吁俞嗟叹唯诺于朝廷之中，不啻若朋友之亲。虽其有所相是非论辨以求曲直之际，当亦无足怪者。及至汤武征伐之际，周旋反覆，自述其用兵之意，以明晓天下，此又其势然也。惟其天下既安，君民之势阔远而不同，天下有所欲为，而其匹夫匹妇私有异论于天下，以龃龉其上之画策，谕之而莫宜听。当此之时，刑驱而势胁之，天

续表

下夫谁敢不听从。而上之人，优游而徐譬之，使之信之而后从。此非王者之心，谁能处而待之而不倦欤？盖盘庚之迁，天下皆咨嗟而不悦，盘庚为之称其先王盛德明圣，而犹五迁以至于今，今不承于古，恐天之断弃汝命，不救汝死。既又恐其不从也，则又曰，汝罔暨余同心，我先后将降尔罪，暨乃祖，先父亦将告我高后曰，作大戮于朕孙。盖其所以开其不悟之心，而谕之以其所以当然者，如此其详也。若夫商君则不然，以为要使汝获其利，而何恤乎吾之所为，故无所求于众人之论，而亦无以告谕天下。然其事亦终于有成。是以后世之论，以为三代之治柔懦不决。然此乃王霸之所以为异也。夫三代之君，惟不忍鄙其民而欺之，故天下有故，而其议必及于百姓，以观其意之所想，及其不可听也，则又反覆而谕之，以穷极其说，而服其不然之心，是以其民亲而爱之。呜呼，此王霸之所以不同也哉。《诗》 自仲尼之亡，六经之道，遂散而不可解。盖其患在于责其义之太深，而求其法之太切。夫六经之道，惟其近于人情，是以久传而不废。而世之迂学，乃皆曲为之说，虽其义之不至于此者，必强牵合以为如此，故其论委曲而莫通也。夫圣人之为经，惟其《礼》与《春秋》合，然后无一言之虚而莫不可考，然犹未尝不近于人情。至于《书》出于一时言语之间，而《易》之文为卜筮而作，故时亦有所不可前定之说，此其于法度已不如《春秋》之严矣。而况《诗》者，天下之人，匹夫匹妇羁臣贱隶悲忧愉佚之所为作也。夫天下之人，自伤其贫贱困苦之忧，而自述其丰美盛大之乐，上及于君臣、父子，天下兴亡、治乱之迹，而下及于饮食、床第、昆虫、草木之类，盖其中无所不具，而尚何以绳墨法度区区而求诸其间哉！此亦足以见其志之无不通矣。夫圣人之于《诗》，以为其终要入于仁义，而不责其一言之无当，以其意可观，而其言可通也。今之《诗传》曰"殷其雷，在南山之阳"、"出自北门，忧心殷殷"、"扬之水，白石凿凿"、"终朝采绿，不盈一掬"、"瞻彼洛矣，维水泱泱"，若此者，皆兴也。而至于"关关雎鸠，在河之洲"、"南有□木，葛□累之"、"南有乔木，不可休息"、"维鹊有巢，维鸠居之"、"喓喓草虫，□□阜螽"，若此者，又皆兴也。其意以为兴者，有所象乎天下之物，以自见其事。故凡《诗》之为此事而作，其言有及于是物者，则必强为是物之说，以求合其事，盖其为学亦已劳矣。且彼不知夫《诗》之体固有比矣，而皆合之以为兴。夫兴之为言，犹曰其意云尔。意有所触乎当时，时已去而不可知，故其类可以意推，而不可以言解也。"殷其雷，在南山之阳"，此非有所取乎雷也，盖必当时之所见而有动乎其意，故后之人不可以求得其说，此其所以为兴也。嗟夫，天下之人，欲观于《诗》，其必先知比、兴。若夫"关关雎鸠，在河之洲"，是诚有取于其挚而有别，是以谓之比而非兴也。嗟夫，天下之人，欲观于《诗》，其必先夫兴之不可与比同，而无强为之说，以求合其当时之事。则夫《诗》之意，庶乎可以意晓而无劳矣。《礼》 昔者商、周之际，何其为礼之易也。其在宗庙朝廷之中，笾豆、簠簋、牛羊、酒醴之荐，交于堂上，而天子、诸侯、大夫、卿、士周旋揖让，献酬百拜，乐作于下，礼行于上，雍容和穆，终日而不乱。夫古之人何其知礼而行之不劳也？当此之时，天下之人，惟其习惯而无疑，衣服、器皿、冠冕、佩玉，皆其所常用也，是以其人入于其间，耳目聪明，而手足无所忤，其身安于礼之曲折，而其心不乱，以能深思礼乐之意，故其廉耻退让之节，怦然见于面而盎然发于其躬。夫是以能使天下观其行事，而忘其暴戾鄙野之气。至于后世风俗变易，更数千年以至于今，天下之事已大异矣。然天下之人，尚皆记录三代礼乐之名，详其节目，而习其俯仰，冠古之冠，服古之服，而御古之器皿，伛偻拳曲劳苦于宗庙朝廷之中，区区而莫得其纪，交错纷乱而不中节，此无足怪也。其所用，非其素所习也，而强使焉。甚矣夫，后世之好古也。昔者上古之世，盖尝有巢居穴处，圩樽杯饮，燔黍捭豚，蒉桴土鼓，而以为是足以养生送死，而无以加之者矣。及其后世，圣人以为不足以大利于天下，是故易之以宫室，新之以笾豆鼎俎之器，以济天下之所不足，而尽去太古之法。惟其祭祀以交于鬼神，乃始荐其血毛，豚解而腥之，体解而阉之，以为是不忘本，而非以为后世之礼不足用也。是以退尝体其犬豕牛羊，实其簠簋笾豆□羹，以极今世之美，未闻其牵于上古之说，选□而不决也。且方今之人，佩玉服黻冕而垂疏拱手而不知所为，而天下之人，亦且见笑之美，是何所希望于其有以感发天下之心哉！且又有所大不安者，宗庙之祭，圣人所以追求先祖之神灵，庶几得而享之，以安恤孝子之志者也。是以思其平生起居饮食之际，而设其器用，荐其酒食，皆从其生，以冀其来而安之。而后世宗庙之际，皆用三代之器，则是先祖终莫得而安也。盖三代之时，席地而食，是以其器用，各因其所便，而为之高下大小之制。今世之礼，坐于床，而食于床上，是以其器不得不有所变。虽正使三代之圣人生于今而用之，亦将以为便安。故夫三代之视上古，犹今之视三代也。三代之器，不可复用矣，而其制礼之意，尚可依仿以为法也。宗庙之祭，荐之以血毛，重之以体荐，有以存古之遗风矣。而其余者，可以易三代之器，而用今世之所便，以从鬼神之所安。惟其春秋社稷释奠释菜，凡所以享古之鬼神者，则皆从其器，盖周人之祭蜡与田祖也。吹苇龠，击土鼓，此亦各从其所安耳。嗟夫，天下之礼宏阔而难言，自非圣人而何以处此。故夫推之而不明，讲之而不详，则愚实有罪焉。唯其近于正而易行，庶几天下安而从之，是则有取焉耳。《春秋》事有以拂乎吾心，则吾言愤然而不平，有顺适乎吾意，则吾言优柔而不怒。天下之人，其喜怒哀乐之情，可以一言而知也。喜之言，岂可以为怒之言耶？此天下之人，皆能辨之。而至于圣人，其言丁宁反覆，布于方册者甚多，而其喜怒好恶之所在者，又甚明而易知也。然天下之人，常患求而莫得其意之所主，此其故何也？天下之人，以为圣人之文章，非复天下之言也，而求之太过。是以圣人之言，更为深远而不可晓。且天下何不以己推之也？将以喜夫其人，而加之以怒之之言，则天下且以为病狂，而圣人岂有以异乎人哉？不知其好恶之情，而不求其言之喜怒，是所谓大惑也。昔者仲尼删《诗》于衰周之末，上自商、周之盛王，至于幽、厉失道之际，而下讫于陈灵。自诗人以来，至于仲尼之世，盖已数百余年矣。愚尝怪《大雅》、《小雅》之诗，当幽、厉之时，而称道文、武、成、康之盛德，及其终篇，又不见幽、厉之暴虐，此谁知其为幽、厉之诗而非文、武、成、康之诗者！盖察其辞气，有幽忧不乐之意，是以系之幽、厉而无疑也。若夫春秋二百四十二年之间，天下之是非，杂然而触乎其心，见恶而怒，见善而喜，则求其是非之际，又可以求诸其言之喜怒之间矣。今夫人之于事，有喜而言之者，有怒而言

续表

之者，有怨而言之者。喜而言之，则其言和而无伤。怒而言之，则其言厉而不温。怨而言之，则其言深而不浅。此其大凡也。《春秋》之于仲孙湫之来，曰"齐仲孙来"。于季友之归，曰"季子来归"。此所谓喜之之言也。于鲁、郑之易田，曰"郑伯以璧假许田"。于晋文之召王，曰"天王狩于河阳"。此所谓怒之之言也。于叔牙之杀，曰"公子牙卒"。于庆父之奔，曰"公子庆父如齐"。此所谓怨之之言也。夫喜之而和，怒之而厉，怨之而深。此三者，无以加矣。至于《公羊》、《谷梁》之传则不然，日月土地，皆所以为训也。夫日月之不知，土地之不详，何足以为喜，而何足以为怒，此喜怒之所不在也。《春秋》书曰"戎伐凡伯于楚丘"，而以为"卫伐凡伯"，《春秋》书曰"齐仲孙来"，而以为"吴仲孙"，怒而至于变人之国。此又喜怒之所不及也。愚故曰《春秋》者，亦人之言而已，而人之言，亦观其辞气之所向而已矣。东坡言文，如流水行云。初无定质，但常往于所当，行常止于不可不止，自胘姿态横生，行于所当行不当行者，自不得不止，如车之有轨，如匠之有准绳者，亦视题以为的而已矣。神游题外，神注题中，惧其泛也，务去陈言，惧其浮也，抑其躇气，虽议论层叠，而循循然，莫不有规矩。东坡才气甚大，其所作《六经论》尚紧严乃尔。况万万不如东坡者乎，孝全好高务远，不知所裁，熟读此论当深思而自得之。乾隆五年秋八月 昔园老人书。先大夫以明德伟人，□资文武，逮事三朝，□历中外，生平风议，侃侃经猷，烂然所至，如景星卿云，尉为人望，间出其心得之绪余，萤英艺苑，诗、画、书并称三绝，画入神品，既已屡邀睿赏珍秘。内府性又中易，不厌求请，随意粉墨，又□尺素，海内耆古之家，多有之诗则性灵漾。一以陶谢季杜为宗，胸有智珠，手为天马所著，《闲青堂集》若干，现付□雕至书法一道，具体钟王，而又融治于唐宋以后诸钜公，体格尤近颜平原，而不徒袭其貌，盖忠义流贯处，实有嘿符于神彩，间者，凡夫章奏牍笺，皆自书不假手，而薰本辄多散佚，少收拾，驰驱鞅掌，垂三十年，临摹妙书，又不暇多作，以故流传绝少，独此《五经论》一册，盖在梦中，时为家四兄孝□写读后跋，知先公贻谟垂训，虽在耳顺以后，而神明不衰，总画波磔，都有一种秀杰之气，迥出纸外，曩所推崇以非溢美，然是册也，常以缄□□□櫜包席裹走铃，轼于青天蜀道中，来而又经三峡之险，曰□浮于惊涛骇浪间，几饱□□仪乃获免今，且笔墨完好如新，脱乎人险□，有鬼神呵护之者，而岂知先大夫书法通神，其固有以自寿也欤。孝纯少而栲昧长益□□，凡夫逝世留贻，切弗克负荷之惧。岁壬辰之冬，□拳心命出守泰安，明年癸巳，□领稍暇，点检陈筐弥用，憬然曰：是先人之手□，不为雷电取，将而□此意□流落人□者，其又□敢斤斤自私，不以先人之自寿者，而以寿诸天下，后世将恐惧，爰询爰谋，乃求大石，召良工，始事于是年秋末，而断手于来岁春三月，得丰碑四，树屹立于岱宗之下，岳庙之旁，庶俾后来仰止高山者，人人如鸿都金石，因更为诠叙其颠末如右时。乾隆三十九年岁在甲午季春之日甲寅 朔越二日丁巳知山东泰安府事不肖男百百拜盥手谨跋 李纯

序号：0101-8910

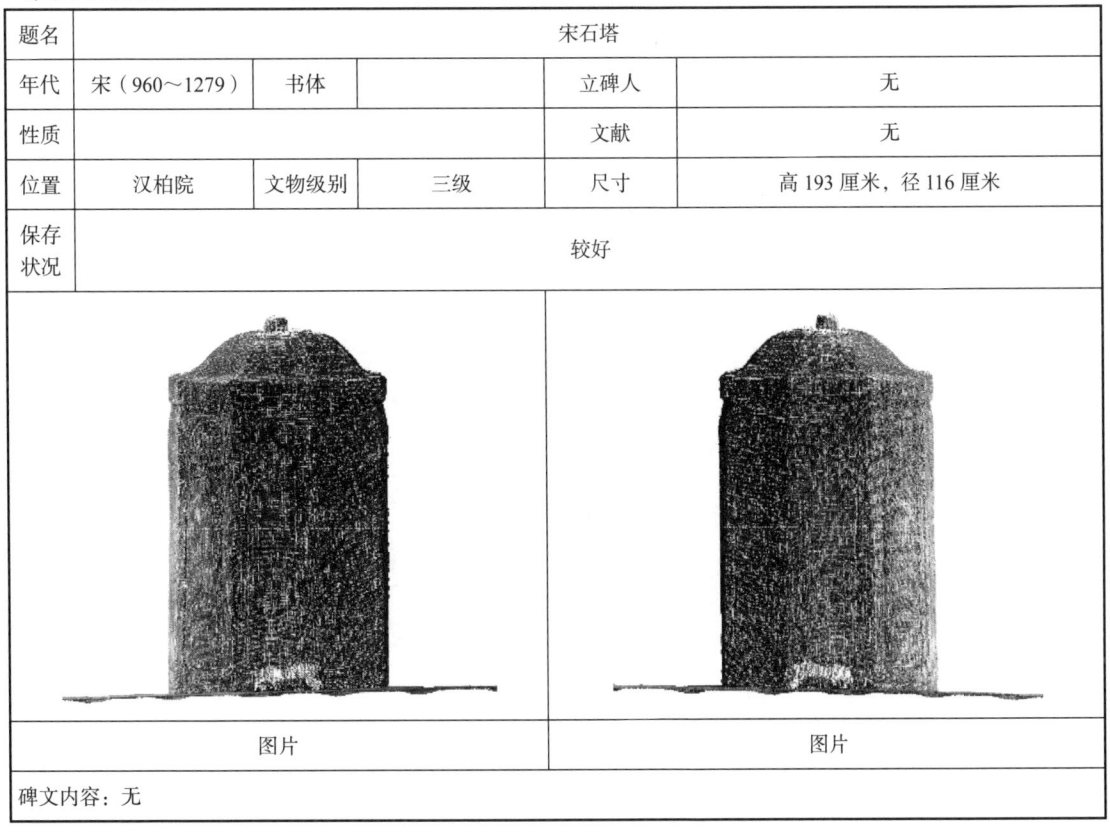

题名	宋石塔				
年代	宋（960~1279）	书体		立碑人	无
性质				文献	无
位置	汉柏院	文物级别	三级	尺寸	高193厘米，径116厘米
保存状况	较好				

图片	图片

碑文内容：无

序号：0103-8912

题名	清乾隆题"登封台诗"碑			
年代	清乾隆五十五年（1790）	书体	行书	立碑人	无
性质	横长方形碑		文献	无
位置	岱庙汉柏院东碑墙	文物级别	三级	尺寸	67×66厘米
保存状况	碑体保存基本完好，局部有残损			
图片				

碑文内容：
登封降禅古来传，总属夸为可鄙旃。造极至今凡六次，无他祇谢愧心虔。庚戌季春上浣御题

序号：0104-8913

题名	清乾隆题"朝阳洞诗"碑			
年代	清乾隆五十五年（1790）	书体	行书	立碑人	无
性质	横长方形碑		文献	无
位置	岱庙汉柏院东碑墙	文物级别	三级	尺寸	67×66厘米
保存状况	碑体保存基本完好，个别字残泐			
图片				

碑文内容：
翠微洼处数间屋，陟降人憩以常。日观高峰应早见，底须幽洞诩朝阳。庚戌季春御题

序号：0105-8914

题名	清乾隆恭依皇祖登岱诗韵碑				
年代	清乾隆十三年（1748）	书体	行书	立碑人	无
性质	竖长方形碑			文献	《泰山大全》
位置	岱庙汉柏院东碑墙	文物级别	三级	尺寸	229×94厘米
保存状况	碑残泐严重，中有一断痕，字多漫漶不清				
	图片				

碑文内容：
其一：丹梯纡陡穿云脚，翠观平临待日头。地迥顿教尘虑净，瞰空惟觉幻身浮。果然万古宗天下，讵独千秋镇兖州。大慰平生景仰志，可无警句半岩留。其二：天齐才上天居上，进步竿寻百尺头。众皱峰如能变化，太空云与其沉浮。岂缘乘兴凌千仞，敬识凭高御九州。继述何能覆敢不，乾坤亭里久延留。登泰山恭依皇祖诗韵。戊辰仲春，御笔

序号：0106-8915

题名	清乾隆飞来石诗碑				
年代	清乾隆三十六年（1771）	书体	行楷	立碑人	无
性质	方形碑			文献	碑帖
位置	岱庙汉柏院东碑墙	文物级别	三级	尺寸	碑身132×131厘米
保存状况	碑面有多处斑剥痕迹，个别字残损				
	图片				

碑文内容：
无翼飞来自何处，凌空欲坠倚崚嶒。诗书齐鲁斯为镇，梵志借誉似不应。辛卯仲春中澣，御题

序号：0107-8916

题名	明岱岳庙碑				
年代	明万历四十七年（1619）	书体	行书	立碑人	新安毕懋康撰
性质	竖长方形碑，碑四周线刻海水江崖纹，下刻狮纹			文献	碑拓片
位置	岱庙汉柏院东碑墙	文物级别	三级	尺寸	碑身253×108厘米
保存状况	碑左下角残损，碑面多处残泐，残处字迹不清				
图片					

碑文内容：
昔春皇继天牺牲之登，惟百轩建囿神灵之封，七十二道设之教，每以山川，然云鏊风峦□垓，非少□区福地，咸秩多闻，至于抗干□称□长群岳而为望，则未有善，兹山长盛者也。盖自太易未气，谁游汗漫之先，道□既育，道□冯翼之像，玄黄之得，惟一细缊之□有□，于是十形辟右，乃效舍译之布，八柱通住，共行不测之神。□嵩衡之峙，中南恒华□峻，西北皆以发地多奇，配天行顺，剡其扬矣。宗功□祀及天，受命告成，何以必荐于岱宗？增高昭报，何以竟尊于□皇考？其虚分乾维，角□地胜三千里洞之纡回，五十余盘之起，伏複叠贡诡参差输□位为，青帝始只出震之春神，号天孙，实辟召魂之衬，况复石出云生，峰观而日出，神房阿阁，非经非营，瑶几金□□无离有，故以仙宫九万翔。兹蓬玄之天，玉女三千，□守橘赤之柱，大生之仁，显矣，□方之变纷如，岂必使酒泉太守，侈言王母之宫，陈□陈人常动野□之，而后表灵于众庶，奉璋于君王，□是以帝狩于虞，则东至，而□侯封于鲁，则世主其□其后，四望清歌，靡歌于南吕，五祠殊典□修于□县以酬，咸递之忠，以崇司之权，自非齐二仪以永固，决回□而演化，其孰能兴于斯哉，□乃云云既禅，亭亭有仪，七十二君鲁籍，江淮之茅，三五六经，莫纪西海之翼，徒以吾寻其源，史迁扬其波，遂使秦代为之封松，汉家于焉植柏，华邹峰之篆，侈石闾之礼，建武而下监，不一朝诚未辨，俎豆之章，而已成编篆之汙矣，至若蒲车废，而凌雨金□探□微年，殆□灵气，或有仙才智者惑焉，然禅道之际，结绳未易，岂□书八会至策囱，而成文□颉象形银绳，尽为轩家洪荒邈乎矣，末可或知。圣祖乘龙启运，统揽群元，步皇骤帝之略泽，□四□际天弊□之烈馨，□□而陋□九之遐迹，早登蹑之上仪，增封广禅之坛，不躅于东土，桂海水天之政，冈问于青丘，但以岁钦礼典功祀生殖而已。历圣重明纂承肃恭，□乃山川之宁，必以明檖五律之愆，成勤震□则紫脱未英坤珍□敬之□□甘雨时赐哲后，实微其应者矣，□其绣楣文玱高翼□霓之宇，云梁月殿丰标冠山之场□币之诚，惟歌藉兰之来如雨酌礼泉而□□□周南以叹，昔赫赫乎，巍巍乎，□□□怀圣犹而思仰王度者哉，余只役持斧，再命东行□□封之崖崒，饮香井之

续表

| 清冷，允惭观民之生，□体物之功，是用□其显融勒诸贞珉，乘鹿医□□非陈思飞龙之口口咏毓珍出宝，或拟张君华□之碑铭曰：玄□黄□，山川以□五岳，舍□允配二仪，居东则岱杰峥称长瞻于鲁邦，镇惟青壤，观表周吴峰，标日月既隐神房，或浮云门瑰效万状奇竟于端鬼，幽其峪仙趾于峦。帝乃出震，演化为春。肇生庶类，禀和舍醇。纷总九州，益寿诞贤。物滋数后，注□象前。功阐显仁，□妙至教。爰启崇祀，始丰庙貌。或燔虞紫，或奉周璋。礼修四望，仪践百皇。明御天帝，载缉熙泽。敷厚坤烈焕两离，怀柔百神，咸秩惟清。岁肃嘉坛，俎豆用享。遂扬刿刿，翔此严严。蕃社以宁，群象克成。乾府冥契，地珍输祉。亿万斯年，恭兹明祀。大明万历四十七年正月上日 赐进士第中宪大夫顺天府府丞前奉 勒巡按直隶陕西山东等处阅视延固二镇广西道监察御史兵部员外郎中书舍人新安毕懋康撰 |

序号：0108-8917

题名	清乾隆题环咏亭诗碑				
年代	清乾隆二十七年（1762）	书体	行楷	立碑人	无
性质	横长方形		文献		碑拓片
位置	岱庙汉柏院东碑墙	文物级别	三级	尺寸	870×141厘米
保存状况	保存基本完好，碑体左上角有断痕，碑面有少许残泐，个别字残损				
图片				

碑文内容：
庙旁精舍小逡巡，瞬息流阴十四春。环壁苔华泐群咏，几成五色目迷人。壬午清和御题

序号：0109-8918

题名	清乾隆题日观峰诗碑				
年代	清乾隆五十五年（1790）	书体	行书	立碑人	无
性质	竖长方形，圭首		文献		无
位置	岱庙汉柏院东碑墙	文物级别	三级	尺寸	175×65厘米
保存状况	碑体有五处断裂，碑面中部残泐严重				

续表

图片

碑文内容：
少海初阳拥赤霞，铜钲一照众山低。欲观旸谷初升际，半夜由旬孰跻。庚戌季春上澣御题

序号：0112-8921

题名	清乾隆题白云洞诗碑			
年代	清乾隆五十五年（1790）	书体	行书	立碑人	无
性质	竖长方形		文献	碑拓片
位置	岱庙汉柏院东碑墙	文物级别	三级	尺寸	86×71厘米
保存状况	碑面残损严重，个别字残泐不清			

图片

碑文内容：
春云为喜夏为惧，可识人殊无定情。喜惧之中吾老矣，不曾一许颂其卿。庚戌季春上澣，御题

序号：0114-8923

题名	清乾隆题桃花峪诗碑			
年代	清乾隆五十五年（1790）	书体	行书	立碑人	无
性质	方形碑			文献	无
位置	岱庙汉柏院东碑墙	文物级别	三级	尺寸	70×75厘米
保存状况	碑体保存基本完好，个别字有残泐				
图片					

碑文内容：
石栈崎岖陡峻层，几枝灼朵倚崇崚。落英不付东流水，那许人间认武陵。庚戌季春上澣御题

序号：0115-8924

题名	明景泰徐仲麟题登泰山诗碑			
年代	明景泰二年（1451）	书体	楷书	立碑人	无
性质	横长方形			文献	无
位置	岱庙汉柏院东碑墙	文物级别	三级	尺寸	56×69厘米
保存状况	碑保存完好，个别字有残泐痕				
图片					

碑文内容：
凿开混沌此山尊，山外群山势欲奔。绝顶烟霞神室在，半空风露古碑存。星移物换何寥廓，天老云闲自晓昏。怪我登临穷望眼，诗成睨立一乾坤。时景泰辛未秋七月廿又七日，奉政大夫、金山东按察司事、广信徐仲麟书。

序号：0116-8925

题名	清乾隆题无字碑诗碑			
年代	清乾隆三十六年（1771）	书体	行书	立碑人	无
性质	方形		文献	无
位置	岱庙汉柏院东碑墙	文物级别	三级	尺寸	76×71厘米
保存状况	碑面多处断痕，个别字残泐			
图片				
碑文内容： 本意欲焚书，立碑故无字。虽云以身先，大是不经事。辛卯仲春中澣御笔				

序号：0117-8926

题名	清乾隆题飞来石诗碑			
年代	清乾隆五十五年（1790）	书体	行书	立碑人	无
性质	竖长方形		文献	《泰山大全》
位置	岱庙汉柏院东碑墙	文物级别	三级	尺寸	145×68厘米
保存状况	碑体保存基本完好			
图片				
碑文内容： 叠石原非土作根，飞来遂致有谰言。似兹屈指难为数，奚必重怡灵隐存。庚戌季春御题				

序号：0118-8927

题名	明弘治周津题泰安八景诗碑				
年代	明弘治九年（1496）	书体	行书	立碑人	慈溪周津
性质	横长方形碑		文献		碑拓片
位置	岱庙汉柏院东碑墙	文物级别	三级	尺寸	58×87厘米
保存状况	碑残泐严重，字迹多处残损				
	图片				

碑文内容：
明堂故址　□□天下八百年，东巡朝会□□□。□□然盂□力到，今登眺留真传□。　汶河古渡　沧海桑田□靡常，汶流千古尚决决。常年□□□□李，□得从前一渡航。龟阴秋稼　山形龟似天雄巧，禾泰山阴种偏早。秋风一片熟黄云，家□尽道丰年好。龙洞甘霖　一声霹雳苍崖烈，□处神龙入巢穴。时来□出气成云，□□□□□□说。　秦松挺秀　郁郁□□五□松，□□□受大夫封。三□年后□临眺，风雨□□一□逢。　汉柏凌寒　落落孤根蟠石铁，团团香叶凌霜雪。□□只是汉家载，花甲山中梦难说。弘治九年岁次丙辰季秋吉日赐进士第钦差巡按山东监察御史慈溪周津题

序号：0119-8928

题名	清乾隆题回马岭诗碑				
年代	清乾隆四十一年（1776）	书体	行书	立碑人	无
性质	竖长方形碑		文献		《泰山大全》
位置	岱庙汉柏院	文物级别	三级	尺寸	98×70厘米
保存状况	碑残损严重，前半部残缺，共少16字				
	图片				

碑文内容：
为奠天书策马来，崎岖难进遂因回。泰山何弗如林放，不受祥符捷径开。丙申暮春月中澣御题

序号：0120-8929

题名	清乾隆题丈人峰诗碑				
年代	清乾隆五十五年（1790）	书体	行书	立碑人	无
性质	竖长方形碑		文献		《泰山大全》
位置	岱庙汉柏院东碑墙	文物级别	三级	尺寸	141×69厘米
保存状况	碑体有一处断痕，碑面斑剥严重，除个别字个，碑文多模糊不清				
	图片				

碑文内容：
高峰何有丈人称，谁向青城故事激。缩地齐东蜀西号，千年野语任相应。庚戌……

序号：0121-8930

题名	清乾隆题十八盘诗碑				
年代	清乾隆二十二年（1757）	书体	行书	立碑人	无
性质	竖长方形碑		文献		《泰山大全》
位置	岱庙汉柏亭东侧墙内	文物级别	三级	尺寸	碑身高136厘米，残宽65厘米
保存状况	碑体缺损近半				
	图片				

碑文内容：
高峰何有丈人称，谁向青城故事激。缩地齐东蜀西号，千年野语任相应。庚戌……

序号：0122-8931

题名	明嘉靖静垒居士题登泰山诗碑				
年代	明嘉靖二年（1523）	书体	楷书	立碑人	无
性质	横长方形			文献	碑拓片
位置	岱庙汉柏亭东侧墙内	文物级别	三级	尺寸	53×110厘米
保存状况	碑面残泐严重，除落款及个别字尚可识读外，余均漫漶不清				
	图片				

碑文内容：
岳祠香火□重□□吾民……期息灭……语乐声……气遥连……香亭……几徘徊…… ……泰山祭告岳庙祈福于民为赋□□以□其云 嘉靖癸未春二月十九日庐陵静垒居士题

序号：0123-8932

题名	明嘉靖胡洙题登泰山诗碑				
年代	明嘉靖十一年（1532）	书体	行书	立碑人	胡洙
性质	横长方形碑			文献	碑拓片
位置	岱庙汉柏亭东侧墙上	文物级别	三级	尺寸	56×87厘米
保存状况	碑体漫漶较重，大部分字迹模糊不清				
	图片				

碑文内容：
中原一览平□□东岳何年□□□□田里已□园林甸□无浚汉山□□□宇□室鲁□□风云……看否……嘉靖壬辰□□主事……胡□

序号：0125-8934

题名	清道光冯赓飏《槐荫堂自叙》跋碑						
年代	清道光六年（1826）	书体	楷书	立碑人	南海冯赓飏
性质	横长方形碑			文献	碑拓片
位置	岱庙汉柏亭下东侧北碑墙上	文物级别	三级	尺寸	32×83厘米
保存状况	保存基本完好				
图片					

碑文内容：

今官有兴作，与鸠工于民间之业是者，亦非能如古焉。子为工之世其职而习其事也，余观致和魏翁自叙，异而词之口曰：翁少孤，迫饥寒为佣贩，不得已师于圬。自甲子至庚午，历七年，所营建如时巡行宫、至圣林庙，皆非民间所常见。而其时南北省大官交致翁，若翁不可者，翁一至，匠作千百，经其指授，无不巧中程式，应机立办。具城郭、漕闸、河桥、学校、院□、木石工作多寡迟速，近自估办，远或绘图量材，恒百不失一，岂生而有异能矣。翁曰：吾目不知书，少一穷愚耳。自吾业而专于圬，凡宫、室、台、池，古所图画，今所创建，闻见入耳目，通而出之于心。及有所承造，经营缔构，移易变化，是以其成也，创若凤构，人信用之。吾亦以揽巨万大工而不动心，因以所得赢余而行便神事，事与心应，无有成见。意亦如多读书自然成文，非抄录旧本也；多积学自然成道，非必古贤复生也。余闻翁言而有感焉。古今天下一大宫室也。尧、舜、禹、汤、文、武、周、孔，皆□匠也。郡国田赋，其基堙也，设官立学，其当构也；礼乐征伐，其梓材朴斫而丹腰也。司马德操之言曰：儒生俗吏，不识时务。自余论之，伦物不殊。经史具在，诚能入耳目，通而出之于心，经营缔构，移易变化，则儒生俗吏皆可使适于时而进于古者也。在通与不通，用与不用耳。亭林顾氏之论学曰：非好古而多闻，则为空虚之学。勺庭魏氏之论文曰：文章之能事在于积理。顾子，今代之通于学者也；魏子，今代之通于文者也；魏翁，今时之通于工者也，将毋通。今翁行年七十，阅益深，用益广。见山左重修贡院，集金八万，倚翁而决，诸大人先生赞笔口称，且已为援例，作六品封君，其子亦以学博登仕，可谓今之术通而见用于时者也。夫翁岂尝读古《考工记》，执以程匠人而任翁者；亦翁必如古闾胥书其敬敏，族师书其睦、䎽、任、恤，乡举里选而后信而用之哉！余顾今之用翁慕翁者，更思翁言，而务通其大者远者。彼齐桓问斲轮无知读书，岂非技通进乎道哉！道光丙戌冬至后三日，书槐荫堂自述后，应致和三兄之嘱。南海冯赓飏

序号：0127-8936

题名	清乾隆题莲花洞诗碑						
年代	清乾隆三十六年（1771）	书体	行书	立碑人	无
性质	竖长方形碑			文献	碑拓片
位置	岱庙汉柏亭东下北侧墙上	文物级别	三级	尺寸	194×73厘米
保存状况	碑体保存基本完好				

续表

图片

碑文内容：
乳窦溶溶迸石泉，细淙洞口注成川。漫言未是莲花侯，四面峰形岂不然。辛卯仲春下澣，御题。

序号：0128-8937

题名	清乾隆题环咏亭诗碑			
年代	清乾隆三十六年 （1771）	书体	行书	立碑人	无
性质	竖长方形碑		文献	无
位置	岱庙汉柏亭东下 北侧墙上	文物级别	三级	尺寸	98×70厘米
保存 状况	碑体保存基本完好			

图片

碑文内容：
小屋三间岳殿西，亭欤非也昔难稽。古今岁月一时阅，长短诗篇四壁题。磬折予心孰李杜，翘瞻汉柏是夷齐。忘言又复言奚必，欲笑庄周筌与蹄。辛卯仲春下澣，御题。

序号：0129-8938

题名	清乾隆题五大夫松、白云洞诗碑			
年代	清乾隆三十六年 （1771）	书体	行书	立碑人	无
性质	碑由上下两块组成		文献	无

续表

位置	岱庙汉亭东侧北墙上	文物级别	三级	尺寸	五大夫松诗字径6×7厘米,白云洞诗字径10×10厘米
保存状况	碑体左上角有一断痕,文字基本保存完好					

图片

碑文内容:
咏五大夫松　五松列峙泰山道,祖龙经锡大夫号。后世因以称秦松,其实嬴秦时已老。疾风暴雨何时无,何时郁苑何时枯。曩日司工人补植,兹看磊砢龙鳞粗。异哉名实谁宾主,实以名存即古。何不谓之舜五臣,肆觐于斯同律度。辛卯仲春下澣,御笔。　白云洞　氤氲触石气成蒸,此意当知别有应。一片常教封洞口,金泥玉检未容登。辛卯仲春下澣,御题。

序号:0130-8939

题名	清乾隆题环咏亭诗碑				
年代	清乾隆十三年（1748）	书体	行书	立碑人	无
性质	横长方形,四周线刻双龙戏珠纹			文献	碑拓片
位置	岱庙汉柏亭东南侧墙上	文物级别	三级	尺寸	88×140厘米
保存状况	碑体左下角有一断痕,个别字残泐				

图片

碑文内容:
仙宫西侧创云轩,春昼阴龙花木繁。访道不须期碧海,忘言真可驻高奔。幽偏事业三间足,今古风华四面存。砚净瓯香闲点笔,岂争工拙壁间论。戊辰仲春御题。

序号：0131-8940

题名	清康熙泰安州提留香税疏碑				
年代	清康熙二十八年（1689）	书体	楷书	立碑人	无
性质	竖长方形碑，四周线刻云龙纹			文献	无
位置	岱庙汉柏亭东南侧墙内	文物级别	三级	尺寸	188×78厘米
保存状况	碑体保存基本完好，个别字残泐				

图片

碑文内容：
济南府泰安州为钦奉上谕事。康熙二十八年二月十一日，蒙巡抚都察院钱案验。康熙二十八年二月初十日准户科咨，山东清吏司案呈，户科抄出，该刑部尚书图等疏称：泰山祠宇原有每年储备修葺银壹千余两，无庸议外。今应于香税钱粮内，每岁动支肆百两。东岳神庙应分给贰百两，泰山岱顶碧霞元君祠应分给贰百两，供给与各守祠庙祝。仍令山东巡抚稽查，毋使有司克扣虚冒，每岁註册奏销等。康熙二十八年正月十八日题，本月二十三日奉旨依议，钦遵。于本月二十四日抄出到部，相应行文该抚，将此肆百银两准其存留，遵奉谕旨支给。其疏所称每年储备修葺银壹千余两之处，查每年香税奏销案内并无此款，系动何项银两支给，应行文东抚声明报部，以凭查核可也。为此给咨前去，烦为查照施行等因。到院案行，到司札行，到府帖行，到州即便遵照执行。

序号：0133-8942

题名	清乾隆题五大夫松诗碑				
年代	清乾隆十三年（1748）	书体	行书	立碑人	无
性质	竖长方形碑			文献	无
位置	岱庙汉柏亭南台基上	文物级别	三级	尺寸	221×94厘米
保存状况	碑体中部有一道断裂痕迹，碑文保存完好				

续表

图片

碑文内容：
何人补署大夫名，五老须眉宛笑迎。即此今今即此昔，抑为辱也抑为荣。盘盘欲学苍龙舞，稷稷时闻清籁声。记取一枝偏称意，他年为挂月轮明。咏五大夫松一律。戊辰仲春月，御笔。

序号：0134-8943

题名	清乾隆奉皇太后登岱诗碑				
年代	清乾隆十三年（1748）	书体	行书	立碑人	无
性质	竖长方形碑，圭首，首部线刻卷云纹			文献	碑拓片
位置	岱庙汉柏亭南下台基上	文物级别	三级	尺寸	231×96厘米
保存状况	碑体保存完好，个别字残泐				

图片

碑文内容：
十八盘前候大安，天门双辟倚栏干。万年王母会仙母，此日和鸾接彩鸾。云看吐吞成惬慢，辇教扶掖度巉岏。南山献寿无须比，宝算崇齐泰岳端。戊辰仲春奉皇太后登岱麓敬誌一律，御笔。

序号：0135-8944

题名	清乾隆题日观峰诗碑				
年代	清乾隆三十六年（1771）	书体	行书	立碑人	无
性质	竖长方形碑		文献		碑拓片
位置	岱庙汉柏亭南下台基上	文物级别	三级	尺寸	213×86厘米
保存状况	碑保存基本完好				

图片

碑文内容：
居高揽远理无疑，山顶当先见晓曦。设使海边立沮洳，虽早应更早于斯。辛卯仲春下澣，御题。

序号：0136-8945

题名	清乾隆题回马岭诗碑				
年代	清乾隆三十六年（1771）	书体	行书	立碑人	无
性质	竖长方形碑		文献		无
位置	岱庙汉柏亭南下台基上	文物级别	三级	尺寸	165×68厘米
保存状况	碑保存基本完好				

图片

碑文内容：
崇椒越上越欹崎，传说真宗回马斯。若论天书来致奠，到斯回马已为迟。辛卯仲春下澣御题。

序号：0137-8946

题名	清乾隆题壶天阁诗碑				
年代	清乾隆三十六年（1771）	书体	行书	立碑人	无
性质	竖长方形碑		文献	碑拓片	
位置	岱庙汉柏亭南台基上	文物级别	三级	尺寸	214×74厘米
保存状况	保存基本完好				
	图片				

碑文内容：
仰观极顶尚隆崇，俯视居然造半空。放眼碧天以外看，孰非游此一壶中。辛卯仲春下澣御题。

序号：0138-8947

题名	清乾隆题五大夫松诗碑				
年代	清乾隆四十一年（1776）	书体	行书	立碑人	无
性质	竖长方形碑，圆首		文献	碑拓片	
位置	岱庙汉柏亭南台基上	文物级别	三级	尺寸	155×70厘米
保存状况	碑体保存基本完好				
	图片				

碑文内容：
郁葱盘道周，厥貌已入古。谓斯补古者，古不知几补。南苑双柳树，我曾赋其故。斯益遥与同，弗复重絮语。天数及地数，各得成于五。人岂必不然，大夫人之伍。参立岱岩阿，乃劫宜所处。丙申暮春月中澣御笔。

序号：0139-8948

题名	清乾隆秋兴八首诗碑				
年代	清乾隆四十九年（1784）	书体	草书	立碑人	蜀州何人麟
性质	横长方形，六碑并联			文献	碑拓片
位置	岱庙汉柏亭二层台基南侧墙内	文物级别	三级	尺寸	48×578厘米
保存状况	碑体保存基本完好				

图片

碑文内容：
其一：玉露凋伤枫树林，巫山巫峡气萧森。江间波浪兼天涌，塞上风云接地阴。丛菊两开他日泪，孤舟一系故园心。寒衣处处催刀尺，白帝城高急暮砧。其二：夔府孤城落日斜，每依北斗望京华。听猿实下三声泪，奉使虚随八月槎。画省香炉违伏枕，山楼粉堞隐悲笳。请看石上藤罗月，已映洲前芦荻花。其三：千家山郭静朝晖，日日江楼坐翠微。信宿渔人还泛泛，清秋燕子故飞飞。匡衡抗疏功名薄，刘向传经心事违。同学少年多不贱，五陵衣马自轻肥。其四：闻道长安似奕棋，百年世事不胜悲。王侯第宅皆新主，文武衣冠异昔时。直北关山金鼓震，征西车马羽书驰。鱼龙寂寞秋江冷，故国平居有所思。其五：蓬莱宫阙对南山，承露金茎霄汉间。西望瑶池降王母，东来紫气满函关。云移雉尾开宫扇，日绕龙鳞识圣颜。一卧沧江惊岁晚，几回青琐点朝班？其六：瞿塘峡口曲江头，万里风烟接素秋。花萼夹城通御气，芙蓉小苑入边愁。珠帘绣柱围黄鹄，锦缆牙樯起白鸥。回首可怜歌舞地，秦中自古帝王州。其七：昆明池水汉时功，武帝旌旗在眼中。织女机丝虚夜月，石鲸鳞甲动秋风。波漂菰米沉云黑，露冷莲房坠粉红。关塞极天唯鸟道，江湖满地一渔翁。其八：昆吾御宿自逶迤，紫阁峰阴入渼陂。香稻啄余鹦鹉粒，碧梧栖老凤凰枝。佳人拾翠春相问，仙侣同舟晚更移。彩笔昔曾干气象，白头吟望苦低垂。望岳诗 岱宗夫如何？齐鲁青未了。造化钟神秀，阴阳割昏晓。荡胸生层云，决眦入归鸟。会当凌绝顶，一览众山小。乾隆四十九年，余调泰安已数月矣。适恭逢圣驾南巡，骧首宫路，未敢宁处，暨季夏始得旋署。至秋日公余，偕亲友携数小儿辈，游环咏亭，登临岱顶，摩抚无字碑，见其崖上有"一览众山小"石勒，不禁兴诗圣之感。爰书《秋兴》并《望岳》句于浴日养云亭中，以志仰止之意云。蜀锦州何人麟。

序号：0140-8949

题名	清乾隆宋思仁"兰草"图碑				
年代	清乾隆五十四年（1789）	书体	行书	立碑人	无
性质	横长方形碑			文献	碑帖
位置	岱庙汉柏亭上层台基西壁	文物级别	三级	尺寸	65×145厘米
保存状况	中部有断裂痕，局部残泐，字迹基本漫漶不清				

续表

图片

碑文内容：
遥山远水寄情深，江上吟归何处寻。应是春风唯省得，离离芳草美人心。湘波涵影蘸□岩，花簇□芳不自缄。知□有情怜国士，远随芳竹□征帆。乾隆五十四年岁次已酉重午后二日长州宋思仁戏写并题。

序号：0145-8954

题名	明弘治登泰山诗石碑				
年代	明弘治七年（1494）	书体	楷书	立碑人	无
性质	横长方形			文献	无
位置	岱庙汉柏亭二层台基北壁上	文物级别	三级	尺寸	54×74厘米
保存状况	碑残裂，个别字漫漶不清				

图片

碑文内容：
登泰山诗　天开东岳□天仙，混沌纷来已有年。周室巡行遗址在，秦宗封禅古碑悬。一方香火皈依久，四海人民礼拜虔。圣世殊恩超往昔，巍巍金殿插云边。　又　泰岳峰高四十程，东巡号令尚存名。地生胜境非人造，殿出重霄是帝成。回视他山如石小，仰视吾道与天平。登临瞻拜心虔恳，自觉飘飘两腋轻。弘治七年岁在甲寅正月十六日，宁海州学正云间潘鉴识

序号：0146-8955

题名	明弘治卢浚游灵岩寺碑					
年代	明弘治四年（1491）	书体	无	立碑人	无	
性质	横长方形碑			文献	无	
位置	岱庙汉柏亭二层台基北壁，四周线刻弦纹	文物级别		三级	尺寸	50×92厘米
保存状况	残泐严重，碑文模糊不清					

图片

碑文内容：
游灵岩寺　次旧韵　石窦斜穿□对□壁高映树□□□撑胜□乾坤老风□幽□□月流孤眺□穷□□□狂吟闲会象□□台元是灵岩□□□□雄两日留甘露净流□□□□山东遥□晓天霞出曾惯□亭前□□□□同□兴□□肯……闲□夕……不忘朝廷……铁裳□　弘治辛亥冬……部主事天台卢浚识

序号：0147-8956

题名	明张延庆登泰山碑					
年代	明嘉靖九年（1530）	书体	隶书	立碑人	无	
性质	横长方形碑			文献	无	
位置	岱庙汉柏亭二层台基北壁上	文物级别		三级	尺寸	52×71厘米
保存状况	碑漫漶严重，字多不能识					

图片

碑文内容：
□虚……古□岱□语□周……路远……嘉靖九年……郡张延庆书

序号：0148-8957

题名	明万历游吕公洞碑				
年代	明万历二十年（1592）	书体	楷书	立碑人	无
性质	横长方形碑		文献		碑拓片
位置	岱庙汉柏院汉柏亭北壁	文物级别	三级	尺寸	62×88厘米
保存状况	碑文残泐严重，字大部分模糊不清				

图片

碑文内容：
游□□□吕公洞□ 几年□梦向瑶池此□□□共一跻履□□□□犬吠云侵□□有莺啼松间炊黍□福觉□上看棋日未低望震尘寰归路杳居然不异□□迷 咏黄华洞之万松亭 □气何□□□松寄幽壑□人抱渊□冥□□碧落碧仙群不可□乾坤此日一亭标风入琴声窗外度□移□影□中□□事奉皇封拟献神尧服千年琥珀□山与亭□馥□山亭四座开半空飞翠逐入□洞门□静□堪草云磴苔峣天可阶我本青门子素靰青霞思猿鹤偶联翩系桐伴来去来去峰头一放歌天风成罄鼓松涛何须□调游仙曲但把□试□毫君不见徂徕千人岁寒龙鳞惯作四时雨又不见□□桥西一杜甫草亭小□谁步武□嗟乎黄花洞浣□坞旷世一亭今亦古□ 万历壬辰初夏之吉，闽□□□□大合甫书于泰安官舍。

序号：岱-145

题名	明万历陈迁廷赞汉柏九首诗碑				
年代	明万历四十八年（1620）	书体	草书	立碑人	无
性质	横长方形碑		文献		碑拓片
位置	岱庙汉柏亭北壁	文物级别		尺寸	56×131厘米
保存状况	碑体漫漶较重，大部分字迹模糊不清，碑多处断痕				

图片

续表

碑文内容:
陈迁廷赞汉柏九首诗碑　汉柏　□□当秋晚，萧疏韵野弦。何□留汉道，□似柏心坚。　唐槐　植□□三槐，千秋亦未□。李唐昨日了，余荫在岩□。　大夫松　万松已成万□，偃□□无痕。抱此岁□石，□□其天一。　无字碑　□生抱于穆，渊黑有□边。□味无字碑，可以□说铃。　上大观峰　潜□□不行，登□□□远。注□□事，乃□□□暖。　日观峰　扶桑□何许，弄此赤玉九。□来□天柱，一洗万顷□。　月观峰长空雅至□，冷然□机杼。惟应峰头石，夜夜捡来去。　黄花洞　半壁削黄花，飞洞飞□望。□有秘密，爱□汉漾。　暴经石　白□镌□石，日□叶冠□。雷□披秀雾，□惊□教回。入耳水□□，忘机桃鸳遗。文□溜尽，太公本无□。柱下史兰陵陈于廷孟□甫记时，庚申夏敬也。

序号：0151-8960

题名	清顺治吴南泰山杂咏十四首碑				
年代	清顺治庚□年	书体	草书	立碑人	昆陵吴南
性质	横长方形碑			文献	碑拓片
位置	岱庙汉柏亭北壁	文物级别	三级	尺寸	38×103厘米
保存状况	碑体保存基本完好，碑文残泐严重，字迹模糊不清				

图片

碑文内容:
吴南泰山杂咏十四首碑　飞来石　曾在生公雀讲台，何年渡海知飞来。骑鲸有日往飞去，化作星辰上九埃。　五大夫松　褒功曾不设湘□，五树乃当冠宝刀。不见后来辞□老，青松□似五松高。　五大夫　傲□何须枝叶枝，亭首人□吾□孤。□□有嘉名在绝，□园□大夫□□。　书无字碑　□□当年压，□□□栋不胜书。祖龙也是奇男，不识□□未画初。　泰岳天孙天下□，行人以此漫留题。□如白帝无字文，也□千年第一碑。□要识西来面壁，图□□未脱凡夫。碑石无字非无字，悟刻□□无字无。　丈人峰　丈人岳立拱天门，北天仙班□□攀。为亿当年杜老句，诸峰□□□□。　□日观　□初唱坐朝，万丈□云出海门。不见□天□五，扶泰那得见鲁轮。　书仙人桥　□将数不□空，石所□□□泉。我一身轻似羽，好风□□遇桥东。　摩崖碑　此去青□咫尺多，举□□□白云色。大唐胜□摩颂，功德元□□□磨。　书三天门　吴门□练□萧强，九□神□望豪。到此□今天不小，仰观□□碧云高。　书十字□篆　□□原□君亲何事愚□□□□千夜半□□□鬼笑作偶□日定□人　□□如□天□□□□百所□梯一线开为□□游虽到此此千几度□□□□□　顺治庚□孟冬，昆陵吴南岱东□□□

序号：0156-8965

题名	秦泰山刻石				
年代	秦	书体	小篆	立碑人	李斯
性质	上为秦刻石，下两石为题跋碑，一并嵌于砖亭内			文献	《史记》秦始皇本纪
位置	东御座院内	文物级别	一级	尺寸	石残长125厘米，宽54.5厘米
保存状况	残存二石，仅存7个整字，3个残字				

续表

图片	图片

碑文内容：
碑阳：始皇刻辞，共计144字：皇帝临位，作制明法，臣下修饬。廿有六年，初并天下，罔不宾服。亲巡远黎，登兹泰山，周览东极。从臣思迹，本原事业，只诵功德。治道运行，诸产得宜，皆有法式。大义休明，垂于后世，顺承勿革。皇帝躬圣，既平天下，不解于治。夙兴夜寐，建设长利，专隆教诲。训经宣达，远近毕理，咸承圣志。贵贱分明，男女礼顺，慎遵职事。昭隔内外，靡不清净，施于后嗣。化极无穷，遵奉遗诏，永承重戒。二世刻辞，共计78字：皇帝曰："金石刻尽始皇帝所为也。今袭号而金石刻辞不称始皇帝，其於久远也如后嗣为之者，不称成功盛德。"丞相臣斯、臣去疾、御史大夫臣德昧死言："臣请具刻诏书刻石，因明白矣。臣昧死请。"制曰："可。"现仅存"斯、臣、去、疾、昧、死臣、请、亦、臣"七个整字，三个残字。秦李斯小篆碑徐宗干题跋　秦李斯篆书在泰山顶玉女池上，《志》称宋刘跂摹其文，其可读者百四十六字。明嘉靖间移于碧霞祠东庑，仅存廿九字。乾隆庚申毁于火，后人摹刻岱庙，邑人聂剑光又勒于县署土地祠，后岱庙本亦佚，唯存县本而已。嘉庆甲戌徐石生（粉）司理言于汪梦□（汝弼）刺史云：岱顶有赵老人年九十余，数十年前凳玉女池，见残石依稀有字。次年，蒋伯生（因培）明府同邑人柴纫秋（兰皋）广文继井求之，得残石二，尚存十字，摹勒郡城文庙，罩以芸台间，如诸先生题跋，而以原石嵌于山顶东岳庙西新筑之室，冯晏海《金石索》所谓"宝斯亭"也，后名"读碑亭"。丙戌秋梁芷林方伯又以所藏廿九字拓本，属摹于岱庙公输子祠侧。然好古者必求残石十字，以摹本神气不若也。壬辰四月东岳庙西墙圮覆其室，巫索残石于瓦砾中，属道人刘传业移之山下嵌置道院壁间庋，易以守护不至湮没云。道光壬辰仲夏　崇川徐宗干撰　阳城张□荣书　秦李斯小篆碑俞庆澜题跋　泰山居中国五岳名山之长，其上为金石薮焉，刻石纪功始无怀氏，□子详之。《史记·封禅书》：泰山刻石始于秦，即李斯之篆书也，今七十二代之风貌矣，秦篆亦湮没弗彰，考古者憾之。宣统庚戌暮春，来权斯邑，四月提学罗公正钧行封山礼祀典，告成，递相随出□云薁草间，镶崖剔藓，访求古迹，渺无一存。归至岱庙见道院东壁有石三片，存字十，而又残缺其三，古篆遒劲，下缀一石为旧令尹徐公宗干题跋，考之，则李斯之原石也。嗟乎，千百年来几经毁灭，存此余烬，碑残碣断，精采不完，不禁咨嗟太息者，人之然，片羽吉光洵为希世之宝，弟恐风雨剥蚀，日月再迁，若不珍而护之，欲求此而亦不可得，因于环咏亭前凿石守护而垂久远，且以俟后世之考古者精鉴云尔。宣统庚戌年夏五南清河俞庆澜跋　碑阴：此碑刻于嘉庆二十一年（1816）。其跋语及诗文为：秦碑尚存廿九字，自碧霞祠焚，碑失所在，嘉庆乙亥，蒋大令伯生同邑人柴兰皋搜得残石二于玉女池，仅存十字。丙子夏五登泰山，宋锦山广文为述其事，并觌残石及诸题识，聊复致赠考□。访古因耆旧，临池意渺然。零星两片石，卓越二千年。体变周宣后，功垂汉武先。只今题勒富，谁共此流传。泗水王家榕。

序号：0157-8966

题名	北宋大中祥符元年"青帝广生帝君赞碑"石碑			
年代	北宋大中祥符元年（1008）	书体	无	立碑人	无
性质	无		文献	无
位置	东御座院内	文物级别	三级	尺寸	碑高270厘米，宽116厘米
保存状况	残损严重			

续表

图片	图片

| 碑文内容: 无 ||

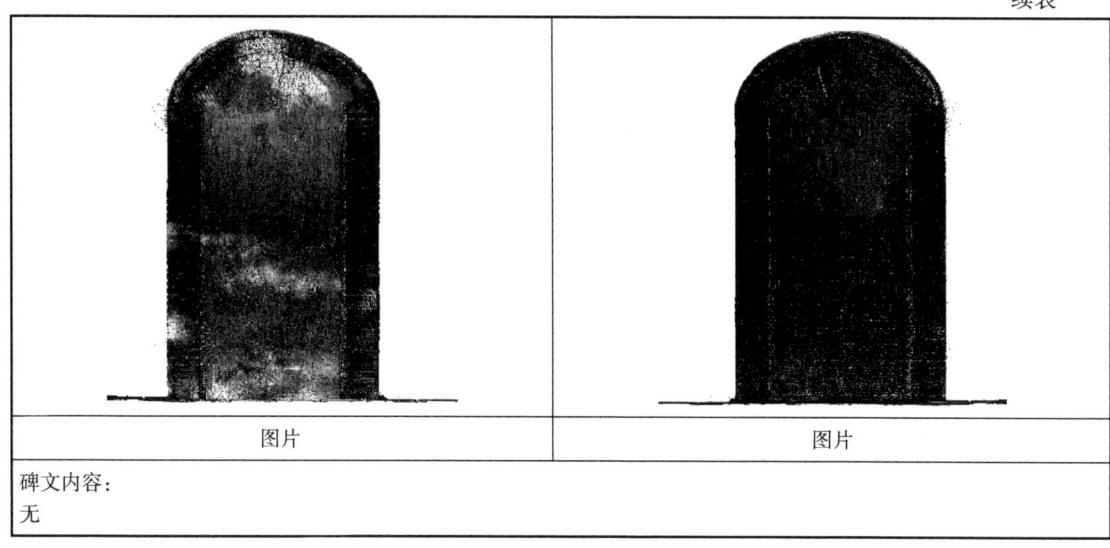

序号：0169-8978

题名	清康熙张鹏翮题唐槐诗碑			
年代	清康熙四十九年（1710）	书体	行书	立碑人	遂宁张鹏翮
性质	圆首方座		文献	无
位置	岱庙唐槐院	文物级别	三级	尺寸	通高187厘米，碑身170×65×20.5厘米
保存状况	碑体保存基本完好，有个别字残泐			

图片

碑文内容：
潇洒名山日正长，烟霞为侣足徜徉。谁能欹枕清风夜，一任槐花满地香。康熙庚寅春日，遂宁张鹏翮题。

序号：0170-8979

题名	清咸丰重修遥参亭碑			
年代	清咸丰八年（1858）	书体	楷书	立碑人	知泰安府事伍尧氏来秀撰并书
性质	横长方形碑		文献	无
位置	岱庙遥参大殿前廊东侧壁间	文物级别	三级	尺寸	64×144厘米

续表

保存状况	保存基本完好
	图片

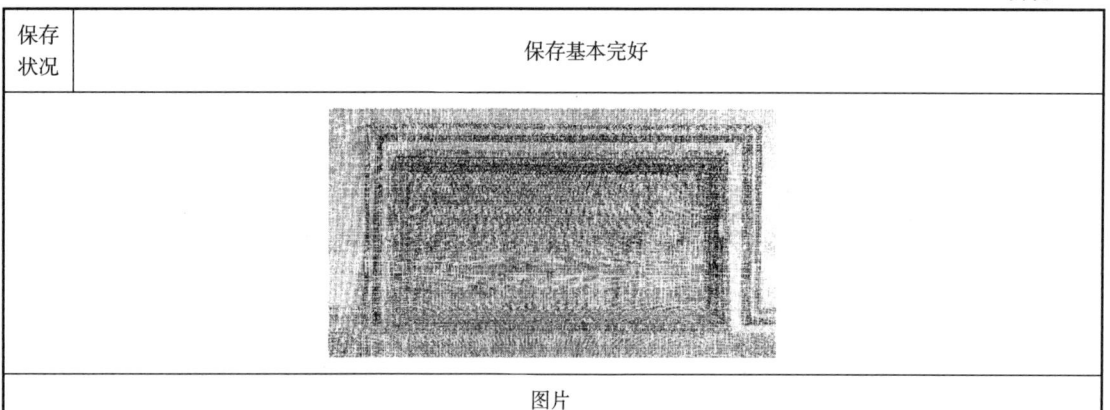

碑文内容：

遥参亭者，本与岱庙相连，唐宋以前名曰"遥参门"，凡有事于岳者，必先于此瞻拜而后入，实岱庙中央之门户也。前明因其规模狭隘，发帑兴修，复加恢廓，奉元君像其中，始于庙隔。乾隆三十三年，巡抚宣公明安重加修葺，殿宇恢弘，丕其孔固。粤自乾隆戊子至咸丰丁巳，计已八十有九年矣，古殿倾颓，金身脱落，高山仰止，陟降何依。秀添守是邦，亟应择吉兴作，以壮观瞻，敬慎经营，广为劝募。仰承神佑，好义乐输者辐辏麟集，不数日而捐资备矣。兼得县丞董公槐，廉谨有为，踊跃襄事。凡有正殿、配殿以及郭、庑、庭、除，罔不修饰整齐，遂使气象焜耀，焕然改观焉。是工始于丁巳十二月，落成于戊午春三月杪。因记其事而铭之曰：万岭遥参，自北而南。日观岩寰，天门深涵。慈云宛在，今古同探。壮哉泰岳，群山之宗。控制齐鲁，镇压华嵩。巍巍者庙，郁郁者宫。有事于岱，先须拜此。感格斯通，威灵伊迩。圣德一天，相离尺咫。荐之豆笾，乐之钟鼓。明德维馨，灵承以旋。聿修祀事，锡福斯工。庀士鸠料，因旧增新，构石山麓，市木河滨。维神克相，佑我黎民。势达万仞，泽沛八荒。厥工既固，厥报宜彰。雨旸时若，物阜民康。赐进士出身，知泰安府事伍尧氏来秀敬撰并书。

序号：0171-8980

题名	清咸丰重修遥参亭碑			
年代	清康熙五十九年（1720）	书体	楷书	立碑人	知泰安府事伍尧氏来秀撰并书
性质	圭首方座，碑阳、碑阴四周线刻卷草纹			文献	无
位置	岱庙遥参亭院南侧	文物级别	三级	尺寸	通高274厘米，碑身215×80×22.5厘米
保存状况	碑阳漫漶严重，碑阴基本完好			
	图片		图片	

续表

碑文内容:
碑阳：禁止舍身　济南府泰安州军粮厅加一级张，为岱顶已经筑墙禁止舍身，再行晓谕事切。查泰山顶偏东高崖，不知作俑何人，假南朝梁武帝舍身同泰寺之说，立名舍身崖，哄动香客，为游山计，世人不察，误传圣母登仙之处，谓一投崖，可以成仙，可以报亲。呜呼！使舍身而仙可成，亲可报，则昔日之梁武不应饿死台城，今人之舍身岱顶，不应枉死非命矣。其吾人之身，父母之身也。古孝子不登高，不临深，惟爱其身，斯爱其亲，奈何以父母之身轻试万仞之下，形神俱丧，而尚得谓之成仙，尚得谓之报亲耶？刻读顶庙碑文内载《玉女卷》云："天仙圣母本石□西牛国奉符县人，生东汉明帝永平七年甲子四月十八日子时。三岁解人伦，七岁礼西王母，十四岁感母教，得曹仙长指入天空山后石屋修炼，三年丹成，遂依于泰山。"并未载及舍身字迹，则舍身之诬妄不辨自明矣。本厅于康熙五十六年十月，内奉藩宪委赴顶庙查收税票，目击山东曹县李进贤十月初十投崖身死，河南商丘县韩大小十月十五日投崖身死，江南徐州张文举十月二十日投崖身死。未经一月，轻生者三，而成仙者何在？报亲者又何在耶？本厅忝佐一州，何忍坐视！因捐俸周围筑墙三十丈，阻其死路，绝其痴心。犹恐终迷不悟，越墙舍身，现雇更夫司正恒等巡查外，令再晓谕。为此示谕进香人等知悉：与其毁身以辱亲，何如保身以养亲？与其身死而求仙，何如身存而积善？况数千里□□□求福泽，何苦抛田园、弃家室，长作异地鬼魂，使尔父、尔兄、尔妻、尔子倚闾倚间，号呼莫告耶！□好生恶死，□天之怀物，与民胞守土之职，故谆谆为尔民指示，各宜猛省，凛之慎之。予□□□庠士，屡困场屋，援例成均，初援蒲坂州佐，补任兹土，适康熙五十六年丁酉六月六夕山水暴崩，盘路全冲，各宪处香税缺额，檄予至顶查收税单，一旬之间，有投崖死者三，恻然心痛，早夜思报，捐俸筑墙，以阻其径。长三百尺，高十五尺，厚五尺，经营半载，告竣于戊戌年春。犹虑愚民越墙，派更夫轮流看守，令道□□□□分给殿庭香钱四十文，供其饭资。是年十月，犹有大名县之姚文举欲投崖，更夫师天义救免。己亥二月，有长山县之周在礼越墙投崖，更夫李德善救免。庚子四月，有兖州之崔登科欲舍身，更夫战得胜救免。三年以来，欲投崖者不胜其人，而竟无一人损命，则墙之不可不筑，而守之不可不勤也。顾予转思，天下事非创之为难，惟继之足恃。刻山高风烈，日久难免倾颓，则祈望继予志而修葺者，幸甚矣哉。今勒禁止舍身示于前，并述筑墙始末于后，非敢自以为功也。特祈望后之在位仁人君子，本幼学而怀壮，行其恫一体之念，谅□有先我而具触境而动者。不揣鄙陋，戳以公同志云尔。大清康熙五十九年岁次庚子仲秋。勒授承德郎、同知泰安州事、加一级石门张奇逢撰。泰安州道正、道人牟位兴，遥参亭住持、道人王成，吏部候选、县丞大宋王诗丹书，石匠张世举镌。

序号：0172-8981

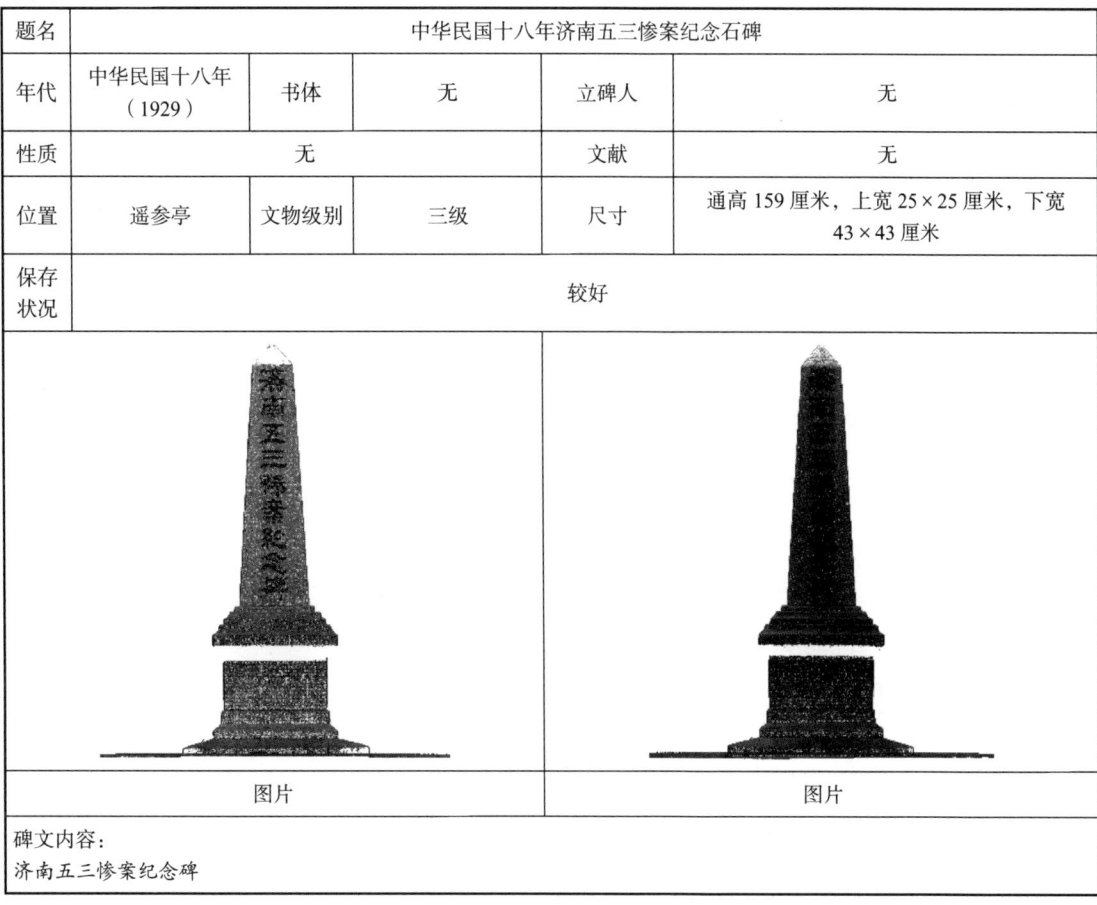

题名	中华民国十八年济南五三惨案纪念石碑			
年代	中华民国十八年（1929）	书体	无	立碑人	无
性质	无			文献	无
位置	遥参亭	文物级别	三级	尺寸	通高159厘米，上宽25×25厘米，下宽43×43厘米
保存状况	较好			
图片				图片

碑文内容：
济南五三惨案纪念碑

序号：0173-8982						
题名	清光绪双龙池碑					
年代	清光绪七年（1881）	书体	行书	立碑人	无	
性质	螭首方座			文献	无	
位置	岱庙双龙池旁	文物级别	三级	尺寸	通高194厘米，碑身176×75×21厘米	
保存状况	碑体中部一处断裂，碑阴文大多漫漶不清					
图片			图片			

碑文内容：
碑阳：双龙池　　**碑阴**：双龙池记　　泰郡多山而少水。辛巳夏，余来守是郡，邑令曹亦后先莅任焉。民以城无蓄水为憾，既饮泰水而甘，问诸泰人，得□城西数百步之遥，其上则泰山耸然而特立，下则幽谷窈然而深藏，有泉瀹然而仰出。俯仰左右，顾而乐之，天地自然之利，不引之适于用，弗贵也。城中每遭回禄，救援莫及，守兹土者，莫不以兴水利为念。前太守增公、梅公有志未逮，旋擢任去矣，士民感之。公余暇，余与泰人共创此议，具有同心，始犹疑其难，继访羽士张传彬，具述水源，众绅士李三策等董理其事，爰不辞艰巨，力图其成，博采群议，禀请上宪，酌同捐廉以兴是举。时维盛夏溽暑，登山相其机宜，观其流泉，导泰水之源，自王母池而下，环绕岱庙，贯注遥参亭前，结大池以蓄水之势。水不在深，有龙则灵，因颜曰"双龙池"，都人士具大观焉。因溪理沟，节次开池以蓄水，取之无尽，用之不竭，是造物者之无尽藏也。而吾与民之所共，适县署前结池于左，混混原原，盈科而进，取用称便。是水也，发源于泰山之巅，绕城中达汶河，二百余里之流，一以贯之。夫惟政通则人和，人和则百废俱兴，踊跃从公，不日告成，欢乐之象，感召天和。是岁雨旸时若，乃亦有秋，有自来矣。衣食足然后礼乐兴，将见人文鹊起，科甲蝉联，于文教风俗大有裨焉。好恶同民，未之能信，窃愿成此志尔。因弁数言，以为之记。泰安府知府曹浚澄撰。（以下题名略）光绪七年十月十□□。

序号：0174-8983						
题名	清光绪七年万古流芳石碑					
年代	清光绪七年（1881）	书体	无	立碑人	无	
性质	无			文献	无	
位置	岱庙双龙池旁	文物级别	三级	尺寸	通高195厘米，碑身175×75×22厘米	
保存状况	较好					

续表

图片	图片

| 碑文内容: 无 ||

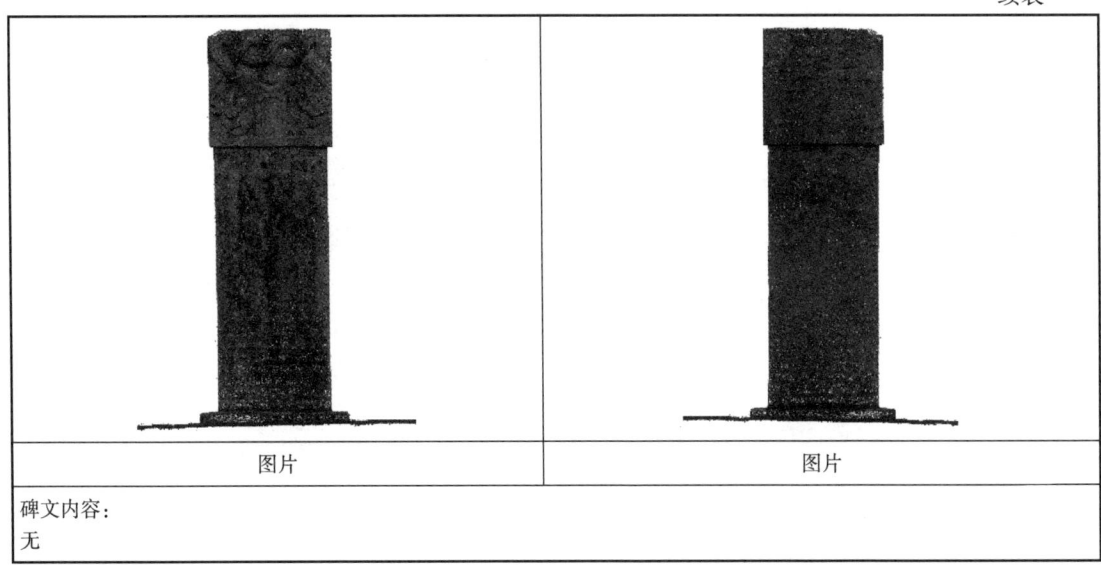

序号：岱-161

题名	清光绪"曹公渠"碑					
年代	清光绪七年（1881）	书体	楷书	立碑人	无	
性质	螭首方座，方圆额，碑阳四周浅浮雕卷枝莲纹			文献	碑拓片	
位置	岱庙双龙池东侧	文物级别		三级	尺寸	通高195厘米，碑身175×82.5×26厘米
保存状况	碑面残泐较重，碑文大部分漫患不清					
碑文内容： 万古流芳　泰郡山国也，粤稽开宝创建，近千年矣。北依岱岳，南障徂徕，汶流远抱，泮水近环，西溪、东溪，映带左右，号为名胜，夫何间然，特甃井殊少甘芳，都人士犹以为憾。辛巳春，太守曹老公祖、邑侯曹老父台来莅兹土，雨旸时若，年谷顺成，士民相庆，以手加额，咸有叔度来暮之嗟。当下车伊始，稔知群黎疾苦，凡惠我蒸民者，百废俱兴，治具毕张，尤悁悁于水利之未兴。遂慨然遍召绅耆，博采众议，询谋之同，下及乌笼，廷堪舆相地理，爰进而诏之曰："善视之，是役也，惟期泽润生民，绥爰有众，庶得清流为廉泉让水，永济黎庶于无穷，岂徒为一时计乎。"时惟盛暑，不惮劬劳，跋履山川，践行险阻，引东溪水而试之。寻流溯源，因势利导，规划图章，指授方略。预昭示间阎，勿令出资，款虽浩繁，不烦民力，庀材鸠工，胥由鹤俸。俾穿石之溜，流行于通衢陌巷之间，清且涟兮清且沦，洵有左右逢源之乐，即妇孺之挹注，宛如取诸宫中，较夫往来井井，王明受福，尤为便利。视囊才摩肩击毂，抱罋携瓶，其劳逸为何如之！后之饮水思源者，当亦思果谁之力欤？工既竣，佥曰："我公道济之心刻期而待，倍切耿将军之拜井。"因忆杭之西湖，李邺侯创之，白太傅因之，苏学士成之，不知经筹画而后民食其德□。此渠之成，源远流长，允称德扬而恩溥。知郑公有渠，白公有渠，不得专美于前矣。且夫天地之间，物各有用，自以有用为贵，以清流济万民，当亦山灵所乐许也，兹饮而甘之，伏思惠泽之溥博，不可以不志，乃相属为文以记之。瀛谓□沐公之德政，鳞集而仰流，久载口碑，寿于金石，所以兴养立教，有父母、神君之戴者，奚啻山高而水清。今调水济众，特小试其端耳。念公深仁厚泽，当已沦浃肌髓，不言而喻矣。将来为民造福，湛思汪濊者，正未艾也。若砌挂一漏万之词以识之，殊浅已，由是终日构思，不敢赞一辞，惟奉嘉名为"曹公渠"云。监修郡廪生赵少瀛谨撰、郡廪生□□□书丹（以下参与此工程人员十五人题名略）光绪七年岁次辛巳孟冬上浣。					

序号：0220-9029

题名	东汉汉阙					
年代	汉·东汉（25～220）	书体	无	立碑人	无	
性质	无			文献	无	
位置	汉画像石馆	文物级别		二级	尺寸	通高268厘米，通宽67厘米，底座宽92厘米

续表

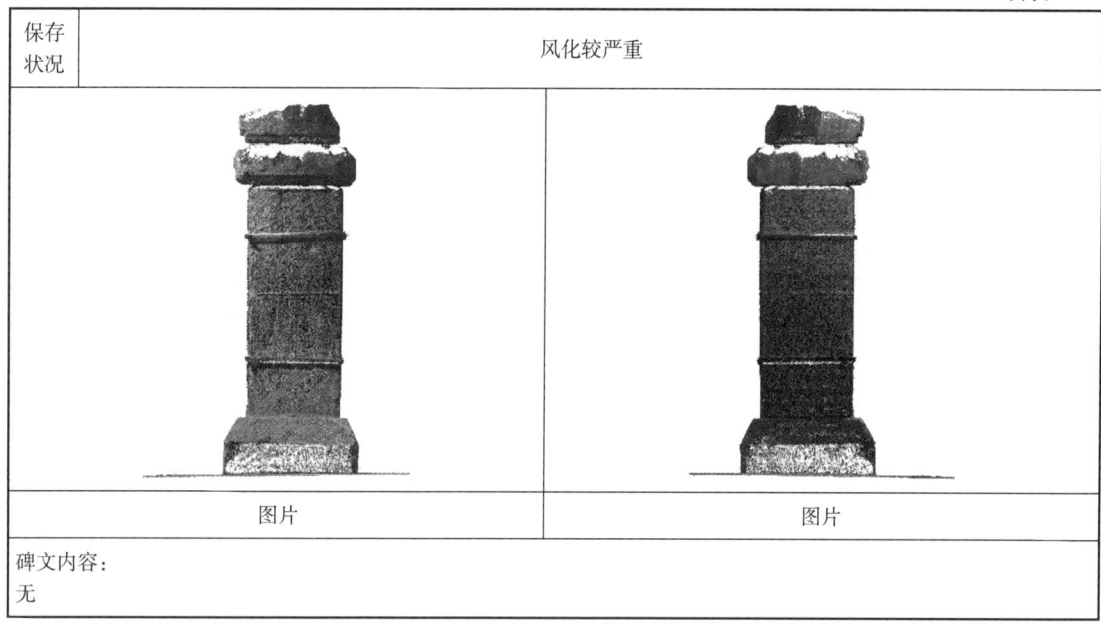

保存状况	风化较严重	
	图片	图片

碑文内容：
无

序号：0306-9477

题名	清咸丰泰邑合山会姓氏组碑			
年代	清咸丰九年（1859）	书体	楷书	立碑人	王子翔撰文，张锡唐书
性质	四碑石并立，同一底座，周砌青砖		文献		无
位置	岱庙遥参亭大院南侧	文物级别	三级	尺寸	四通碑皆高155厘米，宽64厘米
保存状况	保存基本完好，据碑文情况推测尚缺一石			
	图片			图片

碑文内容：
泰邑合山会姓氏碑志序　　自古帝王以神道设教者，非必无善政之宜民、善教之宜人而斤斤焉，徒假诸神道也。盖以明则有日月，幽则有鬼神，理幽理明，无非劝惩诱掖，以启群伦向善之心，使日迁善而不知耳。是以设坛埠建庙宇塑神像之庄严，肃芸生之观瞻，虽世代迭更，而有其举之无或废也。况泰山为五岳首，庙宇之设、香火之盛，想亦甲诸诸名山。而遥参亭碧霞元君殿，实即泰山之第一行宫也，以故每岁之春，朝山进香者遝迹辐辏，士女云集，佛号钟声亘数月而不绝。非尽好为多事也，亦特藉此香烟宝祃以伸其神之度、向善之诚耳。邑东旧有合山会，在社者不下数千家，历年春季，齐赴来城，设坛建醮，以答神庥。行之既久，入社者亦日益众，已未岁，众善信欲将诸姓氏勒诸石，以示不忘。是举也，不惟见众善信之乐善，有同心足结未来之善缘，实能使后之观斯碑者，油然而动其善念，发其善心，是亦劝善之一助云尔。是为序。餐菊道人王子翔沐手撰文，汶阳居士张锡唐沐手敬书。（以下1600余人题名略）此碑组于1998年7月岱庙遥参亭绿化栽树挖坑时被意外发现，共发掘碑石四通，经专家考证为同一组碑刻，重新组合立于遥参亭前院西侧。但因失误，此组碑树立时顺序排错，把载有碑记的第一块碑石置于了组碑的末尾。

序号：0307-9478

题名	清康熙十七年"重修青帝观碑记"石碑				
年代	清康熙十七年（1678）	书体	无	立碑人	无
性质	无		文献		无
位置	配天门东	文物级别	三级	尺寸	通高265厘米，通宽88厘米
保存状况	保存较好				
图片			图片		
碑文内容： 无					

序号：0314-9534

题名	清嘉庆二十三年重修工外增修主师殿小记石碑				
年代	清嘉庆二十三年（1818）	书体	无	立碑人	无
性质	无		文献		无
位置	雨花道院	文物级别	一般	尺寸	通高85厘米，通宽55厘米
保存状况	保存较好				
图片			图片		
碑文内容： 无					

序号：0315-9535

题名	清嘉道光元年百工建醮姓氏石碑			
年代	清道光元年（1821）	书体	无	立碑人	无
性质	无		文献	无
位置	雨花道院	文物级别	一般	尺寸	通高73厘米，通宽165厘米
保存状况	保存较好			

碑文内容：
无

序号：0319-9539

题名	清同治岱□□□田记碑			
年代	清同治十一年（1872）	书体	楷体	立碑人	赐进士出身知泰安县事三韩何毓福撰
性质	方首方座		文献	无
位置	岱庙雨花道院东碑廊内	文物级别	一般	尺寸	高160厘米，宽67厘米
保存状况	碑体保存基本完好，部分残损			

碑文内容：
赐进士出身知泰安县事三韩何毓福撰　昔宋儒有教人先治生，而后讲学者，时论咸几其浅，余谓不然。夫无恒产而有恒心者，惟士为能固也，使啼饥号寒之声，日达其侧，而顾闭户潜修若罔闻，知岂人情哉，衣食足，则礼义生，四民之常，羽流岂独异乎，况岱宗之祀重，于唐虞，延于列代，祠宇多则侍香火者不能不众，无以赡之，其何以资焚修乎？嘉庆年间，道纪候仙海积香钱，买朴家庄宅田顷余，归入庙内。至道光年，因岁歉，售以糊口，讼不休。本府长白廷太尊潞，将地断回，代偿地价，刻石永作岱庙赡田，诚美举也。今道纪张传彬领同道众，力行节俭，十数年积累，置北集坡地九十余亩，较前加丰矣，恐后之人不知创业之艰，或致荡费，则众奚赖焉，请予为记，勒石，以诚□斯庙而掌斯田者，勿得擅专典卖，以志永久也可。同治十一年岁次壬申二月上浣，吉日。

序号：0320-9540

题名	清嘉庆岱庙瞻田复归记碑			
年代	清嘉庆二十一年（1816）	书体	楷书	立碑人	知泰安府事长白廷鏴记，李学周书丹
性质	方首方座		文献	无
位置	岱庙雨花道院东碑廊内	文物级别	一般	尺寸	高170厘米，宽64厘米

续表

保存状况	部分残损

碑文内容：
碑阳：孟子有言曰：有恒产者有恒心，无恒产者无恒心，诚以非此不足以资生，而放僻邪侈之无不为有必然者。刻在庙宇人非骨肉之亲，业无创制之苦，将视产之有无，为无足重轻，此无论香火养赡之资，无所给约，而恒心之有无，亦将未可知也。泰安岳庙旧有朴家庄地一顷有奇，皆系皇赏香税之所置，嘉庆十八年岁荒歉，道纪及其道□□□□，遂典于宁阳齐生，旋复卖于泰安庐生，因此构讼，由县府历控至司。甲戌夏，余来守是郡，披阅卷宗□□□之□□恒产，而主持斯庙者，因无恒心且争端之未有已也，爰集两造，纠处众，俾他仍归庙，价谷归主□，计所典卖共三千余贯，道纪无力筹措，余方斟酌踌躇，拟令陆续交付，而又恐齐、庐两生之或不愿也，孰□慨然听命，妙响应声，余遂奖成其善，以结斯案。夫使二生断而不遵，余难有以处之，然合如此之欢欣鼓舞也。孔子曰：富而好礼。春秋传曰：人之欲善谁不如我，其在斯乎。自今以往，道人不得便其私图，土人亦不得擅受其业，恒产恒心之理于斯见之，且顾□一郡共见之，而即齐、庐二生观感于人心，风俗之道亦未必无。□□云：庐生金魁，泰安武生；齐生建亭宁阳监生；道纪则禹贞文也。至司批以及勘语俱详准卷。知泰安府事长白廷镕记，儒学宋□辉属门人李学周书丹。嘉庆二十一年岁次丙子清和月中浣之吉 碑阴文：泰安府道纪司禹贞文尊奉府宪廷大老爷谕令，将城南朴家庄岳庙瞻产地亩段落亩数四至，□写清楚，镌于碑阴，以垂永久，计开单产：（后略朴家庄岳庙瞻产段落亩数四至）

序号：0321-9541

题名	清光绪禁止私卖庙田碑			
年代	清光绪十年（1884）	书体	楷书	立碑人	岱庙道士张传彬立石
性质	方首座			文献	碑拓片
位置	位于岱庙雨花道院西碑廊内	文物级别	一般	尺寸	碑身高160厘米，宽67厘米
保存状况	碑体中部断裂，碑文基本完好				

碑文内容：
碑阳：禁止私卖庙田告示 钦加同知衔调补泰安府泰安县正堂加十级纪□十次吴 出示严禁事 据岱庙道纪司张传彬禀称：盖谓泰山为五岳之长，岱□□幽冥之都，历代崇祀，号日神州，较他郡邑庙宇广，住持繁，而僧道尤众。凡出家者，多因家计困乏，藉教求生活耳，其实修□□性者，其稀矣。既入此门，昧却本根，不知勤俭操守，虔洁供职，兼以息惰成性，馋懒习惯，致无如何不眼顾忌，典卖养赡，暂救燃眉。更遇无知玩民，从中取巧，彼此擅专，私相授受，事已彰显，滋生讼累，追悔何及。自古神道设教，劝善惩恶，祈福谢过。国有岳渎典礼，乡庙祠庙重祀，乡党公输公为捐施瞻养，资僧道之衣食，助香供之繁□，延请住持，代众敬奉。道纪不幸，出家之年，□业艰苦。五十年来，兢兢业业，二十余载，领袖道教。勤慎节俭，微增瞻田，仅护大众，恐后败没，请文勒铭，碑碣可验。惟念同教□多无知，兼遇贪民少识，窃行典卖败坏庙产，一经讼争，两家受害，住持被逐，顾主伤财，种种循环，屡屡故犯，既致产业空虚，□宇自然残废，历历见闻，时时叹恨。道纪职微言轻，无力救免，身领道教，岂忍坐视于此，不揣冒昧，恳乞仁天体恤可否，□□定例，晓示各里，赏文勒碑岱庙，以便士农观览，□往免究，弗释携此兴讼，以后永禁。毋论明知故为，庶异有益。祠庙神人获□得释道饔飧道生计是倚成，此善举福德无量。实则合邑均感三教恩肃此。具禀，等情到县。据此，除禀批示外，合行出示□□，为此示□泰邑各地方绅耆人等，及各庙宇住持知悉，自示之后，无论何项地不准私押、私卖，倘敢私相授受，一经查出，□将该庙出押出卖之住持究逐，及承押承买之各户，罚价放赎，决不宽贷。各宜凛遵，毋违特示、谕、通知 光绪拾年二月二十八日示 □□孙学正抄誊 告示 张传彬立石 碑阴：禁止私卖庙田记 尝考泰郡为古神州名山胜地，神道昭彰，庙宇之多，莫此为最，而缁羽士，亦实繁多焉。□庙宇需香火之资，僧道赖饘斋之费，庙之有瞻养田制，诚善也。岁甲申仲春之月，余来宰岱阳，下车之初，适道纪张传彬以近时道众良莠不齐，各庙主持每有将庙产私行典售者，以致祠宇□残，而香烟萧索，坐此设讼，滋累无穷，若不亟为整饬，诚恐岁月愈久，废弛愈多，请颁告诫，并为勒记庙中，以示禁焉。夫庙中主持本有典守之养，何得擅为败坏，致启争端。兹特为严加禁止，出示以警愚□，更为详志缘由，勒石而昭久远。□之守庙者，所宜自励清修，无忘师长，历年之守常留旧业，用奉神灵万古之□香，□笔记此其兴勖之。赐进士出身前翰林院庶吉士知泰安县事阳湖吴士恒撰 咸安宫教习世袭圣庙六品官兼袭云骑尉已卯科举人孔祥霖书丹 皇清光绪十年岁次□□□月上完。（此碑2006年于雨花道院内出土，雨花道院位于岱庙西轴线北端，原为岱庙道士斋宿之所，故三碑当原立于此）

序号：0323-9543						
题名	明成化张盛登岱题咏碑					
年代	明成化十三年（1477）		书体	楷书	立碑人	张盛书，陈□忠刊石
性质	横长方形碑				文献	无
位置	位于雨花道院碑廊内	文物级别	一般	尺寸	碑身高70厘米，宽132厘米，厚20厘米	
保存状况	碑体基本完好，碑文后半部分残损严重					

碑文内容：

庚寅，余官本部奉□□，初登泰山曾赋一律以寄□。既而，还朝□□□□事，未几，补参东藩，偶与沈□史同登□□，一韵□□□□，愧不工，并录付任掌教求正云。成化十二年□□丙申春三月望日，东藩参议宜兴张盛书。　初登泰山　岱宗仰望郁嵯峨，万壑千岩气象多。雨过春光横翠黛，烟迷晓色露青螺。秦王封禅碑还在，汉武祈灵事不磨。今日我来登眺处，苍天咫尺手堪摩。　重登泰山　五年不到泰山来，又得重登一快哉。雨霁风和春正好，岩前处处碧桃开。　陪沈□衣同登　偶同□史陟崔嵬，冠盖相从尽日陪。岂是前生有仙骨，分明刘阮入天台。　回马岭　回马岭边翠作堆，崎岖难以跃龙媒。前途更有重重险，游客跻攀志不灰。　大夫松　谁把寒松石上栽，天然香色不须培。相传曾受秦王宠，物在人亡亦可哀。　十八盘　石径横斜势欲摧，萦回直上白云隈。举头□□群峰小，顿觉胸中境界恢。　磨崖铭　百尺磨崖不染尘，千年书法独为魁。明王料得东封日，□胜夸功骋逸丁。　封禅坛　山行随处有亭台，何事名坛久已颓。□自当年罢封禅，□存遗址长苍苔。　秦碑　立碑祈福更禳灾，谁信翻成是祸胎。一字□无意何意，至今长使后人猜。　日观峰　□□奇峰当色□，登临何必问蓬莱。介□时有祥云出，散作甘霖□□□。　□山　历遍□□兴□回，□声□鸟似相懼。落花满地春归去，马上□□不有□。　余承□州学，□□丙申春三月望日，遇沈□史□□□参同登泰山，次□□□□出其先后登□厅，题□以示余，先一□□□诣十绝续之，如行云流水，□事□皆出于自然真□什也，因白州守陈公□□□于石以传不朽云。成化十三年岁次丁酉泰安州学□□□□任□议知州□□陈□忠刊石。

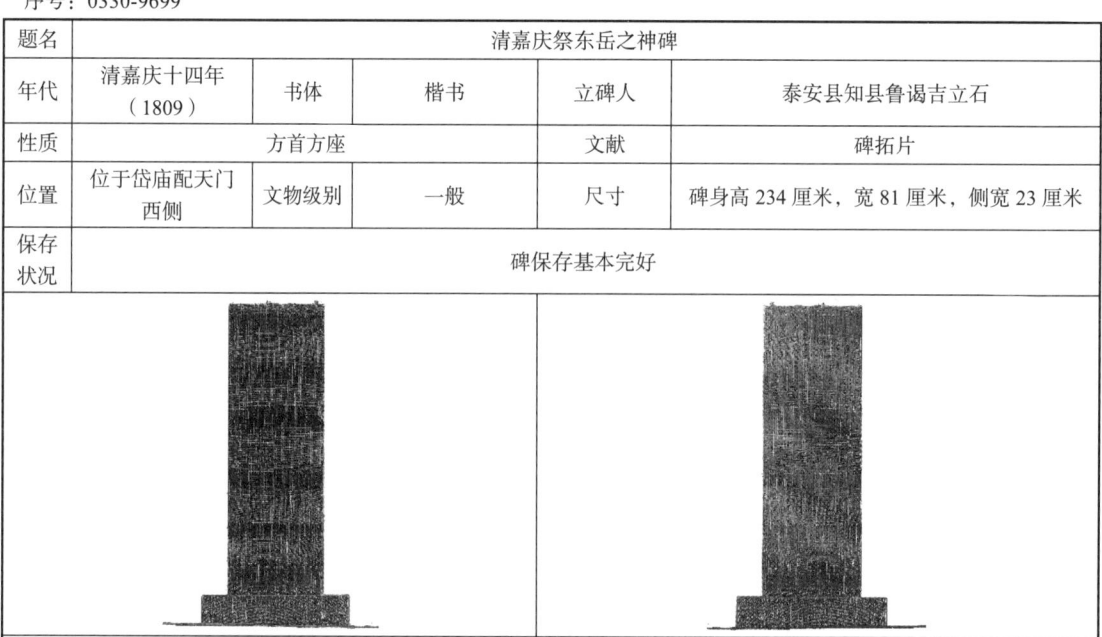

序号：0330-9699						
题名	清嘉庆祭东岳之神碑					
年代	清嘉庆十四年（1809）		书体	楷书	立碑人	泰安县知县鲁谒吉立石
性质	方首方座				文献	碑拓片
位置	位于岱庙配天门西侧	文物级别	一般	尺寸	碑身高234厘米，宽81厘米，侧宽23厘米	
保存状况	碑保存基本完好					
图片				图片		

碑文内容：

碑阳：维嘉庆十四年岁次己巳丁卯月甲寅日，皇帝遣内阁学士兼礼部侍郎王绶告祭于东岳之神曰：惟神功昭巨镇，瑞启崇封东土，资生参二仪，而作配上公视秩。首五岳以称宗，宅灵气于天门。光耸鲁甸，迓祥晖于日观，秀日齐州，不让土而能成，览山皆小，乍出云而已遍表，海为雄次舍实应夫奎□神奇，特钟于造化。兹以朕五旬，展庆万国，胪欢懋举，崇仪特申昭告，虔柴典肃久修，望祀于东巡，宪镇祠崇，式考职方于左界，荐馨香而肇举，延休祐而永绥，鉴此苾芬，神其昭格。碑阴铭文：钦命致祭官：内阁学士兼礼部侍郎王绶　香帛收掌官：笔帖式福诚　陪祭官：山东分守济东泰武临道保麟　执事官：泰安府知府百岁　东昌府同知嵇承群　泰安府通判劳□勋　泰安县知县冉永溢　□□补知县王六鳖　□□府教授李席珍　□□县训导□君栋　□□府经历张如彪　□□县内史吕希圣　嘉庆十四□十一月泰安县知县鲁谒吉敬立

序号：0331-9700

题名	清光绪祭东岳之神碑			
年代	清光绪十六年（1890）	书体	楷书	立碑人	无
性质	方首方座			文献	拓片
位置	位于配天门东侧	文物级别	一般	尺寸	碑身高172厘米，宽75厘米，侧宽23厘米
保存状况	碑体部分残缺			

图片	图片

碑文内容：
无

序号：0332-9701

题名	清嘉庆告祭东岳泰山之神碑			
年代	清嘉庆五年（1800）	书体	楷书	立碑人	无
性质	方首方座			文献	碑拓片
位置	位于岱高配天门东侧	文物级别	一般	尺寸	碑高209厘米，宽93厘米，侧宽24厘米
保存状况	碑保存基本完好			

图片	图片

碑文内容：
碑阳：维嘉庆五年岁次庚申已卯月戊子日，皇帝遣都察院左副都御史赓音布致祭于东岳泰山之神曰：惟神秩尊岳长，号著天孙。灵禀岁星，躔应奎娄之次，秀标日观岩。瞻青兖之邦，阳鲁阴齐，雨崇朝而遍泽淮莱鄗泰，封百代以增高。朕寅举上仪，肃将秩祀，兹经嘉庆四年十一月二十六日，恭奉高宗法天隆运至诚先觉体元立极敷文奋武孝慈神圣纯皇帝，主配享圜丘礼成，特遣专官虔申昭告，惟冀风云吐纳，司颢化于东维，旸雨节宣，锡丰年于下土，聿陈悬壁式鉴精禋。
碑阴：钦命致祭官都察院左副都御史赓音布　香帛收掌官笔帖式忠德　陪祭官：泰安府知府李克栋　泰安县知县舒辂　执事官：府教授李席珍　县训导王应轸　府司狱王江　县典史宗琦。

序号：0333-9702

题名	清乾隆致祭岱宗之神碑				
年代	清乾隆二十二年（1757）	书体	楷书	立碑人	无
性质	方首方座，碑四周阴线刻龙纹			文献	碑帖
位置	位于配天门东侧	文物级别	一般	尺寸	碑高197厘米，宽72厘米，侧宽23厘米
保存状况	碑体保存基本完好				

图片	图片

碑文内容：
碑阳：维乾隆二十二年岁次丁丑正月朔越一十五日　钦差致官礼部左侍郎介福致祭于东岳岱宗之神曰：惟神造化钟灵，奎娄应象。览众山而莫并气盖，坤维冠五岳，□称尊位，符震始风云吐纳，崇朝彰布濩之功，神秀氤氲庶汇荷育成之德。朕省方南土，驻跸东邦，抱瑞霭于天门，曾登峻极，望祥光于日观，式赖洪庥用遣专官，载申秩祭，其来格尚克歆承。碑阴：经筵日讲官起居注礼部左侍朗兼管翰林院掌院事管内阁学士事正经旗满洲副都统加三级介福　陪祭官分守济东泰武兼管水利通省驿传道加一级纪录四次朱若东　执事官泰安府教授江均　泰安县训导李都　莱芜县训导房东第　泰安府司狱万斯年。

序号：0334-9703

题名	清宣统二年"万世流芳"石碑				
年代	清宣统二年（1910）	书体	无	立碑人	无
性质	无			文献	无
位置	配天门东侧	文物级别	一般	尺寸	通高150厘米，通宽63厘米
保存状况	保存基本完好				

图片	图片

碑文内容：
无

序号：0336-9706

题名	清光绪二十八年王以憼诗石碑			
年代	清光绪二十八年（1902）	书体	无	立碑人	无
性质	无			文献	无
位置	配天门东侧	文物级别	一般	尺寸	通高138厘米，通宽94厘米
保存状况	保存基本完好			

图片	图片

碑文内容：
无

序号：0343-9710

题名	明万历三十三年重修金星庙告成功记石碑			
年代	明万历三十三年（1605）	书体	无	立碑人	无
性质	无			文献	无
位置	配天门东侧	文物级别	一般	尺寸	通高115厘米，通宽61厘米，厚11厘米
保存状况	保存基本完好			

图片	图片

碑文内容：
无

序号：0344-9711

题名	清康熙十五年重修金星庙记石碑				
年代	清康熙十五年（1676）	书体	无	立碑人	无
性质	无			文献	无
位置	配天门东侧	文物级别	一般	尺寸	通高98厘米，通宽75厘米，厚25厘米
保存状况	保存基本完好				
	图片			 图片	

碑文内容：
无

第二节　石质文物的无损检测

精细扫描残损分析（图5-6～图5-10）：

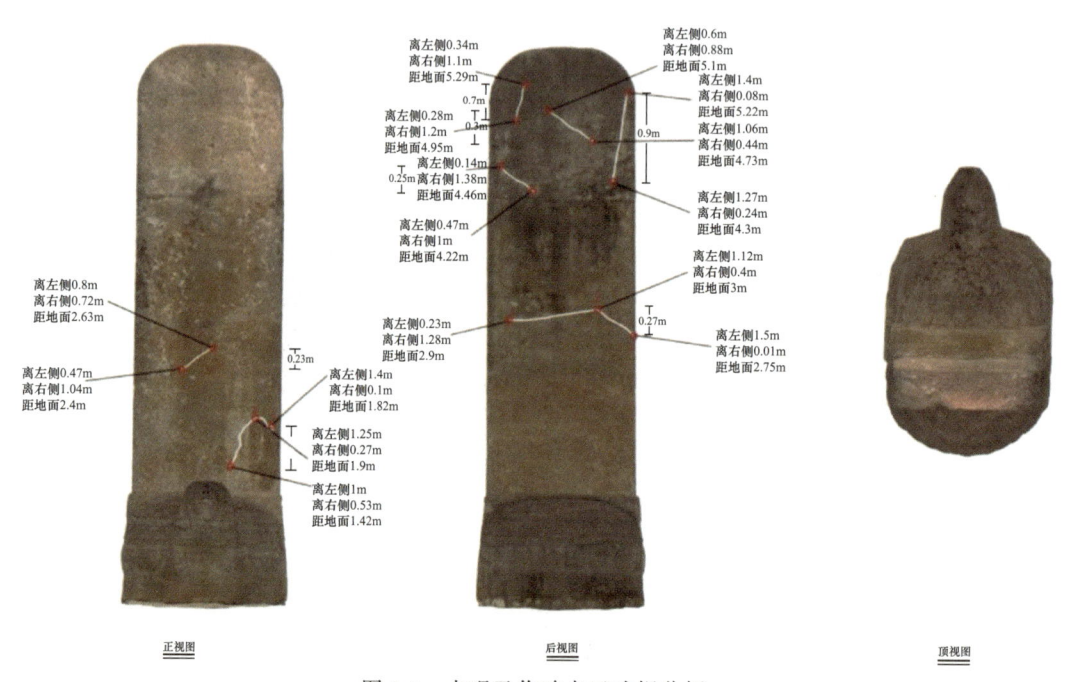

图5-6　大观圣作碑点云残损分析

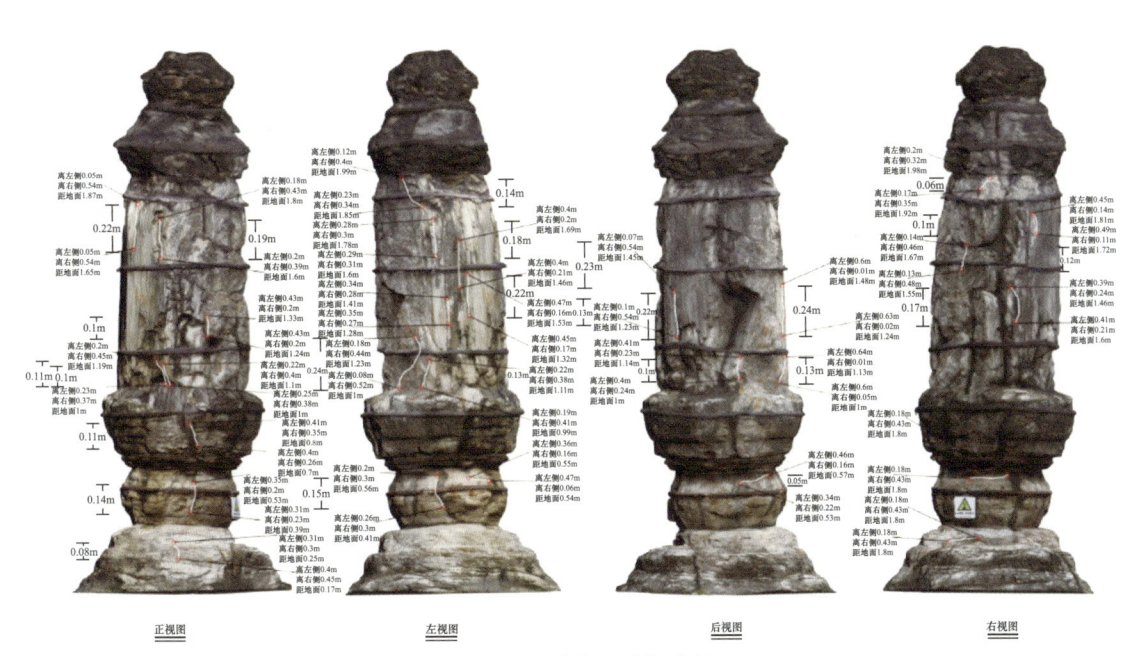

第五章 岱庙石质文物预防性保护勘察

正视图　　　左视图　　　后视图　　　右视图

图 5-7　经幢点云残损分析

正视图　　　后视图　　　顶视图

图 5-8　双束碑点云残损分析

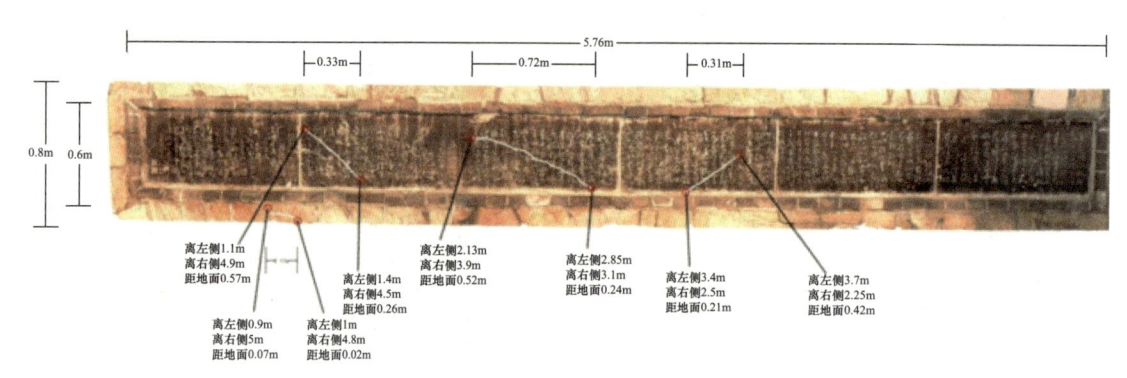

图 5-9　石碑点云残损分析

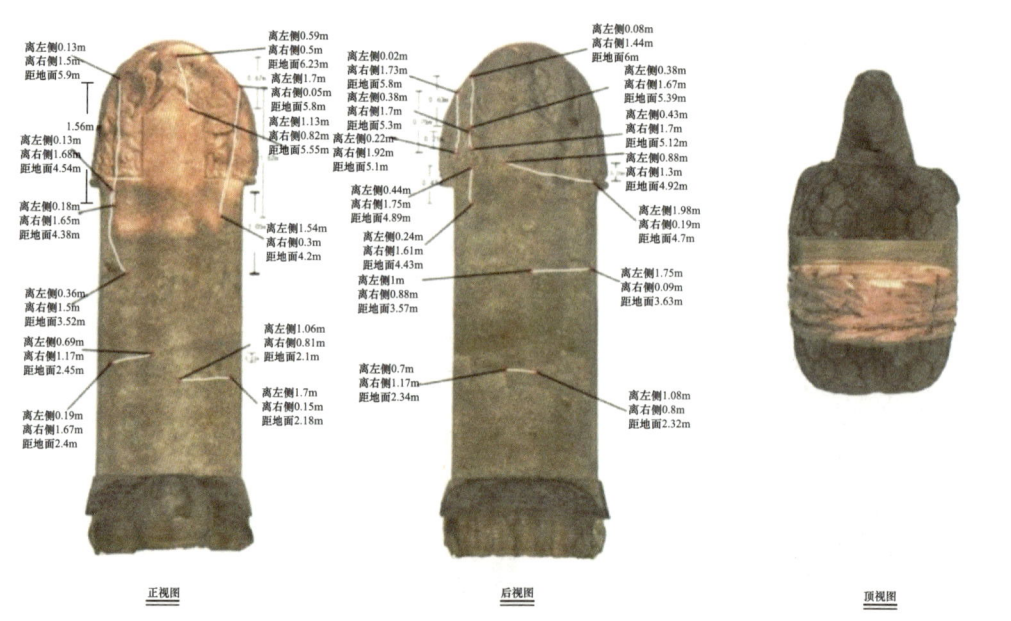

图 5-10　石碑点云残损分析

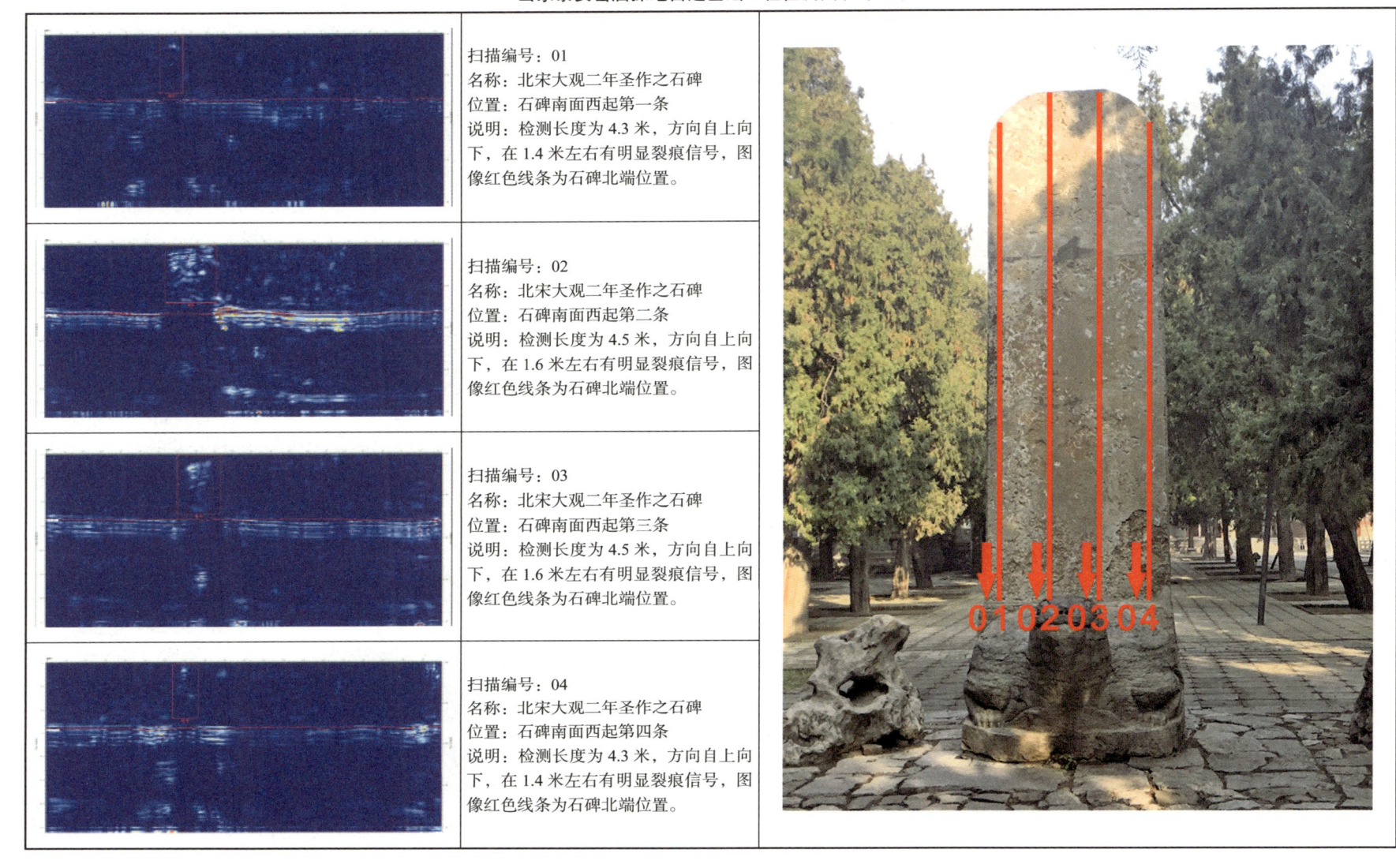

山东泰安岱庙探地雷达基础工程检测图表（一）

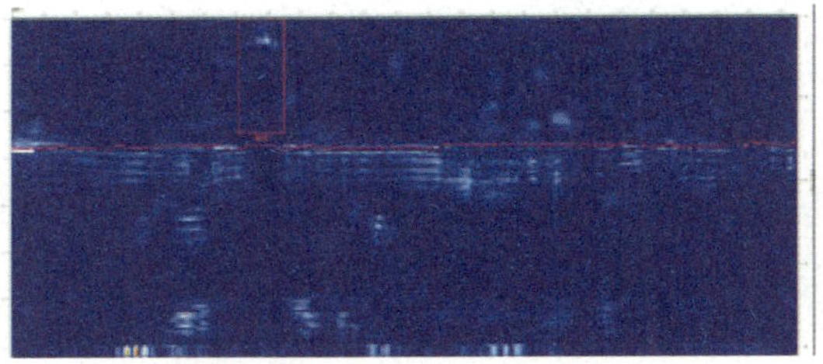

扫描编号：01 名称：北宋大观二年圣作之石碑 位置：石碑南面西起第一条 说明：检测长度为4.3米，方向自上向下，在1.4米左右有明显裂痕信号，图像红色线条为石碑北端位置。	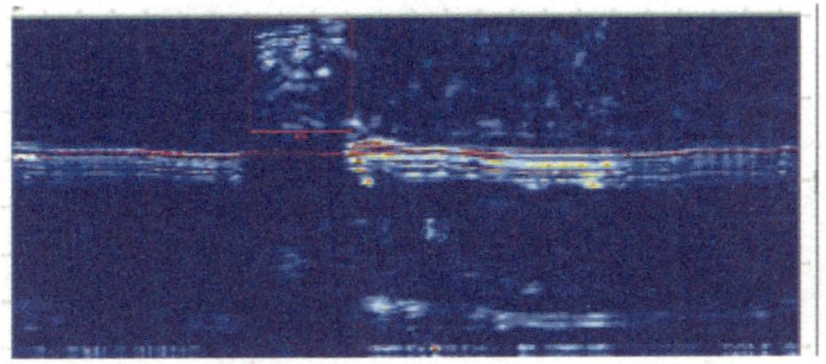
扫描编号：02 名称：北宋大观二年圣作之石碑 位置：石碑南面西起第二条 说明：检测长度为4.5米，方向自上向下，在1.6米左右有明显裂痕信号，图像红色线条为石碑北端位置。	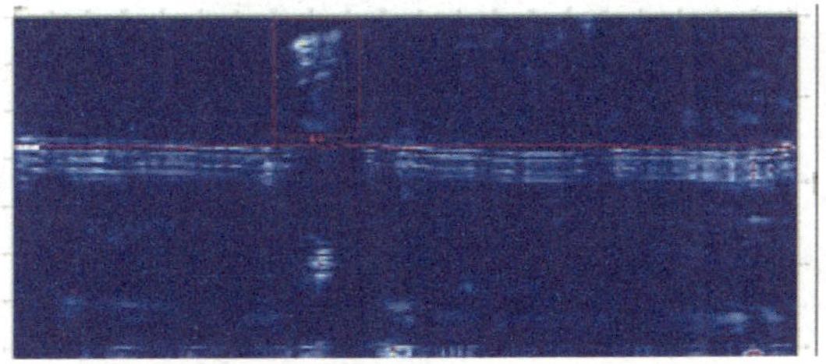
扫描编号：03 名称：北宋大观二年圣作之石碑 位置：石碑南面西起第三条 说明：检测长度为4.5米，方向自上向下，在1.6米左右有明显裂痕信号，图像红色线条为石碑北端位置。	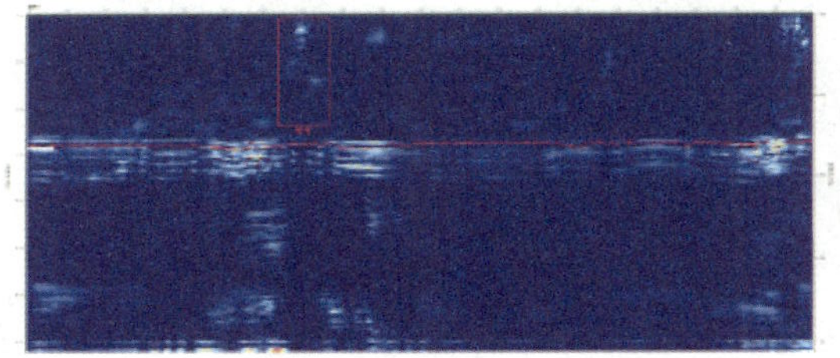
扫描编号：04 名称：北宋大观二年圣作之石碑 位置：石碑南面西起第四条 说明：检测长度为4.3米，方向自上向下，在1.4米左右有明显裂痕信号，图像红色线条为石碑北端位置。	

续表

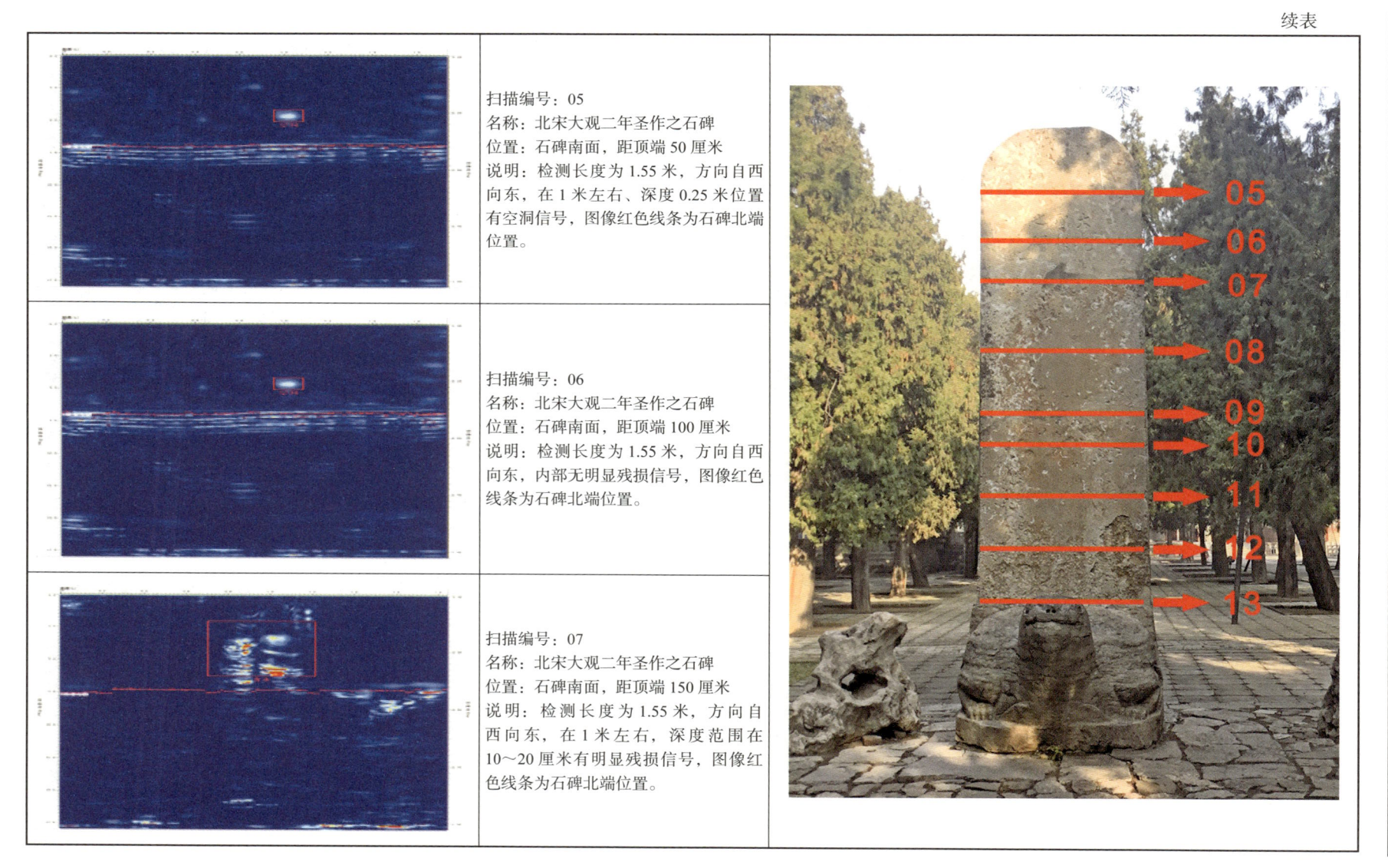

扫描编号：05 名称：北宋大观二年圣作之石碑 位置：石碑南面，距顶端 50 厘米 说明：检测长度为 1.55 米，方向自西向东，在 1 米左右，图像红色线条为石碑北端有空洞信号，图像红色线条为石碑北端位置。	
扫描编号：06 名称：北宋大观二年圣作之石碑 位置：石碑南面，距顶端 100 厘米 说明：检测长度为 1.55 米，方向自西向东，内部无明显残损信号，图像红色线条为石碑北端位置。	
扫描编号：07 名称：北宋大观二年圣作之石碑 位置：石碑南面，距顶端 150 厘米 说明：检测长度为 1.55 米，方向自西向东，在 1 米左右有明显残损信号，深度范围在 10~20 厘米有明显残损信号，图像红色线条为石碑北端位置。	

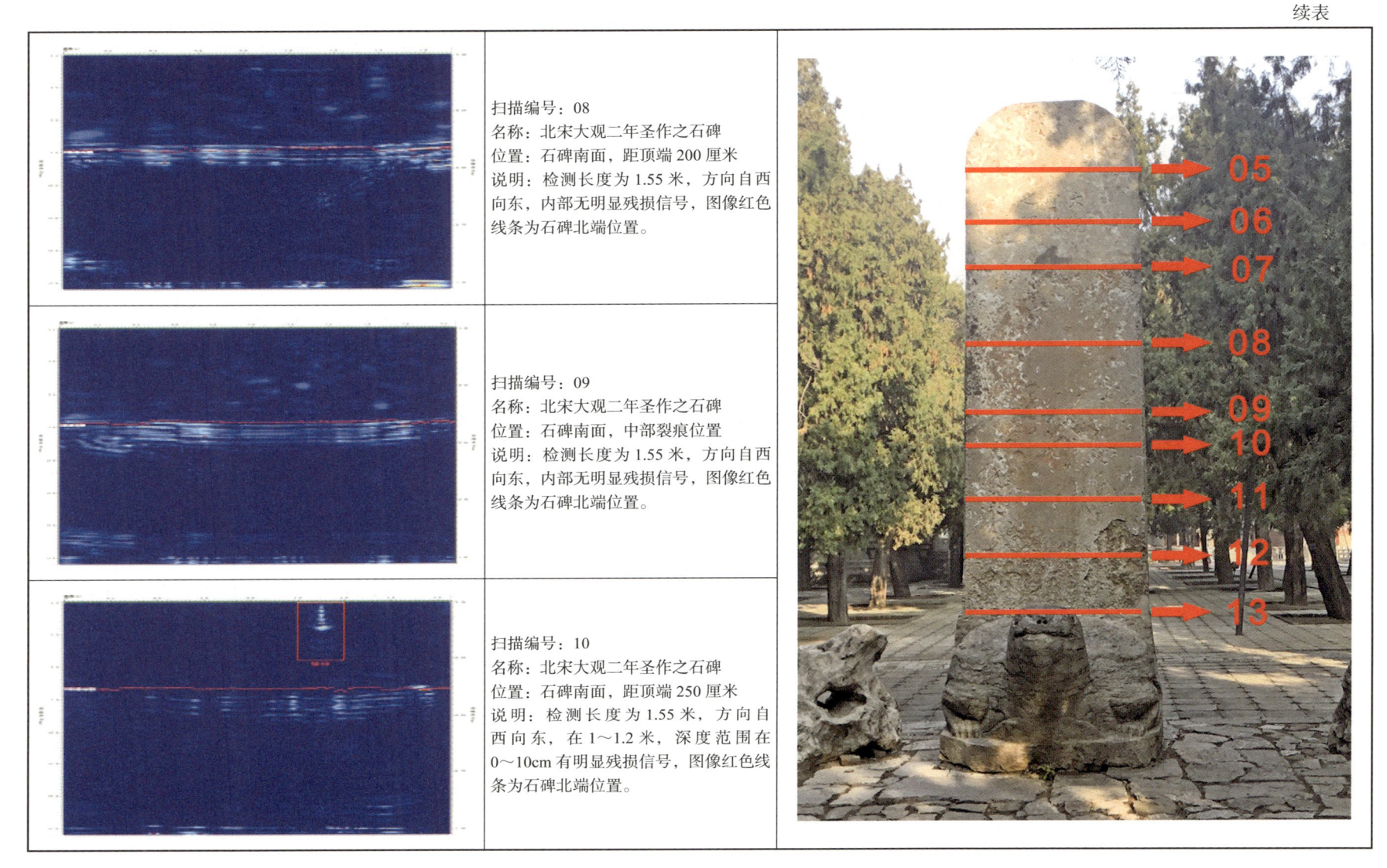

第五章 岱庙石质文物预防性保护勘察

续表

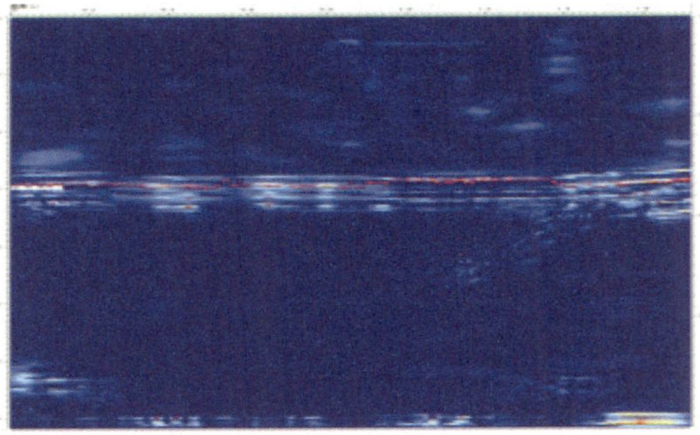

扫描编号：08 名称：北宋大观二年圣作之石碑 位置：石碑南面，距顶端 200 厘米 说明：检测长度为 1.55 米，方向自西向东，内部无明显残损信号，图像红色线条为石碑北端位置。	扫描编号：09 名称：北宋大观二年圣作之石碑 位置：石碑南面，中部裂痕位置 说明：检测长度为 1.55 米，方向自西向东，内部无明显残损信号，图像红色线条为石碑北端位置。	扫描编号：10 名称：北宋大观二年圣作之石碑 位置：石碑南面，距顶端 250 厘米 说明：检测长度为 1.55 米，方向自西向东，深度范围在 0~10cm 有明显残损信号，图像红色线条为石碑北端位置。

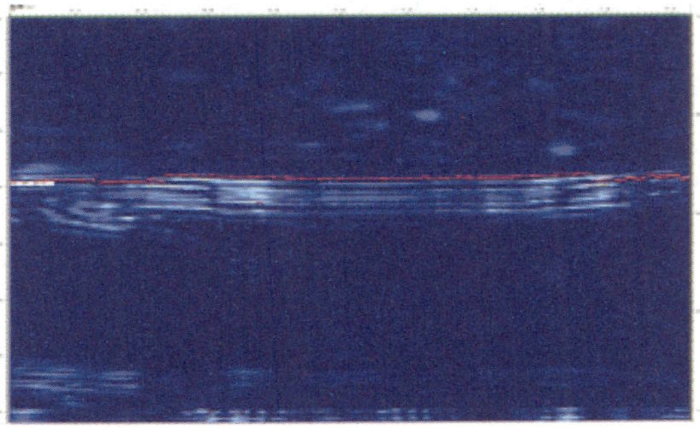

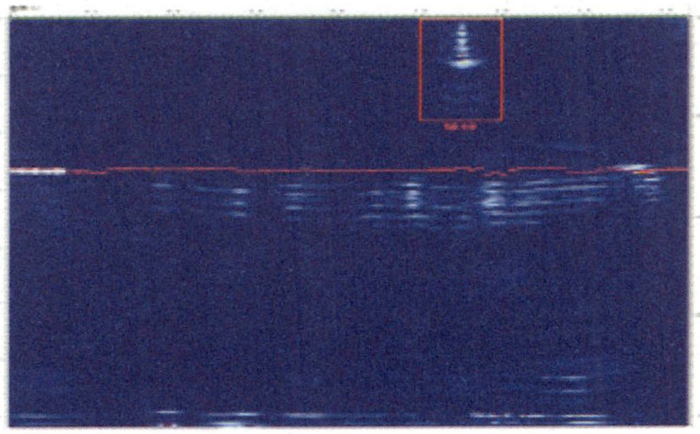

· 185 ·

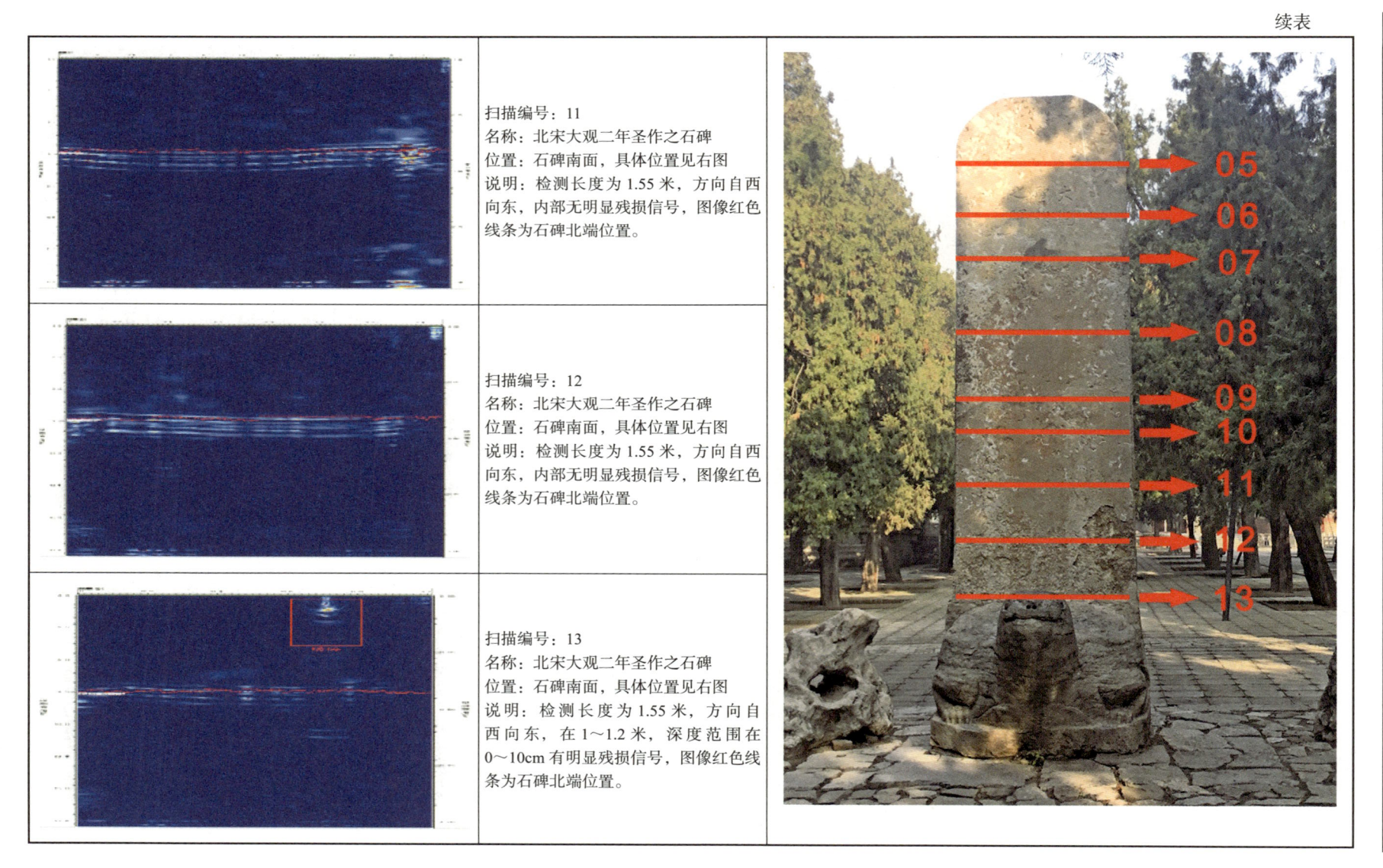

续表

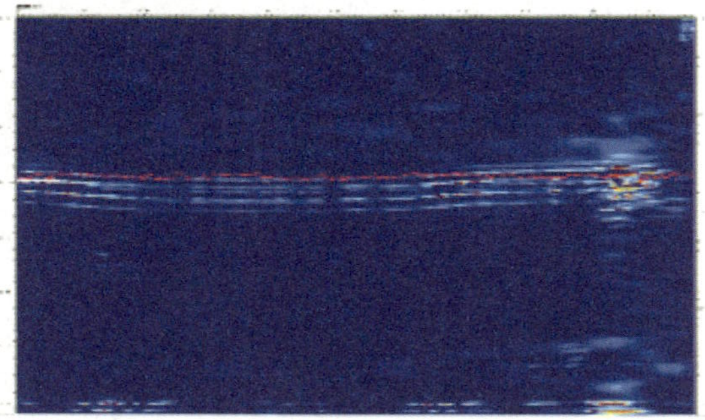

扫描编号：11 名称：北宋大观二年圣作之石碑 位置：石碑南面，具体位置见右图 说明：检测长度为1.55米，方向自西向东，内部无明显残损信号，图像红色线条为石碑北端位置。	扫描编号：12 名称：北宋大观二年圣作之石碑 位置：石碑南面，具体位置见右图 说明：检测长度为1.55米，方向自西向东，内部无明显残损信号，图像红色线条为石碑北端位置。	扫描编号：13 名称：北宋大观二年圣作之石碑 位置：石碑南面，具体位置见右图 说明：检测长度为1.55米，方向自西向东，深度范围在0~10cm有明显残损信号，图像红色线条为石碑北端位置。

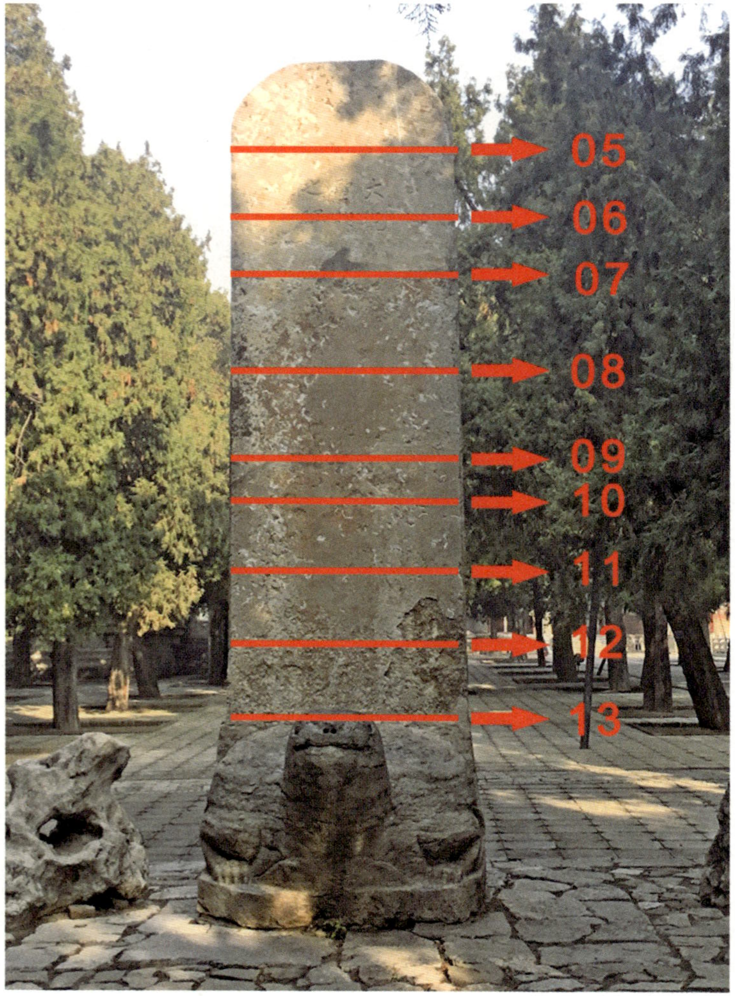

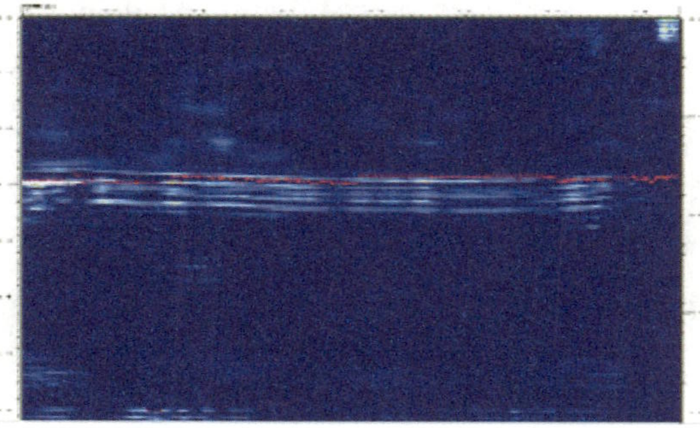

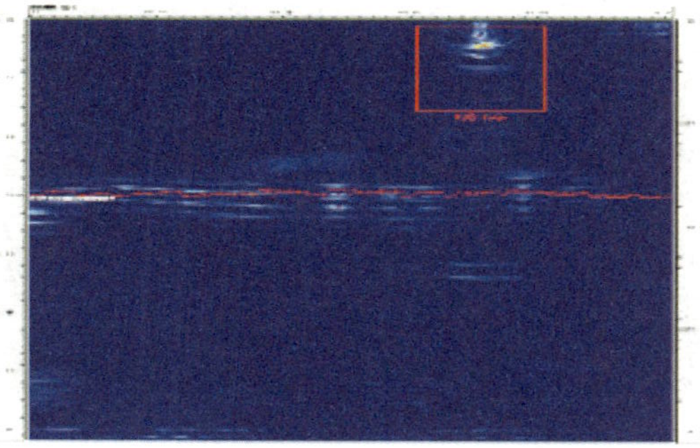

山东泰安岱庙探地雷达基础工程检测图表（二）

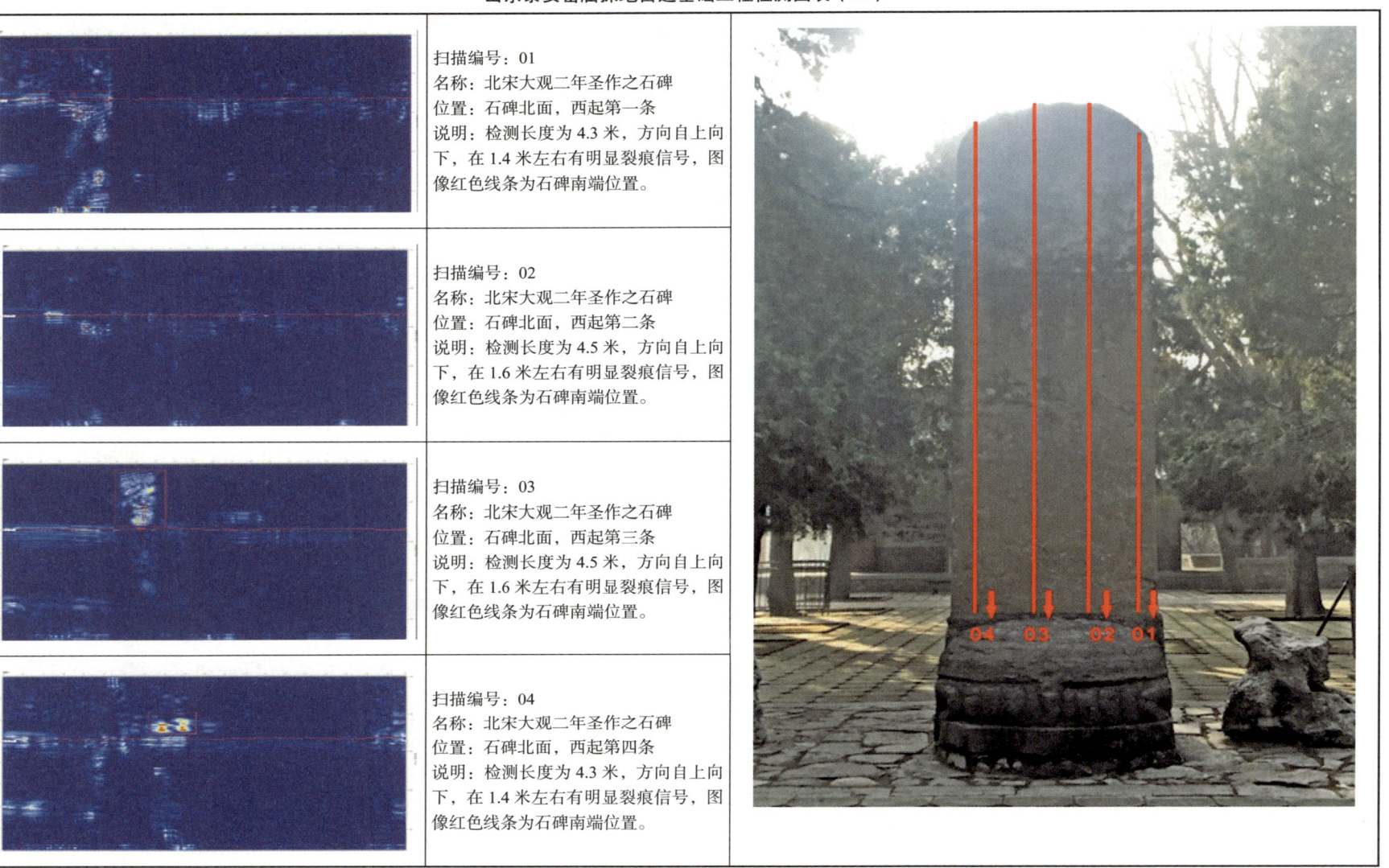

扫描编号：01	扫描编号：02	扫描编号：03	扫描编号：04
名称：北宋大观二年圣作之石碑	名称：北宋大观二年圣作之石碑	名称：北宋大观二年圣作之石碑	名称：北宋大观二年圣作之石碑
位置：石碑北面，西起第一条	位置：石碑北面，西起第二条	位置：石碑北面，西起第三条	位置：石碑北面，西起第四条
说明：检测长度为4.3米，方向自上向下，在1.4米左右有明显裂痕信号，图像红色线条为石碑南端位置。	说明：检测长度为4.5米，方向自上向下，在1.6米左右有明显裂痕信号，图像红色线条为石碑南端位置。	说明：检测长度为4.5米，方向自上向下，在1.6米左右有明显裂痕信号，图像红色线条为石碑南端位置。	说明：检测长度为4.3米，方向自上向下，在1.4米左右有明显裂痕信号，图像红色线条为石碑南端位置。

第五章　岱庙石质文物预防性保护勘察

续表

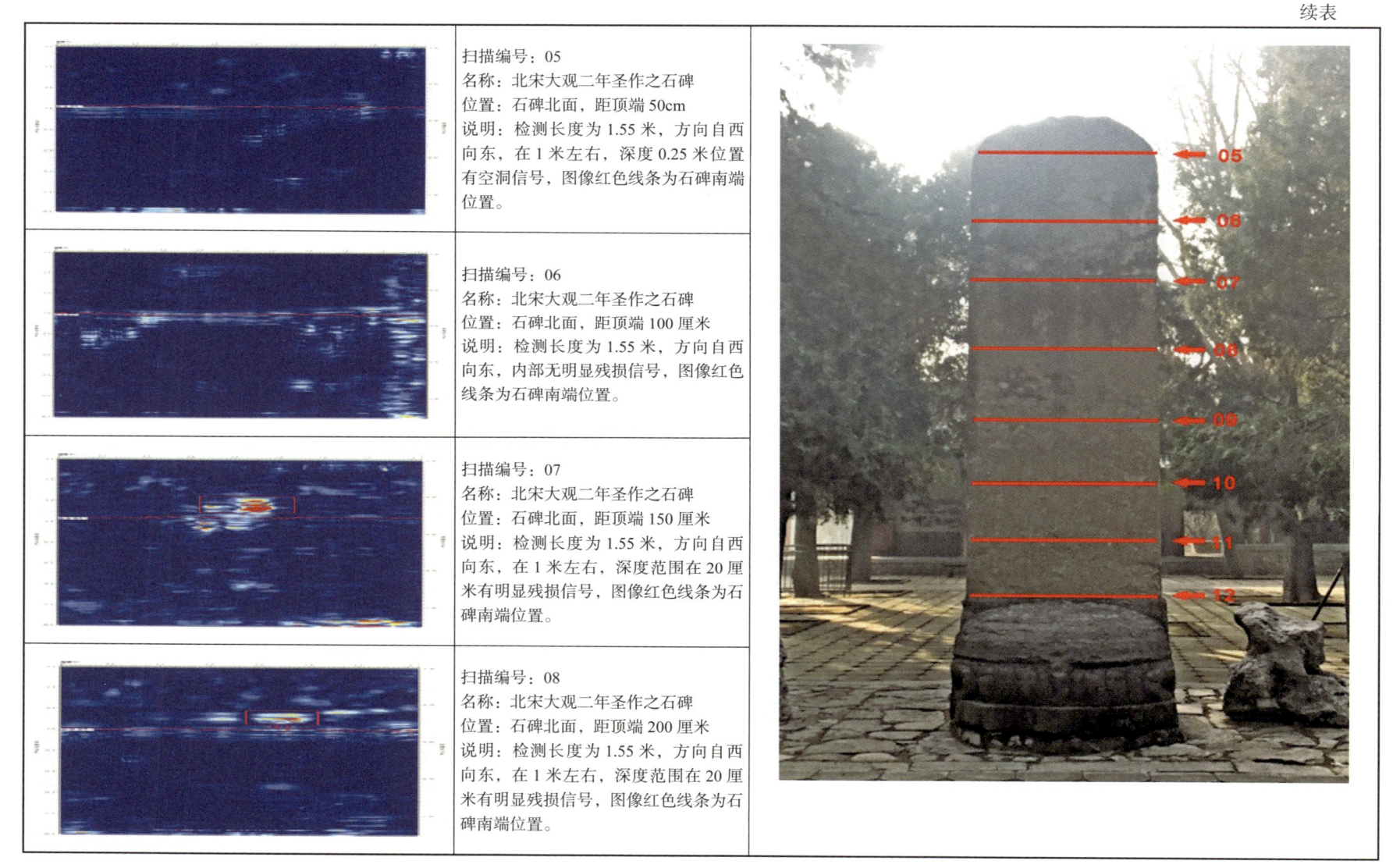

扫描编号：05 名称：北宋大观二年圣作之石碑 位置：石碑北面，距顶端 50cm 说明：检测长度为 1.55 米，深度 0.25 米位置向东，在 1 米左右，图像红色线条为石碑南端有空洞信号，图像红色线条为石碑南端位置。	
扫描编号：06 名称：北宋大观二年圣作之石碑 位置：石碑北面，距顶端 100 厘米 说明：检测长度为 1.55 米，方向自西向东，内部无明显残损信号，图像红色线条为石碑南端位置。	
扫描编号：07 名称：北宋大观二年圣作之石碑 位置：石碑北面，距顶端 150 厘米 说明：检测长度为 1.55 米，方向自西向东，在 1 米左右，深度范围在 20 厘米有明显残损信号，图像红色线条为石碑南端位置。	
扫描编号：08 名称：北宋大观二年圣作之石碑 位置：石碑北面，距顶端 200 厘米 说明：检测长度为 1.55 米，方向自西向东，在 1 米左右，深度范围在 20 厘米有明显残损信号，图像红色线条为石碑南端位置。	

· 188 ·

第五章　岱庙石质文物预防性保护勘察

续表

| 扫描编号：09
名称：北宋大观二年圣作之石碑
位置：石碑北面，中部裂痕位置
说明：检测长度为1.55米，方向自西向东，内部无明显残损信号，图像红色线条为石碑南端位置。 | 扫描编号：10
名称：北宋大观二年圣作之石碑
位置：石碑北面，距顶端250厘米
说明：检测长度为1.55米，方向自西向东，内部无明显残损信号，图像红色线条为石碑南端位置。 | 扫描编号：11
名称：北宋大观二年圣作之石碑
位置：石碑北面，具体位置见右图
说明：检测长度为1.55米，方向自西向东，在1~1.2米，深度范围在10厘米有残损信号，图像红色线条为石碑南端位置。 | 扫描编号：12
名称：北宋大观二年圣作之石碑
位置：石碑北面，具体位置见右图
说明：检测长度为1.55米，方向自西向东，内部无明显残损信号，图像红色线条为石碑南端位置。 |

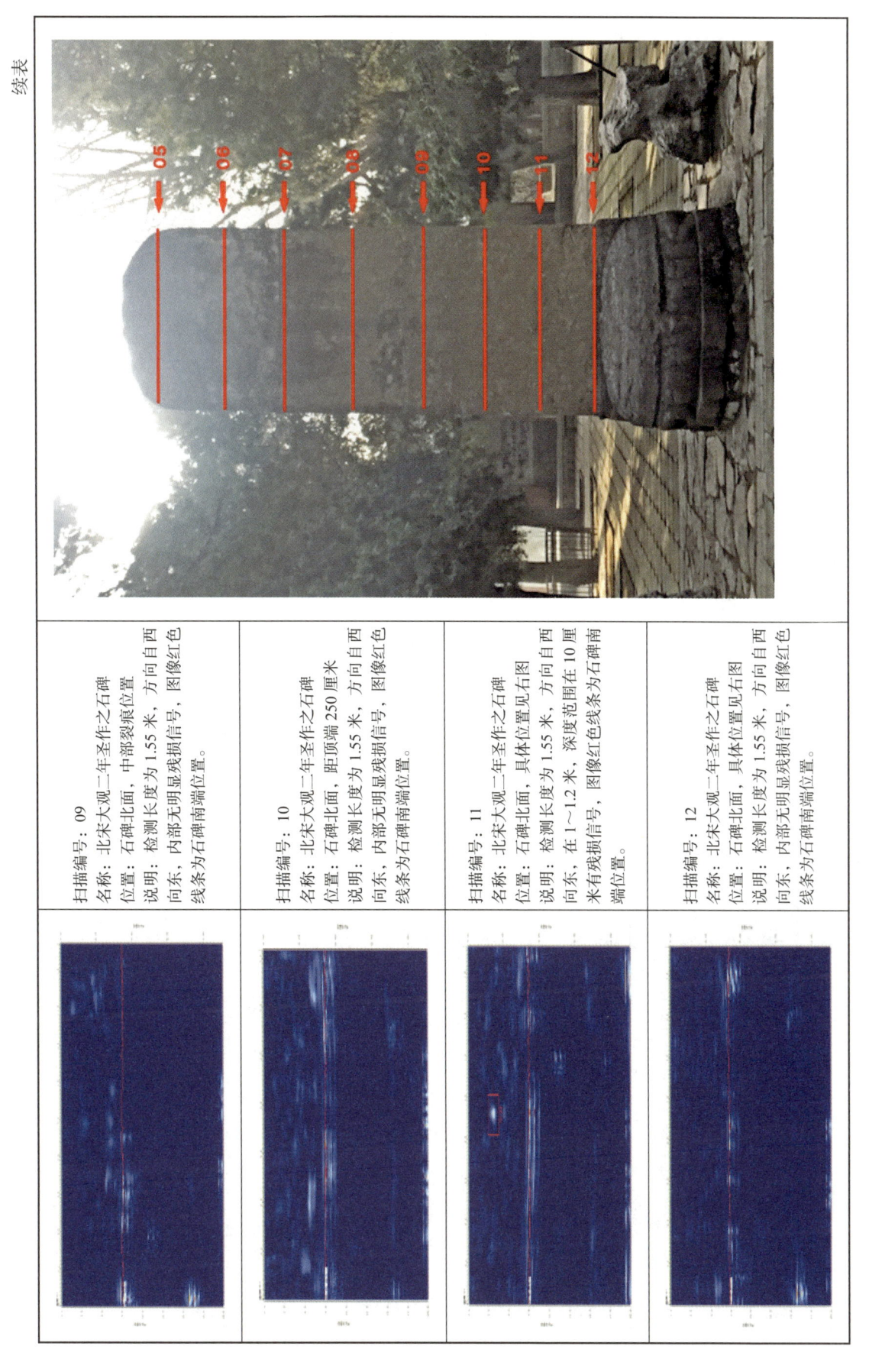

· 189 ·

山东泰安岱庙探地雷达基础工程检测图表（三）

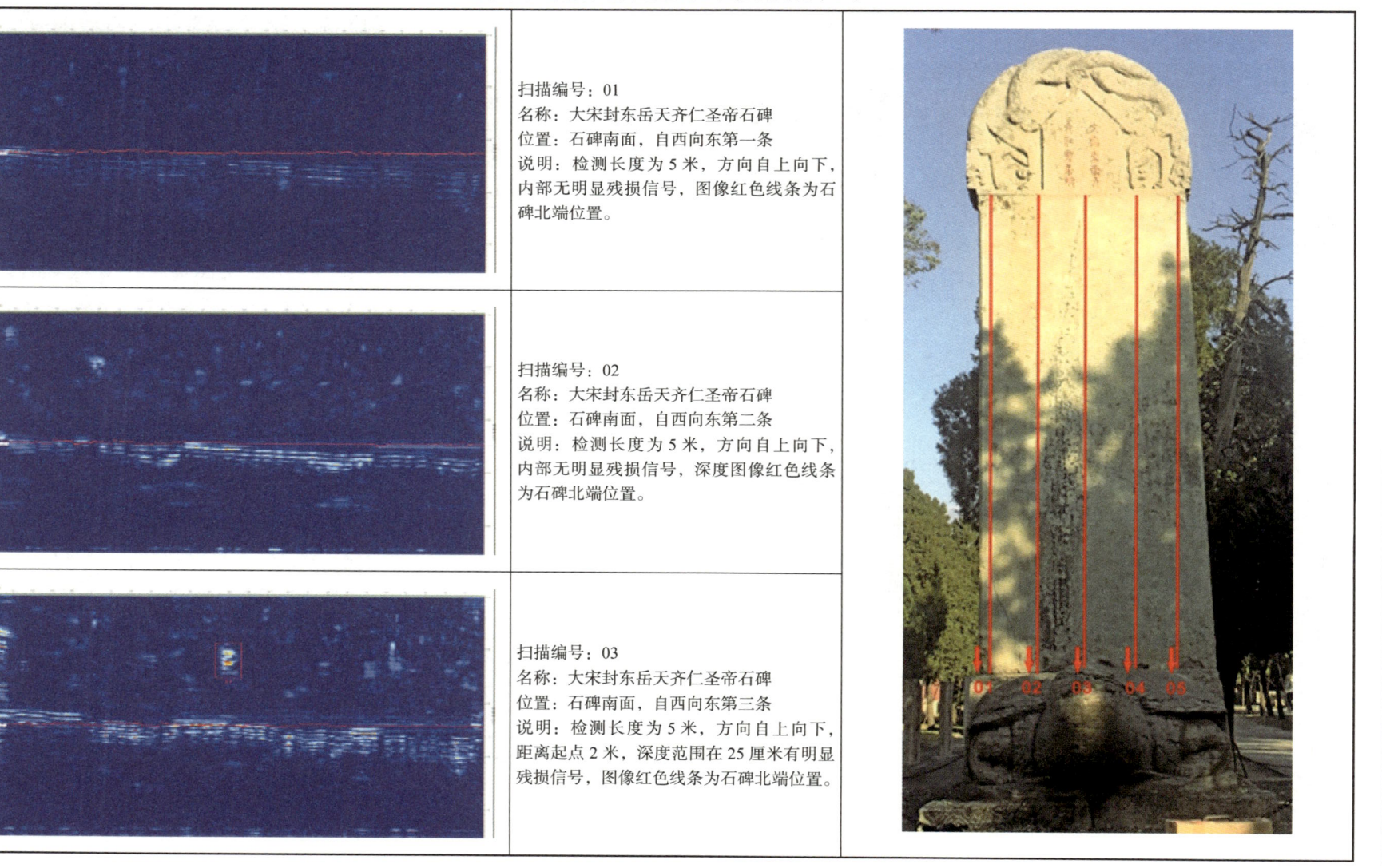

扫描编号：01 名称：大宋封东岳天齐仁圣帝石碑 位置：石碑南面，自西向东第一条 说明：检测长度为5米，方向自上向下，图像红色线条为石碑内部无明显残损信号，为石碑北端位置。

扫描编号：02 名称：大宋封东岳天齐仁圣帝石碑 位置：石碑南面，自西向东第二条 说明：检测长度为5米，方向自上向下，图像红色线条为石碑内部无明显残损信号，为石碑北端位置。

扫描编号：03 名称：大宋封东岳天齐仁圣帝石碑 位置：石碑南面，自西向东第三条 说明：检测长度为5米，方向自上向下，距离起点2米，深度范围在25厘米北端有明显残损信号，图像红色线条为石碑北端位置。

第五章 岱庙石质文物预防性保护勘察

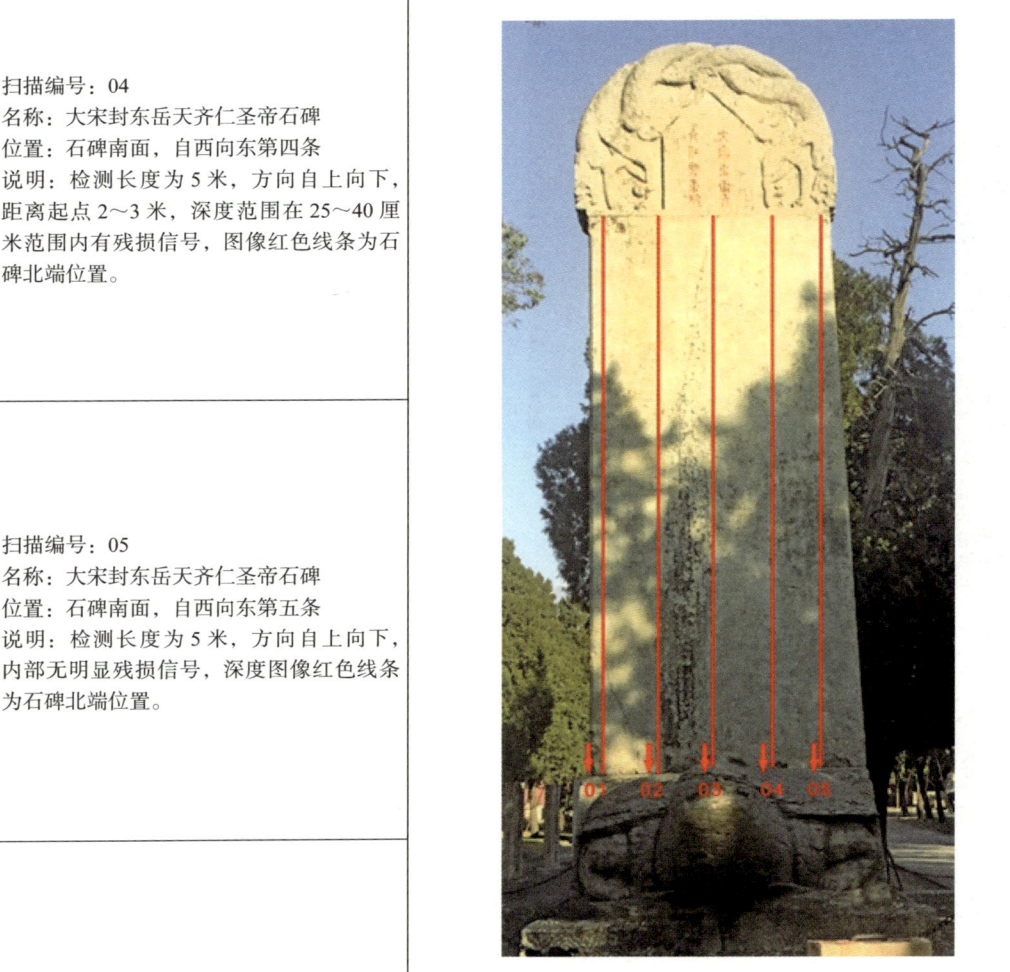

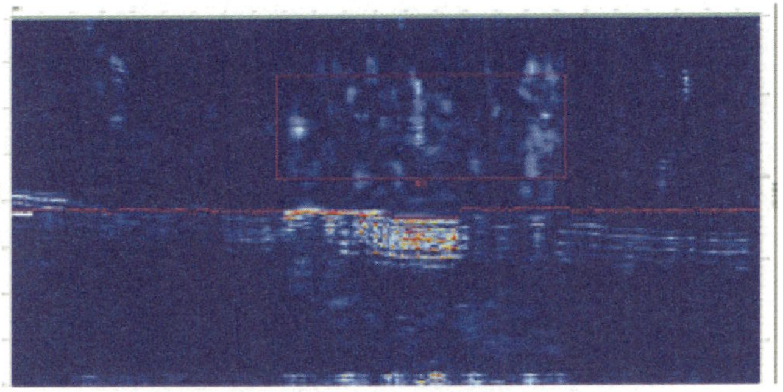 扫描编号：04 名称：大宋封东岳天齐仁圣帝石碑 位置：石碑南面，自西向东第四条 说明：检测长度为5米，方向自上向下，距离起点2～3米、深度范围在25～40厘米范围内有残损信号，图像红色线条为石碑北端位置。	
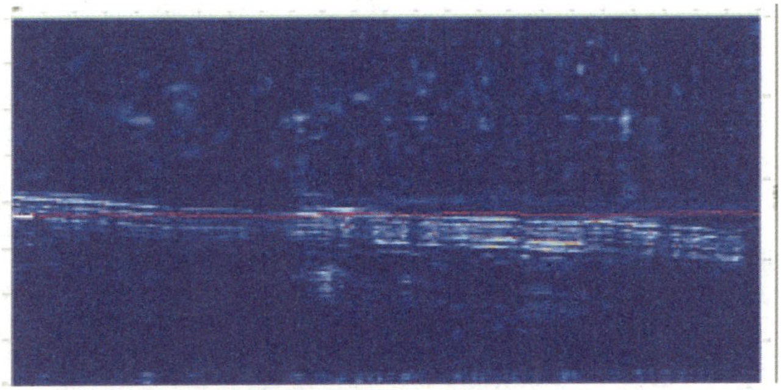 扫描编号：05 名称：大宋封东岳天齐仁圣帝石碑 位置：石碑南面，自西向东第五条 说明：检测长度为5米，方向自上向下，内部无明显残损信号，深度图像红色线条为石碑北端位置。	

续表

扫描编号：06 名称：大宋封东岳天齐仁圣帝石碑 位置：石碑南面，碑首底端 说明：检测长度为2.15米，方向自西向东，图像红色线条为石碑北端位置。内部无明显残损信号，	扫描编号：07 名称：大宋封东岳天齐仁圣帝石碑 位置：石碑南面，距离碑首底端100厘米 说明：检测长度为2.15米，方向自西向东，图像红色线条为石碑北端位置。内部无明显残损信号，	扫描编号：08 名称：大宋封东岳天齐仁圣帝石碑 位置：石碑南面，距离碑首底端200厘米 说明：检测长度为2.15米，方向自西向东，图像红色线条为石碑北端位置。在深度范围0~40厘米有残损信号，

续表

扫描编号：09 名称：大宋封东岳天齐仁圣帝石碑 位置：石碑南面，距离碑首底端300厘米 说明：检测长度为2.15米，方向自西向东，在深度范围0~40厘米略有残损信号，图像红色线条为石碑北端位置。	扫描编号：10 名称：大宋封东岳天齐仁圣帝石碑 位置：石碑南面，距离碑首底端400厘米 说明：检测长度为2.15米，方向自西向东，在深度范围0.25~0.5米范围内，有1.2~1.4米，图像红色线条为石碑北端位置。有残损信号，图像红色线条为石碑北端位置。	

第五章　岱庙石质文物预防性保护勘察

山东泰安岱庙探地雷达基础工程检测图表（四）

扫描编号：01	扫描编号：02	扫描编号：03
名称：大宋封东岳天齐仁圣帝石碑	名称：大宋封东岳天齐仁圣帝石碑	名称：大宋封东岳天齐仁圣帝石碑
位置：石碑北面，自西向东第一条	位置：石碑北面，自西向东第二条	位置：石碑北面，自西向东第三条
说明：检测长度为5米，方向自上向下，图像红色线条为石碑北端位置。内部无明显残损信号。	说明：检测长度为5米，方向自上向下，深度图像红色线条为石碑南端位置。内部无明显残损信号。	说明：检测长度为5米，方向自上向下，图像红色线条为石碑南端位置。内部无明显残损信号。

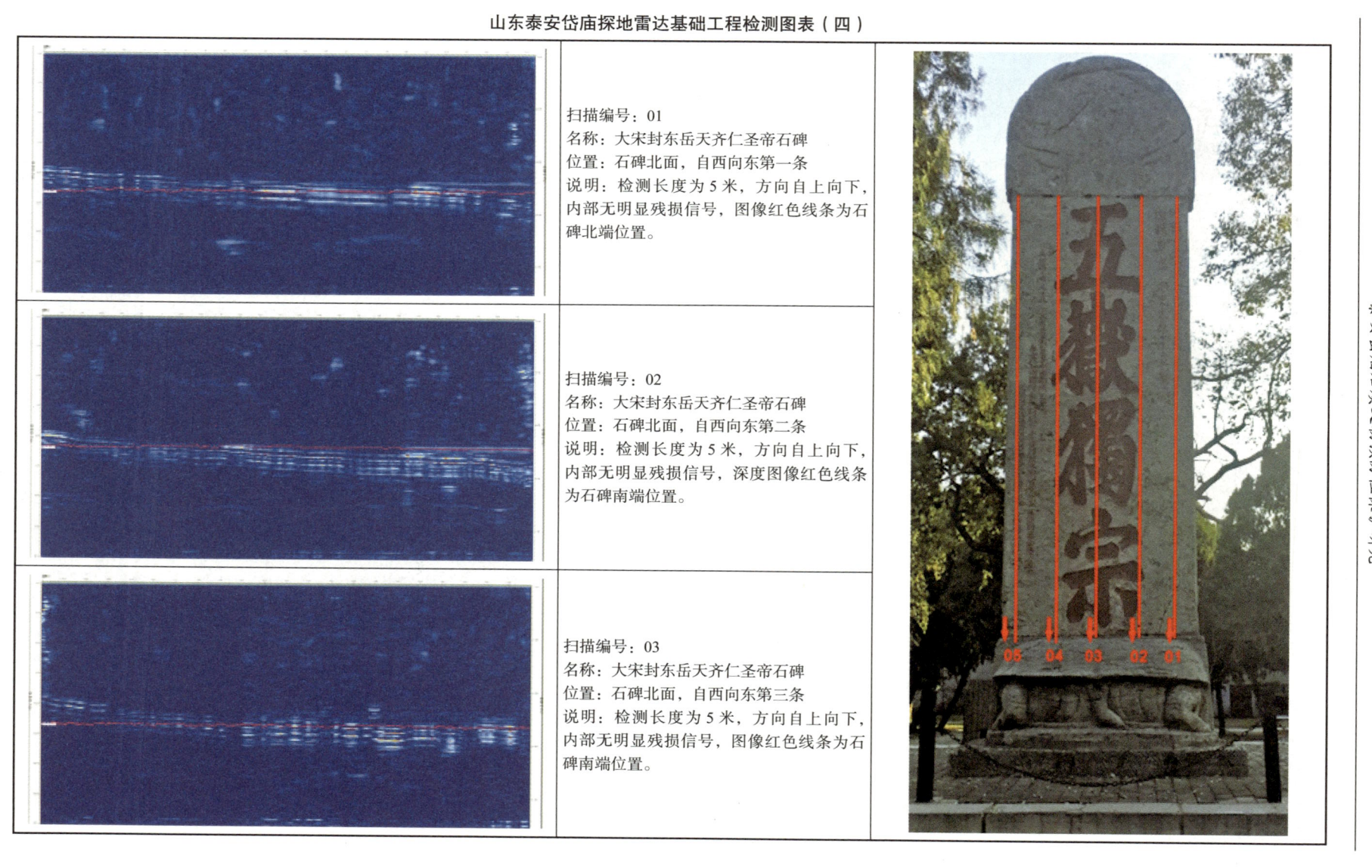

第五章 岱庙石质文物预防性保护勘察

续表

扫描编号：04 名称：大宋封东岳天齐仁圣帝石碑 位置：石碑北面，自西向东第四条 说明：检测长度为5米，方向自上向下，距离起点0.8米和3.6米左右，深度范围在0~0.5米范围内有残损信号，图像红色线条为石碑北端位置。	扫描编号：05 名称：大宋封东岳天齐仁圣帝石碑 位置：石碑南面，自西向东第五条 说明：检测长度为5米，方向自上向下，内部深度图像0~0.4米范围内有明显残损信号，深度图像红色线条为石碑北端位置。

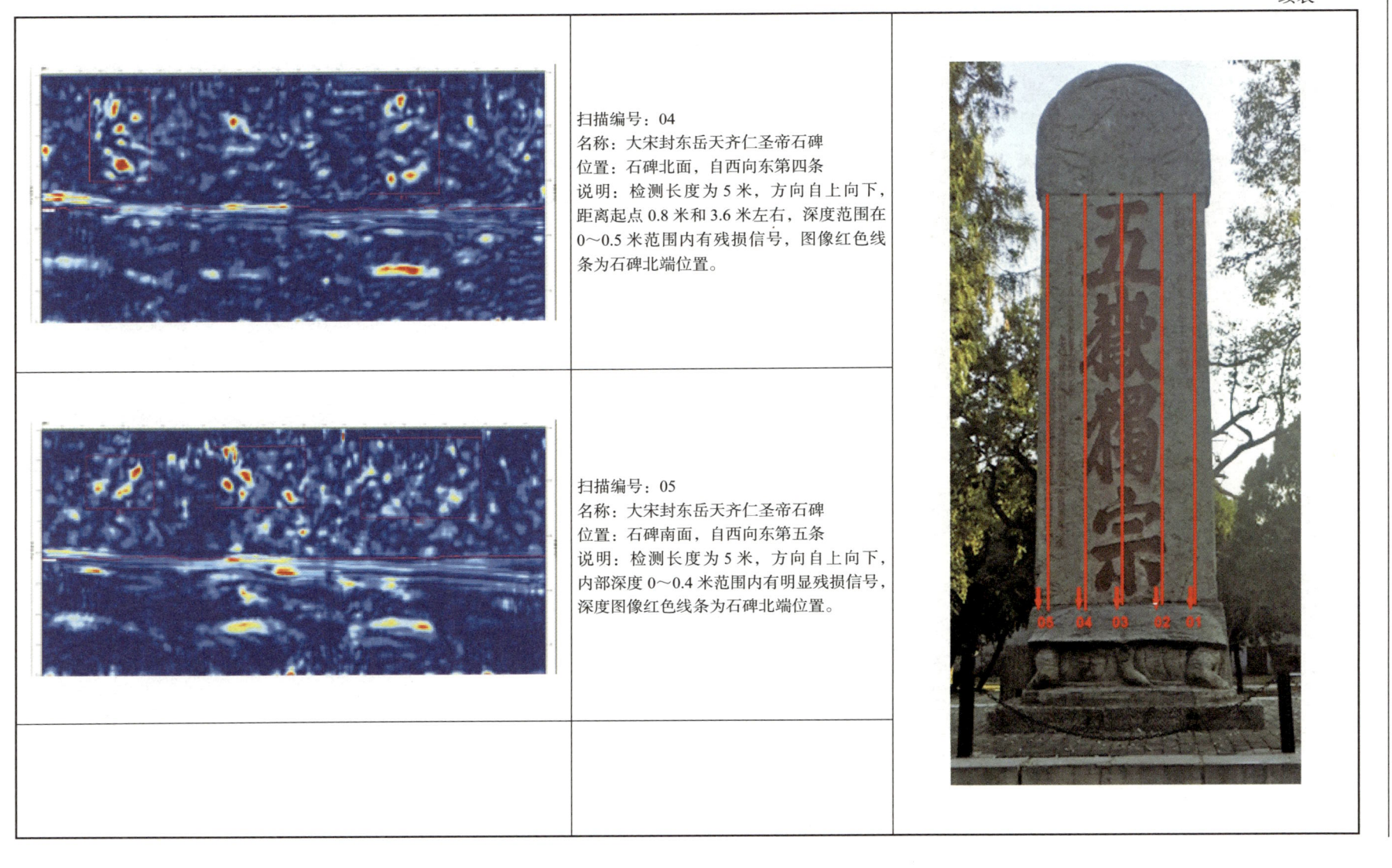

续表

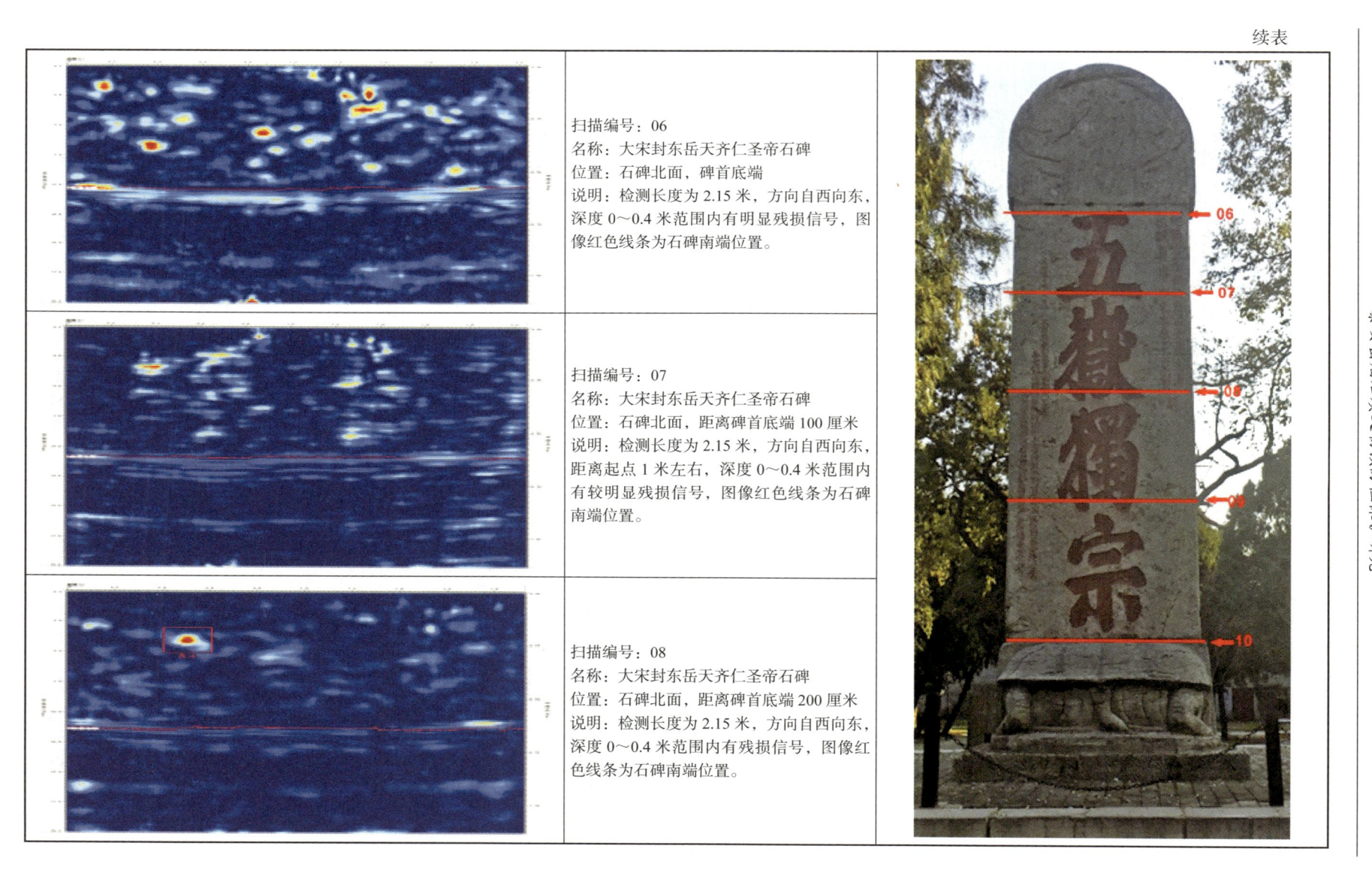

	扫描编号：06 名称：大宋封东岳天齐仁圣帝石碑 位置：石碑北面，碑首底端 说明：检测长度为2.15米，方向自西向东，深度0~0.4米范围内有明显残损信号，图像红色线条为石碑南端位置。	
	扫描编号：07 名称：大宋封东岳天齐仁圣帝石碑 位置：石碑北面，距离碑首底端100厘米 说明：检测长度为2.15米，方向自西向东，深度0~0.4米范围内距离起点1米左右，有较明显残损信号，图像红色线条为石碑南端位置。	
	扫描编号：08 名称：大宋封东岳天齐仁圣帝石碑 位置：石碑北面，距离碑首底端200厘米 说明：检测长度为2.15米，方向自西向东，深度0~0.4米范围内有残损信号，图像红色线条为石碑南端位置。	

第五章 岱庙石质文物预防性保护勘察

续表

扫描编号：09 名称：大宋封东岳天齐仁圣帝石碑 位置：石碑北面，距离碑首底端300厘米，方向自西向东， 说明：检测长度为2.15米，图像红色线条为石碑南端位置。在0~0.4米范围内有残损信号，深度	扫描编号：10 名称：大宋封东岳天齐仁圣帝石碑 位置：石碑北面，距离碑首底端400厘米，方向自西向东， 说明：检测长度为2.15米，图像红色线条为石碑南端位置。在0.5~1.4米范围内，深度0.1~0.5米范围内，有明显残损信号。	

· 197 ·

第三节 石质文物的材料成分检测

（一）样品描述

现场选择环境不同的五块石碑、石刻（图5-11～图5-15），用于采集五个样品。

图5-11　1#经幢

图5-12　2#天齐仁圣帝碑

图5-13　3#观海碑

第五章 岱庙石质文物预防性保护勘察

图 5-14　4# 石刻

图 5-15　5# 天贶殿碑

所采集的五个样品具体形貌见图 5-16～图 5-20。

表层　　　　　　　　　　　　　刮去表层

图 5-16　1# 经幢样品原始形貌

表层　　　　　　　　　　　　　刮去表层

图 5-17　2# 天齐仁圣帝碑样品原始形貌

表层　　　　　　　　　　　　　　　刮去表层

图 5-18　3# 观海碑样品原始形貌

表层　　　　　　　　　　　　　　　刮去表层

图 5-19　4# 石刻样品原始形貌

表层　　　　　　　　　　　　　　　刮去表层

图 5-20　5# 天贶殿碑样品原始形貌

由图 5-16～图 5-20 可见，五个样品均为块状，刮去表层后样品本体颜色为白色，但可能由于风化作用或吸附土颗粒等使得样品表面呈现深褐色、局部出现黄斑。

（二）测试内容及测试方法

上述块状样品表面均有灰尘覆盖并呈现不同的风化状态，首先采用手术刀刮取样品表面覆盖物及风化物并收集，然后对样品进行测试，在测试过程中，既要对样品表层覆盖物、风化物进行测试，又要对样品内部成分进行测试。

1. 视频显微形貌测试

使用北京艾迪泰克科技有限公司生产的 3R Anyty 型号的视频显微镜对样品进行表面微观形貌拍摄，设置放大倍数为 200 倍。

2. X-射线衍射光谱测试

采用日本理学株式会社生产的 SmartLab9KW 型号的 X-射线衍射仪对样品进行测试，射线源 CuKα（λ=0.15418 nm），管电压 40kV，管电流 100mA，得到石质样品的矿物种类。

3. X-射线荧光光谱测试

采用日本理学株式会社生产的 XRF-1800 型的 X-射线荧光分析仪测试，得到石质样品的元素和化合物种类及含量。

4. 扫描电镜-能谱测试

采用日本株式会社日立制作所生产的 HITACHI S-4700 型的扫描电镜-能谱仪测试，得到石质样品的微观形貌和元素种类及含量。

5. 岩相测试

将石质样品进行超薄切片处理，然后采用广州市明美光电技术有限公司生产的 MP41 型的偏光显微镜测试，得到岩相照片后参考相关书籍确定样品矿物种类。

6. 离子色谱测试

取各样品研磨成粉末，以 1：100 的比例将样品粉末置于去离子水中，充分搅拌后采用 8000r/min 的速度进行离心处理，离心后取上清液，采用型离子色谱仪测试，得到样品中可溶盐离子的含量。

7. 密度、饱和吸水率、孔隙率测试

称量试样初始质量 m_0，然后将试样放入 60℃的干燥箱中烘干至恒重，称量质量为 m_1。干燥处理后的试样浸没于水中并放入真空干燥箱中抽真空保持至少 1 小时，以便排出试样中孔隙内的空气。取出试样后立即用干毛巾擦拭试块表面的水分，称量其吸水饱和后的质量 m_2。最后，称量试样在水中的质量为 m_3。试样含水率、表观密度、孔隙率、吸水率的计算公式如下：

$$含水率 = (m_0-m_1)/m_0 \times 100\% \qquad (5-1)$$

$$表观密度 = m_1/(m_2-m_3) \qquad (5-2)$$

$$孔隙率 = (m_2-m_1)/(m_2-m_3) \times 100\% \qquad (5-3)$$

$$吸水率 = (m_2-m_1)/m_1 \times 100\% \qquad (5-4)$$

(三)测试结果

1. 视频显微形貌

五种石质样品表层及刮去表层后的视频显微形貌见图 5-21～图 5-25。各样品表层均分布由于风化作用产生的颗粒,刮去表面风化层(约 1mm)后,可见石质样品较为致密的结构。同时,发现有黄色颗粒镶嵌在石质样品内部,从颜色上初步判断可能为泥土镶嵌于石质样品表层。

综合试样的宏观形貌与显微形貌可见,五种石质样品很可能是同一种类型的岩石,需进一步对样品成分测试以确定这五种样品属于何类岩石。

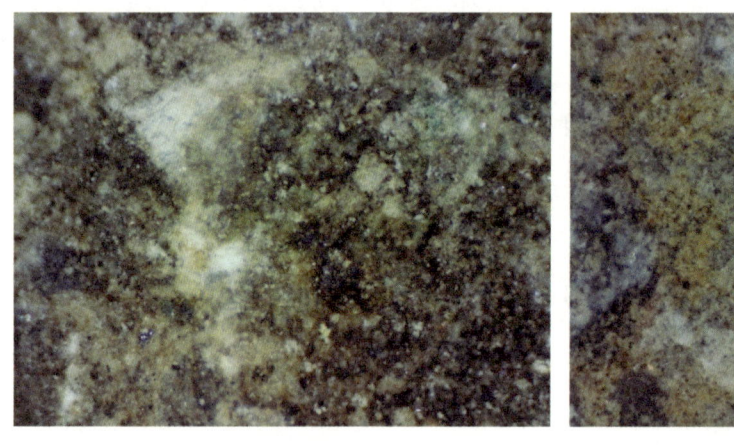

表层 　　　　　　　　　　　　　　刮去表层

图 5-21　1# 样品显微形貌

表层 　　　　　　　　　　　　　　刮去表层

图 5-22　2# 样品显微形貌

表层　　　　　　　　　　　　　　　刮去表层

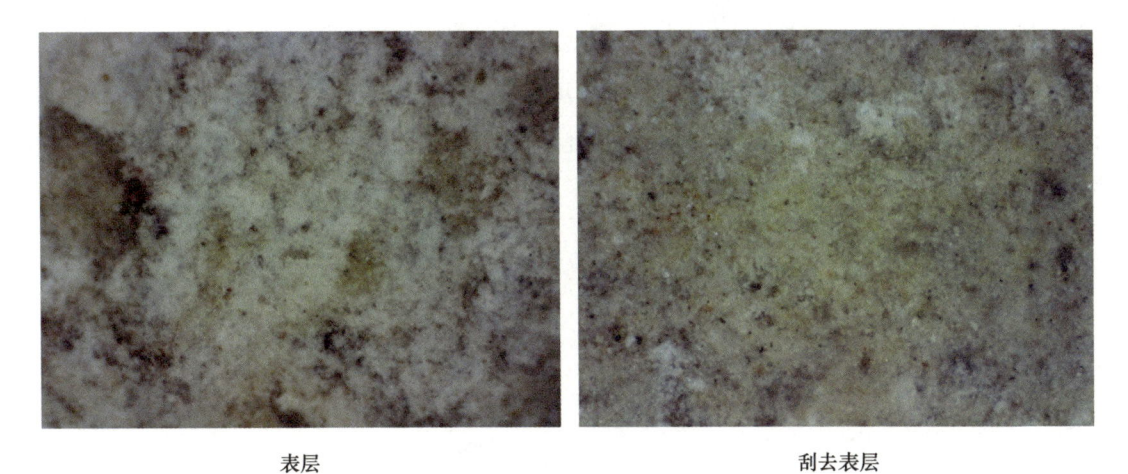

图 5-23　3# 样品显微形貌

表层　　　　　　　　　　　　　　　刮去表层

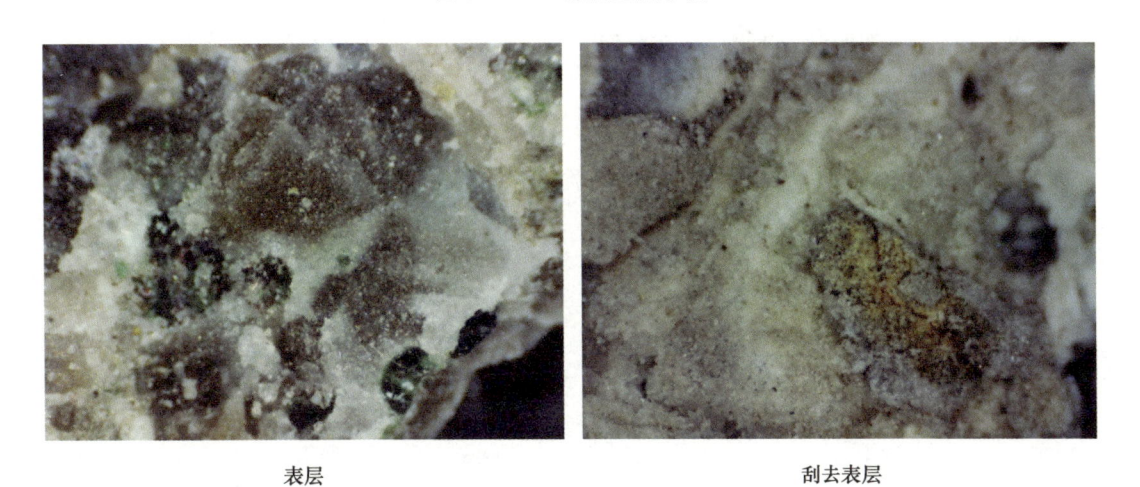

图 5-24　4# 样品显微形貌

表层　　　　　　　　　　　　　　　刮去表层

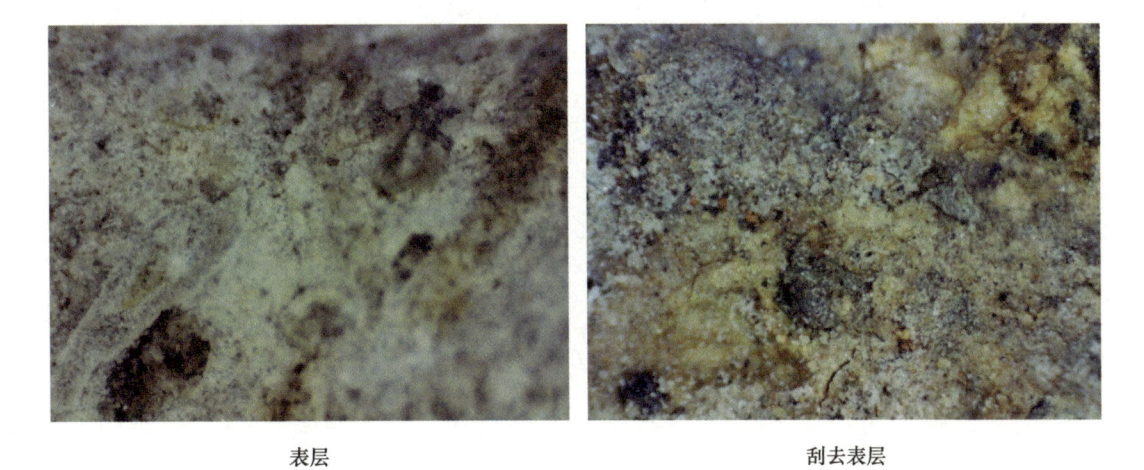

图 5-25　5# 样品显微形貌

2. X- 射线衍射光谱分析结果

测试了 1#、2# 和 3# 样品表层风化物及内部成分的 X- 射线衍射光谱，由于 4# 和 5# 样品量太少只测试了样品内部成分的 X- 射线衍射光谱，五种石质样品的 X- 射线衍射分析结果见图 5-26～图 5-30。五种样品内部成分主要为方解石（$CaCO_3$）、白云石 [$CaMg(CO_3)_2$]，同时还检测出少量石英（SiO_2），初步判断五种石质样品均为大理岩质石材。此外，在 1#、2# 和 3# 样品表层覆盖物及风化物中还检测出钠长石（$NaAlSi_3O_8$），可能来源于吸附于石材表面的土颗粒（灰尘）。

图 5-26　1# 石质样品 XRD 谱图

图 5-27　2# 石质样品 XRD 谱图

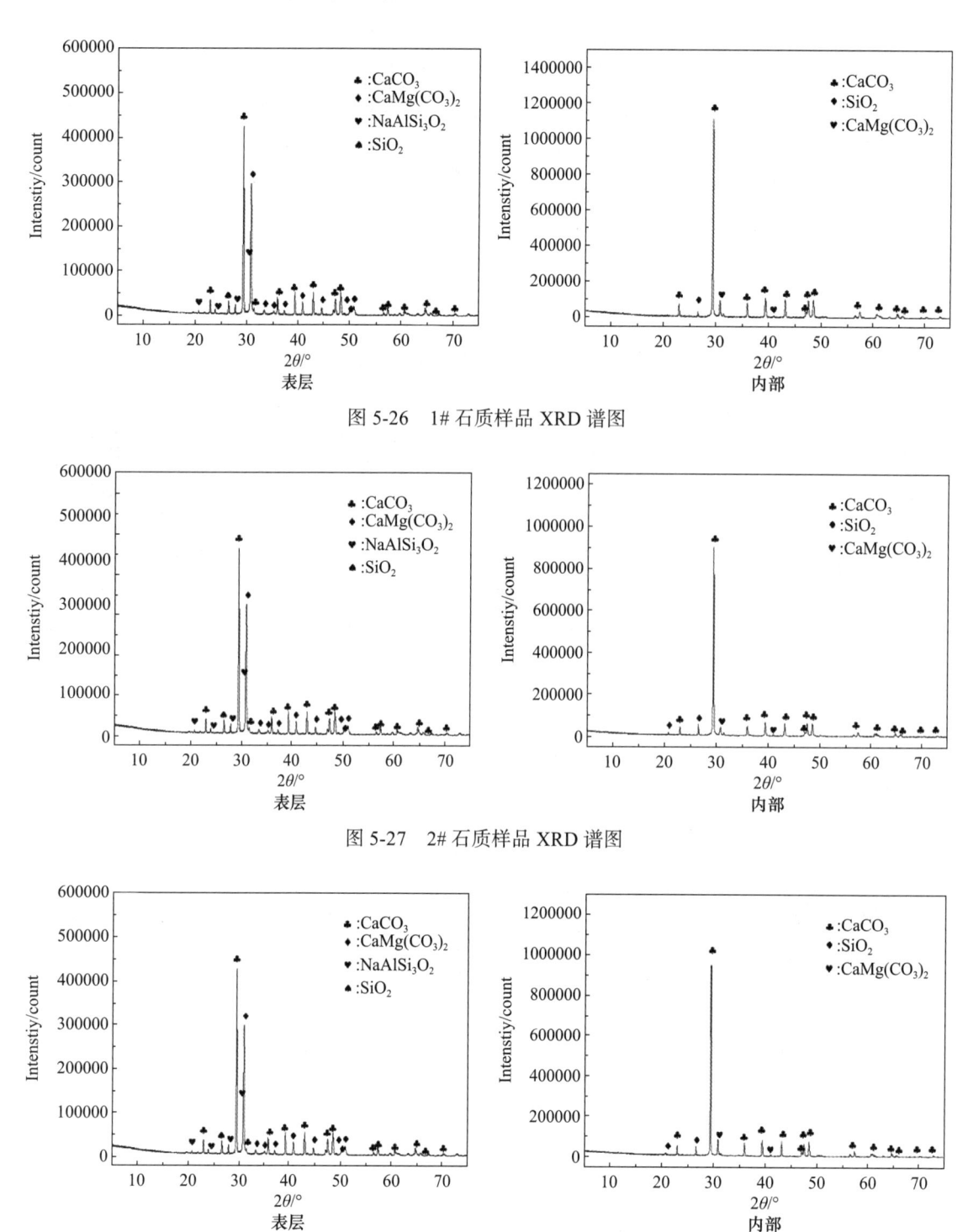

图 5-28　3# 石质样品 XRD 谱图

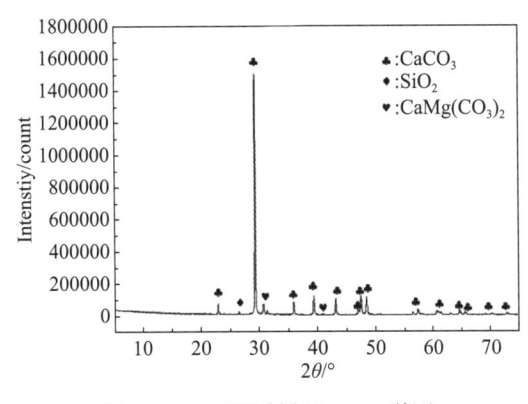

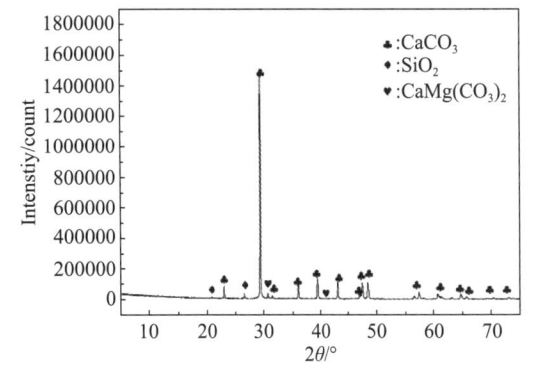

图 5-29　4# 石质样品 XRD 谱图　　　　图 5-30　5# 石质样品 XRD 谱图

3. X- 射线荧光光谱分析结果

五种石质样品的主要元素及含量测试结果见表 5-1。各样品内部主体成分所含元素种类相同，Ca 元素含量均在 94% 以上，Mg 元素及 Si 元素含量较低，XRD 测试结果表明各样品内部主体矿物组成为 $CaCO_3$，此外有少量 $CaMg(CO_3)_2$ 及 SiO_2，两者测试结果吻合。各样品表层物质所含元素种类相同，与样品内部元素种类相比，出现了 Al、K、Fe 元素，其中 Al、Si 元素的含量明显增加，可能来源于吸附于石质样品表面的土颗粒（灰尘）。

表 5-1　石质样品的 XRF 测试结果

试样	Ca	Mg	Si	Al	K	Fe	备注
1#	95.492	3.198	1.071	/	/	/	内部
1#	39.926	2.351	9.787	45.446	0.763	1.437	表层
2#	95.674	2.975	0.891	/	/	/	内部
2#	45.361	2.181	7.253	41.017	0.401	2.146	表层
3#	95.303	3.261	1.121	/	/	/	内部
3#	42.441	1.291	8.311	45.769	0.586	0.908	表层
4#	94.292	4.125	1.124	/	/	/	内部
4#	44.271	1.083	8.882	43.772	0.913	0.924	表层
5#	96.052	2.854	0.942	/	/	/	内部
5#	34.162	2.253	9.632	51.111	0.507	1.266	表层

4. 扫描电镜 - 能谱分析结果

五种石质样品经扫描电镜测试得到的微观形貌见图 5-31。可见五种石质样品的微观形貌相似，在较为密实的石材基体表面分布不均匀的风化颗粒。石质样品的 EDX 能谱测试结果见表 5-2，各样品中主要包含 C、O、Ca 元素，与 XRD 检测出的含量较高的方解石（$CaCO_3$）相吻合，进一步证明五种样品为大理岩质石材。各样品表层成分中的 Si、Al、K 等元素含量高于样品内部成分，这些元素可能来源于吸附于石材表面的尘土，与 XRD、XRF 测试结果吻合。

1#

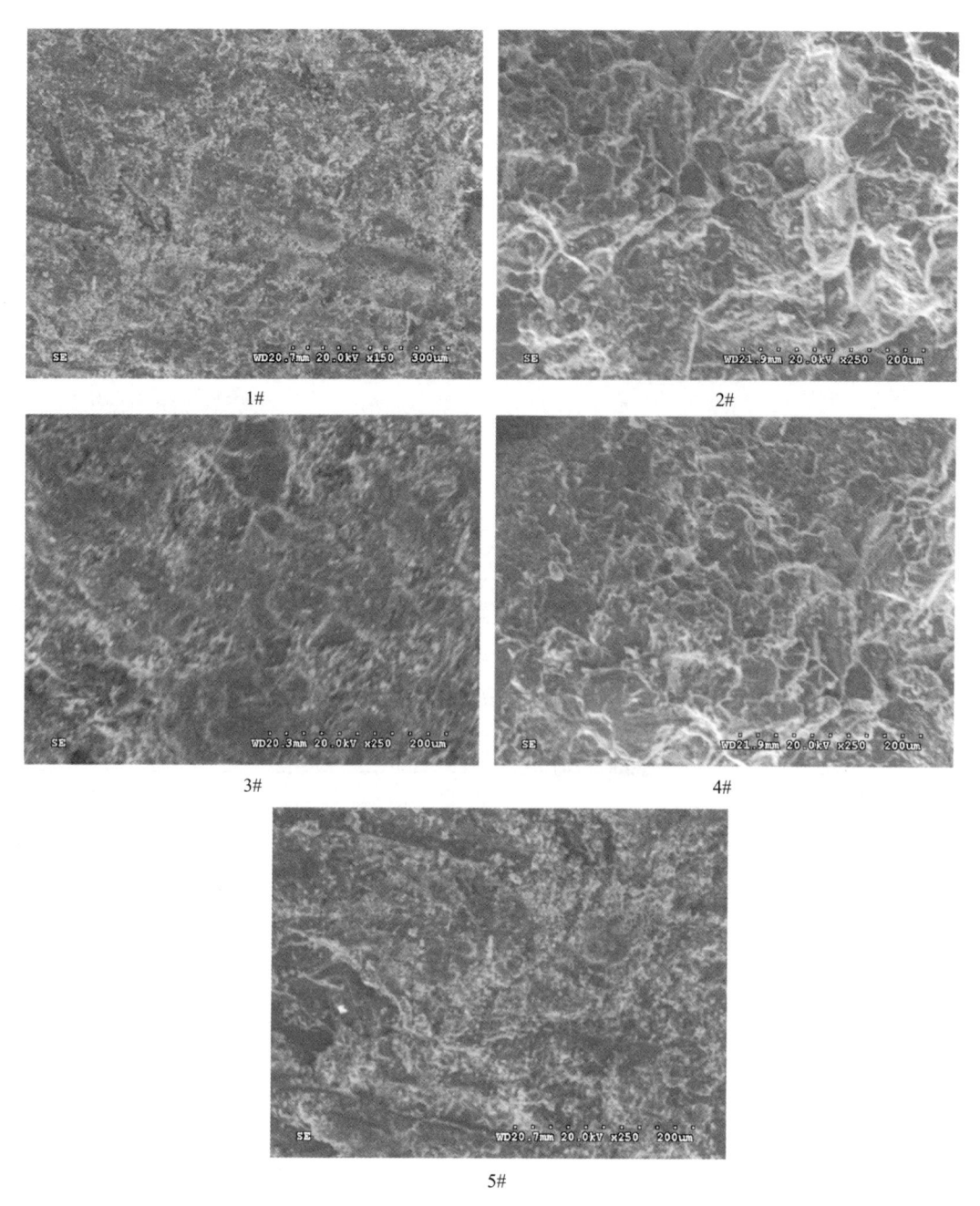

2#

3#

4#

5#

图 5-31　五种石质样品的微观形貌（×250）

表 5-2　石质样品的能谱测试结果

试样	Ca	C	O	Mg	Si	Al	K	Fe	备注
1#	56.09	14.54	27.65	0.65	1.07	/	/	/	内部
1#	43.81	16.72	27.41	1.35	5.8	2.62	1.07	1.23	表层
2#	60.74	12.34	24.37	/	1.73	0.82	/	/	内部
2#	10.84	39.84	26.17	1.38	11.67	5.32	1.61	2.21	表层
3#	47.80	13.42	26.73	5.26	5.40	1.13	0.26	/	内部
3#	48.70	10.73	25.36	1.29	7.75	3.32	1.79	1.05	表层
4#	57.39	13.38	26.87	/	1.72	0.65	/	/	内部

续表

试样	Ca	C	O	Mg	Si	Al	K	Fe	备注
4#	44.09	13.56	30.04	3.08	4.88	1.77	0.91	1.68	表层
5#	60.65	13.39	25.01	/	0.94	/	/	/	内部
5#	46.12	11.56	29.04	2.08	3.82	3.77	1.91	1.14	表层

5. 岩相分析结果

五种石质样品的岩相分析结果见图 5-32。五种样品在偏光显微镜下整体上呈浅灰色或暗灰色，这两种形态的颗粒分别为方解石和白云石，颗粒呈次棱角状。方解石颗粒间、方解石与白云石颗粒间紧密镶嵌，填隙物主要为少量的石英，印证了前述 XRD 的分析结果。

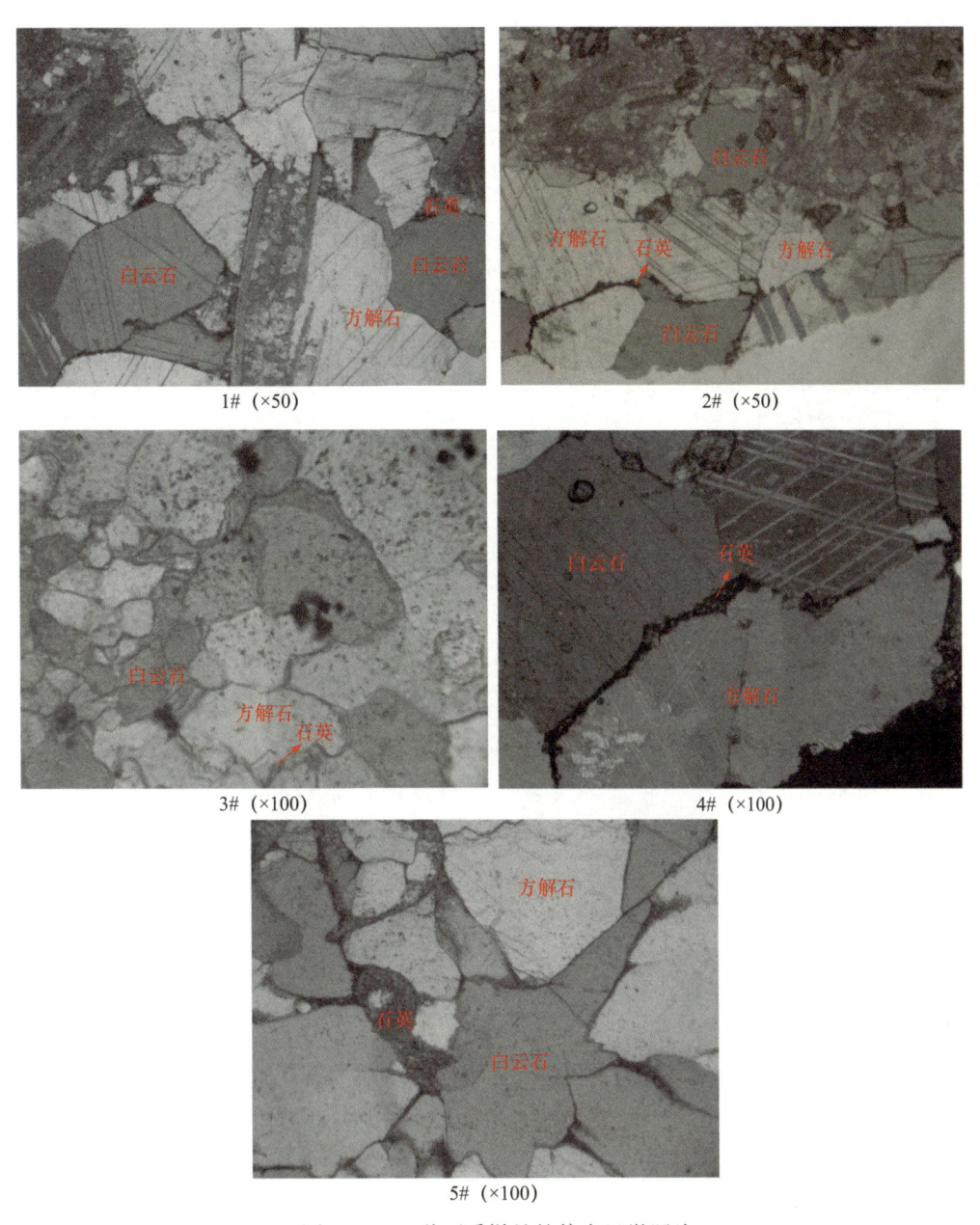

图 5-32　五种石质样品的偏光显微照片

6. 离子色谱分析结果

由于我国缺乏针对建筑材料中盐的危害程度评估的技术标准，本次评估参考"奥地利技术规范：B3355-1：Trockenlegung·von·feuchtem·Mauerwerk–Teil·1：Bauwerksdianostik·und. Planungsgrundlagen"，历史建筑材料中水溶盐危害程度评价指标见表5-3。五种石质样品的可溶盐质量分数测试结果见表5-4。五种样品的可溶盐质量分数均较低，Cl^-、NO_3^-、SO_4^{2-} 均属于轻微危害程度，一般不需要采取脱盐保护措施。

表5-3 历史建筑材料中水溶盐危害程度的评价指标（可溶盐含量单位为wt/%）

盐的类型	Cl^-	≤0.03	0.03～0.10	≥0.10
	NO_3^-	≤0.05	0.05～0.15	≥0.15
	SO_4^{2-}	≤0.10	0.10～0.25	≥0.25
水溶盐危害程度		轻微	中等	严重
措施	评估及宜采取的技术措施	一般不需要采取措施	需要具体分析，重要的历史构件、干湿交替频繁的需要排除盐分	需要采取措施排除盐分，否则影响保护修缮及历史建筑或特征要素寿命的质量

表5-4 石质样品的可溶盐质量分数（%）

试样	Cl^-	NO_3^-	SO_4^{2-}	Na^+	K^+	Mg^{2+}	Ca^{2+}
1#	0.013	0.00114	0.0092	0.013	0.011	0	0.15
2#	0.0071	0.0031	0.035	0.0041	0.0024	0	0.16
3#	0.0083	0.0063	0.079	0.0057	0.011	0	0.19
4#	0.0016	0.00067	0.0037	0.0011	0.00059	0.013	0.076
5#	0.0084	0.00071	0.0073	0.0060	0.0051	0	0.16

7. 含水率、表观密度、孔隙率、吸水率测试结果

五种石质样品的含水率、表观密度、孔隙率、吸水率测试结果见表5-5。各样品的含水率均较低，样品处于较为干燥的状态。五种石质样品的表观密度较为接近，平均值为 2.71g/cm³。2#样品的孔隙率及吸水率最高，3#样品的孔隙率及吸水率最低，其他三个样品的孔隙率及吸水率相差不大。

表5-5 含水率、表观密度、孔隙率、吸水率测试结果

试样	含水率（%）	表观密度（g/cm³）	孔隙率（%）	吸水率（%）
1#	0	2.75	5.61	2.16
2#	1.72	2.74	8.65	3.45
3#	0	2.74	0.96	0.35
4#	1.34	2.66	4.01	2.02
5#	0	2.66	4.69	1.85

（四）小结

综合上述分析结果，五种样品均为大理岩质石材，其主要矿物成分为方解石，同时含有少量白云石和石英，样品表面呈现的褐色或黄斑可能是由于样品表面吸附尘土所致，建议保护前予以清除。各样品的含水率与可溶盐含量均较低，参考相关标准，属于轻微危害程度，无需进行脱盐保护处理。各样品的密度相差不大。2#样品的孔隙率及吸水率相对最高，可能受到的风化侵蚀最严重，其抵抗外界环境侵蚀能力最小。

第六章　石质文物的环境监测与结构安全监测

第 一 节　环 境 监 测

环境监测（environmental monitoring），指通过对影响环境质量因素的代表值的测定，确定环境质量（或污染程度）及其变化趋势。环境监测的过程一般为接受任务、现场调查和收集资料、监测计划设计、优化布点、样品采集、样品运输和保存、样品的预处理、分析测试、数据处理、综合评价等。

根据《考古发掘现场环境监测规范》（WW/T 0080-2017）规定，考古发掘现场环境监测项目应包含气象环境监测、空气污染物监测、水环境监测、土壤环境监测。

（一）气象环境监测

参考当地气象或环保部门监测数据，对考古发掘现场进行气象环境监测，监测项目包括：空气温度、空气相对湿度、降水量、蒸发量、风速、风向、总辐射等因素，监测频率为每日一次。具体监测技术指标见《地面气象观测规范》（QX/T 61-2007）。

（二）空气污染物监测

参考当地气象或环保部门监测数据，对其空气污染开展监测，监测项目包括：SO_2、NO_X、CO、O_3 等空气污染物，监测频率为每日一次。具体监测技术指标见《环境空气自动监测技术规范》（HJ/T 193-2005）。

- 2019 年 11 月 13 日，对馆内石碑、石刻开始进行三维激光扫描信息采集。
- 12 月 3 日，开始进行石质文物检测，对天齐、圣作碑等 6 处文物的精细扫描工作。
- 12 月 21 日，对天齐碑、经幢进行结构监测。
- 2020 年 6 月 13 日，对观海碑、石刻进行结构监测。

表 6-1　传感器性能指标

传感器	性能指标
空气温度传感器	测量范围：-40～60℃；准确度：±0.3℃
空气湿度传感器	测量范围：0～100%RH；准确度：±2%RH
气压传感器	测量范围：300～1200hpa；精确度：±0.3hpa（25℃）
光照传感器	测量范围：0～2000lux（分辨率为1ux）；精度：±5%
风速传感器	测量范围：0～30m/s；准确度：±3m/s
风向传感器	测量范围：0～360°；准确度：±3°

续表

传感器	性能指标
二氧化硫传感器	测量范围：0～2000ppm；准确性：±0.3%（25℃）
Pm2.5/Pm10传感器	测量范围：0～10000ug/m³；准确性：±10%（25℃）
总辐射传感器	测量范围：0～2000W/m²；年稳定度：不大于±2%；余弦响应：≤±7%（太阳高度10°时）；温度系数：≤±2%（-25℃～+40℃）；光谱范围：0.3～3.2μ
二氧化碳传感器	测量范围：0～5000ppm；准确性：±3%（25℃）

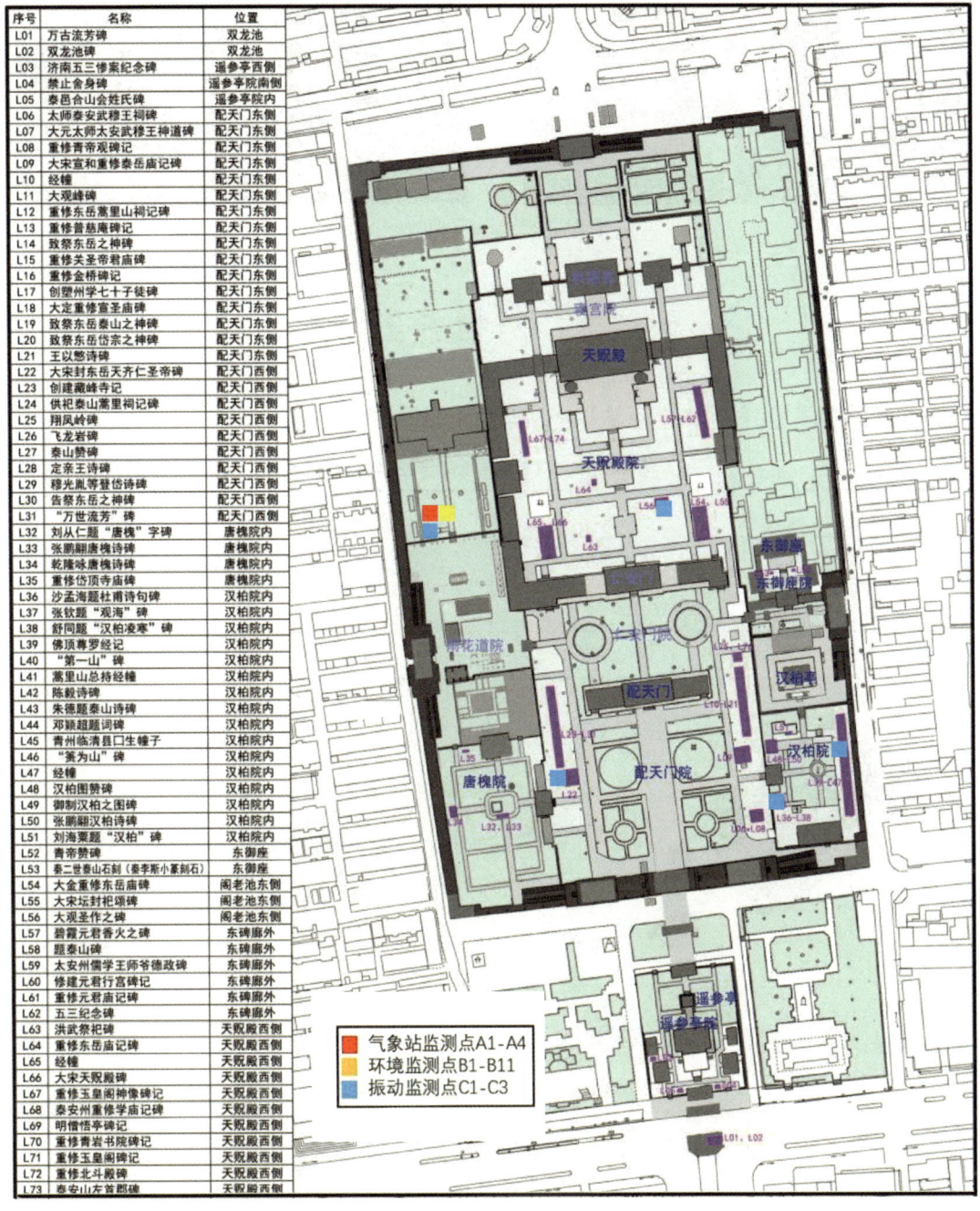

序号	名称	位置
L01	万古流芳碑	双龙池
L02	双龙池碑	双龙池
L03	济南五三惨案纪念碑	遥参亭西侧
L04	禁止舍身碑	遥参亭院南侧
L05	泰邑合山会姓氏碑	遥参亭院内
L06	太师泰安武穆王祠碑	配天门东侧
L07	大元太师太安武穆王神道碑	配天门东侧
L08	重修青帝观记	配天门东侧
L09	大宋宣和重修泰岳庙记碑	配天门东侧
L10	经幢	配天门东侧
L11	大观峰碑	配天门东侧
L12	重修东岳蒿里山祠碑	配天门东侧
L13	重修普慈庵碑记	配天门东侧
L14	致祭东岳之神碑	配天门东侧
L15	重修关圣帝君庙碑	配天门东侧
L16	重修金桥碑记	配天门东侧
L17	创塑州学七十子徒碑	配天门东侧
L18	大定重修宣圣庙碑	配天门东侧
L19	致祭东岳泰山之神碑	配天门东侧
L20	致祭东岳岱宗之神碑	配天门东侧
L21	王以慜诗碑	配天门东侧
L22	大宋封东岳天齐仁圣帝碑	配天门西侧
L23	创建藏峰寺记	配天门西侧
L24	供祀泰山蒿里祠碑记	配天门西侧
L25	翔凤岭碑	配天门西侧
L26	飞龙岩碑	配天门西侧
L27	泰山赞碑	配天门西侧
L28	定亲王诗碑	配天门西侧
L29	穆光胤等登岱诗碑	配天门西侧
L30	告祭东岳之神碑	配天门西侧
L31	"万世流芳"碑	配天门西侧
L32	刘从仁题"唐槐"字碑	唐槐院内
L33	张鹏翮唐槐诗碑	唐槐院内
L34	乾隆咏唐槐诗碑	唐槐院内
L35	重修岱顶寺庙碑	唐槐院内
L36	沙孟海题杜甫诗句碑	汉柏院内
L37	张钦题"观海"碑	汉柏院内
L38	舒同题"汉柏凌寒"碑	汉柏院内
L39	佛顶尊罗经记	汉柏院内
L40	"第一山"	汉柏院内
L41	蒿里山总持经幢	汉柏院内
L42	陈毅诗碑	汉柏院内
L43	朱德题泰山诗碑	汉柏院内
L44	邓颖超题词碑	汉柏院内
L45	青州临清县口生幢子	汉柏院内
L46	"篑为山"碑	汉柏院内
L47	经幢	汉柏院内
L48	汉柏赞碑	汉柏院内
L49	御制汉柏之图碑	汉柏院内
L50	张鹏翮汉柏诗碑	汉柏院内
L51	刘海粟题"汉柏"碑	汉柏院内
L52	青帝赞碑	东御座
L53	秦二世泰山石刻（秦李斯小篆刻石）	东御座
L54	大金重修东岳庙碑	阁老池东侧
L55	大宋坛封祀颂碑	阁老池东侧
L56	大观圣作之碑	阁老池东侧
L57	碧霞元君香之碑	东碑廊外
L58	题泰山碑	东碑廊外
L59	太安州儒学王师爷德政碑	东碑廊外
L60	修建元君行宫碑记	东碑廊外
L61	重修元君庙记	东碑廊外
L62	五三纪念碑	东碑廊外
L63	洪武祭祀碑	天贶殿西侧
L64	重修东岳庙记	天贶殿西侧
L65	经幢	天贶殿西侧
L66	大宋天贶殿碑	天贶殿西侧
L67	重修玉皇阁神像碑	天贶殿西侧
L68	泰安州重修学庙记碑	天贶殿西侧
L69	明僧悟亭碑记	天贶殿西侧
L70	重修青岩院碑记	天贶殿西侧
L71	重修玉皇阁碑记	天贶殿西侧
L72	重修北斗殿碑	天贶殿西侧
L73	泰安山左首郡碑	天贶殿西侧

图 6-1 气象环境监测点

图 6-2　气象站设置

第二节　结构安全监测

倾角传感器采用 HVT826T 双轴数字型倾角传感器（表 6-2）。

表 6-2　HVT826T 倾角传感器指标

参数	规格	参数	规格
输出频率	5～100HZ	精度	0.005 度
宽电压输入	DC11～36V	温度	−40～85℃
高抗振性能	>20000G	输出	RS485

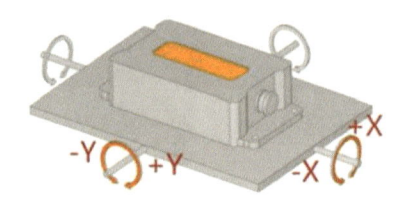

图 6-3　倾角传感器

沉降传感器采用 HLI-106T 高精度差压式静力水准仪（表 6-3）。

表 6-3　HLI-106T 沉降传感器指标

参数	规格	参数	规格
量程	0～500～2500MMH20	分辨率	0.01mm
宽电压输入	DC9～36V	温度	−40～85℃
精度	0.2mm	输出	RS485

图 6-4　经幢倾角传感器

图 6-5　沉降传感器　　　　　　　图 6-6　应变传感器

图 6-7　经幢沉降传感器安装

图 6-8　经幢应变传感器安装

表 6-4　ZS-GY2 应变传感器指标

参数	规格	参数	规格
量程	±3000με	零点温度漂移	±0.05%FS/10℃
频响	300Hz	零点输出	±0.2mV/V
综合误差	0.5%FS	灵敏系数	3μV/με（典型值）
非线性	±0.5%FS	输入电阻	350Ω±5Ω
重复性	±0.5%FS	输出信号	485 数字信号
滞后	±0.5%FS	绝缘电阻	≥2000MΩ
蠕变	±0.5%FSmin	使用温度范围	−30℃～80℃

图 6-9　天齐仁圣帝碑应变传感器安装

监测设定方法：

2019年12月21日起，对天齐仁圣帝碑与经幢开始进行应力应变及沉降监测，其中在天齐仁圣帝碑的阳面、阴面上下各设置两处应力应变传感器，共计4处。设置位置均为碑体裂隙处，传感器横跨裂隙设置，监测至6月13日，共计半年。

经幢的裂隙处设置应力应变传感器4处、倾角传感器1处及沉降传感器2处。

2020年6月15日开始，对汉柏院内观海碑与城墙处石刻进行结构监测，观海碑阴阳面上下共计设置4处应力应变传感器，传感器分别位于碑体顶部和底部。在石刻处设置应力应变及沉降传感器。应力应变横跨裂隙设置，目前这两处监测仍在持续进行中。

图6-10 天齐仁圣帝碑监测位置

通过1~6月监测数据分析可以看到，天齐仁圣帝碑阳面下方应变远远高出其他监测点，其次是阳面上方也明显高出阴面监测点，推测由于阳光照射引起温差变化剧烈，导致形变较阴面更大。此外，阳面下方的温度变化最明显，由于底部本身已存在裂隙，且受自重荷载会造成裂隙发展加剧。根据每日温度分析，在温度达到日高峰和低谷时，碑体应变最大，特别是阳面下方的裂隙。根据季节数据分析，应变受季节温度影响不大，但春季3~4月份阳面应变略大于冬季和夏季，下一步将结合温湿度变化寻找影响因素。

图 6-11 石刻监测位置

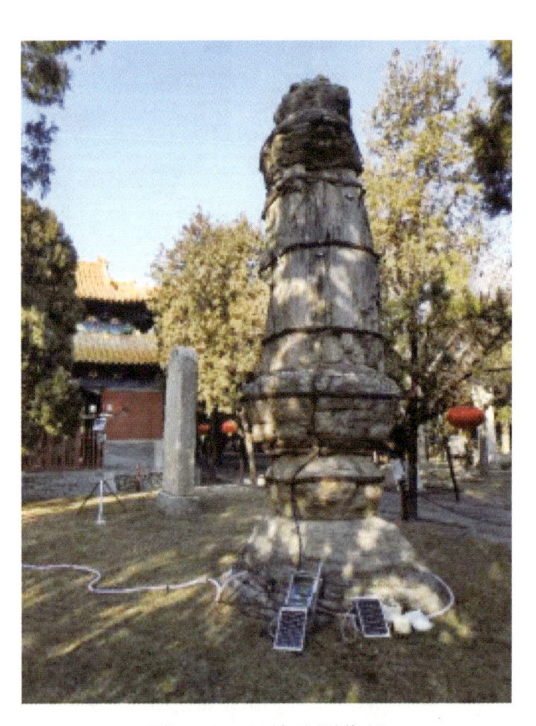

图 6-12 经幢监测位置

图 6-13 观海碑监测位置

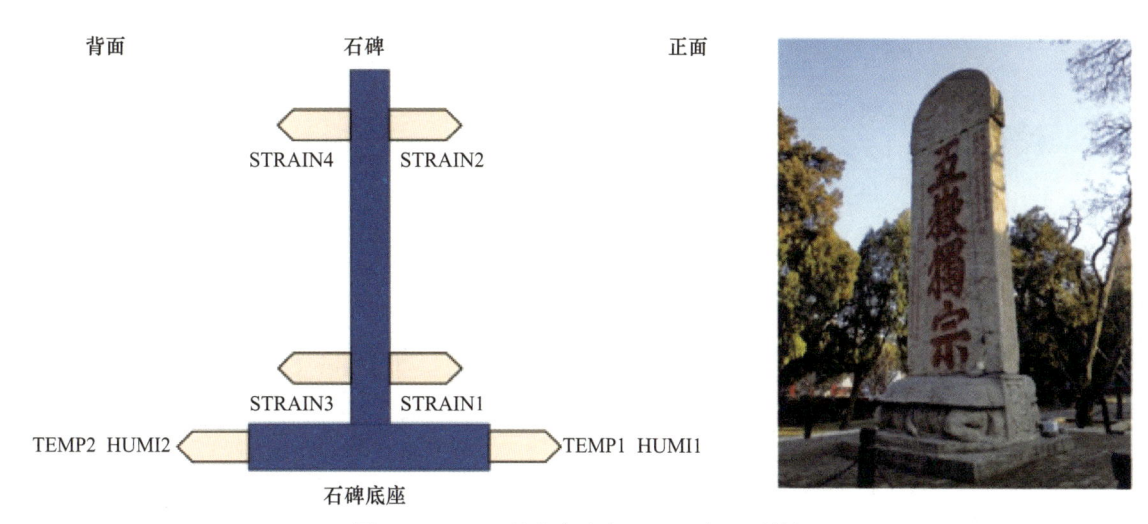

图 6-14　1～6月应力应变及温湿度监测数据

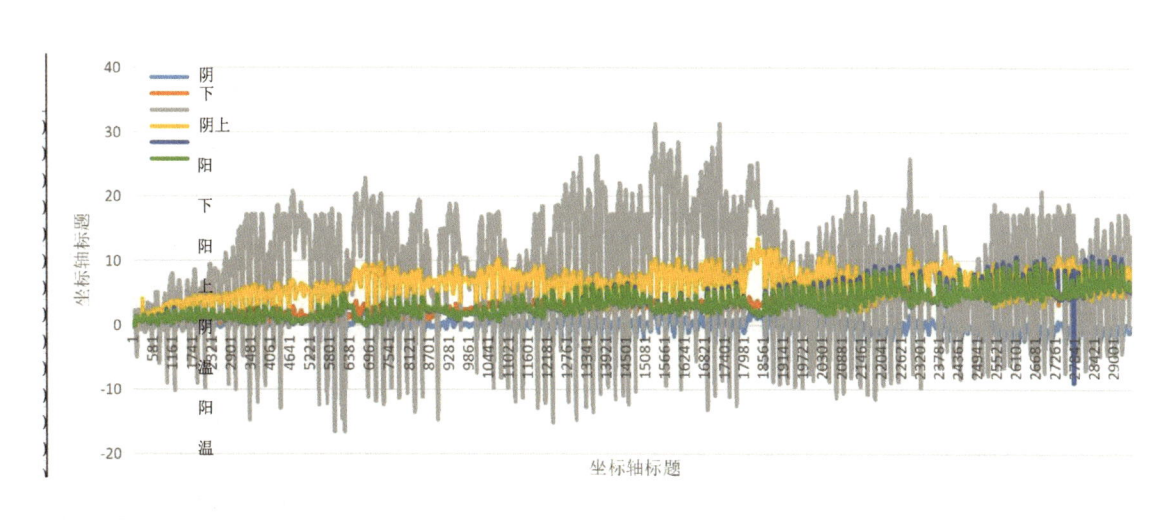

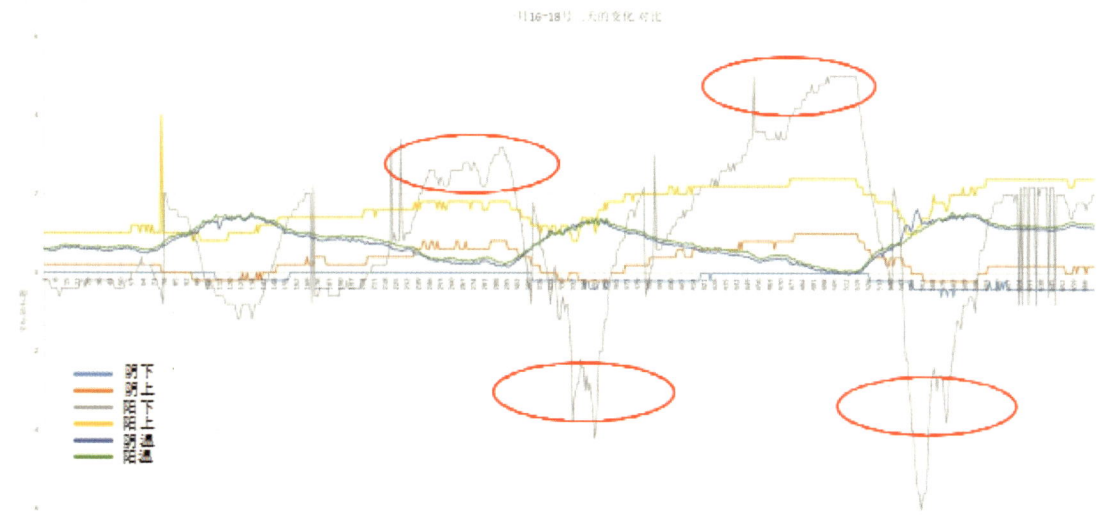

图 6-15　1月16～18日应力应变及温湿度监测数据

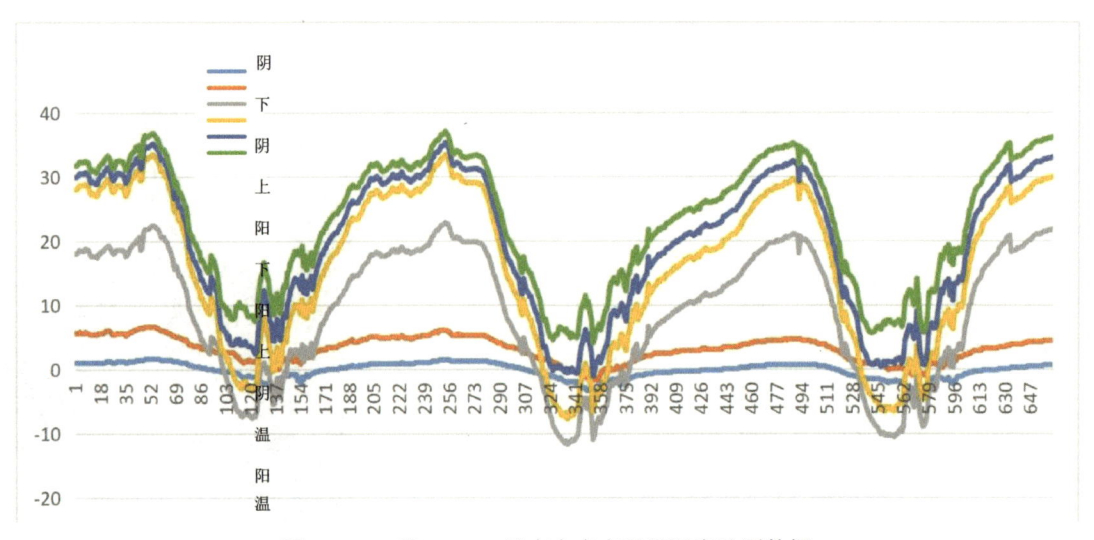

图 6-16　4月23～25日应力应变及温湿度监测数据

经幢　岱庙结构2　沉降1

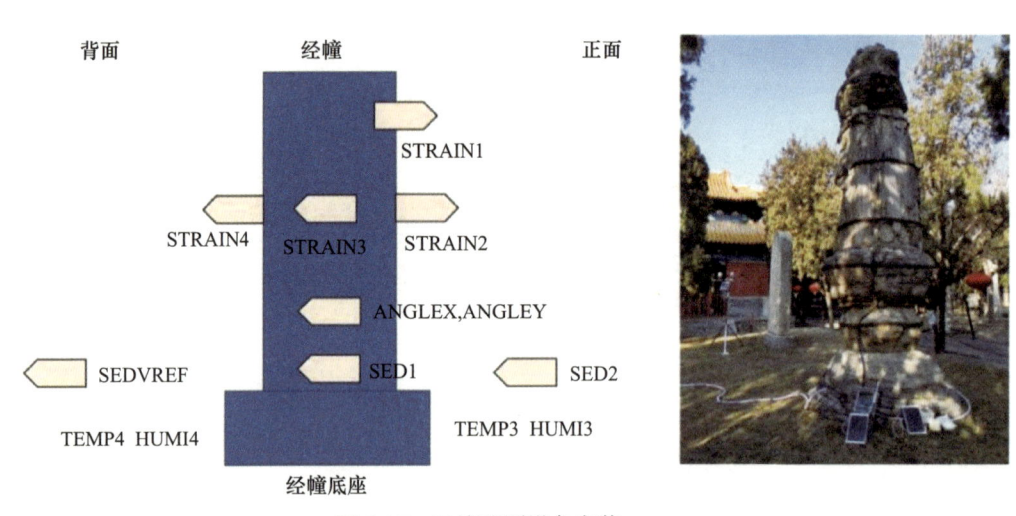

图 6-17　经幢监测设备安装

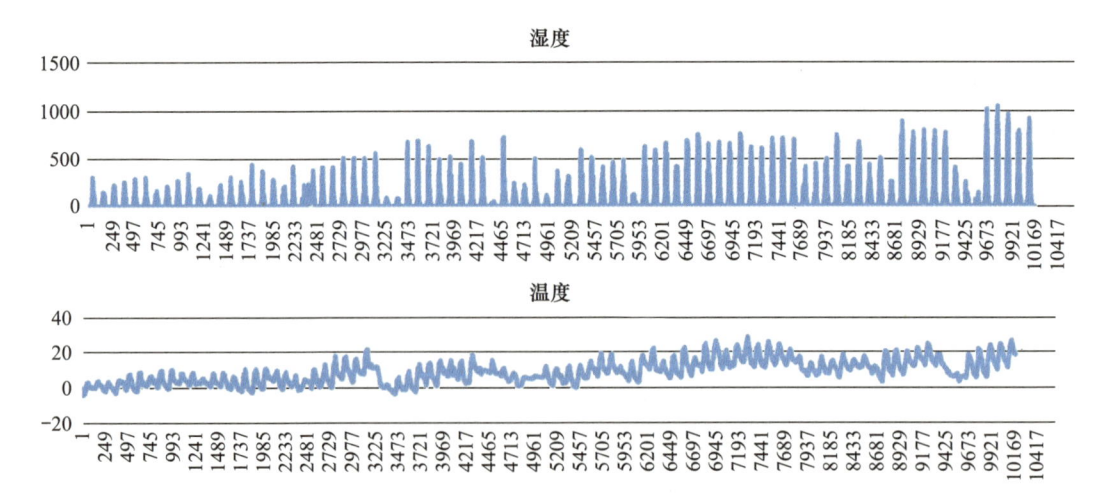

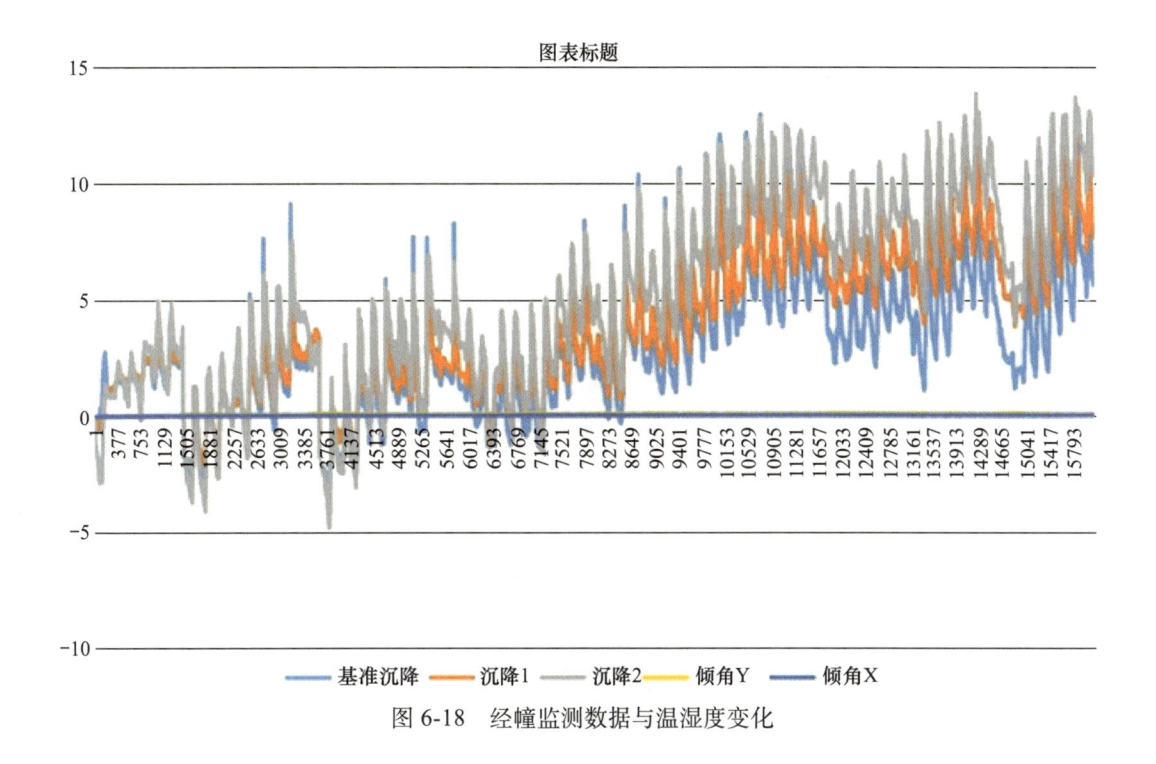

图 6-18　经幢监测数据与温湿度变化

第三节　结构安全性分析

通过岱庙石质文物监测设备获取了许多珍贵数据，根据这数据信息，开展了监测数据分析（环境监测数据与应变数据的相关性）和石碑的稳定性评估（有限元分析）工作。

有限元分析：（1）通过应力分析可知，石碑表面存在裂缝的地方和结构变截面的地方均为应力集中的部位，在正常状态下应力集中，易产生破坏和机械性风化。（2）通过位移分析可知，石碑裂缝处应力集中的地方及上部产生竖向位移较大，下部由于在裂缝处产生了应力释放而竖向位移减小。

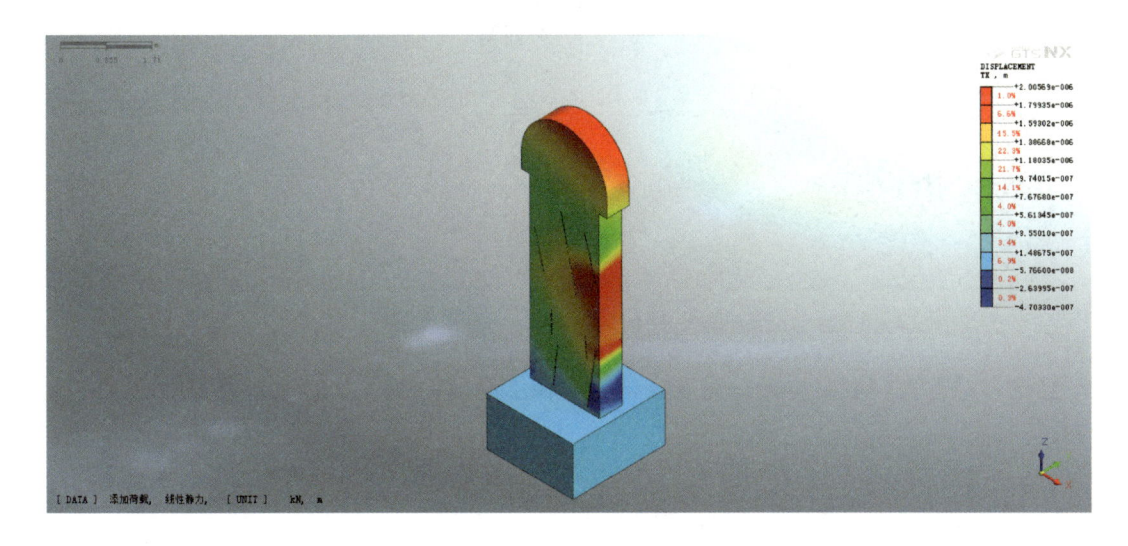

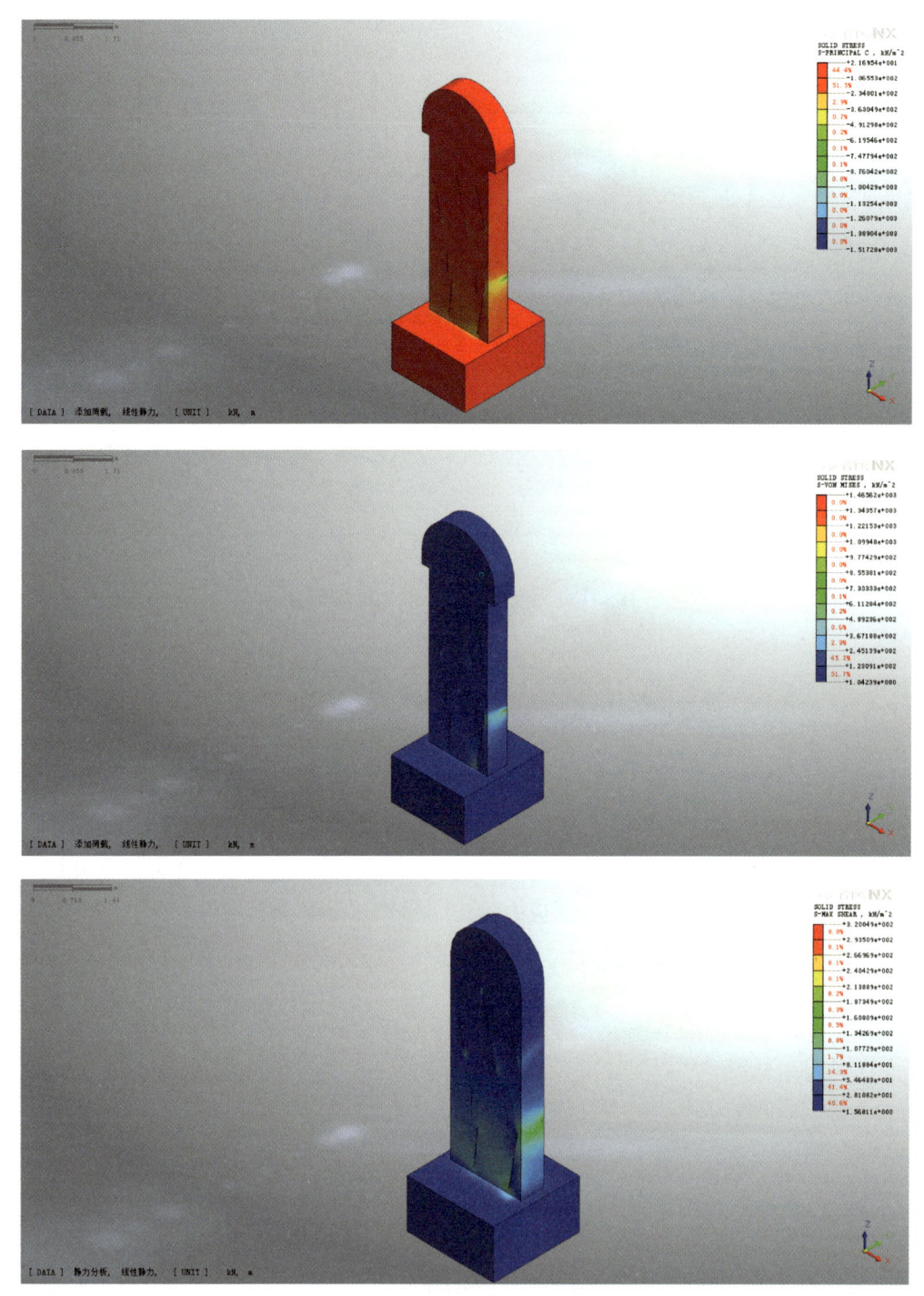

图 6-19 天齐仁圣帝碑结构有限元分析

结论：结构薄弱面（裂缝，泥质条带或沉积层层面的地方）的地方应力集中，机械风化严重。

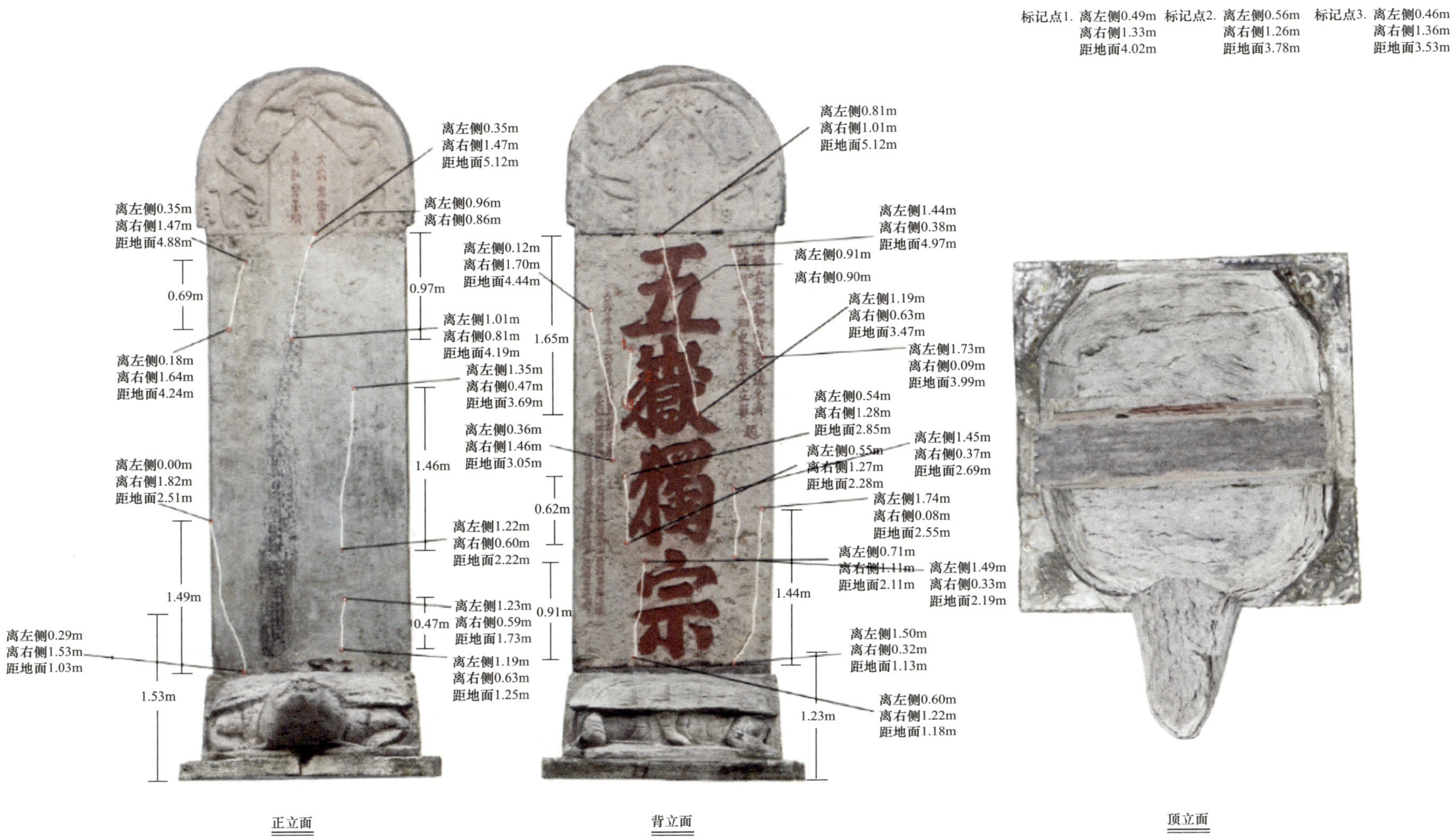

第六章　石质文物的环境监测与结构安全监测

图 6-20　天齐仁圣帝碑扫描点云病害分析

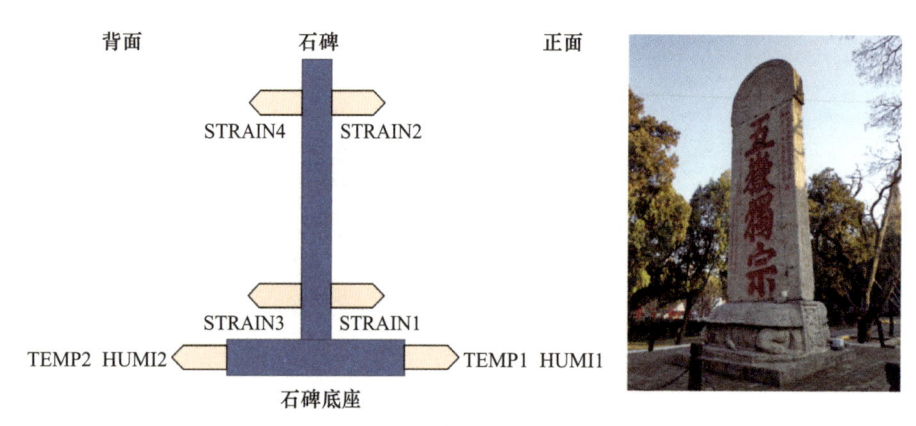

图 6-21　天齐仁圣帝碑监测位置

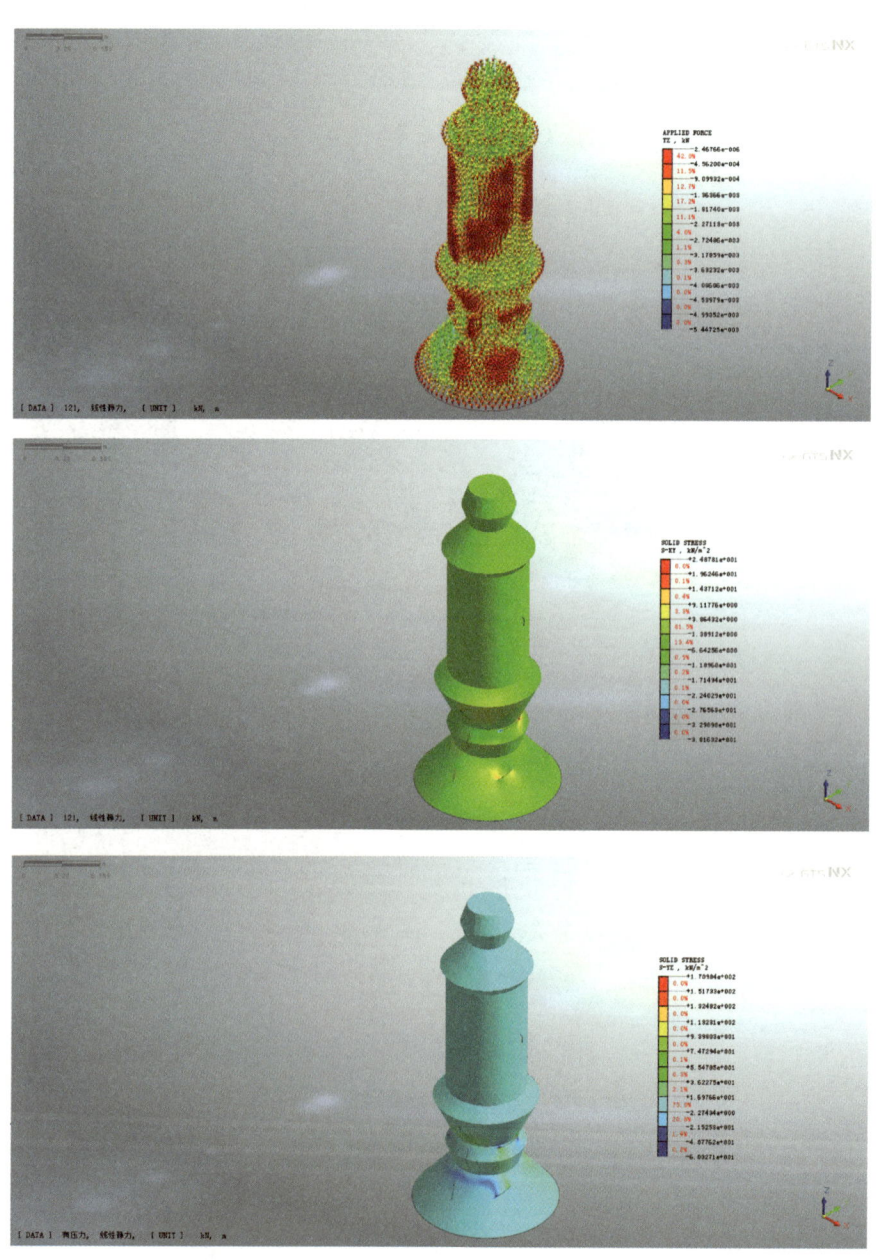

图 6-22　经幢结构有限元分析

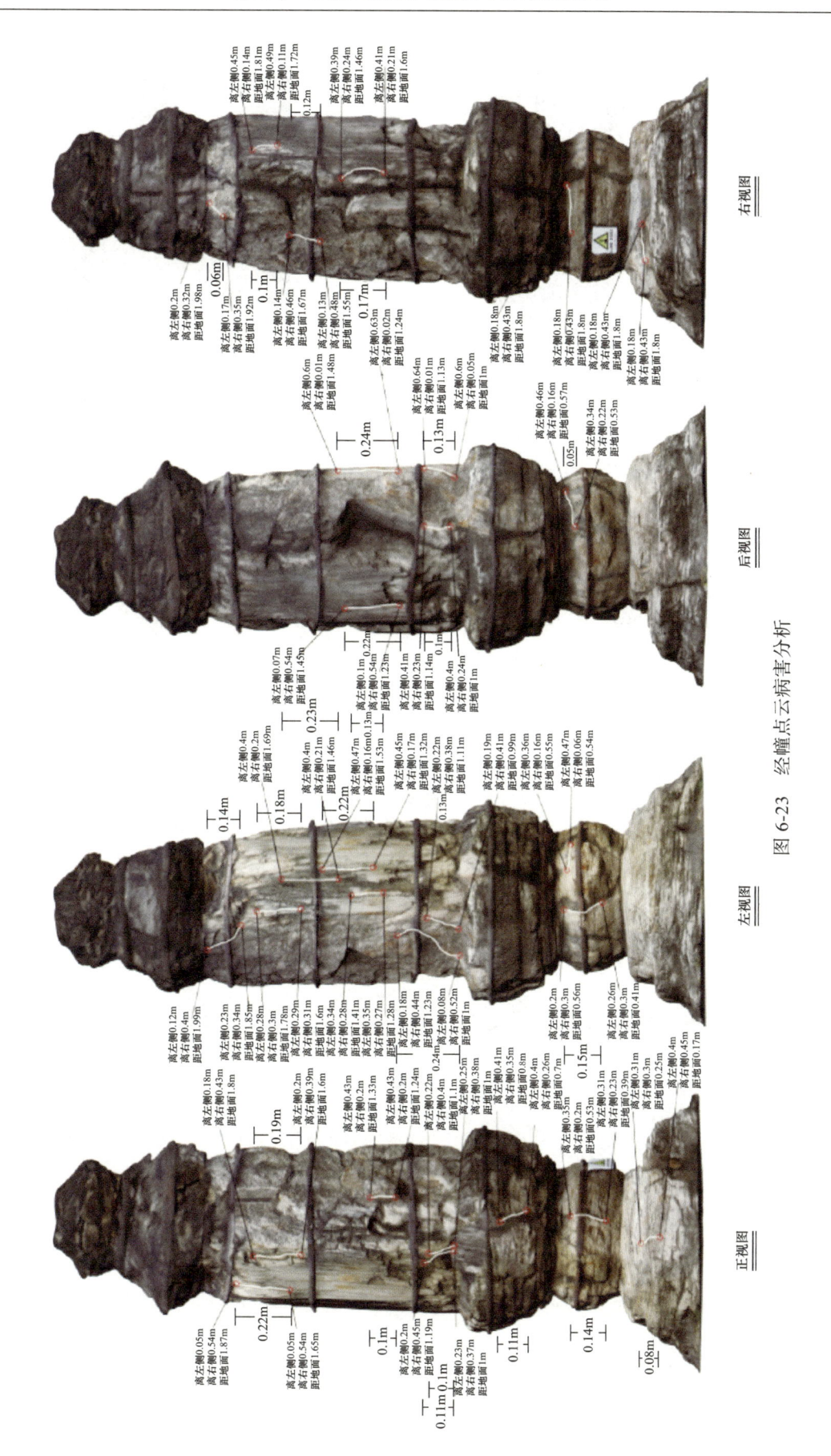

第六章 石质文物的环境监测与结构安全监测

图 6-23 经幢点云病害分析

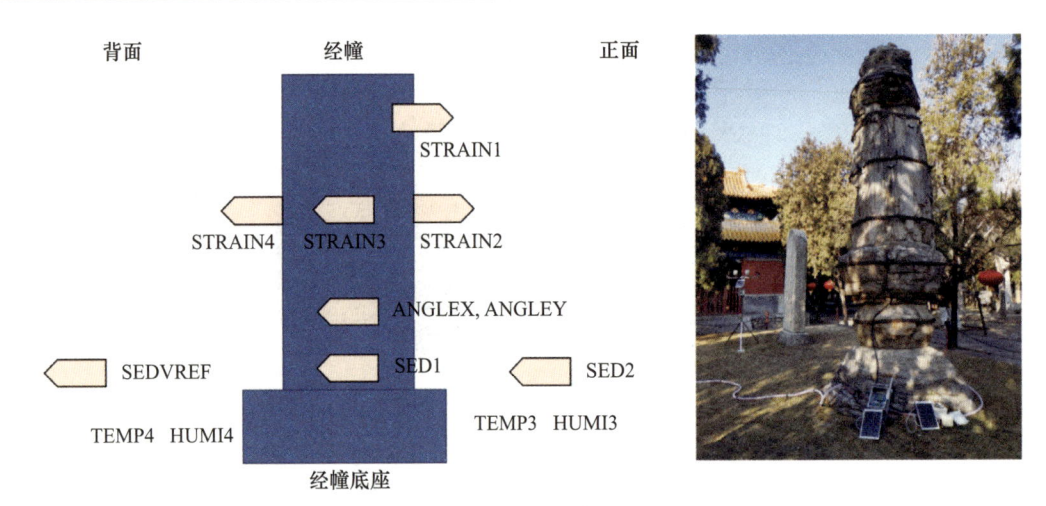

图 6-24　经幢结构监测

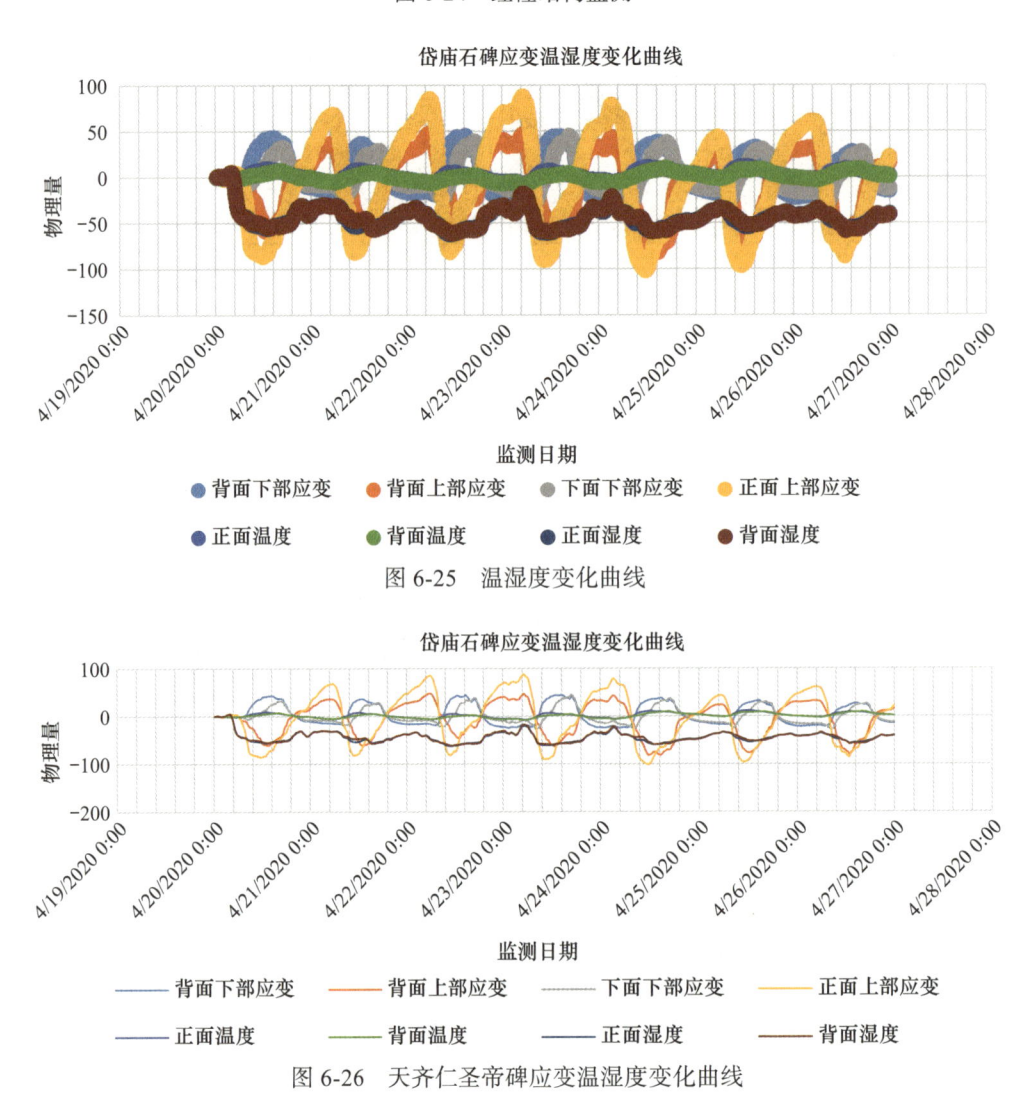

图 6-25　温湿度变化曲线

图 6-26　天齐仁圣帝碑应变温湿度变化曲线

通过监测数据分析表明：石碑向背面方向倾斜，倾斜量可能很小，但正面应变有拉-压变化，背面应变均不为压应变，说明倾斜是肯定存在的。

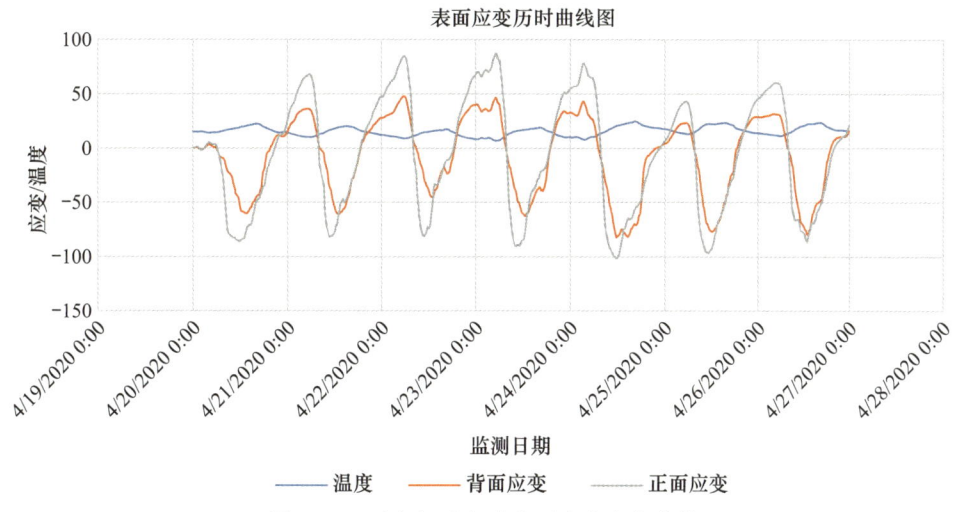

第六章　石质文物的环境监测与结构安全监测

图 6-27　天齐仁圣帝碑表面应变变化曲线

由表面应变历时曲线图（图 6-27）可知：(1) 表面温度增加，石碑表面应变压应变增加，表面温度减小，石碑表面拉应变增加。(2) 表面应变随表面温度增加－减小，呈压－拉循环变化。(3) 正面应变变化量是背面应变变化量的 1.3 倍左右。(4) 背面应变变化规律与正面应变变化规律一致，背面应变变化滞后于正面应变变化 2 小时左右。

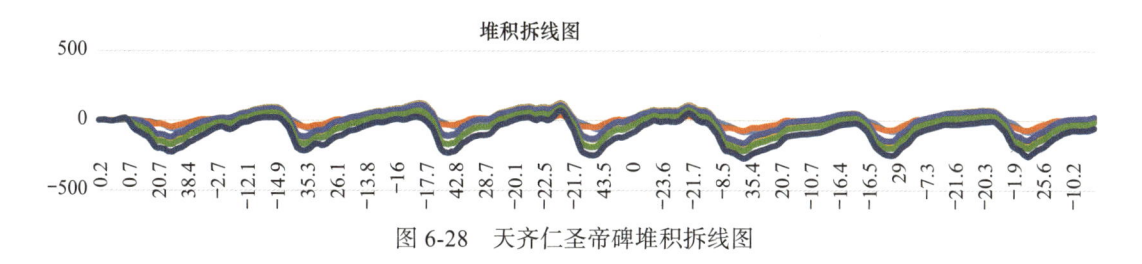

图 6-28　天齐仁圣帝碑堆积拆线图

温度、湿度监测历时曲线表明，岱庙石碑表面应变与表面的温度和表面湿度呈正相关性，相关系数为 1，随表面温度增加，表面应变增加。

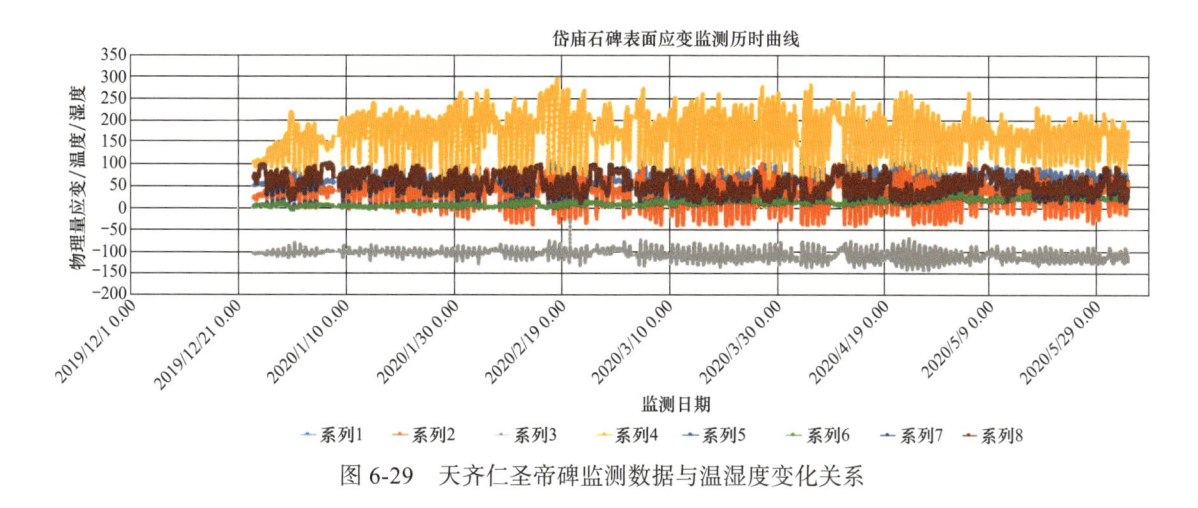

图 6-29　天齐仁圣帝碑监测数据与温湿度变化关系

小结：(1) 石碑表面温度直接影响石碑表面的应变，温差变化越大，应变变化量越明显。(2)石碑正面应变变化量是背面变化量的1.3倍左右,正反面应变变化不同步。(3)石碑上部下部应变变化量不同步,上部变化量为下部变化量的2倍左右,且上部受压时,下部受拉,上下部位受力方向相反。(4)历时曲线表明,石碑表面长期受温度昼夜规律性变化,表面应变呈规律性的增加减小,且受力性质为拉-压规律性变化。

结论:(1)温湿度的变化是石碑表面物理风化的主要原因。(2)温湿度的变化越大,石碑表面风化越严重。

因此石碑上部的风化较下部严重,正面风化较背面严重。

第七章 勘察结论

第一节 主要病因分析

（一）主要文物病害分析

1. 机械损伤

主要表现形式有断裂、局部缺失等，由于撞击、倾倒、沉降及部分人为和历史原因造成的断裂、局部缺失，现基本采用水泥砂浆粘接拼合，另外部分采用铁箍加固。其中镶嵌碑刻中共17通碑刻断裂，包含X03至X05、X16、X18、X21、X25、X32、X36、X45至X46、X49、X53、X59、X65至X67等碑刻；另外单体碑刻中共20通碑刻断裂，包含L02、L05至L07、L13、L15、L20至L21、L26至L28、L30至31、L55至L56、L65、L67、L70至L71、L73等碑刻。

2. 表面风化

由于受外界自然因素破坏作用，碑刻表面风化主要有粉化剥落、泛盐、片状剥落、鳞片状起翘或剥落、表面溶蚀、孔洞状风化等。其中镶嵌碑刻主要由于镶嵌墙体未做隔潮处理，墙体渗水对于碑刻影响严重，主要病害有表面粉化剥落、泛盐、孔洞状风化等，其中X12至X17、X19至X21、X35等碑刻表面风化最为严重，X08、X19、X20、X55、X57、X59、X61、X63、X65、X66等碑刻表面泛盐风化严重。其他单体碑刻中L9、L12、L22、L54至L56、L65、L74等碑刻表面片状剥落、起翘风化最为严重。

3. 裂隙、空鼓

此次调查范围内石质文物的裂隙包含浅表性风化裂隙、机械裂隙、构造裂隙等，其中浅表性裂隙普遍存在于碑刻中；部分碑刻由于石材本身的结构中存在大量杂质，随风化流失，造成裂隙，并逐步危害文物安全，此类多存在于露天保存碑刻中的泥、砂质含量较高的碑刻，风化后已形成坑窝、沟槽状溶蚀，与裂隙共同作用容易形成剥落；另外部分碑刻表面存在机械裂隙。还有部分石质文物表面出现鼓起、分离，并未完全剥落的空鼓现象。

4. 水泥修补

现约十分之一碑刻存在着因水泥修补而产生的病害，主要由于早期对文物进行复原、保护过程中采取的加固、粘接、修补等措施改变了文物原貌。其中L65经幢和东御座内L52青帝碑最为突出，现其粘接作用依然存在，但表面水泥修补严重改变了文物的原貌，由于水泥与碑刻相互作用较为质密，亦不易于直接铲除。

5. 表面生物污染

此类污染多出现在室外石质文物的顶部或基础部位，受苔藓、地衣等生物危害影响，出现表面变色、风化等现象，另外露天保存的石质文物还有一些鸟类等动物粪便残留等病害现象。此类病害多出现在碑刻周围有大量林木生长枝叶茂盛，遮蔽雨水的同时造成雨水夹杂枝叶及灰尘附着于碑刻顶部及周边，在碑刻表面附着滋生微生物。另外碑刻 X71 至 X72 周围爬山虎生长攀爬吸附于碑刻表面。

6. 表面污染

由于降尘、污染物、风化产物的沉积导致文物表面有大量灰尘、风化产物等。另外还存在着部分碑刻表面水锈结壳的污染情况。部分碑刻存在铁箍、铁质扒钉造成的表面锈蚀污染，以及不当涂刷导致石刻表面油漆、涂料污染。

本次勘察碑刻中还存在的大量的墨迹污染，多为制作拓片时残留的墨迹，由于雨水冲刷、拓片工艺差异等原因，墨迹流淌混合表面污染物形成表面污染甚至形成表面结壳。

（二）病害机理及影响因素分析

对于病害产生的主要受雨水、酸雨、温湿度、空气污染物、有害气体、生物、保存环境、人为原因、文物自身构造等多方面原因单独或相互作用的结果。其主要风化机理及病害危害程度分析如下：

1. 水的影响

（1）液态水的溶解作用：岩石中的矿物成分溶于水的过程称为溶解作用。在岩石接触到液态水后，由于水是强极性溶剂，能与极性型和离子型分子相互吸引，而大部分岩石矿物都是离子型化合物，因此它们都能溶于水，溶解的结果作用的结果使岩石中易溶矿物（胶结物）被溶解而随水流失，难溶物质则残留于原地。岩石中可溶物质被溶解后，致使岩石的空隙度增大，降低了岩石颗粒之间的结合力，因而也就降低了岩石的坚硬程度，力学强度大幅下降。导致更易风化。

（2）水化作用：某些矿物与水作用的同时能吸收水，使水分作为自己的组成部分而形成新的矿物（水和盐），这种现象叫做水化，矿物水化后体积膨胀对周围其他矿物颗粒产生压力；同时形成的新矿物硬度一般较原矿物低，减弱岩石抵抗风化的能力。一些矿物进行水化作用时随着外界空气稳湿度的变化而频繁吸水、失水，随之产生的结果是矿物体积频繁膨胀收缩，最后导致岩石疏松瓦解。

（3）冻融和冰劈作用：冻融和冰劈作用也是很严重的一种破坏因素。浸入岩石空隙中的水其结冰时体积膨胀 9.1%，产生强大的压力可达 $2000kg/cm^2$，从而扩大原有空隙，在石刻表面产生微裂隙，冰融化成水后，水填充微裂隙，并继续向石刻内部浸入。如此反复冻融冰就象楔子一样使石刻出现了由小到大的裂纹及表面剥落块。

2. 酸雨

主要是由于现代工业的飞速发展，使近 30 年来风化程度超过了过去的数百年。这主要是因为酸雨、氮氧化物等空气污染造成的。大气中含有 CO_2、SO_2、NO_2 等多种对石质文物有害的气体，它们与水都可生成相应的酸，通过对矿物性质的了解，大多数造岩矿物在一定的温度下，在酸的热液中都是容易被腐蚀的。碳酸盐岩是很容易被腐蚀的岩类。

SO_2 对石质的侵蚀很严重，特别是对碳酸盐岩。其腐蚀机理可用下式来表示：$CaCO_3$—SO_2、H_2O（氧化物）——$CaCO_4CaSO_4 \cdot 2H_2O$

硫酸钙比碳酸钙的溶解度大，石膏与硬石膏之间的相互转变发生体积变化。这很容易导致矿质流失和表面粉化。CO_2 可以使石灰岩转变成 $Ca(HCO_3)_2$，碳酸氢钙的溶解度（16.60g/100g 纯水）的溶解度比碳酸钙的溶解度（0.003g/100g 纯水）大的多。CO_2 也可以使坚硬的钾长石转变成白云母和疏松的二氧化硅，易溶的碳酸钾被流失掉。氮氧化合物也对大理石、方解石、汉白玉存在腐蚀作用。酸雨、氮氧化物和硫氧化物与石质产生化学反应，生成可溶于水的盐类，使石质表面腐蚀，产生点状侵蚀、粉状剥落，造成文字的模糊不清。

3. 热应力作用

岩石是热的不良导体，白天石质文物在阳光下暴晒，温度很快升高，表面体积膨胀而内部很少受到热力的影响。夜间当岩石逐渐冷却收缩时，内部却因缓慢传入的热力影响而膨胀，如此表里不一的胀缩致使石质文物因热力作用而受到破坏。

4. 风力剥蚀

风力剥蚀是对石质文物产生破坏的一个重要因素。风力可使石质文物表层已经疏松的颗粒剥蚀掉，暴露出新的表面，使风化作用向深层发展。此外，风力也是水向石头内部更深方向渗透的动力。

5. 生物因素

生物也是侵蚀石质文物的重要因素之一。对生物来说，石头是相当艰难的生存环境，生物对石质文物的破坏作用尽管缓慢，但是累积效果不可小看。生物对石质的破坏，外在破坏是污染，即石质表层的雕刻文饰、铭文等文化特征变得模糊不清。内在破坏是植物的根，微生物的菌丝穿透石刻导致裂缝，它们分泌物（酸）腐蚀矿物引起石头变质。

除以上破坏因素外，还有结晶、重结晶、毛细作用、沉降等造成的石质文物表面的风化。

第二节 修缮建议

本次勘察中对于碑刻、经幢等石质文物的病害及保存情况进行了详细的调查和分析，依据《石质文物病害分类与图示》（WW/T0002-2007）对于碑刻进行病害分类和统计，并对碑刻、经幢等石质文物进行了保存环境分析。现存碑刻、经幢等石质文物整体上风化问题比较突出，而其保存环境的不同也产生相应差异。

镶嵌碑刻整体暂不具备迁移条件，而碑刻的风化却在不断的发展，亟需采取相应措施阻止或减缓风化发展。通过现状勘察及碑刻病害分析，镶嵌于汉柏院后期碑墙的碑刻，现整体风化严重，与碑墙背部未做防潮、防渗处理有直接关系，亟需对碑刻的保存环境进行改善，解决泛潮、渗水的问题；另外，该部分碑墙砌筑时受当时保护条件限制，砌筑后的碑墙和岱庙城墙整体风貌不协调。镶嵌于汉柏亭台基砌体中的碑刻也存在泛潮和渗水的问题，保存环境同样需要改善。相比而言，镶嵌于东御座碑廊及院墙内的碑刻受泛潮及渗水影响相对较小，整体保存相对较好。

单体碑刻、经幢等石质文物均为露天放置，由于碑刻材质结构及保存环境不同，碑刻风化程度也有一定差别。部分碑刻采用围砌保护并做出檐，对于碑刻的保护起到了一定的作用。其余均为露天保存，表面风化比较严重，其中部分碑刻表面粉化、剥落严重，而长期的露天保存对其长期保存极为不利，亟需采取相应的保护措施。

另外，碑刻表面出现的墨迹污染、水锈结壳、水泥修补、其他材料残留等病害，已经严重影响了碑刻的外观，对于碑文及内容的辨读构成严重影响，亟需采取清洗清除、清表做旧等措施进行保护处理，以便起到恢复碑刻外观或达到外观协调的作用。

参 考 文 献

[1] 国际古迹遗址理事会中国国家委员会. 中国文物古迹保护准则[S]. 2000.
[2] 钟世航, 黄克忠. 用物探技术探查乐山大佛内部状况[J]. 工程地球物理学报, 2004, 1(3): 226-230.
[3] 任建光, 黄继忠, 李海. 无损检测技术在石质文物保护中的应用[J]. 雁北师范学院学报, 2006, 22(5): 59-62.
[4] 周霄, 高峰. 石质文物风化病害研究及无损微损检测方法[J]. 中国文物科学研究, 2015, 15(2): 68-75.
[5] 张冬梅. 古建筑病害信息处理与管理系统的设计与实现[D]. 北京建筑大学硕士学位论文, 2016.
[6] 王茹. 古建筑数字化及三维建模关键技术研究[D]. 西北大学博士学位论文, 2010.
[7] 刘春, 杨伟. 三维激光扫描对构筑物的采集和空间建模[J]. 工程勘察, 2006, (4): 49-51.
[8] 南怀瑾. 易经杂说[M]. 北京: 东方出版社, 2015.
[9] (北宋)郭茂倩. 乐府诗集·君子行[M].
[10] 吴美萍. 国际遗产保护新理念——建筑遗产的预防性保护探析[J]. 中国文物科学研究, 2011, (2): 90-95.
[11] 吴美萍. 中国建筑遗产的预防性保护研究[M]. 南京: 东南大学出版社, 2014.
[12] 白成军, 韩旭, 吴葱. 预防性保护思想下建筑遗产变形检测的基本问题探讨[J]. 西安建筑科技大学学报(社会科学版), 2013, 32(2): 54-58.
[13] 詹长发. 预防性保护面面观[J]. 国际博物馆, 2009, (3): 96-99.
[14] 赵国兴, 刘建忠. 浅析影响馆藏文物保存的环境因素及预防性保护[J]. 2015, (2): 70-73.
[15] Massimo, A., Floriana, C., Alberto, M., et al. Proposal for a new environmental risk assessment methodology in cultural heritage protection [J]. Journal of Cultural Heritage, 2016, 23(8): 22-32.
[16] Robert, W., Stefan, M. A paradigm shift for preventive conservation, and a software tool to facilitate the transition [J]. ICOM. Committee for Conservation, 2005, (2): 733-738.
[17] Robert, W. Internal pollutants, risk assessment and conservation priorities [J]. ICOM. Committee for Conservation, 1999, (1): 113-118.
[18] Robert, W. Conservation risk assessment: a strategy for managing resources for preventive conservation [M]. London: International Institute for Conservation, 1994.
[19] 杜群, 刘晓翔. 试析《关于环境与发展的里约宣言》[J]. 武汉大学学报(社会科学

版），1993，（4）：66-70.

[20] Robert, W. Cultural property risk analysis model: development and application to preventive conservation at the Canadian Museum of Nature [D]. Acta Universitatis Gothoburgensis, 2003.

[21] 黄帝内经 [M]. 北京：大众文艺出版社，2010.

[22] 齐扬，方云，周伟强，等. 唐陵石刻保护中新技术的应用 [J]. 石窟寺研究，2010（1）：279-284.

[23] 肖金亮. 中国历史建筑保护科学体系的建立与方法论研究 [D]. 清华大学博士学位论文，2009.

[24] 贺欢. 我国文物建筑保护修复方法与技术研究 [D]. 重庆大学硕士学位论文，2013.

[25] Donkin, L. Crafts and conservation: synthesis report for ICCROM [M]. Rome: ICCROM, 2001.

[26] Accardo, G., Altieri, A., Cacace, C., et al. Risk map: a project to aid decision-making in the protection, preservation and conservation of Italian cultural Heritage [C]. Los Angeles: Archetype Publications Ltd, 2002.

[27] Aaccardo, G., Giani, E., Giovagnoli, A. The risk map of Italian cultural heritage [J]. Journal of Architectural Conservation, 2003,9 (2): 41-57.

[28] 张远翼，张鹰，陈晓娟. 三维激光扫描技术在古建筑测绘中的关键技术研究 [J]. 建筑学报，2013，（10）：29-33.

[29] 邢昱，范张伟，吴莹. 基于GIS与三维激光扫描的古建筑保护研究 [J]. 地理空间信息，2009，7（1）：88-90.

[30] 臧春雨. 三维激光扫描技术在文保研究中的应用 [J]. 建筑学报，2006，（12）：54-55.

[31] 于子绚. 应力波检测古建筑旧木缺陷技术研究 [D]. 北京林业大学硕士学位论文，2009.

[32] Washer, G.A., Developments for the non destructive evaluation of highway bridges in the USA[J]. NDT and International, 1998, 31(4): 245-249.

[33] Briks, A. S., Green, R. E. Nondestructive testing handbook: Ultrasonic testing [M]. 2nd ed. American Society for Nondestructive Testing, 1991.

[34] Carr, P. H., Harmonics generation of microwave phonons in quarts[J]. Physical Review Letters, 1964, 13(10): 332-335.

[35] Donskoy, D., Sutin, A., Ekimov, A. Nonlinear acoustic interaction on contact interfaces and its use for nondestructive testing [J]. NDT&E International, 2001, 34(4): 231-238.

[36] Korshak, B. A., Solodov, I. Y., Ballad, E. M. Dceffects, sub-harmonics, stochasticity and "memory" for contact acoustic non-linearty [J]. Ultrasonics, 2002, 40(1): 707-713.

[37] Deng, M. X. Cumulative second-harmonic generation of Lamb mode propagation in a solid plate [J]. Journal of Applied Physics, 1999, 85: 3051-3058.

[38] Bermes, C., Kim, J. Y., Qu, J.M., et al. Nonlinear Lamb waves for the detection of

material nonlinearity [J]. Mechanical Systems and Signal Processing, 2008, 22: 638-646.

[39] Nagy, P. B. Fatigue damage assessment by nonlinear ultrasonic materials characterization [J]. Ultrasonics, 1998, 36: 375-381.

[40] Cantrell, J. H., Yost, W. T. Nonlinear ultrasonic characterization of fatigue microstructures [J]. International Journal of Fatigue, 2001, 23: 487-490.

[41] Cantrell, J. H., Yost, W. T. Acoustic harmonic generation from fatigue-introduced dislocation dipoles [J]. Philosophical Magazine A, 1994, 69(2): 315-326.

[42] Kim, J., Jacobs, L., QU, J. Experimental characterization of fatigue damage in nickel-base superalloy using nonlinear ultrasonic waves [J]. The Journal of the Acoustical Society of America, 2006, 120(3): 1266-1273.

[43] Donskey, D. M., Sutin, A. M. Nonlinear vibro-diagnostics of flaws in multilayered structures [J]. Journal of Intelligent Material Systems and Structures, 1999, 9(9): 765-771.

[44] Jiao, J. P., Drinkwater, B. W., Neild, S. A., et al. Low-frequency vibration modulation of guided waves to image nonlinear scatterers for structure health monitoring [J]. Smart Materials and structures, 2009, 18(6): 065006.1-065006.8

[45] Lee, I. D. G. Ultrasonic pulse velocity testing considered as a safety measure for timber structures [C]. Spokane: Washington State University, 1965: 185-203.

[46] Hoyle R. J. and Perllerin R. F. Stress wave inspection of a wood structure [C]. Pullman: Washington state university, 1978: 33-45.

[47] Ross, R. J. Quality assessment of the wooden beams and columns of Bay C of the east end of Washington State University football stadium [R]. Pullman, Washington State University, 1982.

[48] Neal, D. W. Establishment of elastic properties for in-place timber structures [C]. Pullman: Washington State University, 1985: 353-359.

[49] Brom, C. M. and Kuchar, W. E. Determination of material properties for structural evaluation of TRESTLE [C]. Pullman: Washington State University, 1985: 361-384.

[50] Aggour, M. S., Hachichi, A. and Meyer, M. A. Non-destructive evaluation of timber bridge piles [C]. New York: American Society of Civil Engineers, 1986: 82-95.

[51] 段新芳，李玉栋，王平. 无损检测技术在木材保护中的应用［J］. 木材工业，2002，16（5）：14-16.

[52] Costello, L. R. and Quarles, S. L. Detection of wood decay in blue gum and elm: An evaluation of the resistographa and the portable drill [J]. Journal of Arboriculture, 1999, 25(6): 331-337.

[53] Luckaszkiewicz, J., Kosmalma, M., Chrapka, M Borowski J. Determining the age of streetside Tilia cordata trees with a DBH-based model. [J]. Journal of Arboriculture, 2005, 31(6): 280-284.

[54] Isik, F., and Li, B. L. Rapid assessment of wood density of live trees using the

Resistograph for selection in tree improvement programs. Can. J. For. Res, 2003, 33(12): 2425-2435.

[55] Wang, X., Robert J. R., James., A. M., et al. Non-destructive evaluation techniques for assessing modulus of elasticity and stiffness of small-diameter logs [J]. Forest Products Journal, 2002, 52 (2): 79-85.

[56] Wang, T. L., Sally, N., Philippe, R., et al. Selection for height growth and Pilodyn pin penetration in lodgepole pine: Effects on growth traitsm wood properties and their relationships [J]. Canadian Journal of Forest Research, 1999, 29 (4): 434-445.

[57] 金涛. 宁波地区露天梅园石质文物病害机理研究［J］. 文物保护与考古科学，2010，22（2）：48-52.

[58] Liang, Ssu-Ch'eng. A pictorial history of Chinese architecture [M]. Boston: MTT Press, 1984.

[59] 张鹏程，赵鸿铁，薛建阳，等. 中国古建筑的防震思想［J］. 世界地震工程，2001，17（4）：1-6.

[60] 李树一，张克燮. 岩石文物地质病害保护技术研究与实践［J］. 岩土工程界，2008，11（10）：30-32.

[61] 樊建江，王蕾，王崇昌. 试论中国古建筑的抗震机理［J］. 西安冶金建筑学院学报，1993，25（3）：241-246.

[62] 陈允适. 古建筑木结构与木质文物保护［M］. 北京：中国建筑工业出版社，2007.

[63] 刘程. 论中国古代建筑构件中的鸱吻意象［J］. 宁夏社会科学，2016，（6）：232-237.

[64] 李婧. 中国建筑遗产测绘史研究［D］. 天津大学博士学位论文，2015.

[65] 罗哲文. 中国古代建筑［M］. 上海：上海古籍出版社，2001.

[66] 王其亨，吴葱，白成军. 古建筑测绘［M］. 北京：中国建筑工业出版社，2007.

[67] 李婧. 三维激光扫描技术在古建筑测绘中的应用［D］. 天津大学硕士学位论文，2007.